山东半岛公路生态建设和修复工程技术及实践

编　著　左志武　洪　波　于　格　冯美军　杨杰军
参　编　孙　伟　陈修林　孙钟野　朱世峰　翟耐刚
　　　　姚　林　邹宝叶　左建伟　田冬军　董　滨
　　　　刘　伟　马奎保　魏　强　贺　亮　廖　琪
统　稿　洪　波

中国海洋大学出版社
·青岛·

内容提要

本书依托编者近年来承担的公路生态环境保护研究课题成果以及相关工程实践经验，全面阐述了公路建设及运营对路域环境、生态系统的影响，系统介绍了恢复生态学等理论基础和道路生态学研究进展，及其在生态工程技术领域、生态型公路建设中的应用。根据我国目前公路生态建设和恢复现状，详细介绍了土壤重建技术和植被建植技术，并为生态恢复工程的后期养护提供了相关保障措施。针对公路生态环境保护形势发展需求，论述了公路生态环境保护管理及生态恢复工程评价方法。同时结合荣乌高速烟威段生态建设和修复试点工程，给出了具体、实用的技术对策及设计方案。

本书基础理论与技术应用、工程实例及技术发展紧密联系，希望能够对从事公路生态恢复技术的研究、开发以及工程设计、施工建设和管理养护等人员，在理论认知与工程技术的结合上提供参考借鉴。

图书在版编目（CIP）数据

山东半岛公路生态建设和修复工程技术及实践 / 左志武等编著. —青岛：中国海洋大学出版社，2015.9
　　ISBN 978-7-5670-1011-6

　　Ⅰ.①山… Ⅱ.①左… Ⅲ.①山东半岛—公路—生态环境建设　②山东半岛—公路养护　Ⅳ.①U418

中国版本图书馆CIP数据核字（2015）第232582号

山东半岛公路生态建设和修复工程技术及实践

出版发行	中国海洋大学出版社
社　　址	青岛市香港东路23号　邮政编码　266071
网　　址	http://www.ouc-press.com
出 版 人	杨立敏
责任编辑	孙宇菲
电　　话	0532-85902349
电子信箱	1193406329@qq.com
印　　制	青岛国彩印刷有限公司
版　　次	2017年2月第1版
印　　次	2017年2月第1次印刷
成品尺寸	185 mm × 260 mm
印　　张	22.5
字　　数	471千
印　　数	1~1000
定　　价	65.00元
订购电话	0532-82032573（传真）

发现印装质量问题，请致电0532-88182238，由印刷厂负责调换。

前　言

2012年1月，交通运输部发布《公路水路交通运输环境保护"十二五"发展规划》，提出了"十二五"期间公路水路交通运输环境保护工作的指导思想和原则，明确了全面体现"绿色发展"理念，进一步加大行业环境保护的监管力度、建设力度，实现环境污染得到有效控制、资源集约利用与生态保护取得实质性突破的发展目标。并根据"早期建设的部分工程缺少环保设施和生态保护措施，对生态环境造成一定影响且至今仍未恢复，新建工程生态保护水平依然较低，生态保护和修复技术的针对性和有效性尚且不足"的现状，将进一步控制污染、强化生态保护与建设列入发展重点，并将公路生态保护和污染治理作为"十二五"期间的主要任务之一。正是在此背景下，贯穿山东半岛的荣乌高速烟威段的生态建设和修复试点工程随之启动。

山东半岛濒临渤海和黄海，地理区位优势明显，生态环境相对优越，半岛城市群聚集了山东省主要资源和先进生产力，是该省发展水平最高、潜力最大、活力最强的经济区域，也是我国重要的对外开放基地。近年来，山东半岛公路建设按照一体化构想优化区域路网，构建以"一连两环六纵七横"为路网主框架、普通国省道为补充、农村公路为基础的"布局合理、结构优化、衔接顺畅、功能完善、安全畅通、四通八达"的大路网体系，不断提高对地方经济社会发展的支撑保障能力。

荣乌高速烟威段位于荣乌高速公路（G18）的东段，全长49.184千米，是1994年建成通车的全封闭、全立交、四车道的高速公路。烟威段连接烟台和威海两座重要的经济、旅游、文化和生态强市，是山东半岛高等级公路网的主干交通要道。随着山东沿海城市经济的快速发展和山东半岛蓝色经济区建设上升为国家战略，此段交通量迅速增长，已经成为山东半岛各地市之间的重要纽带。荣乌高速烟威段濒临山东半岛北部黄海，并穿越沿海防护林自然保护区以及滨海湿地、河口湿地等重要生态敏感区。全线共有6处收费站，4座互通立交，4座跨线桥，5座跨河大桥，所处地理位置优越，自然生态环境独特，区域社会功能重要，路域具有良好的自然资源条件和生态景观服务价值。经过多年系统规划和逐步建设，烟威段路域生态系统的结构及功能不断完善，生态平衡趋于稳定，路域生态景观质量逐年提升。但是，因受初建时期设计理念、经济技术水平和环境条件的制约，应有的环境保护措施不足、系统性生态保护与恢复水平薄弱等问题一直存在，特别是近年部分区域生态功能有所退化，一些重点路段和重要生态功能区域已出现通过自然演替难以迅速解决的突出问题。

在山东省交通厅公路局的组织领导下，建设单位（山东马龙高速公路有限公司）针对未来基础设施和运输装备的存量和增量都将继续走高的态势，以及山东半岛"蓝色经济区""黄河三角洲高效生态发展战略"和烟台威海两市生态城市建设的新要求，提出对荣乌高速烟威段部分路段进行强化性生态建设和修复计划，以进一步提升路域生态环境水平和质量。2012年9月，交通运输部批复同意实施荣乌高速烟威段生态建设和修复试点工程。随后，项目建设单位以"生态、环保、低碳、安全"为理念，以优化路域生态环境、促进全线与周边生态功能区的融合为重点，统筹规划、精心组织，在2013年先后实施了以路堑边坡生态恢复、路侧裸地生态建设、受损湿地生态系统修复及穿越沿海防护林路段生态恢复为主要内容的工程建设。后经两年多的持续养护，工程项目全部内容顺利完成，较好地达到了预期目标和效果。

为了探索山东半岛沿海地区公路生态建设应用技术，以及滨海脆弱、受损生态系统的保护和修复技术，并对相关生态恢复技术的适用性和已有技术成果的可行性、有效性进行验证，努力保障试点示范工程的建设成效，山东省交通厅公路局组织项目建设单位以及中国海洋大学、交通运输部科学研究院有关人员，在项目的前期、施工期和养护期，共同开展了一系列内容、重点不同的研究、试验、监测工作，并对发现的问题及时进行修正、完善以及后期跟踪。本书即是依托荣乌高速烟威段生态建设和修复试点工程，通过基础理论与具体工程实践相结合，在梳理研究内容、整理工程方案、凝练技术成果、总结经验教训基础上编写而成。

全书由上、下篇两部分组成，共分七个章节。第一章以公路生态建设和恢复的视角，较为全面地阐述了公路对"环境与生态"的一系列影响。第二章着眼于公路生态恢复工程技术应用，系统介绍了生态学及恢复生态学理论基础、道路生态学研究进展。第三章论述、分析了公路生态恢复技术的原理及工程应用，并对我国生态型公路建设现状和发展前景进行了综述。第四章详细介绍了作为生态恢复工程重要前提的土壤重建技术和植被建植技术，并从工程实施角度分析比较了不同技术的优势及适应性。第五章根据公路生态建设工程后期养护困难的问题，提出了公路雨水集蓄利用、污水处理回收利用及边坡植被微灌等配套技术的实施方案。第六章以荣乌高速烟威段生态建设和修复试点工程为例，介绍了路堑边坡生态修复、路侧裸地生态建设、受损湿地生态系统修复及穿越沿海防护林路段生态恢复等内容的设计方案。第七章针对目前国内公路环境管理存在的问题，论述了公路生态环境管理现状和生态恢复工程效果评价方法，首次提出"公路生态环境保护管理"概念，并对其含义进行了初步解析。本书基础理论与技术应用、技术发展、工程实例紧密联系，可望对从事公路生态恢复技术的研究、开发以及工程设计、施工建设和管理养护等人员，在理论认知与工程技术的结合上提供参考借鉴。

本书由山东省交通运输厅公路局、中国海洋大学、山东马龙高速公路有限公司，以及山东省有关地市公路管理局、相关协作单位的研究、技术和管理人员共同编写。在工程研究、项目实施和本书编写过程中，得到了交通运输部科学研究院孔亚平研究员、刘学欣工程师以及山东马龙高速公路有限公司烟台管理处和威海管理处有关人员的大力支持和帮助；徐嘉欣、陈绪营做了部分章节数据资料的整理、校核工作，陈绪营还为相关章节做了大量的图件绘制工作；青岛中源野生态环境工程科技有限公司协助进行了相关的实地试验工作。在此一并表示衷心感谢！本书相关内容参考引用了国内外许多专家学者的专著、论文和行业内专家的技术资料，在此特表诚挚感谢！

目前，我国公路生态恢复技术研究和应用仍处于起步阶段，总体工作的深度、广度和创新力度还有待提升，许多关键问题尚需开展持续、深入的研究。受编者理论水平、实践经验所限，本书不足之处在所难免，而且有些观点和问题尚需进一步探讨，敬请各位读者不吝斧正、赐教，使本书更臻完善，以共同对我国公路生态环境保护事业发展做出应有贡献。

编　者
2016年11月

目 录

上篇 公路生态建设和修复理论基础

第一章 公路对环境生态的综合影响 ·· 2
第一节 公路对土壤环境的影响 ·· 2
一、公路对水土流失的影响 ··· 3
二、公路对土壤性状的影响 ··· 4
第二节 公路对空气环境的影响 ·· 5
一、公路施工对空气环境的影响 ·· 5
二、公路运营期对空气环境的影响 ··· 6
三、公路对小气候的影响 ·· 7
第三节 公路对水环境的影响 ··· 8
一、公路对地表径流的影响 ··· 8
二、公路对水环境及水质的影响 ·· 9
第四节 公路对植被的影响 ··· 10
一、公路对植被的直接影响 ·· 10
二、公路对植被的间接影响 ·· 11
三、形成裸露边坡 ··· 12
第五节 公路对野生动物的影响 ··· 12
一、公路的接近效应 ·· 12
二、公路的动物致死效应 ·· 13
三、公路的阻隔效应 ·· 13
四、公路的动物回避效应 ·· 13
五、公路对野生动物的间接影响 ·· 13

第六节 公路对自然景观的影响 ……14
一、公路对景观环境的影响 ……14
二、公路的廊道与分割效应 ……15
三、公路对景观格局的影响 ……16
四、公路对环境视觉景观美学价值的影响 ……16

第七节 公路对自然生态系统的影响 ……17
一、生态系统的概念 ……17
二、生态系统的组成 ……18
三、生态系统的结构与功能 ……19
四、公路对自然生态系统的影响 ……20

第八节 公路对水生生态系统（湿地）的影响 ……23
一、水生生态系统及湿地 ……23
二、公路对湿地面积的影响 ……25
三、公路对湿地生态环境的影响 ……25
四、公路对湿地水环境的影响 ……26

第二章 生态恢复理论基础及道路生态学 ……28
第一节 生态学基础 ……28
一、生态因子理论 ……29
二、生态位理论 ……33
三、生态适应性原理 ……33
四、群落演替理论 ……34
五、生物多样性原理 ……35

第二节 恢复生态学基础 ……36
一、生态恢复的概念及特点 ……36
二、恢复生态学理论基础 ……37
三、恢复生态学应用——退化生态系统的恢复与重建 ……39

第三节 景观生态学基础 ……41
一、景观生态学基本概念 ……41
二、景观生态学基本理论 ……42
三、景观生态学理论应用 ……45

第四节　湿地生态学基础 ·· 46
一、湿地生态系统概述 ·· 46
二、湿地生态系统结构组成 ·· 48
三、湿地生态系统服务功能 ·· 50

第五节　道路生态学及路域生态系统 ·· 53
一、道路生态学的形成 ·· 54
二、道路生态学的基本概念 ·· 56
三、道路生态学的研究内容 ·· 57
四、公路路域生态系统 ·· 60

第三章　公路生态恢复技术及生态型公路建设 ·· 65

第一节　退化生态系统概述 ·· 65
一、退化生态系统的概念 ·· 65
二、路域退化生态系统的特征 ·· 66

第二节　公路生态恢复技术及应用 ·· 68
一、公路生态恢复技术的概念 ·· 68
二、公路生态恢复技术的类型 ·· 69
三、公路生态恢复工程的应用范围及措施 ·· 72

第三节　公路生态恢复技术原理及工程实施 ·· 73
一、植被恢复过程 ·· 73
二、生态恢复技术原理 ·· 75
三、设计手法 ·· 77
四、公路生态恢复的要求 ·· 79

第四节　生态型公路建设与发展 ·· 81
一、生态型公路建设背景 ·· 81
二、生态型公路概念及内涵 ·· 82
三、生态型公路的特征 ·· 83
四、生态型公路建设方略 ·· 84
五、生态型公路建设要求及措施 ·· 87

下篇　公路生态建设和修复技术及工程实践

第四章　土壤重建与植被建植技术 ·········· 100
第一节　土壤重建技术 ·········· 100
一、土壤特性及重建要求 ·········· 101
二、重建土壤的种类 ·········· 103
三、人工土壤配置及重建类型 ·········· 106
第二节　植被建植技术 ·········· 111
一、液压喷播 ·········· 111
二、客土喷播 ·········· 121
三、厚层基质喷播 ·········· 132
四、植被混凝土喷播 ·········· 140
五、高次团粒喷播 ·········· 145

第五章　公路雨水集蓄利用与污水处理技术 ·········· 153
第一节　公路雨水集蓄利用 ·········· 153
一、公路雨水集蓄利用需求 ·········· 154
二、公路雨水集蓄利用现状 ·········· 154
三、公路雨水集蓄利用技术 ·········· 155
四、公路雨水集蓄利用工程设计 ·········· 158
第二节　公路污水处理技术 ·········· 163
一、服务区污水水质特征 ·········· 163
二、服务区污水排放特点 ·········· 164
三、服务区污水处理现状 ·········· 165
四、服务区污水处理方法 ·········· 166
五、污水处理工艺选择原则及设计要点 ·········· 171
第三节　公路边坡植被微灌系统 ·········· 174
一、微灌技术原理及特点 ·········· 174
二、微灌系统组成 ·········· 174
三、微灌技术在公路边坡植被灌溉中的应用 ·········· 176
四、边坡植被微灌系统方案设计 ·········· 176

第六章 荣乌高速烟威段生态建设与修复试点工程设计 ···179

第一节 工程区基本情况 ···179
一、工程背景 ···179
二、工程概况 ···180
三、自然概况 ···182

第二节 设计说明 ···184
一、设计依据 ···184
二、设计原则 ···185

第三节 设计方案及施工技术要求 ···186
一、路堑边坡生态恢复 ···186
二、互通立交区生态建设和路侧裸地生态修复 ···198
三、受损湿地生态系统修复 ···223
四、穿越沿海防护林路段生态恢复 ···227
五、收费站污水生态处理 ···230

第七章 公路生态环境保护管理及生态恢复工程评价 ···236

第一节 环境管理与生态管理 ···237
一、环境管理概念及其内容 ···237
二、生态管理的概念 ···240

第二节 公路生态环境保护管理 ···244
一、公路环境管理任务及内容 ···244
二、公路环境管理存在的问题 ···248
三、公路生态环境保护管理 ···248

第三节 公路生态恢复工程效果评价体系的建立 ···256
一、评价目的及体系目标 ···257
二、体系建立的原则 ···258
三、体系指标的确定 ···259
四、评价指标含义、阈值及考测方法 ···261
五、评价方法及流程 ···269

参考文献 ···273
附 录 ···285

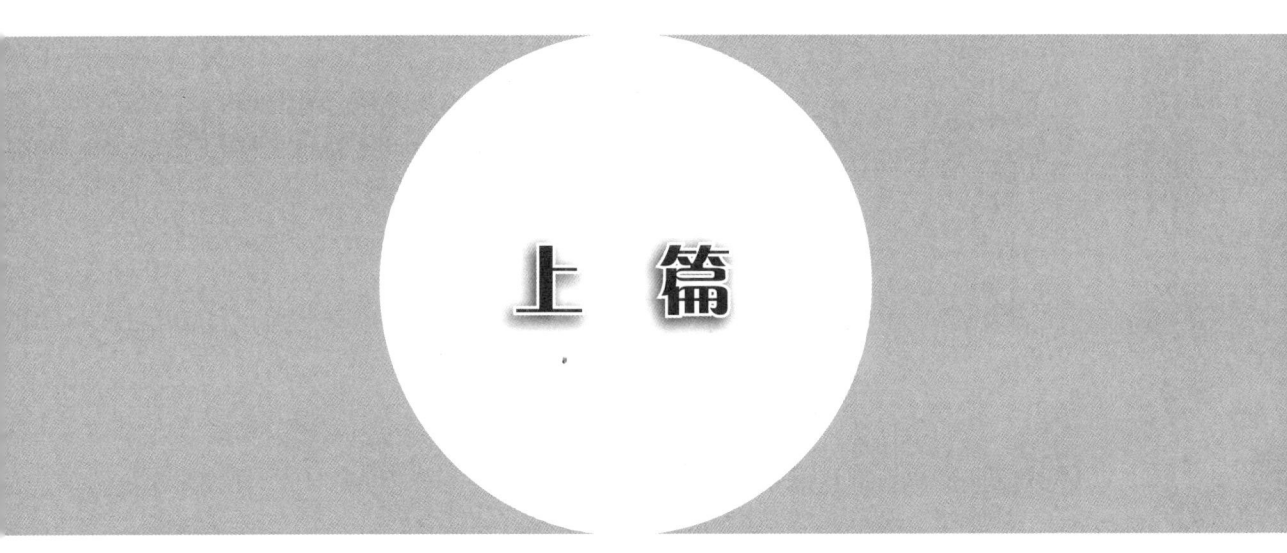

公路生态建设和修复理论基础

第一章 公路对环境生态的综合影响

公路建设属于典型的大规模人造工程，从起初的开山凿岩、削高填低、取土堆填，到路基、桥隧、立交等设施的构筑，最终形成长距离、廊道状的构筑物，所有工程活动无不改变了沿线区域的自然资源、地形地貌、水文植被乃至社会空间等环境状况，并且对自然生态系统造成一定的破坏和产生不同程度的负面影响。另外，公路运营过程中也存在一系列不同种类的环境污染问题。一个时期以来，公路建设与运营对环境的影响日趋突出，且影响范围越来越广，影响类型不断增多，影响机理愈加复杂。

从本质上讲，公路对环境的影响不仅局限于通常所谓"环境影响"的范畴，还涉及更重要的"生态影响"层面，公路建设表现出来的主要环境影响其实是对自然资源的破坏，即通过改变土地资源利用方式而最终影响生态系统平衡、造成生态破坏。故可认为公路建设和运营对沿线环境与周边自然生态系统的影响既有微观性、局地性，也有宏观性、整体性。为此，本章基于公路生态建设和生态恢复的视角，梳理归纳公路对"环境与生态"的一系列影响。

第一节 公路对土壤环境的影响

由于公路建设彻底改变了原有土地的使用方式，从而对地表土壤造成严重的破坏，并由此引起公路建设对土壤环境条件的重大改变，即完全改变了原有土层的层理和质地特点，致使土壤产生侵蚀、退化和污染的可能性大大增加，同时从物理、生物、化学、水土流失等方面来影响路域生态环境。

一、公路对水土流失的影响

水土流失是指在水力、风力、重力等外营力的作用下，水土资源和土地生产力的破坏和损失，它包括土地表层侵蚀及水的损失，水土流失通常也称为"土壤侵蚀"。这是公路建设造成的最为常见的影响之一。

（一）水土流失产生的原因

（1）公路建设中，路基工程将对公路征地范围内的原地面进行填筑或挖方，由于施工造成了地表的破坏，使土表与植被的平衡关系失调，土壤表层裸露，抗蚀能力减弱，原地表的坡度、坡长也被改变，破坏了原有的平衡，降雨时发生水土流失，且在开挖削坡时土质松动，表层岩土的结构变得松散，土体抗侵蚀能力降低，加大了水土流失量。

（2）公路施工是对原生土壤的强烈扰动，并破坏了原有植被形态，从而减弱了植物茎叶对降雨的截留作用和植物根系对土壤的锚固加筋作用，增强了土壤的侵蚀程度，加之风力、重力、水力等外力的作用，就会使得土壤侵蚀加剧。

（3）公路建设中产生的大量取土或弃土、弃渣，尤其是弃土、弃渣由于受运输条件的限制，经常被就近倾倒于沟谷、河坎岸坡上，这些松散的岩土空隙大，结构疏松，若不采取有效的措施，就极易产生水土流失；填方路基由沙土、石料堆垫并经分层压实后形成，虽然内部结构密实，但坡面表层结构仍较为松散，易产生片蚀、浅沟蚀等形式的水土流失。

（4）挖损边坡（如挖方路基产生新的坡面，取土场的边坡等）陡峭，有的近于直立状态，由于边坡坡度大，在雨点打击和冲刷以及风蚀作用下产生水土流失，暴雨时极易产生剧烈水力侵蚀，且在降雨作用下很容易诱发小型崩塌、滑塌、滑坡等，造成严重的土壤侵蚀，侵蚀强度可达极强烈或剧烈等级。

（5）弃土场一般为土质、土石和混合质，并以堆山或填凹方式堆置，上表面一般比较平整或有一定斜坡。土壤侵蚀形式为片蚀、细沟侵蚀等，侵蚀强度为中度或强度等级；自然形成的松散边坡稳定性差、坡度较陡，故抗蚀性极差，土壤侵蚀形式为面蚀或沟蚀，侵蚀强度为剧烈等级。

（6）临时占地分布在公路沿线，主要为原料场、生活区、仓库、弃土临时存放地、施工便道等，这些区域破坏原有植被，使当地水土流失加剧。尤其是在山区公路建设过程中，若原料场地及废弃土存放管理不当，容易产生片蚀、浅沟蚀等形式的水土流失。

（二）水土流失的危害

水土流失的危害主要是造成土壤侵蚀，不同地表结构类型的土壤侵蚀条件有明显差异。路面的坡度很小，渗透率很低，地表坚实不易被侵蚀，主要侵蚀方式为面蚀，具有高产流低产沙的特点。填方坡和路面相连，坡度很大，受路面、坡面汇流的冲刷作用强，若没有植被或其他措施的保护，在降雨较多的地方，坡面沟蚀、重力侵占会占很大比例。挖方坡的情况与填方坡相仿，但是其往往会受到上方自然坡面的水的冲刷作用。弃土弃渣一般是土石的混合物，结构松散，渗透性强，受沟蚀作用强。施工营地和便道的土壤被压实，土壤侵蚀强度相对于其他部位来说不大。另外道路的等级不同，水土流失情况也不同。对于路面裸露，边坡很短的公路来说，路面的侵蚀可能占主要部分；而对路面条件很好的公路，边坡的侵蚀更为重要。公路土壤侵蚀必须进行有效治理，否则其过程会逐渐加剧，甚至成为区域径流泥沙的重要来源。

二、公路对土壤性状的影响

土壤是岩石圈表面的疏松表层，是陆生植物生活的基质，由气候、生物、母质、地形、时间和人类活动等要素长期共同作用而形成。土壤是植物生长的重要生态因子，植物的根系与土壤有着极大的接触面，二者之间进行着频繁的物质交换，土壤为植物提供必需的养分和水分。土壤在形成过程中会逐渐发生分异，形成自上而下并有内在联系的土壤剖面层状结构特征。

公路土壤属于工程扰动土壤，它包括机械挖掘所暴露出来的原生土壤的母质、填埋碾压所形成的回填土、绿化所移入的客土以及部分未受工程扰动的原生土壤。由于人工多次无序侵入土体和地下施工翻动，使原有的表土层和腐殖质层遭到破坏，形成了一种独特的土壤类型。

在公路建设期，路基开挖填筑、取土场开挖取土、便道营地碾压、弃土弃渣等施工活动使得植被与土壤同时受到破坏，土壤形态发生重大变化，使原有表土层和腐殖层遭到破坏，成为表土与母质的混合物，土壤层状结构完全丧失。同时，土壤性质发生物理性、化学性和生物性退化，主要表现在以下方面：土壤物理性退化表现为土壤紧实化、粗骨化或黏重化；化学性退化表现为有机质和氮素明显下降，土壤养分贫化；生物性退化是伴随着土壤物理性、化学性退化的产生而产生，并导致土壤微生物和活性酶等出现不同程度的降低。

根据相关研究总结发现，在公路运营期中，土壤环境的变化主要受汽车排放的重金属和有机物等的直接影响和路面径流等的间接影响。汽车排放的化学污染物（重金属、盐、有机物等），机油，滴漏的汽油和被剥蚀的沥青等，会渗入土层并改变土壤理化性质，并在一定程度上降低了公路周边动植物的生境质量。

此外，通过大气的迁移和扩散、水迁移和机械迁移等途径，不同的污染物会对公路周边较大范围内区域造成一定程度的土壤污染，主要表现在土壤理化性质和结构的改变，土壤微生物数量减少，土壤重金属、有毒有害元素含量增加，土壤肥力和保水力降低等。

第二节　公路对空气环境的影响

公路建设过程中，施工、运输活动产生的扬尘、沥青烟以及运营过程中汽车尾气的排放，会对沿线空气环境质量产生一定影响，筑路引起的地表地形改变和建筑材料的大规模使用，还会改变地表热力学性质而使局地小气候发生变化。工程材料及其施工过程排放的烟尘可加剧有害物质的空气污染，以致影响人们的健康和动植物的正常生长。汽车排放的烟气含有多种成分的污染物，且具有排放部位低、不易扩散、污染状态复杂的特点，已成为公路运营期影响路域空气环境质量的流动污染源。

一、公路施工对空气环境的影响

公路在施工阶段对环境空气的污染主要来自以下环节：一是施工活动中的灰土搅拌、沥青混凝土拌和以及车辆运输产生的扬尘，二是沥青混凝土制备过程及路面沥青铺设产生的沥青烟气。

（一）施工期扬尘

在公路建设项目的施工期，土地平整、打桩作业、路面铺筑、材料运输及装卸、搅拌物料等环节都有扬尘发生，其中最主要的是运输车辆的道路扬尘和施工现场的作业扬尘。

1. 运输车辆道路扬尘

施工区内车辆运输引起的道路扬尘约占场地扬尘总量的50%以上。道路扬尘的起尘量与运输车辆的车速、载重量、轮胎与地面接触的面积、路面含尘量、相对湿度等因素有关。根据同类项目建设经验，施工期施工区内运输车辆大多行驶在临时性土路便道上，路面含尘量高，道路扬尘比较严重。特别在混凝土工序阶段，灰土运输车引起的扬尘对道路两侧影响更为明显。据有关资料显示，干燥路面在距路边下风向50 m处，TSP的浓度约为10 mg/m^3；距路边下风向150 m处，TSP的浓度约为5 mg/m^3。

2. 施工作业扬尘

各种施工扬尘（平整土地、取土、筑路材料装卸、灰土拌和等）中，以灰土拌和所产生的扬尘最为严重。灰土拌和有路拌和站拌两种方式：在采用路拌方式时，扬尘对周围环境空气的影响时间较短，影响程度也较轻，但影响的路线较长；而采用站拌方式时，扬尘影响相对集中，但影响的时间较长，影响程度较重。

（二）施工期沥青烟气

沥青烟气污染主要出现在沥青熬炼、搅拌和路面铺设过程中，其中以沥青熬炼过程中沥青烟气排放量最大。沥青烟气是一种特殊污染物，主要由液态烃类颗粒物和气态烃类衍生物组成，是含有大量PAHs和少量氧、硫、氮等原子的复杂混合物，通常以气溶胶的形式存在于空气中。沥青烟气中主要的有毒有害成分是吖啶类、吡啶类、蒽萘类、酚类和苯并芘类，它们均对人体健康有强烈危害性。据有关资料记载，沥青铺筑路面时所排放的烟气污染物影响距离为下风向100 m左右。

二、公路运营期对空气环境的影响

在公路运营期，空气污染的主要来源为机动车排放的尾气和汽油的自然挥发。机动车尾气目前是我国大气复合污染的重要来源之一，其成分复杂，既包括NO_x、VOC_s、CO、CO_2、SO_2等气态污染物，又包括$PM_{2.5}$，甚至纳米粒子在内的颗粒态污染物。其中，NO_x是$PM_{2.5}$的主要前体物之一，其在气候变化以及酸雨的形成、雾霾的形成中有重要作用。据报道，通过对我国不同地区的空气污染物监测，发现空气中65%～80%的一氧化碳，50%～60%的二氧化氮，80%～90%的铅是由汽车排放造成的。随着我国公路建设规模和车辆保有量的增加，这些污染物的排放量亦呈现上升趋势。

近年来，根据相关研究发现，公路运输产生的氮氧化物对大气的污染不容忽视，氮氧化物在阳光的作用下，与碳氢化合物结合（包括挥发性有机化合物）后，可形成光化学烟雾。光化学烟雾会危害人体健康，同时也会影响各种农作物和林木的生长，并使某些植物群落和自然生态系统退化。

需要说明的是，气象条件决定了汽车尾气污染物的扩散和稀释浓度。汽车排放物在公路两侧形成的污染强度及范围主要受强源（流量、车速、工况等因素控制）和气象（风速、风向和大气稳定度类型）以及地形条件等因素影响，并在200~300 m范围内明显影响路域环境空气质量。由于在公路上行驶的汽车污染物排放源位置一般较低，因此扩散范围的横向影响相对较小，但是具有线形、带状和流动分布的特征。

三、公路对小气候的影响

小气候是指因下垫面性质不同，或人类和生物的活动所造成的近地层大气小范围内的气候状况。通常是指受下垫面影响而形成的距地面0.5～2.0 m空气层面内的气候状况。在一个地区的每一块地方（如农田、温室、仓库、车间、庭院等）都要受到该地区气候条件的影响，同时因下垫面性质不同、热状况各异，又有人的活动等，就会形成小范围特有的气候状况，小气候中的温度、湿度、光照、通风等条件，对植被的生长将产生直接的影响。

开放地带的道路附近的小气候，其主要差异存在于地表并和地表微地形有关，由公路建设而形成的边坡的小气候差异较为显著，是由其所处的地形条件引起的，主要取决于边坡的坡向、坡度和坡位等因素。坡向、坡度不同导致坡面所接受的太阳辐射量和降水量存有差异，从而造成了光照、热量、含水量等在不同坡向的坡面以及同一坡向的不同坡位之间再分配。通常边坡在不同时期存在着高温、寒冷、干旱、风大等典型的小气候特征。

公路建设使用的建筑材料（砂石、沥青、水泥等）使得道路下垫面与原先自然植被覆盖的下垫面迥异，比如裸露的沥青、水泥路面，其热容量小、反射率大，蒸发耗热几乎为零，导致近地面空间温度高、升温快，灰尘和二氧化碳含量也高。研究表明，路面自身的吸热性与热辐射是造成这种微观小气候的主要因素。由于公路路面的地表温度高于相应区域的天然地表温度，加之温度变化幅度也较大，在盛夏季节的白天，路面范围就会形成一条"热浪带"，从而使局部的小气候恶化。人工构筑的公路路面不但改变了光照、温度、湿度等物理效应，而且使风和大气流动形式也随之发生变化，这些状态的改变形成了公路路域小气候特征。

从时间上来看，白天与夜晚、夏季与冬季，公路路域小气候显著不同；从空间上来看，分布在不同区域和不同生态系统的公路，路域小气候也显著不同；从小尺度上看，公路边坡朝向不同、地表植被有无及覆盖程度不同，路域小气候也呈现出显著不同；即使是不同的路面材料，例如沥青路面、混凝土路面或土石路面，其路域小气候也会有显著的差异。总之，公路路域小气候特征的变化，为局部地生态系统提供了独特的生物环境，并在一定程度上改变了周边生物群落的结构、分布以及系统动能。经过一定时间的演变，在某些路段两侧有可能产生局地分异，出现新的适生生物群落和边缘物种，而呈现出一定的过渡性。

第三节 公路对水环境的影响

公路沿线水体是周围人群、动植物的主要用水来源，既维系着公路周边地区生态系统的稳定安全，也关系着人们生产生活环境的质量。公路建设及运营通过不同方式对沿线水资源、水环境产生不同程度的影响，主要体现在对地表水、地下水及水体水质的直接影响和间接影响等方面。其中路面径流对水体水质的污染、生活污水的排放等有较大影响，尤其是在穿越或临近水源地的路段，这种影响更加敏感和重要。

一、公路对地表径流的影响

公路能够改变或以不同方式扰动地表径流的自然状态，从而破坏水的自然流动和循环，其影响可以概括为以下5个方面。

（1）源的功能。水在公路路面上，特别是在公路硬化路面上流动时会形成一种新的水源。不透水的路面会使降水形成新的高速径流，并引起下游区域大水漫流。

（2）汇的功能。当水积聚在公路路面上时，则成为汇。

（3）障碍物的功能。公路作为一种线形障碍物，既可对自然水体造成阻隔，也能阻碍地下水的自然流动。

（4）廊道的功能。当水沿着路面的小沟或低洼处流动时，则成为水流的导管或廊道。

（5）侵蚀的功能。平坦地形中水流对公路的最大影响在于洪水的侵蚀，上述影响均会使路基遭受反复渗透，导致路面塌陷、开裂等现象出现，从而严重危害路基稳定和行车安全。

公路以上述方式扰动了地表及地下水的自然流动，形成新的水道或者水源，因此，做好公路路基排水的疏导设计非常关键，特别是山区道路会扰乱地表径流的流动，并会发生侵蚀和路基损毁，故设置合理有效的路基排水设施至关重要。

二、公路对水环境及水质的影响

由于公路建设过程中的开挖、填筑和弃土，以及对下垫面自然汇流过程的改变作用，公路建设和运营会对区域水资源、水环境及水体水质造成直接或间接的影响。

（一）对地表水的影响

一方面，公路建设工程会改变原有地表径流的自然状态，公路形成的阻隔作用使地表径流汇水流域发生改变，导致水流速度加快，容易造成土壤侵蚀加剧、下游河段淤塞，甚至会形成水灾。另一方面，公路路面材料的使用大大降低了土壤的可渗透性，从而增加该区域地表的径流量，同样会产生类似的环境影响。

公路建设工程对地表水体的水文条件也会产生一定影响。倾倒的弃土弃渣侵占河道、沿河而建的公路或跨越河流湖泊的公路桥梁都会影响河流的过水断面、流量和流速等。冲刷动能的增大是造成河岸冲蚀和发生洪水的因素之一。有些公路建设项目还可能使河流改道或池塘、湖泊、水库被毁，从而对地表水资源、水环境产生危害。

（二）对地下水的影响

公路挖方路基破坏地表植被，使得土地可侵蚀性增加，导致水土流失，甚至产生滑坡等，进而破坏生态平衡，破坏自然景观。公路还会在一定程度上改变地下水文格局，并可能成为地表水及地下水中化学沉积物的来源。当公路挖方路段位于地下水位以下时，会导致山坡渗水，地下水位下降。填方路段路基使上游地下水位抬高，下游水位降低，进而导致地表植被生存环境变化。渗水有时也会产生上述类似的后果，这种现象及其后果在我国的公路建设中屡见不鲜。

（三）对水质的影响

公路通过径流作用会把污染物搬运到地表水和地下水中去，对沿线水体水质产生较大的污染影响。这些污染物主要来源于：构筑路基和路面的建材；车辆释放和遗留的废气、废液及滴油；车辆运输的货物；轮胎磨损的沉积物；为保证道路安全的化学添加剂，如融雪剂；控制碎石道路扬尘的化学物质，如液态氯化钙等。公路建设及运营活动使这些污染物在时间与空间上产生一定的累积效应，从而不同程度地增加了污染强度，最终都将影响路域生态环境质量，甚至造成生态系统受损或破坏。

公路对沿线水体水质的影响不仅局限在公路的施工期，还包括运营期中沿线设施对水质的影响。其中，公路沿线附属设施对其周边水环境影响较大。公路沿线附属设施主要包括服务区、管理处、收费站、隧道管理所等，其场所均处于公路旁侧，主要功能是供工作人员、驾乘人员和车辆停留使用。由于地点相对独立，水资源紧张，污水不能通过城市排水管网处理，只能直接排放到周边的河流和农田中，这会在一定程度上造成周边水环境的污染。

公路对水体水质产生的污染物主要是路面沉积物，而路面沉积物是径流最重要的污染源。路面径流中污染物主要为SS、COD、BOD_5、TN、TP、Pb、Zn等。影响公路径流污染物浓度的因素主要有4个方面：一是影响污染物来源和数量多少的因素，一般涉及交通状况，包括路面材料、交通量、各类车辆及其燃料类型、车辆行驶状况、路况、载货情况等；二是影响污染物积累的因素，主要与天气状况有关，包括降雨强度、降雨量、降雨历时等因素，降雨强度决定着淋洗路面污染物的能量大小，降雨量决定着稀释污染物的水量，降雨历时决定污染物在降雨期间累积于路面的时间长短；三是与公路周围土地利用状况有关，公路周围土地利用及与地理环境特征相关的非道路活动，决定着非道路污染源在路面的沉积状况；四是与路面养护有一定关系，比如路面清扫的频率及效果也影响晴天时在路面累积的污染物量。

值得重视的是，运输车辆的化学品泄漏物质会通过路网到达沿途的水源地附近或敏感的生态系统中，使道路两侧、地下水和附近水生生态系统由此成为这些混合污染物的主要接纳区，从而引起水体的质量下降或造成严重污染后果，故必须对此严加防范。

第四节 公路对植被的影响

公路建设不仅使原有的土壤遭到毁坏或劣化，而且使工程范围内的林地、农作物、草地植被也随之消失，因此完全改变了原来地表的植被覆盖，致使原有的植被群落结构发生重大改变，导致生境条件退化，生物多样性减少，造成生态系统发展中的不连续性、不平衡性，甚至不可逆性。

一、公路对植被的直接影响

公路建设对植被的直接影响是直接干扰植物生长环境，主要包括3个方面：一是公路工程永久性占用土地，造成公路路域内大面积原生植被彻底消失；二是公路运营期间,受车辆污染物排放的影响,加之工程设施运行及交通活动等的作用,公路两侧植物的生长受到不同程度的影响;三是临时性用地土壤层破坏,使地表土资源受损,地表裸露面积增加,导致其对风力、水力作用的敏感性增强,稳定性下降。其中,公路建设导致原生植被消失是最为严重的影响,因为原生植被是自然的生态系统类型,具有十分稳定的系统功能,是区域生态系统的重要标志,对区域生态系统有着举足轻重的作用。

此外,由于选线需要,公路可能会通过自然保护区、草原、湿地、森林、河流、湖泊等,公路建设和运营期产生的各种污染物都会对路域环境的植物生长和繁殖产生不同程度的影响,引起公路路域范围内的生态环境发生较大变化,并导致当地部分植物种群随之发生退化等现象,其种群数量、种类等也会发生相应的变化,甚至导致部分物种消失,影响生态系统的平衡性和稳定性。

二、公路对植被的间接影响

公路建设及交通活动会影响植物的生理生态特征。例如,道路扬尘附着在植物叶片表面,会阻塞叶片的气孔,降低植物的光合作用、呼吸作用和蒸腾作用,导致植物体生产力和抗病能力下降;车辆运输过程中排出大量不同污染物的尾气,这些污染物会导致叶片失绿,严重时还会使细胞破裂,抑制植物的生长发育;重金属和有机化合物常常吸附在灰尘、土粒和沙子表面,随水流进入土壤内部后,被植物吸收,影响植被生长发育。

公路建设及交通活动会改变路域植物群落的空间分布格局。公路一方面改变了地方物种与外来物种的空间分布格局,并且形成边缘生境,使得植被的空间形态发生变化。公路的这种分割作用使植被的空间分布形成"生境岛屿化",其阻隔作用限制了某些物种的生长,造成种群数量减少,物种退化。对于公路建成后实施的生态修复工程措施,虽促进了新的群落先锋种、建群种和优势种的形成,但因群落发生演替,类型也随之发生改变。此外,公路建设会造成非生物环境和植被分布的空间异质性,对各种原生植被的破坏,导致路域植被的水平和垂直结构趋于简单化,并进一步影响群落物种多样性和群落稳定性。

另一方面,公路也可能成为外来物种入侵的通道。由于大量本土生物因丧失生存环境而消失,而外来生物可能因适宜该类型生境而顺势侵入,这为外来物种创造了有利的入侵条件,使其能够在公路生境中生长和传播,加之路域生境为开敞的全日照生境,故对喜光、耐旱阳性植物的入侵和定居提供了有利条件,即使尚存部分原物种,也可能因竞争能力低下而从群落中消失殆尽。

三、形成裸露边坡

公路建设工程往往需要对所穿越的沿线地形进行大规模的填方挖方及山体切割，从而形成无植被覆盖的裸露边坡，这些边坡又对路域生态系统产生十分重要的影响。

对于填方边坡，一般是由取自别处或就地的土石材料压密而成，坡面是新生成、无植被的。如果在填筑边坡表层时使用了较多当地表土的话，其中存留的植物种子对植被的自然恢复还可能有所贡献，而如果主要使用工程渣土来填筑边坡，植被的自然恢复则几乎不可能。

对于挖方边坡，通常仅在其边缘或部分坡顶处可能尚存少许原有植被，大面积的原有植被荡然无存。边坡上部如果开挖不深，表层土壤中原有植物残存根系、种子有可能发育成新的植被；而边坡中下部则往往是裸露的母质或母岩，土壤缺失、立地条件恶劣，致使植被的自然恢复根本不可能进行。

第五节　公路对野生动物的影响

公路所在区域原本覆盖着自然的原生植被，这吸引了许多野生动物进行活动，并成为其栖息地。然而在公路建设后，不仅原有的植被空间格局被打破，而且地形地貌、地表径流、水体循环和局地小气候等也发生了显著的变化，同时入侵进许多非本地的植物物种，这使得原生野生动物的生存环境发生重大改变，并对原生动物的生存和繁殖具有直接、长期的胁迫作用，使它们的生活习性和活动规律及范围发生变化。

一、公路的接近效应

所谓接近效应，意指公路越接近野生动物，野生动物生境受到的影响越大，从而影响野生动物种群数量的增加。公路扩大了人类的活动范围，但这对野生动物的保护极为不利，对野生动物的生存构成严重干扰甚至产生巨大威胁。公路建设破坏了森林、草地、湿地等，使自然生态系统的区域减少，直接破坏了野生动物栖息地环境。另外，公路施工活动范围的增大压缩了野生动物的活动范围，占用了动物栖息地，造成一些动物的非规律迁徙，影响区域生态平衡。

二、公路的动物致死效应

公路的动物致死效应主要表现为公路施工区域内的动物死亡和道路交通致死，二者使得动物的数量减少。公路施工期间，公路建设会直接造成施工区内土壤动物、爬行动物以及鸟类的死亡。同时公路建设还会改变施工区域的物理环境，引起地貌、径流的变化，从而干扰野生动物的生活习性，间接地造成动物数量的减少。公路运营期间，高速公路经常发生野生动物穿越道路而被撞死或致残的事故，这都是由于行车速度快，行驶密度大所致。造成交通致死的因素包括公路的交通流量大小、车辆速度、动物习性等。由公路交通事故造成的动物死亡数量一般会随着交通流量的增加而增加。

三、公路的阻隔效应

公路对生物来说，尤其是对地面的野生动物来说，它是一道屏障，起着分离与阻隔的作用。公路的分割使得景观破碎化，将自然生态环境切割成孤立的小块，即孤立生境。这不仅使野生动物的生活区域变小，使其生存需求难以满足，而且也阻断了物种之间的交流和动物的迁徙路线，严重干扰了野生动物的繁衍生息。

公路对生境的阻隔将对野生动物的迁移和基因流动产生不良影响，而减少的基因流动将导致形成小而孤立的种群，其又将受近亲繁殖和优势基因丢失的威胁。对一些边缘物种以及其他被吸引过来的动物而言，公路是一种"死亡陷阱"，会严重威胁到珍稀濒危物种的长期存活。研究表明，这种不良影响的主要因素为公路宽度、植被覆盖率、车流量以及动物自身习性等。长期的生境阻隔和隔离使野生动物活动范围缩小化、种群单一化、脆弱化，进而导致种群濒危甚至灭绝。

四、公路的动物回避效应

事实表明，由公路引起动物回避的生态效应已超过公路致死和公路引起的动物生境损失，成为影响野生动物的又一重要因素，人为干扰、噪音与视觉干扰、食物质量和数量等因素会影响近道路栖息地的面积大小和质量，从而导致动物主动回避公路。研究发现，距离公路100 m范围内，很少有对干扰敏感的动物在此栖息。调查发现在邻近高速公路的区域，鸟类密度和多样性明显下降，表明了鸟类对交通的回避具有很强的主动性。对大型哺乳动物来说，人为干扰与交通活动引起的回避效应更为显著。

五、公路对野生动物的间接影响

如前所述，公路建设及运营活动可对路域生态系统中的非生物成分（如小气候、水环境、大气、噪声、固废、土壤）造成不同程度的干扰。由此可造成野生动物的生境损失和生境退化。公路施工中产生的弃渣和垃圾会影响动物的活动场所，在降雨、地下水的物理化学作用下进一步造成水资源污染；施工机械以及通行车辆产生的噪声、废气等同样会污染野生动物的生存环境，降低其生存环境质量，影响动物的繁衍生息。而公路边缘这些非生物因素将会进一步影响野生动物的群落动态以及生态系统的结构和过程。公路建设及运营对生境产生的这些负面影响，会随着不同因子的影响距离而不同，有时其可能导致的生境退化范围会超过公路表面面积的10倍。研究表明，交通噪声直接影响鸟类的交流、生活和繁殖活动，体型大、寿命长、繁殖率低、生境特异的动物对噪声干扰反应更为敏感。虽然噪声在短期内不会对动物的生理产生较大的影响，但是如果动物长时间生存在噪声环境中就容易引起生理胁迫或生理紊乱，例如出现烦躁不安、听力减弱或丧失、睡眠障碍、恐惧人类、种群变化、遗传基因变化等反应。

第六节 公路对自然景观的影响

公路是景观生态学意义上的一种廊道类型。作为人工干扰廊道，公路不仅对周围的生态环境造成影响，而且还以网络分割的形式改变了自然景观的结构、格局与过程，造成生境破碎化，使得整个景观的连通性降低，阻碍自然生态系统间的物质和能量交换以及相邻景观间的物种迁移。公路建设及运营对自然景观的影响主要表现在两方面：一是对自然地表景观的影响，二是对周边景观环境美学价值的影响。前者主要是公路工程对自然景观的切割和破碎化影响，后者则是公路本身形成的人工景观与沿线文化景观美学资源的互动影响。

一、公路对景观环境的影响

公路建设本身就是向自然景观中嵌入人工景观而形成新的景观，并通过土地利用、土地覆被的改变使原来的自然景观格局及其连续性发生变化。公路的影响从对自然环境因素改变到对生物的影响范围改变，成为影响公路沿线景观格局的主要驱动因素。

农业、林业、牧业、交通等均为土地利用活动，而耕地、林地、草场、道路等则属于土地覆被的范畴。土地利用变化导致土地覆被的变化，从而影响区域或景观范围内的环境动态。这种景观范围的环境变化包括两个层次的变化：系统性的变化和累积性的变化。前者指景观动态，而后者指局部小区域的变化，但其累积效果则会影响整个区域或景观范围的环境现象，如植被变化、土壤侵蚀、生物多样性减少、水质和水环境变劣等。

公路建设对土地利用、土地覆被变化的影响主要表现在3个方面：一是因工程占地使土地利用方式直接转变，这种大型的人工廊道的嵌入导致了原有景观的破碎化加剧，缀块间的物种、物质的交流受到严重的阻抑，加之公路施工造成的不同程度的环境污染、生态损害以及运营上的需求，也将迫使一部分土地利用类型发生改变；二是由于公路建设工程会产生显著的社会经济效应，公路沿线的配套性、经营性用地的斑块数量将密集增加，斑块的平均面积也明显增大，使其在公路交通沿线呈带状分布、在公路交通网的结点处空间集中的特征；三是在公路交通网的结点处，城镇化建设进程加快，大量人口的涌入聚积以及第三产业的发展，使土地产品需求不断增长，从而改变周边地区的土地利用方式，导致土地覆被发生区域性重大改变。

二、公路的廊道与分割效应

廊道是景观生态学中组成景观空间结构的主要元素之一，其结构特征主要包括宽度、组成内容、内环境、形状、连续性及其与周围斑块或基质的相互关系等，其主要功能相应可以归纳为生境（栖息地）、通道（导管）、过滤和阻抑作用以及作为能量、物质和生物的源和汇五类。廊道效应有流通效应和场效应（此处主要考虑公路的场效应），廊道的效应包括廊道本身及其辐射区域特征。

公路的廊道效应取决于其结构特征。公路工程以及形成的公路网是在自然景观中嵌入的大型人工廊道，一方面纵横交错的公路网将均质的景观分割成众多的岛状斑块，在一定程度上影响景观的连通性，阻碍生态系统间的物质和能量交换，导致物质和能量的时空分异，增加景观的异质性；另一方面，公路在增加景观破碎的同时，也可促进景观间的物质和能量交换，使系统更为开放，起着通道作用。公路的通道作用最明显地表现在交通运输功能上，这种物质与能量的时空位移相对大尺度生态系统的发展演变及生态平衡的影响是巨大的。公路对生态系统的分割包括地面上的机械分割和空间上的噪音分割。机械分割是由于公路路基和交通隔离工程对生态系统物质流的阻截、屏障作用；噪声分隔是汽车噪声、振动等对生态系统信息流的阻隔、误导作用。国外学者对43种鸟类的观察研究结果表明，交通噪声可能影响鸟类的繁殖率，噪声级的高低是影响鸟类繁殖密度的主要因素。

值得指出的是，虽然公路是一个人工干扰廊道，但与其他干扰廊道相比，它对沿线生态系统存在有利的一面，比如具有开放通道作用，在某些生物多样性匮乏的地区，通过与外界的连通，可成为生物多样性的重要庇护场所，从而使得物种不断丰富起来。从理论上而言，如果将公路两侧植被带加宽的话，其可成为重要的物种传播通道。虽然公路廊道对生态环境的负面效应日趋突出，但在公路建设过程中，人们可对其效应采取趋利避害的对策，尽量避免或减小不利的影响，以发挥其积极的作用和效能。

三、公路对景观格局的影响

公路建设对景观格局的影响是显著的、重要的，一是由于公路建设对地表植被的大量破坏，使景观环境要素发生变化，致使景观的结构、格局、过程发生变化；二是在景观系统中出现新的景观要素，增加了景观格局的破碎化，出现景观斑块面积减小，斑块类型和形状发生变化等；三是作为大型网格化构筑物，公路在景观相邻组分之间形成了一道屏障，可以对景观产生强烈的分隔效果，致使整个景观的连通性降低。此外，大面积裸露或由圬工构筑的挖方路堑、填方路堤边坡以及开山取石作业，破坏了山体的原生植被和自然地貌，对景观也产生一定的影响，导致景观破碎化，影响不同尺度的生态过程。公路对景观格局与功能的影响，实际上体现在对动物、植物生存及物种多样性的影响上，即公路建设可以通过直接的或间接的作用影响景观格局结构和动植物生存。

四、公路对环境视觉景观美学价值的影响

所谓的"环境视觉景观"，源于刘滨谊《现代景观规划设计》的景观三大元素组成论述，即景观包括视觉景观形象、环境生态景观、大众行为心理。其中，视觉景观形象主要是从人类视觉形象感受出发，根据美学规律，利用空间实体景观，研究如何创造赏心悦目的环境；环境生态景观主要是从人类的心理感受要求出发，根据自然界生物学原理，利用阳光、气候、动植物、土壤、水体等自然材料，研究如何创造令人舒适的良好的物理环境。这里的环境视觉景观泛指公路及沿线区域各种类别、形式的景观集合体，既包括公路本身形成的景观，也包括其周边的自然与人文景观，以及它们之间相互衬托、相互影响的空间氛围。"美学价值"是从生态系统的服务功能角度而言的。景观视觉环境对人的情感活动有重要的作用，深刻地影响着人们的美学倾向、行为取向以及生活方式。公路建设对视觉景观环境美学价值的影响涉及原有自然

景观的地貌、植被、水体、建筑以及现有人文社会设施等。人们将通过视觉、感觉对这些景观产生印象以及生理和心理的反应，从而形成综合感受效应，即"舒适感"。

公路建设在施工中将不可避免地破坏自然景观，损坏地表植被，影响自然地貌，还形成大量的裸露边坡，特别是在通过森林茂密的山区时，公路对自然景观的破坏最为严重，并且恢复重建的难度相当大。同时，公路线形的结构对自然生态系统又具有阻隔和破碎的作用，从而造成景观生态系统在空间上的非连续性。因此，为保持体现公路景观环境的美学价值，应从两个方面考虑：一是消除"负面影响"，即在公路规划选线时，应考虑如何避免对自然景观造成损害，全面保护沿线的景观美学资源；二是加强"正面影响"，即在工程设计阶段要做出详尽方案，使公路与周围美学资源相协调，并对路域景观进行再造提升，以充分体现路域景观美学的应有价值，为人们提供视觉上的享受和审美情趣上的满足。例如，在互通立交区、服务区、边坡、水体等区域实现：植物群落组合丰富，植被覆盖率高；自然景观保持较高的层次性、完整性；工程设施生态化设计，构筑物与自然、人文景观相协调。

第七节 公路对自然生态系统的影响

公路建设及运营除了对沿线环境产生强烈的扰动、影响，并通过物理、化学作用使得路域内土、水、气、热等非生物环境因子发生一系列变异外，同时还对自然生态系统产生不同程度的胁迫效应，使其结构及功能发生严重退化。但目前路域生态研究和公路生态建设多在"环境影响"以及水土流失、植被破坏、景观破碎、环境污染等问题的应对上，而以生态影响的视角关注公路建设对生态系统结构及功能的干扰尚有欠缺。故在此前所述公路环境影响的基础上，本节对公路建设所引发的生态系统结构及功能的变化进行概述，以认识这种"生态影响"的重要性。

一、生态系统的概念

地球上的生物十分庞杂，其中包括动物2 000万种以上，植物30多万种，微生物10多万种。这些生物通过新陈代谢不断与环境进行着物质的交换、能量的传递和信息的交流，从而引起环境与生物自身的变化。生物在长期的进化中对环境具有依附和适应性，但生物也不是被动的适应环境，生物也具有其本身独特的遗传特性。生物受到环境的影响，反过来又作用于环境。

一个生物物种在一定的范围内所有个体的总和称为生物种群；在一定自然区域的环境条件下，许多不同种的生物相互依存，构成了有密切关系的群体，称为生物群落。随着环境条件的千差万别，地球上出现了各种各样的生物群落（如森林、草原、荒漠等）。而特定的生物群落又维持了相应的环境条件。一旦生物群落发生变化，也会影响环境条件的变化。因此将生物群落与周围非生物环境的综合体，称之为生态系统，也即生命系统和环境系统在特定空间的组合。

生态系统的范围可大可小，大至整个生物圈、整个海洋、整个大陆；小至一个池塘、一块农田、一片草地、一处边坡，只要是生物群体与其所处的环境组成的统一体，都可视为一个生态系统。

二、生态系统的组成

任何一个生态系统都由生物组分和非生物组分（环境）两大部分组成。生物组分按照它们的营养方式和在系统中所起的作用不同，又可分为生产者、消费者和分解者，这三者构成生物群落。因此，一个生态系统应包括生产者、消费者、分解者以及非生物环境（无生命物质）四类组分。它们构成一个有机的统一体，相互之间按照一定的关系，不断进行物质与能量的交换，并在一定条件下保持着相对平衡。

（一）生产者

生产者主要是指能制造有机物质的绿色植物和少数自营生活菌类。绿色植物在日光的作用下可以进行光合作用，将无机环境中的二氧化碳、水和矿物质元素合成有机物质；在合成有机物质的同时，把太阳能转变为化学能并贮存在有机物质中。这些有机物质是生态系统中其他生物生命活动的食物和能源。生产者是生态系统中营养结构的基础，它决定着生态系统中生产力的高低，是生态系统中最主要的组成部分。

（二）消费者

消费者指直接或间接利用绿色植物所制造的有机物质作为食物和能源的异养生物，也应包括人类本身。主要是指各种动物，也包括寄生和腐生的菌类。根据食性不同或取食的先后可分为草食动物、肉食动物、寄生动物、食腐动物和食渣动物。按照其营养方式的不同，可分为不同的营养级，直接以植物为食的动物称为草食动物，是初级消费者；以草食动物为食的动物为肉食动物，是二级消费者；而肉食动物之间因是弱肉强食，由此还可分为三级、四级消费者。许多动、植物都是人类取食的对象，因此人类是最高级的消费者。

（三）分解者

分解者又称还原者，主要指微生物，也包括某些以有机碎屑为食物的动物和腐食动物。它们以动植物的残体和排泄物中的有机物质作为生命活动的食物和能源，并把复杂的有机物分解为简单的无机物归还到无机环境，重新加入到生态系统的能量和物质流中。分解者对环境的净化起着十分重要的作用，在许多污染治理过程中不可或缺。

（四）非生物环境

非生物环境包括碳、氢、氧、无机盐类等无机物质和太阳辐射、空气、温度、水分、土壤等自然环境。它们为生物的生存提供必需的空间、物质和能量等条件，是生态系统能够正常运转的物质和能量基础。

三、生态系统的结构与功能

（一）生态系统的结构

构成生态系统的各组成部分，各种生物的种类、数量和空间配置在一定时期均处于相对稳定的状态，使生态系统能够各自保持一个相对稳定的结构。生态系统的结构主要分为形态结构和营养结构。

1. 生态系统的形态结构

生态系统的生物种类，种群数量，种群的空间配置（水平配置、垂直分布），种群的时间变化（发育、季相）等构成了生态系统的形态结构。

2. 生态系统的营养结构

生态系统各组成部分之间，通过营养联系构成了生态系统的营养结构。表现在生产者可向消费者和分解者分别提供营养，消费者也可以向分解者提供营养，分解者又可把营养物质输送给环境，由环境再供给生产者。这既是物质在生态系统中的循环过程，也是生态系统营养结构的表现形式。不同生态系统的成分不同，其营养结构的具体体现形式也会有差异。

构成生态系统的各个组成部分，各种生物的种类、数量和空间配置，在一定时期均处于相对稳定的状态，使生态系统能够保持一个相对稳定的结构。

（二）生态系统的功能

生态系统中的能量流动、物质循环和信息传递构成了生态系统的基本功能。食物链（网）和营养级是实现这些功能的保证。

1. 生态系统中的能量流动

生态系统中全部生命活动所需要的能量均来自太阳。绿色植物通过光合作用把太阳能转变成有机分子中的化学能。当草食动物吃植物时，能量随之转移至身体内，当肉食动物吃草食动物时，能量又发生转移。最后由微生物腐解动植物残体归还到环境中。太阳能沿着食物链、食物网在生态系统中流动，维持了生态系统的能量平衡与物质转换。

2. 生态系统中的物质循环

在生态系统中不仅随时进行着能量的转换和流动，而且随时进行着各个组成间的物质循环。生态系统中的一切生物和非生物环境都是由运动着的物质构成的，并在地球长期的演化过程中建立起各种循环。其中，碳、氢、氧、氮、硫、磷等的循环是基本的物质循环；锰、锌、铜、钼、钴、钙、镁、钾等微量元素也构成了各自的循环，而与人类环境关系比较密切的主要有水、碳、氮三大物质循环。

3. 生态系统中的信息传递

在生态系统的各组成部分之间及各组分内部，在伴随着能量和物质的传递与流动的同时，还存在着各种信息的传递联系，而这些信息把生态系统连成一个统一的整体，并起着推动物质循环、能量流动的作用。生态系统中的信息传递有多种形式，主要有营养信息、化学信息、物理信息、遗传信息和行为信息传递。

四、公路对自然生态系统的影响

生态系统由生物组分和非生物组分构成，生物组分从高到低包括群落、种群和物种等多个层次，非生物组分则指对生物生长、发育、生殖、行为和分布有直接或间接影响的无机要素。在公路建设活动干扰下，非生物组分和生物组分都将发生改变，生态系统整体结构和功能特征也将随之变化。

（一）公路对生态系统结构的影响

1. 公路对非生物组分的影响

公路建设及运营对沿线环境产生强烈的扰动、影响，并通过物理、化学作用使得路域内光照、土壤、空气、温度、水分、无机物等非生物因子发生一系列变异，并出现水文格局改变、土壤侵蚀、水土流失、生境破碎、空气与水体污染等环境问题，从而减弱了对原有生物的支撑能力，植被生长状态、种类和分布都将因此发生改变。因前文对相关环境影响已做介绍，故在此不再赘述。

2. 公路对生物组分的影响

公路对生物组分的影响涉及野生动物和原生植被，因对前者的影响在前文已有详述，以下主要概述公路建设对路域植被的影响及变化。

植被是生态系统的重要生态因素，也是生态系统演替的主要标志。公路工程活动改变了生物赖以生存的环境条件，这势必会引发植被的物种组成、种群空间分布、群落结构及植被动态等一系列变化过程。

对物种而言，在工程初期，开挖作业直接破坏了一定的植物个体；在建设过程中，由于地形、地貌和植被覆盖的改变，可使局地小气候发生变化，生物个体某个发育阶段不能满足自身需要时，发育就此停止；在运营期间，汽车尾气排放则会对植物的生理及健康状况产生一系列的影响，如光合速率、蒸腾速率、受粉概率等指标发生变化，出现植物病虫害及改变冠层状况等。伴随着植物个体生长状况的改变，植被形态格局也发生变化，从而最终影响植被结构。

对种群而言，在公路形成的切割作用及其他干扰下，个体变化导致种群的分布和规模发生变化。公路建设前，若环境状况单一，每一个个体在种群领域内出现的机会相等，此时种群分布为均匀型；当公路建成从中穿过就造成了生境破坏和种群分割，植物会因公路附近生境的破坏和个体的消亡而主要集中在路网中心区域，此时种群向集群型发展。随着分布方式的改变，种群的规模也发生变化，表现为种群破碎并形成多个局部种群，导致种群规模和生境大幅缩小。公路运营产生的环境污染可使植物的生理功能丧失，从而导致了构成种群的个体数量减少或质量下降，最终也将影响种群规模。

对植物群落而言，公路建设及其干扰下的种群变化造成了群落结构、演替和稳定性的变化。工程活动会使群落发生次生演替，尤其是入侵种的大量进入，经过迁移、定居、群聚、竞争、反应和稳定等阶段，最后形成新的群落结构。次生演替的发生使路域乔木生物量降低，灌木和草本生物量增大，这将导致物种多样性降低、群落层次结构不明显等现象。此外，运营期车辆行驶释放的NO_x、NH_3可造成路域局地氮元素的富集，经过一定时间的积累、演变，使得物种组成与道路距离的增加呈现出一定的梯度性。

因此，公路建设及运营都对植被"个体—种群—群落"的空间尺度以及"植物生活史—种群动态—群落演替"的时间尺度上产生重要的影响。对植被的改变也直接影响了食物链网的基础组成，从而导致生态系统结构的稳定性发生变化。

表1-1以生物多样性降低为例，列举公路对生物组分影响的途径及主要原因。

表1-1 公路对生物组分的影响及原因

系统影响	种群影响	个体影响	主要原因							
			边沟	占用栖息地	生活范围缩小	环境要素变化	特殊生境的形成（声、光污染、药剂等）	交通事故	人为破坏	固废排放
生物多样性降低	现存种群减少或消失	死亡	✓	✓			✓	✓	✓	✓
		向其他地方移动（动物）		✓	✓					
	城市生物增加	城市生物由其他地区入侵				✓	✓			

（二）公路对生态系统功能的影响

公路建设及运营干扰下的非生物组分和各层次生物组分的变化是生态系统结构变化的主要原因。结构的改变引起功能的改变，公路建设及运营由此也对生态系统物质循环、能量流动和信息传递三大功能产生影响。

1. 公路对物质循环的影响

在公路建设及运营过程中，随着人类活动的加剧和车流量的增加，沿线环境中的CO_2、SO_2、NO_x等污染物的排放量不断加大，从而破坏公路原有环境中C、S和N的物质循环，使得参与循环的物质含量发生变化，并能通过改变沿线生境状态改变物质循环的方式。一般CO_2的增加有助于促进光合作用，可加速植物的生长；而SO_2一般起抑制植物生长的作用，NO_x对绿色植物的影响视植物种类不同而异。植被结构的变化影响到生态系统中的初级生产者，初级生产者的变化必将引起生态系统消费者和分解者的联动变化，进而影响到物质循环通道的组成及结构。

2. 公路对能量流动的影响

公路建设及运营对能量流动的影响主要是减少了流入生态系统中的能量，通常体现在以下几个方面。

（1）公路建设对植被的破坏降低了进行光合作用植物的数量和质量，这必然会对生态系统太阳能的吸收量产生影响，从根源上削减了生态系统对太阳能的利用率，工程施工及运营期间产生的粉尘覆盖在植物叶表,也减弱了植物对太阳能的吸收能力。

(2)永久性占地、物种多样性减少、土壤质量劣化及结构改变等,都会损失净初级生产量及总生物量,减少进入生态系统中的能量。

(3)工程活动造成的生态干扰会改变食物网结构,进而改变能量流动的通道,同样起到减少进入生态系统能量的作用。

3. 公路对信息传递的影响

公路建设对生态系统中植物信息流的影响主要是形成了新的信息势差。一般认为公路建设以前,其将要经过的生态系统是稳定的,此时系统内部的信息势差小,信息流弱。而公路建设过程中不可避免地会造成沿线生境的改变,空间异质性的加大造成了受影响区域与外界信息势差的加大,使得信息流增强。信息传递的影响对动物更为敏感,该影响包括对物理信息、化学信息和行为信息等方面的影响。例如,公路建设造成的机械噪声,将使动物对于声音信息敏感程度降低,造成动物用声音等物理手段传播信息的障碍;汽车排放CO_2、SO_2、NO_x等污染物的增加,可扰乱动物对于环境中气味信息的辨别;施工扬尘可造成能见度降低,则会影响动物的视力。

第八节 公路对水生生态系统(湿地)的影响

水生生态系统以多种不同的方式与周边的环境紧密相连,其健康状况取决于底质组成、结构、水文与水化学特征、水体与周边生态系统的联系以及水生态系统本身之间的连接等因素,这些因素关系到水生生物的生存、繁殖及其种群的稳定性。由于公路及路网建设具有点多线长的特征,通常难免与不同水域生态系统发生交割,故会通过影响水体与周边生态系统的物质交换等过程,对水生生态系统产生负面影响。本节以最为常见的湿地为例,阐述公路建设及运营对水生生态系统的相关影响。

一、水生生态系统及湿地

水生生态系统是地球表面各类水域(如湖泊、水库、江河、湿地、溪流等)生态系统的总称。水生生态系统中栖息着自养生物(藻类、水草等)、异养生物(各种无脊椎动物和脊椎动物)和分解者生物(各种微生物)群落。各种生物群落及其水环境之间相互作用，维持着特定的物质循环与能量流动，构成有趣的生境结构和完整的生态单元。

湿地是地球上水陆相互作用形成的一种独特的水生生态系统，其水位一般较低或接近陆地表面，是湿生、中生和水生植物，动物，微生物与环境要素之间密切联系、相互作用，通过物质交换、能量交换和信息传递所构成的占据一定空间、具有一定结构、执行一定功能的动态平衡整体。一般而言，湿地可分为海岸带湿地系统和内陆湿地生态系统，二者又可以进一步分为许多类型。根据地理分布及形成特点的不同，还可将湿地划分为滨海湿地、河口湿地、河流湿地、湖泊湿地、沼泽湿地等5种类型。湿地生态系统的组成要素包括生物要素和非生物要素两大部分，主要分布在陆地生态系统和深水水体生态系统相互过渡的地区。

湿地作为一种生态系统，其主要作用体现在以下方面。

（1）水文调控。湿地地势平缓，具有调蓄洪水的作用，包括蓄积洪水、减缓洪水流速、削减洪峰流量、延长水流时间等。在多雨或涨水的季节，湿地将过量的水储存起来，直接减少下游的洪水压力并为防旱蓄积，同时也通过减缓流速、沉积泥沙，从而减少下游侵蚀程度。

（2）污染物降解。湿地中储存了大量的化学、生物及遗传物质，由于可进行一系列物理、化学、生物过程，湿地可以通过沉淀、吸附、硝化和反硝化、生物转化和微生物分解等过程，去除、截留和降解污染物，从而净化水质。此外，湿地在地球化学元素循环中特别是二氧化碳、一氧化二氮与甲烷等温室气体的固定和释放中起着重要的"开关"作用，湿地碳的循环对全球气候变化具有重要意义。由于多数湿地的二氧化碳固定量都比甲烷释放量大10倍，因此多数天然湿地都是负性温室效应的。

（3）调节气候。湿地是重要的水源，它通过热量和水汽交换，使其上空或周围附近地带的空气的温度降低，湿度增加，地温降低，使其周围的气候相对温和、湿润。湿地可持续不断地向大气输送大量水汽，可使区域降水量增加，降低旱灾发生的频率和危害。

（4）保护生物多样性。湿地所处的独特的生态位，具有生物生产力，能够分解各类物质，为众多的动植物群落提供了复杂而完备的特殊生境条件，对野生动物的物种保存发挥着重要作用，故其是天然的基因库，在保存物种多样性方面具有重大作用。

（5）景观与经济价值。由于地理位置、环境、规模、形态以及生物构成上的多样性，湿地成为最富生物多样性的生态景观，其生态旅游功能独具优势。湿地还是发展经济用水和生活用水的主要来源，农业、渔业、牧业等产业在相当程度上要依赖于湿地提供的自然资源。

二、公路对湿地面积的影响

公路及路网建设具有点多线长的特征，由于湿地分布的广泛性，有时公路就不可避免地要穿越湿地。研究表明，湿地面积与物种丰富度有着密切的相互关系，而鸟类、两栖类、爬行类及植物物种的丰富度与湿地周围硬化道路的密度呈现负相关的关系。公路建设是一项大面积占地的开发活动，高速公路和一级公路平均每千米占地约80亩，若公路穿越湿地，就会使湿地面积减少，并以占地、阻隔、分割形式导致湿地生态系统的结构和功能发生变化。公路建设占地将湿地自然生境切割成孤立的块状，使湿地景观破碎化加重。分布地域的广泛性、连续性是湿地生态系统存在和长久维持的重要条件，对于保持生物、基因、水、营养物质、能量及用来形成并维持生境存在的物质流是极为关键的，而公路分割了湿地生物的活动领地，缩小了生境面积，大大降低了物种的丰富度，缩小了野生动物的活动区域，使之成为一个个单独的生境岛屿。由于缺乏与外界的物质、能量和遗传信息交流，因而导致湿地的结构破坏、功能退化、抗干扰性降低，同时湿地景观类型也随之丧失，特别是受影响后生态系统的恢复难度很大。

三、公路对湿地生态环境的影响

公路建设对湿地生态系统整体结构的破坏最为显著。由于公路的永久性阻隔，将自然生境切割成孤立的岛屿，并造成地表水及地下水径流方向改变，这对公路沿线湿地生态系统的结构、功能及生物多样性产生一系列不利影响，主要表现为部分穿越湿地的公路会改变湿地区域及流域水分布格局，进而改变植物群落分布，并会影响依靠湿地维持生命的各种迁徙物种，由此对湿地生态系统造成潜在和长期的影响，使其功能变得脆弱、不稳定和退化，而且恢复能力很差。

公路的阻隔与分割将自然生境切割成孤立的块状，即出现生境岛屿化，这使得生活在其中的生物难以在更大的范围内求偶与摄食，如一些两栖动物就不能穿越宽阔的公路。动物活动范围的缩小，可能容易造成种群变小，种间近亲繁殖率高，引起动物发育不良，抗病能力下降，甚至种群灭绝。另外，公路施工产生的弃土、废渣如果倾入湿地或周边区域，就会占据湿地动物的栖息和繁殖场所，使其不能正常取食、产卵，幼体不能发育，水生动物种类减少。

如前所述，公路建设施工会对空气环境质量造成一定的影响。同样地，施工引起的扬尘、工程机械与行驶车辆排放的废气等，也会对湿地生态系统产生直接或间接的影响。施工扬尘主要来源于石灰、粉煤灰、水泥、砂石等粉状材料的运输和堆放、混合料拌和以及施工便道扬尘等，废气的主要污染物为悬浮颗粒物、二氧化碳、一氧化碳、碳氢化合物及氮氧化合物等。湿地植物包括沼生植物、湿生植物和水生植物，施工期的扬尘落在植物叶面上，会影响这些植物的光合作用，进而影响其生长发育。在高浓度废气污染物的作用下，植物叶片将出现坏死斑或枯萎、脱落现象。在长期的低浓度废气污染物影响下，对植物生长会产生慢性危害，导致植物生长缓慢，对病虫害的抵抗能力降低。

公路在运营期对湿地野生动物的影响，主要表现在交通噪声和光污染上。交通噪声会破坏湿地生物的正常栖息、繁殖，可能会使某些动物远离或向别处迁徙，导致湿地生物种群数量减少、物种退化。有些动物，例如湿地珍贵鸟类易受频繁震动和噪声的影响，交通噪声可能影响鸟类的繁殖率。汽车的夜间灯光往往对湿地动物产生一定影响，因大部分湿地动物是昼伏夜出的，其已适应了黑暗的环境，夜间突然出现的强光会影响它们的视线，使其活动受到干扰或受到伤害。

另一方面，公路的开通使沿线地区的人流和物流强度增加，速度加快，同时也扩大了人类的活动范围，使人原本难以接近或难以进入湿地的情况不复存在，这对湿地生态系统干扰极为严重。此外，公路建设及运营引起的局部小气候的改变，使湿地生境变得劣化，也对湿地动植物的生存极为不利。

对于沿海湿地而言，公路建设阻碍了潮水向上游地区的流动，减少了盐分与养分的交换；使湿地地下水位下降并造成当地盐沼植物的损失；输往河口和海湾的碎屑会随之流失；造成贝类和迁徙鱼类的损失。在此基础上，对沿海生态系统也产生重要影响。

四、公路对湿地水环境的影响

公路建设期、运营期均存在污水排放问题。建设期排放的污水主要是施工人员的生活污水和施工废水。生活污水的主要成分包括COD、BOD、氨氮、油脂、杂物等污染物，此外水中还含有一定数量的细菌、病毒和寄生虫卵。生活污水中一般不含有毒物质，但可能带有致病菌，以及可导致水体富营养化的氮、磷等元素。施工废水主要来源于施工中砂石材料加工与冲洗、混凝土浇筑与养护、机械设备冲洗和工程车辆冲洗等产生的废水。砂石材料废水的主要污染物为悬浮物，混凝土养护废水的pH值较高，机械设备冲洗和施工车辆冲洗废水中主要含有石油类、悬浮物或重金属等污染物。

高速公路沿线设置的服务区（停车区）基本都配有餐饮、住宿、加油、洗车、维修、公厕等服务设施，这些因公路运营而设立的附属设施都会产生一定排量的污水。而这些附属设施多处于远离城市的偏僻地带，附近缺少配套的市政污水处理系统，如果对生活污水不经处理直接排放，其中的各类污染物就会对周围环境产生严重污染。这些污染物如果直接排入湿地，将造成湿地水质恶化，其对湖泊、水库等缓流水体以及鱼塘等滞留水体的影响尤为突出。当污染负荷超过湿地水体的自净能力时，湿地本身也会受到污染。湿地受到污染后，降解污染的能力就会降低，动植物生长便会受到影响。污染的湿地水质也影响其生物多样性，一些毒性物质还可引起水生生物的急剧死亡。

公路运输在路面上的抛洒物随降水形成路面径流时，会裹挟一些有害物质排入湿地，特别是许多污染物多为生物难于降解的物质，因此公路路面排水具有较高的污染强度，这种面源污染比固定的点源污染危害更大，范围更广。另外，道路的融雪剂——氯化钠对湿地的影响也很大。初步研究表明，在相对封闭的湿地系统，每年大量使用的融雪剂会使得水体的含盐量逐渐上升，通过累积发展过程，这将会对湿地生态系统产生重大的影响。公路运营期危险品运输泄漏或突发意外事故，也是导致湿地水环境污染的原因，污染程度严重时可对湿地水环境质量造成严重的破坏后果。

第二章 生态恢复理论基础及道路生态学

公路作为一种穿越范围大、区域广的长距离廊道，对沿线自然生态环境产生重大影响，不仅破坏生物栖息环境和增加地表景观的破碎化，而且对周边生态系统内部的物质循环、能量流动以及景观格局中物种的迁移产生一系列效应，从而使得生态系统结构、功能发生变化，导致生态系统受损、退化。

恢复生态学是关于生态恢复的新兴学科，它是传统的生态学理论与当今生态恢复与治理实践相结合的产物，其内容是为受损或退化生态系统提供恢复重建的科学依据、方法和技术支撑。为防止和减少公路建设及运营产生的环境污染和生态破坏，在公路建设的全程，包括规划设计、工程施工和运营管理等阶段，应以恢复生态学理论为指导，采取科学、系统的方法和手段，以"最大保护、最小影响、最快恢复"的原则，保护和恢复公路路域生态系统，提高路域生态环境质量。

第一节 生态学基础

生态学是研究生物体与周围环境相互关系的学科。随着多学科的介入和科学技术的发展，生态学的研究内容已经从传统的生物学分支学科，发展成一个综合的学科体系，并涉及生物对资源的可持续利用和生物与环境的和谐发展。其中生态学理论基础作为生态学中的重要部分，是指导生态恢复实践的基本理论依据，对于公路生态建设及生态恢复具有重要的指导意义。

一、生态因子理论

生态因子是指环境中对生物有直接或间接影响的环境要素，它们在性质、特性和强度方面各有不同，彼此之间相互制约，构成了生物生存所不可缺少的环境条件。所有生态因子构成生物的生态环境，其对生物的作用是多方面的，既可影响其生长、发育、消亡，又可影响其分布和扩散。

（一）生态因子的概念

在生态学中，环境（Environment）是指某一特定的生物体或者生物群体外的空间以及直接或间接影响该生物体或者生物群体生存和活动的一切外部条件的总和。生态因子（Ecological Factor）是指环境中能对生物的生长、发育、繁殖、行为和分布有直接或者间接影响的环境因子，如温度、湿度、氧气、二氧化碳和其他相关生物等。所有的生态因子构成生物的生态环境（Ecological Environment），生态因子是环境因子中对生物起作用的因子，而环境因子则是生物体外部的全部环境要素。按照有无生命特征，生态因子可以分为生物因子（Biotic Factor）和非生物因子（Abiotic Factor）；按照生态因子的性质可以分为气候因子、土壤因子、地形因子、大气因子、人为因子；按照稳定性及其作用特点，生态因子可以分为稳定因子和变动因子两大类；按照生态因子对动物种群数量变动的作用，可分为密度制约因子和非密度制约因子。

（二）生态因子的作用特征

环境与生态因子所起的作用主要体现在综合性、主导性、不可替代性和补偿性、阶段性、限制性、直接性作用和间接性作用等方面。

1. 综合性

各个生态因子不是独立发挥作用，而是相互联系、相互影响、相互制约，环境中任何一个单因子的变化，必将引起其他因子发生不同程度的变化。

2. 主导性

主导因子的改变常会引起其他许多生态因子发生明显变化，或使生物的生长发育发生明显变化。

3. 不可替代性和补偿性

任何因子都不能由另一因子完全替代。但在一定条件下，某一因子在量上不足，可以由其他因子的增加或者加强而得到补偿。

4. 阶段性

在不同发育阶段，生物需要不同的生态因子或某一生态因子的不同强度，因此，生态因子对生物的作用是有阶段性的。

5. 限制性

生物的生存和繁殖依赖于各种生态因子的综合作用，其中任何一种生态因子只要接近或者超过生物的耐受性极限而阻止其生存、繁殖和扩散的因素，就成为这种生物的限制性生态因子。

6. 直接性和间接性作用

生态因子对生物的行为、生长、繁殖和分布的作用可以是直接的，也可以是间接的。

（三）生态因子分类

一般把生态因子分为生物因子和非生物因子两大类。前者包括生物种内和种间的相互关系，如捕食、寄生、竞争和互惠共生等；后者主要包括以下因子。

1. 气候因子

气候因子包括光照、温度、降水等。根据各因子的特点和性质还可再细分为若干因子。如光照因子可分为光强、光质和光周期等，温度因子可分为平均温度、有效积温、节律性变温和非节律性变温等。

2. 土壤因子

土壤因子是气候因子和生物因子共同作用的产物，其物理（质地、厚度、结构、湿度等），化学（pH、矿物质、有机质等）和生物（植物根系、微生物、肥力等）性质直接或间接地影响生物的生长。

3. 地形因子

地形因子涉及海拔高度（高原、山地、平原、低地等），经纬度，边坡的坡度和坡向等，通过地形的变化影响气候、土壤等，间接地影响植物的生长和分布。

4. 大气因子

大气所提供的氧、氮、碳等是生物生存的生命元素和营养元素，大气组分的失衡将影响其他生态因子，如二氧化碳、甲烷等可产生温室效应。另外，风是大气对流的主要形式，具有重要的生态作用，其可以促进花粉传播，有利于生物基因交流。

5. 人为因子

人为因子主要指人类对生物资源的利用改造活动对生态环境的直接或间接的影响。单独将人为因子从生物因子中分离出来，是为了强调人对生物作用的特殊性和重要性。

（四）生态因子作用原理

不同类型的生态因子在环境生态系统中的地位和作用有所不同，如一个区域的环境生态特征（水文特征、植物所属区系、土壤类型等）主要由气候因子所制约，是因为气候条件决定了一定范围区域内的水热条件，而水热条件的差异则形成了不同的植被和土壤条件。各类因子在生态环境中所起的作用及其相互制约关系又衍生出以下原理。

1. 主导因子原理

自然界中众多生态因子都有自己的特殊作用，每个因子都对生物产生重要影响，同时也与其他因子相互关联、相互作用，所有因子构成一个复杂的生态环境系统。但是，对生物起作用的众多因子并非是等价的，其中必有一个或少数几个是起支配性、决定性作用的因子，它的改变会引起其他生态因子发生变化，使生物生长发育受到影响，这种因子称为主导因子。但生态因子的主次地位也不是一成不变的，在一定条件下可以发生转化，处于不同生长时期和条件下的生物对生态因子的要求和反应有所不同，某种特定条件下的主导因子在另一条件下可降为次要因子。例如，以水分为主导因子，植物可分为水生、中生和旱生等生态类型；当进行光合作用时，光强是主导因子，温度和二氧化碳为次要因子；进行氧化作用时，温度为主导因子，湿度和通气程度是次要因子。

主导因子原理在生态系统的恢复和重建进程中至关重要，往往决定着生态恢复的成败或效果，同时也决定着生态恢复的速度。对于气候较为干旱的我国北方地区，影响裸露边坡生态恢复的主导因子是气候因子。

2. 限制因子原理

生物的生存和繁殖依赖于各种生态因子的综合作用，其中任何一种生态因子只要接近或超过生物的耐受性极限而阻止其生存、繁殖或扩散，就成为这种生物的限制因子。限制因子强烈地制约着生态系统的发展，在系统发展过程中往往同时有多个因子起限制作用，而且因子之间也存在相互作用。限制因子是相对于该因子对生物的影响结果而言的，如果一种植物对某一限制因子的耐受范围很宽，而且这种因子又非常稳定，那么这种因子就不太可能成为限制因子；相反，如果一种植物对某一因子的耐受范围很窄，而且这一因子又易于变化，那么这一因子就很可能是一种限制因子。通常有两种因子最容易起限制作用：其一为生物体生存必需而环境中含量很低的物质和元素；其二为生物体对其耐受范围狭窄而在环境中容易变化的因子。

限制因子原理对于生态恢复具有重要指导意义。当一个生态系统被破坏之后进行恢复会遇到许多因子的制约，如水分、土壤、温度、光照等。因此在生态恢复设计时必须找准关键性限制因子。例如，在降水偏少的我国北方地区，主要的限制因子就是水分条件；对于降水较多的我国南方地区而言，主要限制因子是土壤肥力条件；在岩质边坡上进行植被恢复时，必须首先从土壤这一限制因子出发，在坡面上敷设土壤基质，以提供植物生长环境，此外还需要考虑水分这一限制性因子。在边坡生态恢复过程中，各种生物的和非生物因素的作用都至关重要，特别在植物演替的早期阶段，因无充分的土壤、有机质及N、P等营养元素的积累，温度、水分条件变化剧烈，这些特征都不利于植物的进入和定居。生物的种类较少，并且它们的生产力及其对环境因素的影响也都比较微弱，这时非生物因素对植被的演替过程的影响有可能更大。所以，非生物因素在边坡植被恢复过程中的重要性应当引起设计者的重视。

3. 元素的生理生态原理

所有的生物有机体都由一定数量的化学元素组成，这些元素对于生物分子的构成至关重要，因而不管在何种组织水平上，有关元素的生理生态原理均有重要的意义，它包括两个定律。

（1）最小量定律。1840年，农业化学家利比希（Liebig）发现，植物生长并非经常受到大量需要的自然界中丰富的营养物质，如水和二氧化碳的限制，而是受到一些需要量小的微量元素，如硼的影响。他认为"植物的生长取决于那些处于最小量状态的营养元素"，这一概念被称为最小量定律。即生物生长基本的必需物质随种类和不同情况而异，在稳定的情况下，其所能利用的量紧密地接近所需的最低限度时，就起到限制作用，成为限制因子。也就是说，只有在所有关键元素都达到足够的量时，植物才能正常生长；生长速度受浓度最低的关键元素的限制；即使只有一种关键的元素没有达到足够的数量，植物生长也将停滞。该定律对退化生态系统重建物种的选定以及生境的改良有重要指导意义。通常在极度退化的生态系统进行植被恢复所采用的早期先锋植物种，均是对营养（包括光、温、水）的忍耐区间很大的种类。如将耐瘠薄、耐旱和耐热的灌木，如紫穗槐、火炬和刺槐等用于我国北方干旱地区的边坡生态恢复工程。

（2）耐性定律。生态学家谢尔福德（Shelford）于1913年指出，生物的生存、生长和繁衍需要依赖环境中的多种因子，而且生物有机体对环境因子的耐受性有一个上限和下限，环境因子的不足和过多都会使生物的生存受到限制，以致消退或生长不良。这一概念被称为耐性定律。耐性定律指出，对任何元素而言都存在着一个浓度范围，即忍耐区间。在这个范围内所有与该元素有关的生物生理学过程才能正常发生。因此只有在这个范围内，一定的生物种类才可能生存。在这个范围内，有一个最适浓度成为偏好浓度，在该浓度下代谢过程最快，当浓度低于忍耐区间下限则由于该元素缺乏而使有机体死亡；相反，当浓度超出上限时，则由于元素过量也会造成有机体死亡。在进行生态恢复与重建时，调查生物的忍耐区间和环境中该元素浓度是基础性的工作。

最小量定律仅提出因子处于最小量状态时可能成为限制因子，但事实上某个因子过量时也可能成为限制因子。如光照过度、温度过高时，同样会限制生物的生长、生存。因此，耐性定律不仅注意到因子量的过少，也注意到因子量过多的限制作用，较最小量定律而言，其内涵有所发展。

二、生态位理论

生态位是生态学中的一个重要概念，主要是指在自然生态系统中一个种群在时间、空间上的位置及其与相关物种之间的功能关系。自然群落中的物种、种群不是偶然的组合，而是生态上的协调与组合。每一种生物在生态系统中总是占有一定的资源和空间，其生态位的大小反映了种群的遗传、生物生态学特征。

生态位理论对生态恢复工程设计的主要指导作用在于：具有相同的生态位的物种过于集中，将会导致激烈的生存竞争而不利于生态系统的恢复与稳定，故应选择多个植物种群构建多层群落结构；利用不同生态位植物的有机残体、根系分布及其分泌物的理化性质的差异，促进土壤的发育，改善局部生态环境；应用生态位原理配置根系发达、错落交织的植物群落组成，利用根系的加筋、锚固作用，增强边坡表层土壤的抗侵蚀性。因此，生态恢复物种筛选时，应对相应自然条件下物种的生态学特点进行分析，确定相关植物在其环境中的适应性表现和相应的时空位置（生态位），同时分析物种间的共生关系，减少物种生态位的重叠，避免种群间的直接竞争，注意维持系统生物多样性，保证群体稳定。

三、生态适应性原理

在与环境的长期协同进化过程中，生物对生态环境产生了生态上的依赖，其生长发育对环境就有所要求，即产生了对光、热、温、水、土等方面的依赖性。如果生态环境发生明显变化，生物就不能正常地生长。研究表明，在原生裸地上最先出现的植被物种组成与裸地周围的植被密切相关，成功定居的物种一般都有适应裸地恶劣环境条件的生物学或生态学特征，如地衣和某些藻类等。一些高等植物在演替的早期能成功定居得益于它们和一些具有特殊功能的微生物存在的共生关系，如固氮细菌、菌根真菌等，这就是生态适应性原理的体现。因此，种植植物必须考虑其生态适应性，让植物生长在其最适宜的环境中。例如，有的植物是喜光植物，而另一些则是喜阴植物；一些植物适宜在酸性土壤中生长，而一些植物则在酸性土壤中无法生长；一些水生植物只能在水中生长，离开水体则不能成活。

在生态恢复工程设计时，应首先调查恢复区的自然生态条件，如气候条件、水文条件、土壤条件以及当地植被区系等，然后对备选恢复植物物种的生态学特性进行分析，根据恢复区立地条件选择适当的植物种类，使植物种类与环境生态条件相适应。对于立地条件极差的裸露边坡，则应尽量选用乡土植物进行植被恢复，这是因为其生态适应性符合当地立地条件和自然生长规律，更容易形成长期稳定的植物生态群落。

四、群落演替理论

植物群落是在一定生境条件下由某些植物构成的一个总体。一个植物群落为另外一个植物群落所取代的过程即为群落演替，演替是植物群落动态的一个重要的特征。群落的形成过程可简单地分为开敞或先锋群落阶段、郁闭未稳定阶段和郁闭稳定阶段。当一个先锋群落在裸地形成后，演替便开始发生。一个群落接着一个群落陆续不断地被另外的一个个群落所代替。植物群落总是由低级到高级、由简单到复杂的正向方向发展，最终演替为成熟、稳定的顶极群落。对于旱生植物演替来讲，其演替过程（干性演替）分为地衣植物阶段、苔藓植物阶段、草本植物阶段、灌木植物阶段、乔木植物阶段。其中从草本植物向灌木、乔木植物过渡中所出现的植物群落称为先锋群落，最终形成的以乔木植物为主的群落（郁闭稳定）称为顶级群落。一般而言，现有群落的外貌和结构也都是群落动态过程中某一阶段的具体表现，群落发展到最后会形成与环境最适应的顶级群落。

植物群落处于动态演替之中，它是生物与环境长期相互作用的结果。顶极群落表现为高度的复杂性和稳定性，它是恢复生态系统追求的目标。所谓"接近自然"的含义主要为：使地区群落的本源树种得到明显表现，使之接近自然发生，一方面是通过树种的保护和利用，恢复地带性植被，创造地方特色；另一方面是依据群落演替原理，运用人工干预、调控手段，构建人工植被群落，如混交林复合群落等。

群落演替理论是受损、退化生态系统恢复、重建的核心理论。植物群落演替理论与生态恢复的联系最为密切。该理论对公路生态恢复工程的指导意义在于因群落演替是有序进行的，这就要求在生态恢复和重建过程中要按照生态演替规律分阶段、分步骤地促进恢复演替。例如恢复退化裸露边坡，首先要引入外来草本先锋植物，使其快速定居、繁殖；随着草本植物的生长，土壤肥水条件得到不断改善，再引种栽培地带性优势灌木植物；随着灌木植物的不断生长、郁闭，先锋植物到后期开始衰败，致使草本植物群落逐渐演替为灌木植物群落。这样不仅有利于缩短坡面植被恢复时间，也有利于得到更好的生态恢复效果。

生态恢复工程中生态功能的再现是以恢复植物群落为基础的，初期的人工再造的植物群落，不是也不可能是最终的稳定的顶级群落，必然会沿着群落演替规律的方向发展。植物种群的选择和搭配必须考虑群落演替的动态变化，以及从初级群落向顶极群落演化过程中的变异和控制，并要预先制定一旦出现逆演替和退化现象时的养护、补救措施。

五、生物多样性原理

生物多样性是指生命有机体及其赖以生存的生态综合体的多样化和变异性。一般而言，生物多样性包括遗传多样性、物种多样性、生态系统多样性和景观多样性。保护生物多样性首先是保护了地球上的种质资源，而恢复生物多样性则会增加生态系统功能过程的稳定性。生物多样性高的生态系统具备较大的优势，如高生产力种类出现的机会增加、生态系统内能量流动和营养关系多样化且稳定、抗干扰和入侵能力强和资源利用率高，等等。物种多样性是群落稳定的一个重要尺度，物种多样性指数高的群落物种之间往往形成比较复杂的关系，植物链或植物网构成更加趋于复杂化。

生态恢复中的关键成分是生物体，生物多样性在生态恢复过程中具有重要作用。在遗传层次上要考虑对温度、土壤适应和抗干扰的品种；在物种层次上，要根据退化程度选择阳生性、中生性或阴生性种类并合理搭配，同时考虑物种的生态生物学特性，预测自然的变化、种群的遗传特性、影响种群存活繁殖和更新的因素等；在生态层次上，尽可能恢复生态系统的结构和功能，尤其是其时空变化。生态恢复系统的建群物种要丰富且适宜，种群单一化或简单化会导致生态系统稳定性下降，抗干扰能力下降；种群过多导致系统内生存竞争加剧，造成系统自组织能力降低，不利于植物群落健康演化。从公路生态工程实施效果可见，在坡面上建植单一草本植物、单一灌木植物与草灌木混交的植被恢复效果不一样。草灌植物结合的种植方式一方面具有成坪快、覆盖度大的特点，另一方面同时能在短期内形成比较稳定的保持水土、降低地表径流的植被群落，已证明这是有利于边坡生态恢复的植物配置方式。因此应提倡草、灌植物的组合建植，利用它们的各自特性加速坡面植物的生长、演替，并形成稳定的、近自然的植物群落。

第二节　恢复生态学基础

恢复生态学是传统的生态学理论与新兴的生态恢复与治理实践相结合而产生的，主要涉及对自然界的人为影响，是一门研究生态系统退化机理、恢复与重建机制和管理过程的科学，其兼有理论性和实践性，可为受损、退化生态系统恢复重建、为实现生态效益与经济效益的统一提供科学依据和解决方法。生态恢复实践为恢复生态学提供了理论发展的空间，而恢复生态学又为促进生态恢复实践提供理论指导。

作为生态学的一个分支，恢复生态学具有生态学的一般特征，并与生态学的基本理论、方法密不可分。大量工程实例表明，缺乏恢复生态学理论正确指导的生态恢复工程往往成功率很低。目前，恢复生态学在遵循传统生态学理论的基础上，强调三个新近发展的生态学理论，即人为设计和自我设计理论、干扰—稳定理论和阈值理论。

一、生态恢复的概念及特点

生态恢复的概念从不同角度对其有不同的表述。从广义上来讲，生态恢复是指根据生态学原理，针对在自然干扰或人为干扰下而退化的或受损的自然生态系统，通过一定的生物方法及生态工程技术，使其结构、功能以及生态学潜力尽快地、良性地恢复到一定的或原有的水平的过程。

生态恢复是相对于生态破坏而言的，生态破坏可以理解为生态系统的结构发生变化、生态功能退化或丧失，关系发生紊乱。生态恢复就是恢复系统的合理结构、高效的功能和协调的关系。生态恢复的本质就是使被破坏的生态系统有序演替的过程，这个过程使受损或退化的生态系统可能恢复到原先的状态。然而，由于自然条件的制约和复杂性以及人类社会对自然资源利用的取向影响，生态恢复并不意味着在所有场合下都能够或必须使被破坏的生态系统均恢复到原先的状态，其根本目的是恢复系统的必要功能并达到系统自我维持状态。

生态恢复的关键是系统功能的恢复和合理结构的构建，这是所有退化或受损生态系统恢复的技术目标。由生态学基本理论可知，生态系统包含不同范围、不同层次，只要是生物群体与其所处的环境组成的统一体，都可以视为一个生态系统。因此，生态恢复目标既适用于区域某一类型受损或退化系统，也适用于局部某一项具体的生态工程。生态恢复有如下特点。

（1）具有充分的自然生态系统背景。

（2）在被破坏、干扰后的受损、退化生态系统的基础上进行，恢复方法及手段有预定的科学依据；目标可以是将现状恢复到历史轨迹中的某一状态，并不一定将原有生态系统作为恢复的终极目标。

（3）采取了人为附加的生物工程措施，使受损或遭破坏的生态系统的演进过程比自然过程的时间大大缩短。

（4）目的不仅仅是建立一个在一定时间、空间尺度上自我维持的生态系统，而且要使该生态系统具备提供生态服务的功能。

（5）与艺术、美学有一定的融合和交叉，体现出人类有意识营造景观的意愿以及视觉审美需求。

因此，生态恢复的目标就是通过人工设计和恢复措施，在受干扰破坏的生态系统的基础上，恢复和重建一个具有自我恢复能力的健康的生态系统（包括自然生态系统、人工生态系统和半自然半人工生态系统）；同时，重建和恢复的生态系统在合理的人为调控下，既能为自然服务，长期维持在良性状态，又能为人类社会、经济服务，长期提供资源的可持续利用，即服务于包括人在内的整个自然界和人类社会。

二、恢复生态学理论基础

（一）人为设计和自我设计理论

人为设计和自我设计是唯一从恢复生态学中产生的理论，并在生态恢复实践中得到广泛应用。人为设计理论认为，通过工程方法和植物重建，可以直接恢复退化生态系统，但恢复的类型可能是多样的（人为恢复演替）。这一理论把物种的生活史作为群落恢复的重要因子，并认为通过调整物种生活史的方法可以加快群落的恢复。自我设计理论认为，只要有足够的时间，随着时间的进程，退化生态系统将根据环境条件合理地组织自己并会最终改变其组分，即强调生态系统的自然恢复过程以及自然界所充当的"设计师"角色。

这两种理论的不同之处是人为设计理论将恢复放在个体或种群层次上考虑，恢复的结果可能有多种；而自我设计理论的实质是强调生态系统的自然恢复过程，将恢复放在生态系统层次考虑，未考虑缺乏种子库的情况，其恢复结果只能是环境决定的群落。

（二）干扰—稳定理论

恢复生态学的主导思想是排除干扰、加速组分的变化和启动演替过程，使退化的生态系统恢复到某种理想的状态。干扰—稳定理论认为，在外来干扰因素（包括环境因子变化）的作用下，生态系统的正常功能和基本结构将发生改变，即物种组成、群落结构、生态功能与参照生态系统（未受干扰）间存在较大的差异，干扰作用的大小取决于类型、强度、频率和尺度；消除或减轻干扰因素后，生态系统将会回到原来的稳定状态或发展到另一个新的稳定状态；生态系统的稳定性与其弹性力（恢复力）和抵抗力有关，弹性力越大，则受干扰后恢复所需的时间越短；抵抗力越大，则在外来干扰或环境变化影响下发生的偏离程度越小。

干扰在生态学各个层次水平上都会发生并影响其他层次，其在不同层次上的机制、功能和效果各不一致。不同尺度、性质和来源的干扰是生态系统结构和功能改变的根本原因。干扰的后果既可能是积极的，同时更可能是消极的，积极的干扰有利于维持生物组分（生物多样性）和生态系统的总体稳定，消极的干扰将促进干扰作用的对象发生退化。在退化生态系统恢复过程中，不考虑干扰的影响会导致恢复计划的失败，最终影响生态系统的稳定性。生态恢复的目标就是寻求重建受干扰的生态系统的模式，维系生态系统的稳定性和健康发展，所以在恢复和重建受损生态系统的过程中必须重视各种干扰所产生的影响。

（三）阈值理论

阈值理论是恢复生态学的另一重要思想，它表明生态系统的演替是一个动态的过程，只要外界干扰不超过生态系统恢复的阈值，退化的生态系统就能自然恢复。阈值理论认为，生态系统退化并不是有序、渐进的过程，需要经过不同的亚稳定状态进行过渡，以达到新的稳定状态，这些过渡状态是生态系统对不同管理措施、环境因子的非线性或阈值响应。如果生态系统的退化程度未超过其生态阈值，消除干扰因素或退化诱因后，生态系统能够恢复到原来的稳定状态；一旦退化程度超过其生态阈值，消除干扰因素或退化诱因也不能使生态系统恢复到原来的稳定状态，必须通过增加外来干预或其他管理措施，使生态系统恢复到原来的稳定状态。例如，在亚热带区域，顶级植被为常绿阔叶林，在干扰的不断作用下，会逐渐退化为落叶阔叶林、针阔混交林、针叶林和灌草丛，每一个阶段就是一个阈值，每越过一个阈值，恢复代价就更大，尤其从灌草阶段开始恢复的代价会更大。

三、恢复生态学应用——退化生态系统的恢复与重建

生态系统是一直处于不断变化状态的，根据干扰—稳定理论，由于其抵抗力和恢复力，系统结构和功能可能在一定范围内波动，但不会因为外部干扰而发生大的变化。当在自然或者人工干扰下，如果生态系统的结构和功能发生了位移，形成破坏性波动或恶性循环，就需要通过人为调控，即进行生态系统的重建或恢复，以使生态系统重新具有必要的功能以及自我维持能力。

（一）恢复方法

受损生态系统恢复方法主要有以下两种模式。

（1）当生态系统受损但压力未超过负荷并在可逆情况下时，解除干扰和压力后，生态系统可在自然过程中恢复；

（2）当生态系统受损压力超负荷，并发生了不可逆转过程时，仅靠自然过程很难或不可能使系统恢复到初始状态，必须加以人为干预促进才能得以恢复。

由于不同受损生态系统存在着地域差异性，加之外部干扰类型和强度不尽相同，所表现出的形态、阶段、过程及其响应机理各不相同，因而对其的恢复（人为干预）方法往往也会有所不同。但对大多数受损生态系统而言，基本上需要涉及这几方面：非生物或环境因素（包括土壤、水体、大气）的恢复，生物因素（包括物种、种群和群落）的恢复，生态系统及景观（包括结构和功能）的总体规划、设计与组装。在生态恢复实践中，同一个恢复工程项目通常需要融合采用多种方法。

例如，对于公路边坡的工程创面来说，几乎是一种完全破坏的"零"状态生态系统，因立地条件严重恶化，很难自然恢复或者恢复需要相当长的时间，必须采取高强度的人工干预技术措施，才可能使边坡生态系统得以尽快地改善或恢复（图2-1）。

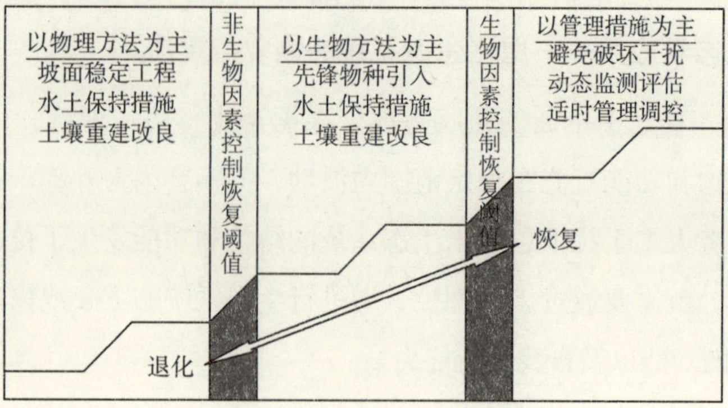

图2-1 边坡生态系统恢复方法示意图

（二）恢复目标及原则

虽然恢复生态学强调对受损生态系统进行恢复，但恢复生态学的主要目标仍然是保护自然的生态系统，因为保护在生态系统恢复中具有重要的参考作用，故保护自然生态系统是第一个目标；恢复生态学的第二个目标是恢复因人类活动而破坏或退化的生态系统，尤其是与区域经济社会发展密切相关的生态系统；第三个目标是对现有的生态系统进行科学、合理的管理，避免其退化；第四个目标是通过工程技术、生态技术，乃至是社会、文化要素的控制，实现生态系统的自我维持，促进区域文化的可持续发展；其他的目标还包括实现景观层次的整合性，保持生物多样性及保持良好的生态环境。

根据不同的社会、经济、文化与生活的需要，对不同程度的退化生态系统可以制定不同水平的恢复目标，但是无论对何种类型的退化生态系统，其基本的恢复目标大致相同，主要包括以下几个方面。

（1）实现生态系统的地表基底的稳定性，因为地表基底（地质地貌）是生态系统发育与存在的载体，基底失稳就不能保证生态系统的持续演替与发展；

（2）恢复植被和土壤，保证一定的植被覆盖率和土壤肥力；

（3）增加种类组成和生物多样性；

（4）实现生物群落的恢复，提高生态系统的生产力和自我维持能力；

（5）减少和控制环境污染，提高环境质量；

（6）增加植被景观的视觉和美学享受。

退化生态系统的恢复与重建需要在遵循自然规律的基础上，依据恢复生态学理论方法，通过人工干预等方式，根据技术上可靠适宜、经济上可行合理、社会上有利于可持续发展的原则，使受损或退化生态系统重新达到应有的功能和水平。

生态恢复与重建的原则通常包括自然法则（地理学、生态学、系统学等），社会经济技术原则（可行性、可控性、有效性等），美学原则（绿色、健康、愉悦等）3方面。自然法则是生态恢复与重建的基本原则，只有遵循自然规律的恢复与重建才是真正意义上的恢复与重建；社会经济技术条件是生态恢复重建的支撑保障，在一定程度上制约着生态恢复重建的功能、水平与深度、广度；美学原则是指退化生态系统的恢复重建为人们的工作、生活环境提供美学价值。

第三节 景观生态学基础

恢复生态学的主导思想是通过排除干扰、加速生物组分的变化和促进演替过程，使退化的生态系统恢复到一定结构、功能及状态。但通过大量的生态恢复实践发现，其方法在实施恢复的初期阶段有显著效应，而随着时间推移和过程延续，出现一些不可持续的问题，原因不仅仅在于工程技术方法的制约，更重要的是没有从景观格局的配置、时间与空间尺度来考虑生态恢复的设计，也没有在景观水平利用生态系统的整合性来保护生态系统，以至于造成恢复过程的失效甚至失败。而景观生态学的理论、方法与恢复生态学有所区别，它注重人类活动对空间格局、生态过程与空间动态的影响，以及退化生态系统和景观的保护与重建，故其也成为生态恢复的重要理论指导。

一、景观生态学基本概念

"景观"通常可理解为对自然风光和景色的直观感受，但从不同学科角度有不同的含义：美学上，是指人们对各种地表景象的综合直观的视觉感受；地理学上，主要是指地球表面由自然要素以及人文要素组成的地理综合体，关注的是景观要素（地貌、气候、土壤、植被等）特征和景观形成过程；生态学上，是指空间上有相互作用的若干生态系统聚合而构成的异质性区域，其具有尺度性、异质性、地域性、空间性、综合性等特征。景观生态学是研究景观单元的类型组成、空间格局及其与生态学过程相互作用的综合性学科，是地理学中景观学与生态学之间的新兴交叉学科。

20世纪60年代，景观生态学起源于欧洲，联邦德国、荷兰、捷克斯洛伐克成为当时的三大景观生态学研究中心。2003年召开的以"生态恢复、设计与景观生态学"

为主题的第15届国际恢复生态学大会,正式将景观生态学与恢复生态学联系起来。大会强调生态恢复应归类于工程设计的领域,而且所考虑的不能局限于物理设计,必须以人类的需求和美学为原则,同时也不能违背基本生态学原则。景观生态学强调异质性、重视尺度性、关注综合性,具有景观综合、空间结构、宏观动态、区域建设、应用实践等主要特点。

二、景观生态学基本理论

景观生态学基本理论一般包括耗散结构与自组织理论、等级理论、时空尺度理论、空间异质性与景观异质性理论、景观空间格局理论、景观连接度理论、复合种群理论、岛屿生物地理学理论、边缘效应理论、干扰理论等。以下简要介绍其中的几种理论应用。

(一)时空尺度理论

时空尺度一般是指对某一研究对象或现象在时间上或空间上的量度,即客观实体的变化过程或测量它们的时间或空间坐标。在生态学研究中,对同一过程采用不同的观测尺度会得出不同的结果,因此时空尺度理论在生态学研究中逐渐得到重视。

尺度,因其特征固有性和规律性,可分为测量尺度和本征尺度。测量尺度是一种研究手段,本征尺度则是研究对象。尺度研究的根本目的在于通过适宜的测量来揭示和把握本征尺度中的规律性。景观生态学研究就是通过获取不同时间维和不同空间维上的尺度信息,来获取景观生态研究对象的主要特征、变化规律等。

在景观生态学中,尺度用粒度和幅度来表达。粒度又可分为空间粒度和时间粒度:空间粒度是景观中最小辨识单元所代表的特征长度、面积或者体积;时间粒度是指某一特定事件发生的频率或者事件间隔。幅度是研究对象在空间或者时间上的持续范围和长度,较之对幅度变化的研究,目前对粒度范围变化,即所谓"时空尺度"的研究更为广泛和深入。

时空尺度理论认为,生物系统是各种时间和空间上相互作用的过程组成的复杂系统,没有"单一正确尺度"可以描述整个系统的行为;时间和空间尺度是具有关联性的,广空间尺度具有较慢的变化速率(低频率),细空间尺度具有较快的变化速率(高频率);随着尺度的细化,新的细节将出现,用于描述系统的变量将增加;在细尺度上的动态过程,在广尺度上可能成为平衡过程;时间尺度不变时,空间尺度增加将增加系统可预测性;空间尺度不变时,时间尺度增加将减少系统可预测性。

由于景观处于生态系统之上、大地理区域之下的中间尺度，许多土地利用和自然保护问题只有在景观尺度下才能有效地解决，全球变化的影响及反应在景观尺度上也变得非常重要，因而研究不同时间和空间的景观生态过程十分重要。在生态系统尺度上可揭示生态系统退化发生机理及其防治途径，研究退化生态系统生态过程与环境因子的关系等。退化生态系统的恢复可以分尺度研究，在区域尺度上可研究退化区生态景观格局时空演变与气候变化和人类活动的关系，建立退化区稳定、高效、可持续发展模式等；在景观尺度上可研究退化生态系统间的相互作用及其耦合机理，揭示其生态安全机制以及退化生态系统演化的动力学机制和稳定性机理等。对于退化生态系统的恢复研究在尺度上可以从土壤内部矿物质的组成扩展到景观水平，多种不同尺度上的生态学过程形成景观上的生态学现象，如矿质养分可以在一个景观中流入和流出，或者被风、水及动物从景观的一个生态系统转移到另一个生态系统而重新分配。

（二）空间异质性和景观异质性理论

异质性在生物系统的各个层次上都存在。空间异质性是指系统或者系统属性变异的程度，生态学过程和格局在空间上分布的不均匀性和复杂性，也可以认为是空间斑块和梯度的总和。景观异质性是景观重要的属性之一，其是指景观尺度上景观要素组成和空间结构上的变异性和复杂性。

在景观尺度上，空间异质性包括空间组成、空间构型和空间相关三方面的内容。由于异质性同抗干扰能力、恢复力系统稳定性和生物多样性之间有密切联系，景观异质性程度高有利于物种共生，而不利于稀有内部种的生存。景观异质性不仅是景观结构的重要特征和决定因素，而且对景观的功能及其动态过程有着重要影响和控制作用，决定着景观的整体生产力、承载力、抗干扰能力、恢复能力以及景观的生物多样性。

（三）景观空间格局理论

景观空间格局一般指大小和形状不一的景观斑块在空间上的配置，景观格局是景观异质性的具体表现，同时又是各种生态过程在不同尺度上作用的结果。从景观异质性的内涵可得出，恢复景观是不同演替阶段、不同类型的斑块构成的镶嵌体，由这种镶嵌体结构中处于稳定和不稳定状态的斑块、廊道和基质所构成。运用景观生态学中"斑块—廊道—基质"这一模式，能进一步探讨退化生态系统的构成，可以定性定量描述这些基本元素的形状、大小、数目和空间关系，以及这些空间属性对景观中运动和生态流的影响。

1. 斑块

斑块也称为"缀块"，是指组成景观的基本单元。斑块是在外观上不同于周围环境的非线性地表区域，可分为人工斑块和自然斑块。斑块内的物质能量与斑块面积大小呈正相关。物种最初随着斑块面积的增大而增加很快，但是这种增加会逐渐减慢，最终停滞；物种的丰度和种群数量也受斑块形状影响较大，同时也对穿越景观的动植物扩散和觅食影响较为广泛。斑块的数量和构型可以通过每种群落类型的斑块数目、斑块的大小、斑块的形状、斑块的起源和成因来确定。具体而言，斑块包括植物群落、湖泊、草原、农田、居民区等，因而其大小、形状、数目以及内部均质程度都会对生物多样性和各种生态学过程有影响。

2. 廊道

廊道是指景观中不同于两侧基质的狭长地带，它既可独立也可与某种类的斑块相连形成连续的条状生境。廊道可以促进生物体在残留生境斑块之间的迁移，增加局部种群间的基因流动，从而缓解生境破碎化的负面效应。几乎所有的景观都会被廊道分割，同时又被廊道连接在一起。廊道是线性的景观单元，具有连通和阻隔的双重作用，还能作为物种过滤器、物种栖息地以及对周围环境与生物产生影响的源的作用。廊道主要是在起源、宽度、连通性、弯曲度方面影响景观生态。廊道越直，距离越短，生物在景观中两点间的移动速度越快，同理，宽窄变化对生物迁移的速度也有重要影响。连通性也是作为廊道结构的主要度量指标。常见的廊道包括防风林带、河流、道路、峡谷、输电线路等，廊道常常相互交叉形成网络，使廊道与缀块和基质的相互作用变得复杂化。

3. 基质

基质也称为"基底"，是景观中范围最广、连接性最高的景观要素，在景观功能上起着影响能流、物流和物种流的作用，从整体上讲基质对景观动态具有优势控制作用。基质主要从相对面积、连接度、动态控制3个方面来进行判断：相对面积，是选择景观中相对面积较大的要素类型作为基质，通常基质面积超过现存的任何其他景观要素类型的总面积，其中的优势种即为景观中的优势种；连接度，是指某一景观要素连接得较为完整，并环绕所有其他现存的景观要素，这类基质就像不同的独立要素的"黏合物质"，使整个景观连通在一起，形成物理屏障、廊道和生物岛屿；动态控制，是指对景观动态控制的程度较其他要素大，具有显著的控制作用，动态控制的重要性通常大于相对面积和连接度。

（四）边缘效应理论

边缘效应，即指斑块边缘部分由于受外围影响而表现出与斑块中心部分不同的生态学特征的现象。斑块中心部分在气象条件（如光、温度、湿度、风速）、物种的组成以及生物地球化学循环方面，都可能与其边缘部分不同。许多研究表明，斑块周界部分常常具有较高的物种丰富度和第一性生产力。有些物种需要较稳定的生物条件，往往集中分布在斑块中心部分，故称为内部种；而另一些物种适应多变的环境条件，主要分布在斑块边缘部分，则称为边缘种。然而，还有许多物种的分布是介于这二者之间的。当斑块的面积很小时，内部-边缘环境分异不复存在，因此整个斑块便会全部为边缘种或被对生境不敏感的物种占据。显然，边缘效应与斑块的大小以及相邻斑块和基质特征密切相关。

三、景观生态学理论应用

斑块、廊道、基质是景观生态学的3个基本要素，点、线、面和网络则构成了它的基本空间单元。景观生态学是辨识公路建设生态环境影响及受损生态系统恢复和重建的另一个重要理论基础。作为线形的景观要素，公路建设必然会对其所经地区的景观环境产生直接影响。例如，其一，公路建设通过斑块和生境的切割，造成景观的破碎化并对某些过程产生隔离或者阻碍，例如对动物觅食、交配和通行造成阻碍；其二，公路及其沿线地段还是一些物质和物种扩散与传播的廊道，例如污染物破坏环境质量、外来物种的侵入等；其三，公路建设造成的景观结构和格局的变化，也会改变其沿线地区的水环境、土壤环境以及局部气候环境特征，这些生境条件的变化将进一步导致生物群落特征发生变化。由于景观变化所产生的生态影响具有滞后性，通常要经过一定时间的积累才能逐渐地显现出来，而且一旦形成损害后果，其治理或恢复的难度往往很大。因此，在公路建设对生态环境影响辨识过程中，获取景观数据并认识区域景观特征是不可缺少的研究内容。景观生态学理论为揭示区域生态现状，辨识景观结构变化的潜在生态影响提供重要的科学理论依据。在复杂的条件背景下，公路建设造成的生态影响必然是多途径、多类型的，而且在不同地区的具体表现也各不相同，即使是同一种生态问题类型，在不同区域表现的程度也不尽相同。因此，对于公路建设生态影响及生态恢复重建问题，要运用区域分异的特征，综合各种生态、社会和经济因子进行自然区划，为公路生态建设及管理提供理论和实践策略。

景观生态学理论用于指导退化生态系统恢复实践，如重建所要恢复的各种要素，使其具有合适的空间构型，以达到生态恢复的目的；通过景观空间格局配置构型来指导退化生态系统恢复，使得恢复工程获得成功。实践中经常出现恢复的早期阶段成效显著，但随着恢复过程的发展延续，许多新问题接踵而至，甚至最后前功尽弃的情况。一个重要的原因就是对景观格局的配置、时间尺度和空间尺度的忽视，没有在景观水平上利用生态系统的整合性来保存和保护生态系统，进行退化生态系统的恢复。由此可知，生态恢复应以生态系统为基点，在景观尺度上通过工程来进行设计与实践。景观生态学理论尽管尚处于发展之中，但其应用性很强，近年来在自然保护、路域生态恢复等方面得到了广泛应用和实践。

第四节 湿地生态学基础

湿地生态学是以湿地为研究对象，研究构成湿地生态系统的三大要素，即水、土壤和生物之间的相互关系的学科，其以湿地生态系统的结构和功能、各组分要素之间的相互作用、生态系统能量流动和物质循环、生态系统管理等为主要研究内容。随着我国公路建设规模的增大和路网的拓展，部分路段在选址、建设和运营过程中，穿越、占用沿线湿地的现象越来越多，由此对湿地生态系统产生的破坏作用不可忽视，故湿地生态学也是涉及湿地生态系统保护和恢复的重要理论依据。鉴于湿地是重要的生态系统类型，且其提供的生态系统服务价值位列各类陆地生态系统之首，本节以其为例介绍生态系统的服务功能，意在启发公路建设者注重对路域生态系统服务功能价值的开发和彰显。

一、湿地生态系统概述

（一）基本概念

湿地处于陆地生态系统和水生态系统之间的转换区，通常其地下水位达到或接近地表，或者处于浅水淹覆状态。湿地必须具有3个特点：至少是周期性地以水生植物生长为优势；基质以排水不良的水成土为主；土层为非土质化土，并且在每年生长季的部分时间水浸或水淹。

湿地生态系统是陆地与水域之间水陆相互作用形成的特殊的自然综合体。湿地包括了所有的陆地淡水生态系统，如河流、湖泊、沼泽，以及陆地和海洋过渡地带的滨海湿地生态系统，同时还包括了海洋边缘部分咸水、半咸水水域。全球湿地面积约有570万平方千米，约占地球陆地面积的6%。湿地同陆地、海洋相比面积相对小，但湿地生态系统支持了全部淡水生物群落和部分盐生生物群落，它兼有水域和陆地生态系统的特点，具有其特殊的生态功能，是地球上最重要的生命支持系统。因此，国际上通常把森林、海洋和湿地并称为全球三大生态系统。

（二）基本特点

湿地生态系统通过物质循环、能量流动以及信息传递将陆地生态系统与水域生态系统联系起来，是自然界中陆地、水体和大气三者之间相互平衡的产物。湿地这种独特生境使它具有丰富的陆生与水生动植物资源，是世界上生物多样性最丰富、单位生产力最高的自然生态系统。湿地在调节径流、维持生物多样性、蓄洪防旱、控制污染等方面具有其他生态系统不可替代的作用。

（三）基本特征

1. 生物多样性

由于湿地是陆地与水体的过渡地带，因此它同时兼具丰富的陆生和水生生态系统特点，形成了其他任何单一生态系统都无法比拟的天然基因库和独特的生物环境。湿地复杂、特殊的生境条件，对于保护物种、维持生物多样性具有难以替代的重要价值。

2. 生态脆弱性

湿地的水文、土壤和气候条件相互作用，形成了湿地生态系统环境的主要要素。每一要素的改变，都或多或少地导致湿地生态系统的变化。特别是水文条件，当受到自然或人为活动干扰时，会影响湿地生态系统的稳定性，进而使湿地生态系统发生变化。

3. 生产力高效性

湿地生态系统同其他任何生态系统相比，初级生产力较高。据报道，湿地生态系统每年平均生产蛋白质可达9 g/m^2，是陆地生态系统的3.5倍。

4. 效益综合性

湿地具有综合效益，它既具有调蓄水源、调节气候、净化水质、保存物种、提供野生动物栖息地等基本生态效益，也具有为工业、农业、能源、医药等行业提供大量生产原料的经济效益，同时还有作为物种研究和教育基地、提供旅游资源等社会效益。

5. 易变性

易变性是湿地生态系统脆弱性表现的特殊形态之一。水文决定了系统的状态，当水量减少至干涸时，湿地生态系统演替为陆地生态系统；当水量增加时，该系统又演化为湿地生态系统。

二、湿地生态系统结构组成

（一）湿地生态系统结构组成

湿地生态系统是湿生、中生和水生植物，动物，微生物，与环境要素通过物质交换、能量交换和信息传递所构成的，具有一定结构和功能的特殊生态系统。主要分布在陆地生态系统和深水水体生态系统相互过渡的地区。湿地生态系统的组成要素包括生物要素和非生物要素两大部分。湿地生态系统结构组成如图2-2所示。

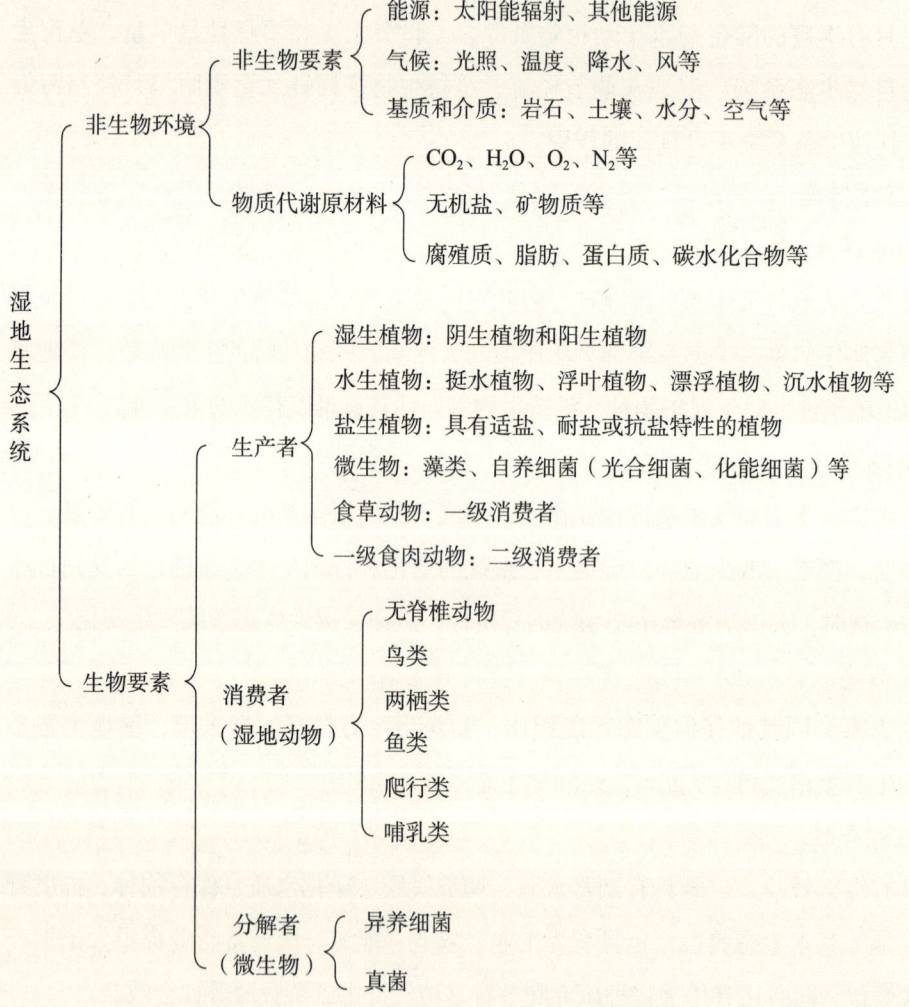

图2-2 湿地生态系统的组成

湿地植物是湿地生态系统的生产者，也是湿地其他生物类群生长和新陈代谢所需物质和能量的主要来源。不同类型湿地植物的种类组成、分布特征具有一定的差异。主要分为湿生植物、水生植物、盐生植物、耐盐植物和红树林。湿地生态系统的消费者主要有具飞翔能力的鸟类和昆虫，适应湿生环境的哺乳类、两栖类和爬行类，以鱼类为代表的水生动物，以及种类繁多的底栖无脊椎动物。不同的湿地类型，其消费者种类组成也有一定的差异。微生物是湿地生态系统的分解者，它对湿地生态系统的物质转化、能量流动起着重要作用，制约着湿地的类型和演替。微生物对湿地中的有机物及有毒物质具有降解净化作用。湿地微生物主要是指水体中的细菌、真菌、霉菌和放线菌等。湿地生态系统的非生物要素是指有关物理化学环境条件和生物物质代谢原料，它们共同构成生物生长、发育的能量与物质基础。

（二）湿地生态系统的分类及等级结构

水体系统和陆地系统相互作用的方式和强度不同，形成的湿地类别也不同。湿地一般发育在陆地系统（如高地上的森林、草地）和水体系统（如深水湖泊、海洋）的交界处，如滨海湿地、湖泊湿地、河流湿地、河口湿地等。湿地也可以孤立地发育在水分饱和的地方，如某些内陆沼泽湿地。在以上各种湿地生态系统中，具有代表性的湿地类型有河流湿地和滨海湿地两大类。

河流湿地是一些湿地参与了河流湿地的形成和径流变化，河流又为其他一些类型湿地的发生、发育创造了条件并不断补充水源和营养物质，在湿地生物和营养物质的迁移、扩散等方面起到桥梁作用。河流与湿地环境组分之间存在能量和物质的频繁传输和交换，通常通过集水区坡度、地形、物质组成、植被、降水、温度、重力、地下水和河流流量、流速、水温、水流结构、泥沙量及其组成、水生生物、河道物质组成、河流河岸形态、水化学性质及河口潮流、波浪、海面波动等各种要素和要素间的相互作用，影响着河流湿地的大背景和大环境。

滨海湿地是近海地貌并常受到海水潮汐涨落影响的地方，是陆地生态系统和海洋生态系统的交错地带。滨海湿地既是受波浪、风暴潮等外营力影响活跃的地方，也受到入海河流等来自陆地营力的塑造，有种类繁多的水生、湿生、咸水、淡水、咸淡水生境，聚集着大量生物，也是人类活动密集和资源开发频繁的地方，同时还以河流为传输通道接受陆源污染。滨海湿地咸淡水交汇，陆源营养物质不断注入，潮涨潮落，微地貌发育复杂，生物种类在很大程度上反映着海洋生物的地域分布和丰度，也有许多陆地生物成分，因此滨海湿地是地球上生产率最高的生态系统之一。

湿地生态系统的等级结构，是指对于任何等级的生态系统它们都由低一等级水平上的组分组成，每一组分又是在该等级水平上的整体，主要表现在湿地生态系统一方面由各组成要素相互作用形成不同的生态系统，另一方面不同生态系统相互作用构成另一生态系统。湿地生态系统内部的水平结构是指亚系统在水平方向上的分布状况或水平格局，湿地受到不同的水分条件或水深及营养条件的限制，呈现明显的规律性分布。湿地生态系统垂直结构，主要是指成层现象。根据湿地绿色植物喜光的程度，可分为阴性植物和阳性植物，阳性植物通常占据群落的上层空间，阴性植物耐荫性强，在阳光微弱的群落下部也能正常生长和繁殖，不同的植物群落占据不同的空间而形成了生态系统的垂直空间结构。

三、湿地生态系统服务功能

（一）生态系统服务功能概念

生态系统服务功能（Ecosystem Services）是指人类直接或间接从生态系统功能（即生态系统中的生境、生物或系统性质及过程）中获取的利益，生态系统不仅为人类提供了食品、医药及其他生产生活原料，更重要的是维持了人类赖以生存的生命支持系统，维持生命物质的生物地化循环与水文循环，维持生物物种与遗传多样性，以及净化环境、维持大气化学的平衡与稳定，而且在人类生存与现代文明中具有重要作用。由此可见，生态系统服务是指对人类生存及生活质量有贡献的生态系统产品和生态系统功能，生态系统服务是生态系统产品和生态系统功能的统一，而生态系统的开放性是生态系统服务的基础和前提。

生态系统服务功能包括提供人类生活消费的产品和保证人类生活质量。植物利用太阳能，将CO_2等物质转化为生物量，用作人类的食品、燃料、原料及建筑材料等，是生态系统产品形成的基本途径。与生态系统产品相比，生态系统功能对人类的影响更加深刻和广泛。根据Costanza等人的研究，从生态学角度，可将全球生态系统服务功能划分为17类，见表2-1。

表2-1 生态系统服务功能

序号	生态系统服务	生态学含义
1	气体调节	大气化学成分调节
2	气候调节	对气温、降水的调节以及对其他气候过程的生物调节作用
3	干扰调节	生态系统反应对环境波动的容纳、延迟和整合

续表

序号	生态系统服务	生态学含义
4	水分调节	调节水文循环过程
5	水分供给	水分的保持与储存
6	控制侵蚀和保持沉积物	生态系统内的土壤保持
7	土壤形成	成土过程
8	养分循环	养分的获取、内部循环和存储
9	废弃物处理	流失养分的恢复和过剩养分、有毒物质的转移或降解
10	授粉	植被配子的移动
11	生物控制	对种群的营养级动态调节
12	庇护	为定居和临时种群提供栖息地
13	食物生产	总初级生产力中人类可提取的原食物
14	原材料	总初级生产力中人类可提取的原材料
15	基因资源	人类可以利用的特有生物材料和产品源
16	休闲	为人类提供休闲娱乐
17	文化	为人类提供非商业用途

自20世纪中期生态系统概念与理论被提出以后，人们开展了大量有关生态系统结构与功能的研究，为人们研究生态系统服务功能提供了科学基础。20世纪70年代以后，生态系统服务功能开始成为一个科学术语并逐渐为人们所接受，而且使生态系统服务逐渐成为生态学研究的新热点。

值得注意的是，一个时期以来，因人们的观念及看待问题的尺度受限，对生态系统服务功能一直缺乏应有的认识，使人们不能充分理解生态系统服务与人类生活需求与质量的重要关系，只有显性的并对实际生活具有直接影响的生态服务才容易被理解和重视。因此，虽然生态系统的服务功能多数不具有直接的经济价值而常常被人们忽视，但之后的影响是深远和长期的，随着人们的认识提高，恢复并维持生态系统的服务功能已成为退化生态系统恢复的最终目标之一。

（二）湿地生态系统服务功能

从宏观上来看，生态系统服务功能的内容包括有机质的合成与生产、生物多样性的产生与维持、调节气候、营养物质贮存与循环、土壤肥力的更新与维持、环境净化与有毒有害物质的降解、植物花粉的传播与种子的扩散、有害生物的控制、减轻自然灾害等许多方面。

就具体层面而言，湿地作为一种重要的生态系统类型，其服务功能体现在以下方面。

1. 物质生产

湿地生态系统蕴藏着丰富的自然资源，其中许多资源与人类社会生活和经济建设息息相关，具有强大的物质生产功能。湿地是一类高生产力的生态系统，可向人们提供食物（水产品、禽畜产品、谷物等），能源（水泥、泥炭、薪柴等），原材料（芦苇、木材、药用植物等）。芦苇是最为常见的湿地植物，不仅是重要的造纸工业原料，又是农业、盐业、渔业、养殖业、编织业的重要生产资料。

2. 减缓旱涝灾害

湿地能贮存大量水分，是巨大的生物蓄水库，它能保持大于其土壤本身重量3~9倍甚至更高的蓄水量，能在短时间内积蓄洪水，然后用较长的时间将水排出，这与沼泽土壤具有特殊的水文物理性质有关。湿地在蓄水、调节河川径流、补给地下水和维持区域水平衡中发挥着重要作用，是蓄水防洪的天然"海绵"，在时空上可分配不均的降水，通过湿地的吞吐调节，避免旱涝灾害。因此，湿地具有蓄积洪水、减缓洪水流速、消减洪峰、延长水流时间等重要作用。

3. 供水功能

湿地常作为居民用水、工业用水和农业用水的水源。如河流、水库、溪流、湖泊等可直接被利用，而泥炭沼泽地常成为浅水水井的水源。由于湿地所处的地势不同，一块湿地有可能成为另一块湿地的供给水源地。

4. 净化水质

湿地在全球和区域性的水循环系统中起着重要的净化作用，湿地的水质净化及降解污染物主要体现在两个方面：物理净化过程主要是悬浮物的吸附沉降，生物净化过程主要是营养物和有毒物质的移除和固定。湿地植物可减缓水流速度，在水生植物枝叶的阻挡作用下，缓慢水体中的泥沙和沉积物得以沉降。同时，许多有机物、无机物和悬浮物经过植物和土壤的生物代谢过程和物理化学作用，被截留、吸附在沉积物的表面，随同沉积物而积累起来，从而可对与沉积物结合的污染物进行储存、转化。此外，许多有毒有害的复合污染物也可被分解转化为无害甚至有用的物质。

5. 保护生物多样性

湿地生态环境复杂，它适于各类生物，如甲壳类、鱼类、两栖类、爬行类、兽类及植物在这里繁衍，当然也特别适用于珍稀鸟类的栖息。湿地兼有陆地生态系统和水体生态系统的特征，具有巨大的食物链，为众多的野生动植物提供了独特的生境，是大量珍稀濒危动物和高、低等植物生长和栖息的场所。湿地中的物种仅次于森林，因而在保护生物多样性方面有极其重要的地位，独特的湿地生境在物种基因库保护方面也有着巨大的经济价值。

6. 调节气候，改善土壤质量

湿地调节气候功能包括通过湿地及湿地植物的水分循环和大气组分的改变调节局部地区的温度、湿度和降水状况，调节区域内的风、温度、湿度等气候要素，从而减轻干旱、风沙、冻灾、土壤沙化过程，防止土壤养分流失，改善土壤状况。同时，湿地内丰富的植物群落能够吸收大量的二氧化碳气体，并放出氧气。湿地中的一些植物还具有吸收空气中有害气体的功能，沼泽还能吸收空气中粉尘及携带的各种菌，从而能有效调节空气环境。

7. 美学与精神文化

远离都市喧嚣、融入自然已成为现代人们休闲的时尚行为。湿地以其形态、声韵或习性的优美给人以精神享受，使人增强生活情趣。同时，湿地环境中洁净的空气和水体、和谐的动植物群落，有助于人们的内心愉悦，使人的性格和理性智慧丰富、健全地发展，并促进身体健康。以丰富、独特的生态环境而建的湿地公园，已成为人们休闲、旅游及开展文化活动的主要场所。

8. 影响区域生态安全

湿地生态系统的健康状态与陆地生态系统、水域生态系统的健康状态密切相关。由于湿地处于二者的过渡位置，其对自身水分贮存和运动的正常模式的变化尤其敏感。当湿地的水文条件改变时，会引起生物区系在物种丰富度和生态系统生产力方面的很大变化。当一个流域或区域湿地面积超过一定阈限时，或者湿地景观格局发生明显变化时，会对该流域或区域的物质循环、能量流动带来明显影响，进而影响区域或流域的生态安全。

第五节　道路生态学及路域生态系统

道路是陆地生态系统中重要的人文景观之一，建设和谐的路域生态系统是道路建设者和环境保护者所共同追求的目标。道路生态学是运用生态学和景观生态学的原理来探索、理解和解决道路、车辆与周边环境之间的相互作用的科学。因此，道路生态学的建立为解决道路建设与路域生态环境之间的矛盾提供了良好的理论和实践指导。

一、道路生态学的形成

道路生态问题的产生与道路本身的建设及发展过程紧密相关。20世纪前期，交通运输活动主要依靠乡村便道和普通机动车道，因建设规模小、车流量小，它们对生态环境的影响相对较小，因此对其少有关注。20世纪后期，随着公路建设，特别是高速公路建设的迅猛发展，所产生的生态环境问题日益突出，且影响种类越来越多、影响范围越来越广。为此，欧美国家开始关注道路建设，特别是高速公路建设对动物生境、水土流失、水文效应的影响，并逐步提出一系列防治对策及方案。

20世纪80年代以后，道路建设及运营中的各种环境问题逐渐得到全面关注，尤其是景观生态学的兴起及其在道路建设中的应用，开始指导人们以整体性、区域性的研究视角面对道路生态环境问题。20世纪80年代中期，道路生态研究在欧美国家活跃起来。德国的生态学家率先开展有关道路生态问题的系统研究；荷兰政府交通部等相关部门联合成立了专门的机构，开展与道路建设有关的生态保护与管理工作，对相关生态问题提出了系统的解决方案，并取得了一些重要成果，荷兰的道路生态学研究一直处于国际领先地位，为世界各国提供了有益借鉴。20世纪60年代形成的景观生态学，在80年代得到许多国家研究者的重视，同时促进了道路生态问题的研究与实践。20世纪90年代后期，道路生态环境问题研究逐渐成为热点，从景观生态学的角度认识道路生态环境问题开始达成共识，相关的研究文章陆续发表。2002年，美国哈佛大学的Richard T. T. Forman提出了"道路生态学"的概念，自此标志着道路生态环境问题的研究进入一个新的时期，道路生态学随之初现雏形。

2003年，Richard T. T. Forman教授联合美国13位专家、学者（4位交通专家、1位水文学家、8位生态学家）组成团队，历经两年多的时间，撰写完成了国际上第一部全面阐述道路生态学影响的专著——《道路生态学：科学与解决方案》（*Road Ecology: Science and Solutions*），该书首次提出了道路生态学的概念和学科内涵，系统提出了道路生态问题的科学与解决方案，自此标志着道路生态学这门新兴学科的诞生。成为道路生态环境问题研究领域的里程碑。该书将道路生态学理解为研究与道路和车辆有关的生物体与环境之间相互作用的科学。由于道路和相关基础设施及其所支持的交通流形成了道路系统，因此从更广泛的意义上理解，道路生态学是探索自然环境和道路系统之间相互关系的科学。从此，道路生态学研究开始向系统化、专业化的方向不断发时，欧美国家也尝试开展了大量道路生态环境保护的工程实践。

1981年在荷兰举行的"第一届国际景观生态学大会"及其后成立的"国际景观生态学协会"，特别是Naveh Z和Lieberinan的《景观生态学：理论与应用》一书的问世（1984年），国际上有关道路生态学的研究和学术交流开始活跃起来，并取得了一系列成果。有多次道路生态学主题的重要国际会议举行，例如，野生生物生态学和交通国际会议（ICOET），先后在荷兰、美国弗洛里达州（2次）、美国蒙大拿州和美国科罗拉多州举办；在1998年的美国生态学会年会和美国地球物理会议上，专门开设了道路生态学论坛。2003年以"生态恢复，设计与景观生态学"为主题的第15届国际恢复生态学大会，正式将景观生态学与恢复生态学联系起来，这更进一步促进了道路生态学的研究深度和广度。目前虽然尚无专门涉及"道路生态学"领域的刊物，但相关研究文章在各国的生态学、生物学、景观学、交通学、社会学等相关领域的刊物上云集频现，目前每年发表的论文均在1 000篇以上。与此同时，近10多年来，我国众多专家、学者编写的《恢复生态学》（孙书存、包维楷，2005），《生态恢复的原理与实践》（李洪远、鞠美庭，2005），《山区高速公路生态恢复理论与实践》（张卫平、董建辉，2006），《生态公路研究与实践》（黄小军等，2009），《公路路域生态学》（毛文碧、段昌群等，2009），《道路生态影响与公路边坡植被恢复生态研究》（江源、顾卫等，2011）等专著先后出版，这些著作从理论到实践、从宏观到微观上对我国道路生态环境问题进行了全面、系统的论述，为我国道路生态建设与恢复工程提供了有力指导。特别是《道路生态学》中译本（李太安、安黎哲，2008）的出版，使道路生态学开始成为国内的前沿学科。

道路生态学涵盖交通工程学、水文学、野生动物学、植被生态学、景观生态学、水化学、土壤学等理论知识，尽管它是一门诞生不久的新兴学科，但大量国际会议举办和众多科研成果问世的事实表明，道路生态学已经在全球范围引起了广泛重视，并成为生态科学和道路工程科学之间乃至与经济科学、管理科学、社会科学等的交叉学科和前沿领域。

从上述道路生态学逐步形成的过程可看出，道路生态环境问题研究是建立在长期的认知基础之上的。从最初基于个人兴趣、特定的或者局部性的道路生态问题，到后来政府主导众多的项目的持续研究，使道路生态学得到不断完善。在20世纪80年代，随着这种趋势的不断发展，出现了一些多学科、多机构甚至多国家合作的综合性研究，这些研究工作的延续及成果，有力地推动了道路生态学的健康发展。总之，道路生态学是伴随着道路建设特别是公路建设对生态环境影响程度的加深、人们生态环境保护意识的觉醒，以及经济社会可持续发展需求而应运而生的，其发展前景令人期待。

二、道路生态学的基本概念

道路是承载车辆行驶的开放通道，道路基础设施和行驶其上的交通流以及相关附属设施构成了"道路系统"。生态学是研究生物与环境之间相互关系的一门学科，"道路系统"产生的生态环境问题与"生态学"理论研究的有机结合，便可表达出"道路生态学"的基本要义。迄今为止，道路生态学尚未有确切的概念描述，不过可将其理解为研究与道路设施及车辆交通相关的生物体与环境之间的互动作用关系的科学。道路生态学的研究对象主要是路域生态系统，它将"人—车—路"三者形成的道路系统及交通活动与自然生态系统有机结合起来，综合研究、分析这个统一体对生态环境的影响，以达到道路与自然和谐统一的目的。因此，道路生态学旨在通过探究和解决道路系统与自然环境之间的关系问题，促进道路与区域经济社会协调、可持续发展。

道路本质上是为各种车辆和行人提供通行的工程设施，按其使用特点可分为城市道路、公路、林道、乡村道等各类通行道。应当说，所有的道路都是道路生态学需要关注的。狭义上，道路通常多指公路（高等级公路及二、三、四级公路）两侧排水沟之间路基范围内的区域；而广义上，道路生态学关注的道路或公路（路网），是指一个更宽泛的带状区域或廊道。该区域的地表因为人工干扰活动——道路的建设、运营和养护管理等而发生改变。通常，这一廊道地带涉及路面、路肩、路侧外围和排水系统。在山区，典型的道路廊道还有因挖方切割和填方回填的边坡及裸地。此处道路设施还承载着各种工程结构，例如路面、沟渠、桥梁、防护设施、交通标志、服务设施等。在更广泛的意义上，道路廊道通常还包括公路沿线毗邻的文化建筑区域和人文历史景观。

具体而言，道路生态学是将道路的规划、设计、施工和运营与生态学理论相结合，研究道路在建设和管理过程中对生态环境造成不利影响的内在机制，探索道路生态保护及道路对生态系统造成负面影响的方法及手段。

在《道路生态学：科学与解决方案》一书的影响下，近年来道路生态学概念及系统的论述在我国相关领域被广为接受，特别是使众多专家学者对道路造成的生态环境负面影响及其复杂性有了更深刻的认识。由此也推动了"公路路域生态学"这一生态学应用学科的萌发，以及对路域生态系统的深入研究和大量公路生态工程的实践探索。可以预见，未来道路生态学领域发展前景广阔，必将在我国道路建设和路域生态环境保护事业中发挥越来越重要的理论支撑作用。

三、道路生态学的研究内容

如前所述，道路生态学是研究"道路系统"与自然生态环境之间互动关系的科学，故其研究对象是公路路域生态系统。公路建设与运营所依托的环境具有自然生态系统的一切特点，所有公路均在一定的自然介质中实现规划设计、建设、运营。气候、地形、地质、土壤及其中的植物、动物、微生物等自然因素都与公路之间产生相互作用和影响。道路生态学的研究内容主要涉及3个方面：道路对生态环境的影响问题，生态环境对道路的作用问题，道路生态保护、恢复及环境管理问题。

（一）道路建设及运营对生态环境的影响问题

道路对生态环境的一系列影响已在第一章中做了详述，鉴于行业专家通常将道路（公路）的生态环境影响问题分为建设期和运营期两类，故将其影响的研究问题范围分列归纳，如表2-2所示，这些影响都是道路生态学关注研究的内容。

表2-2 道路生态环境问题研究内容

时期	影响	类型	主要表现形式或涉及问题
建设期	生态破坏	生境破坏	植被覆盖破坏；动植物栖息地破坏；水土流失、土壤侵蚀；动物行为改变、繁殖率下降及伤害、致死；微生物生存条件丧失；地表物理属性改变；占用耕地、森林
		生态系统退化	生态系统结构及功能变化；生态平衡破坏；生物多样性降低；系统稳定性下降
	环境污染	空气污染	粉尘排放；烟气排放；大气污染防治
		噪声污染	施工机械噪声排放；爆破作业；噪声污染防治
		固废污染	施工废料、生活垃圾排放；废物再生利用
	景观破坏	格局改变	景观退化；生境破碎化；连接度降低；廊道效应
	社会影响	区域影响	国土规划、土地资源；城镇开发规划；土地利用状况；基本农田保护区；水利设施；地区道路及规划等
		生产、生活环境改变	农场、农田；牧业、养殖业；企事业单位；村落及居民区；城镇居民区；各种公共设施等
		人文景观保护	文化遗址、名胜古迹、风景名胜区的保护；特色地貌及有价值的地质构造；重要建筑物；风土民情及民俗等
		诱发性影响	资产、土地价值变化；道路沿线人口聚集；社会经济发展及经济收益；社会治安与安全等

续 表

时期	影响	类型	主要表现形式或涉及问题
运营期	生态环境影响	土壤、水体污染	路面径流对土壤、水质的污染及防治；危险品运输突发事故防控
		隔离效应	道路与动物流动关系
	环境污染	空气污染	汽车尾气排放；植物防治对策
		噪声污染	交通噪声排放；隔声降噪对策
		光污染	汽车夜间灯光对动物影响
		固废污染	服务区生活垃圾、汽车维修废弃物排放；废物再生利用
		水质污染	服务区生活污水、含油废水排放；污水处理回用
	生态环境管理	工程技术对策适用	水土流失；边坡崩塌、滑坡；泥石流；工程防护措施；生态工程等
		工程养护管理质量	环境保护工程管理；生态绿化工程养护；生态环境效应评价等

（二）生态环境要素对道路建设的影响问题

道路与生态环境之间的影响，并非仅体现在道路建设及运营对生态环境产生的影响上，反过来，某些生态环境要素也可通过规划设计、建设和运营过程对道路产生不同类型及程度的影响，这些影响不单是表现在道路建设过程中，其对未来道路的安全性、运行与维护的经济性等也有一定影响。

1. 对规划设计的影响

（1）自然地理因素。在规划设计阶段，地形、地貌和地质结构是传统道路规划设计中考虑的首要因素。河流、山体的走向，小地形的坡度、坡向是道路路线规划要考虑的重要内容。山区道路建设难度通常较大，对自然环境的影响也比平原地区大，若选线不当会引起局部自然生态失调，会对沿线生态系统产生不良影响。同时，因道路建设需占用大量土地资源，故应周密考虑如何少占耕地，保护优良农田。

（2）生物分布格局。珍稀濒危生物的分布、珍贵树木、大型野生动物栖息地、野生动物的迁移路线、重要生物种群的空间分布格局等因素，是现代道路设计中需高度重视的要素。在规划设计阶段对未来道路可能产生的影响进行预测，并遵循生态学理论提出科学合理的保护措施，是道路生态学的重要研究内容。

（3）生态景观格局。道路往往需穿越各种自然保护区、森林、湿地、农田、水域、村镇以及历史文化遗址、名胜古迹、风景名胜区等，这些生态景观要素在道路设计中往往也是需要考虑的重要内容。在规划实践中，一方面要充分应用这些生态景观价值来提高道路生态文明的程度和品位，另一方面要趋利避害，努力规避道路建设对它们的直接或间接的影响。

2. 对工程建设的影响

（1）工程条件与施工技术选择。除了在规划设计阶段需要充分考虑自然生态环境因素影响外，在道路建设施工阶段，往往也需要根据具体的自然地理条件和工程特点，应用先进的技术方法和工程工艺，例如节能技术、绿色工艺、再生材料等。以减少相关不利影响，最大限度地保护生态环境。

（2）生物因素。自然保护区、重要水源地、生态敏感区等是保持生物多样性和生态环境质量的重要区域。穿越或临近这类区域的道路施工必须加强管理，最大限度地避免人为干扰和破坏；土石方施工要尽可能减少对湿地、水体的填埋或侵占，保持其自然生境及属性；接近有重要保护生物种类的敏感水域，要因地制宜，采用先进生态技术和污染防治工艺，对施工中产生的污染物进行无害化、资源化处理。

3. 对道路运营的影响

生态环境要素对道路运营的影响在于工程设施未能发挥应有作用，造成生态环境破坏和引发交通安全事故。例如边坡失稳、土壤侵蚀、水土流失、地段性滑坡、路基变形。另外，在生态敏感区设置野生动物规避区和迁移通道，在事故多发路段设置生态型路侧安全净区，以保护野生动物和保证道路行车安全。

（三）道路生态保护、恢复及生态环境管理

1. 生物多样性保护

保护生物多样性是道路生态学研究的一个基本内容和准则。在道路规划建设中，生物多样性保护的基本原则就是尽可能对生物种群及其栖息环境产生最小的干扰，为此可采用合理选线、隔离保护措施等不同方法和途径，同时也可以通过设立自然保护区、人工生态系统保护区、自然公园、植物园或动物园，对植物及野生动物进行就地保护或迁地保护。此外，还要严格运营管理措施，加强环境保护和污染防治，减少对动植物的危害。

2. 水土流失控制

水土流失是道路建设造成的最常见生态问题之一。因植被是水土保持的重要因素，故应尽量减少植被破坏，防止土壤侵蚀和水土流失。尤其在施工期间，应加强施工管理，制定合理有效的水土保持方案，根据工程区水土流失的特点进行路堑开挖，准确控制路基填方，严格管理取土、弃土和弃渣，并及时对施工产生的创面进行植被恢复，防止在暴雨径流、洪水、风力作用下产生崩塌、滑坡、泥石流等灾害。

3. 环境污染防治

道路环境污染主要包括建设期间的施工污染和建成运营期的交通污染。在道路设计、施工和运营管理方面，应严格执行国家环境保护法律法规以及行业工程技术规范，协调处理好主体工程与环保设施的关系，切实落实环境影响评价、"三同时"等制度，尽量从路线方案、设施配置、技术指标上进行优化设计，而不过于依赖被动性保护设施的采用，各种环保工程设施要体现因地制宜、技术可行、经济合理、效益显著。

4. 生态恢复和景观重建

一方面，生态恢复是道路生态保护的一个重要组成部分。在道路规划阶段，就应注重保留基本自然景观，保护生物多样性，减少对自然环境的破坏，使道路与周围生态环境协调；在生态恢复设计上，要应用科学的生态景观设计方案、先进的污染治理设施、适应性强的植物种选育技术等；在生态恢复工程实施上，要依据生物多样性的原理，合理进行物种配置，增强群落的稳定性。

另一方面，道路建设本身形成的新的生态景观也反映了人与自然的对话，也是区域景观格局的重要组成部分，通过人工生态恢复的变化，重建成为更高品质的生态景观。比如，突出生态景观要素的服务区、互通立交区；穿越沙漠的公路建设防护林带；穿越居民区的公路设置隔音降噪绿化带等。

5. 道路生态环境管理

生态环境管理是环境保护工作的重要组成部分，道路生态环境保护的关键也在于管理，只有加强管理，才能更有效地利用人力、物力、时间，从根本上解决道路生态环境问题。因此，对道路建设及运营可能造成的生态破坏和环境污染，应加强全方位、全过程环境管理，通过项目环境计划的落实，明确设计、施工运营各阶段可能出现的环境问题及应采取的相应减缓措施，以实现从源头上避免公路建设带来的生态环境破坏，保持或恢复生态系统的整体性、稳定性，使公路建设与环境建设实现可持续发展。

四、公路路域生态系统

（一）公路路域

道路建设的目的是满足交通工具安全出行需要和服务经济社会发展，实现人流、物流、价值流的有序流动。公路路域是指公路在建设、养护和运营管理过程中所改变和影响的地面自然带空间，这种带状空间既包括公路工程设施，还涵盖与"人—车—路"相互作用和影响的沿线自然生态系统及相关区域。在景观生态学中，公路路域又可称为公路廊道。

公路路域这一概念主要强调公路与自然之间的相互关系，这种作用包括两个层次，一个层次是公路与其沿线的植被、动物、水体、沉积物等生态因子的相互作用，另外一个层次是公路穿越大自然时与所在区域生态系统的相互作用。

由于公路经过不同区域，加之交通活动具有各种类型，其对自然生态系统产生的影响范围、程度、持续时间有所不同，因而公路路域范围是不规则的，同时也是动态变化的。公路本身一旦建设完成，它对周围环境的影响范围往往还因交通流量、运输物品的属性、突发生态环境事件的地点以及应急处置方式不同而有不确定性。

（二）公路路域生态系统的构成

当公路工程竣工以及环境保护和生态恢复工程配套实施后，一个新的生态系统随之出现，它的范围是公路用地界之内，并延伸两侧到一定范围、长数十至数百千米的地带。其中生物因素包括中央分隔带植被、边坡植被、护坡道植被、立交区植被和隔离栅植被等。另外，这里栖息了很多小型哺乳动物和爬行动物、灌丛和枝头的鸟类、农田迁来的害虫和天敌、排水沟的两栖类动物等。这一系统的成分、结构等比周围自然生态群落相对单纯，而比农田等人工生态环境相对复杂。其典型特点是外来种属的引进，乔、灌、草、动物等生物多样性的变化。在很长的线型地带内，这个新的生态系统的边界是模糊的、难以确定的，可延伸或跨越至较远的距离。

按照现代生态学的观点，生态系统就是生命系统和环境系统在特定空间的组合，因此公路路域内的生命系统与环境系统即构成了公路路域生态系统。公路生态环境保护设计及评价相关规范所称的路域生态环境，是指公路中心线两侧各200 m（涉及野生动物评价时可按种类及其活动规律适当扩大）范围内的自然保护区、水源保护地、森林、草原、湿地和野生生物及其栖息地等，可作为公路路域生态系统的划界参考。

对自然生态系统来说，公路工程建设对其是一种严重的人为干扰，往往直接导致沿线生态系统不同程度的破坏，造成多方面、多层次的负面影响，如水土流失加剧、生物多样性降低、植被类型与结构的改变、土壤结构与质地的变化、大气与水体污染、噪声污染等。公路建设对沿线自然环境的破坏和生态环境的影响范围甚至超出道路用地界之外，而且路线越长，通过地区生态系统越复杂，其影响和破坏的程度就越大。不仅如此，还形成景观生态学意义上的廊道——公路廊道，其造成对沿线自然过程的分割和动植物移动与扩散的阻隔。因此，当公路基础工程设施建成之后，就会出现退化或受损自然生态系统与生态补偿、生态恢复工程实施并存的格局，一种新的人工生态系统——"公路路域生态系统"随之出现，如图2-3所示。

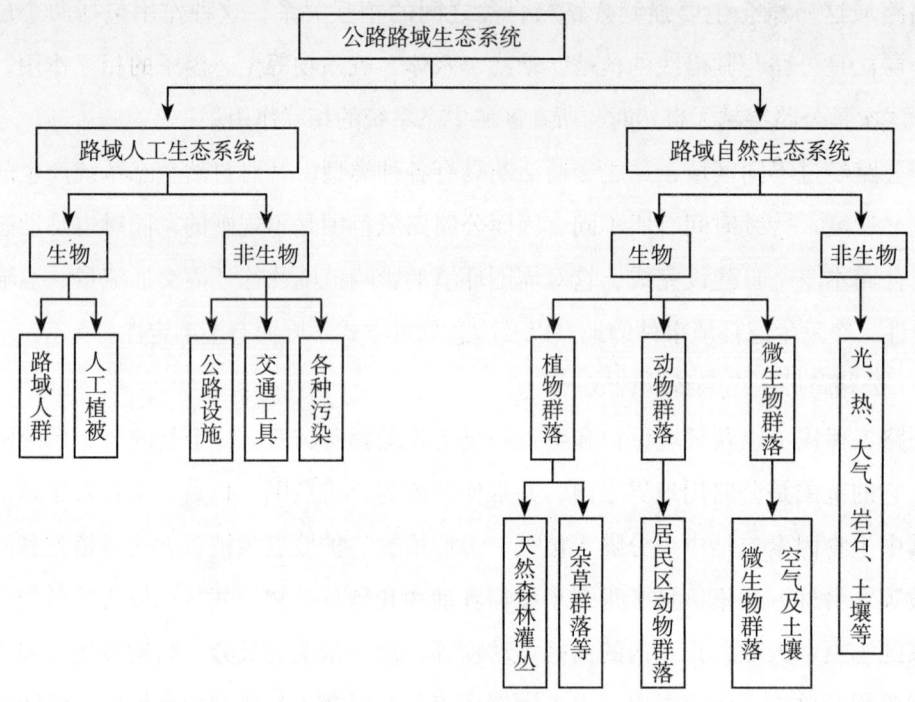

图2-3　公路路域生态系统的构成

（三）公路路域生态系统的特点

1. 复合性与调控性

（1）系统组成成分。公路路域生态系统是由中心事物——人类与道路系统构成的，其中生产者是人类，消费者也是由人类构成的各种交通活动，其还原功能除了由公路路域周围的自然生态系统担当外，更多的也是由人类（管理者）来完成的。

（2）系统功能。公路路域生态系统由人工构筑物覆盖与叠加在自然生态系统之上所形成，其中各种物质、能量和信息流在生态关系网络上的运转还需要依靠区域自然生态系统的支持，而公路路域生态系统的关系网络是不完善的，加之路域生态系统中各种流的强度远远大于自然生态系统，这使得在高强度的生态流运转中伴随着极大的浪费，整个系统的生态效率极低。

（3）生态位。除了具有自然生态位以外，更主要的是各种社会生态位和经济生态位。包括公路路域生态系统提供给人们可以利用的各种生态因子,如水体、大气、土地、公路建筑、交通设施等,以及各种相互生态关系,如交通能力、路域容量、交通活动的质量、与外部系统的关系等的集合。

(4)调控机制。公路路域生态系统以人类为中心主体,积极地治理环境和改善生态是人类与其生态环境的良性互动关系。其系统行为很大程度上取决于人类所作出的决策,因而它的调控机制主要是通过人工选择与干预而完成的。

(5)动态平衡。公路路域生态系统就是一个由人、车、路和公路沿线的自然生态系统组成的复杂系统,同时也是一个动态平衡的系统,在运行车辆的干扰(噪声、废气、污水、固体废弃物等)下不断变化,最终达到一种新的相对稳定的动态平衡。

2. 人工化与动态化

(1)人工系统。公路路域生态系统是人工生态系统,是通过人类活动创造出来的,人工控制与人工干预对它的存在和发展起着决定作用。大量的人工设施叠加于自然环境之上,形成了显著的人工化的特点。它不仅使原有的自然生态系统结构和组成发生人工化的转变,而且所采用的各类人工技术、物质完全改变了原有的自然生态系统的功能。

(2)人是主体。在公路路域生态系统中,人类活动高度密集,其他生物种类和数量都相对少得多。人成了这个系统中最重要的部分,故其环境行为至关重要。

(3)人为干扰。人和自然共同影响公路路域生态系统的变化规律。自然生态系统的代谢功能,即"物质→转换→合成→分解→再循环"的过程反映了自然界生态平衡的本能和规律。然而在公路路域生态系统中,自然规律已受到人为因素的影响,发生了许多异常。在限定的时空范围内,这种影响会改变自然规律,并最终影响公路路域生态系统发展变化的规律。

(4)系统演替。公路路域生态系统的演替是为了使受损生态系统以恢复的目的,通过各种活动,对系统进行创建、改造、拓展的努力,也是使人类交通活动与自然和谐相处的过程。由于人类生存和发展的目标是随着人类对自然的认识程度和改造能力的不断提高而提高,所以公路路域生态系统的恢复是在演替理论指导下,通过物理、化学、生物等技术手段,影响演替过程和发展方向,以恢复或重建生态系统一定的结构和功能。

(5)社会属性。目前公路路域生态系统的发展几乎完全取决于人类的意志,按制定的规划有计划、有步骤地实施公路生态建设已是普遍的原则。人类社会因素既是路域生态系统的一个组成部分，又是公路路域生态系统的一个重要的变化结果，直接影响公路路域生态系统的发展和变化。

3. 开放性与高质性

（1）对外依赖性。公路路域生态系统不能提供本身所需的大量能源和物质，必须依赖外部输入，然后经过人类的加工，将外来的能源和物质转变为另一种形态，也就是产品，以提供人们交通使用。同时公路路域生态系统在人力、资金、技术、信息方面对外部系统有不同程度的依赖性。

（2）对外辐射性。公路路域生态系统对外部系统有着强烈的辐射力，它从外部引入能源与物质，完成了交通过程，并把各种信息、物质、能量再带到外部系统中，由此产生了能量、物质和信息的交流，这种向外部的辐射包括能源和物质，以及人力、资金、技术、信息，同时也包括向外系统输出的废弃物等。

（3）高度集中性。公路路域生态系统虽然所占空间不大，但却集中了大量的能源、物质和人口密集的流动。

（4）高层次性。公路路域生态系统是高层次的生态系统。体现在以下几个方面：一是人们具有巨大的调控公路路域生态系统的能力；二是公路路域生态系统的构成物质体现着当今科学技术的发展水平和质量；三是为了维持公路路域生态系统这一复杂的人工生态系统的运行，先进工程技术在其中起着关键的作用。

4. 复杂性与脆弱性

（1）变化复杂。公路路域生态系统的变化与发展通常非常迅速，随着其内外关系的变化，在形成新的生态系统的同时，其覆盖面积、影响范围也越来越大。

（2）功能综合。公路路域生态系统要达到其最终目标，必须形成一个多功能的综合性系统，该系统一般包括社会、经济、文化、科学、技术及旅游等支撑服务功能。

（3）非自维持。公路路域生态系统不是一个自给自足的系统，需要外力才能维持，因此需从技术上、经济上、管理上进行全方位的支持保障。

（4）整体脆弱。公路路域生态系统的高集中性、高强度性以及交通活动，产生了人工干扰、环境污染等一系列的变化和负面影响，由此对自然调节机能产生破坏，致使公路路域生态系统十分脆弱。

第三章　公路生态恢复技术及生态型公路建设

如前所述，公路建设工程是对自然生态环境影响甚为严重的一种人工干扰，不可避免地会对沿线生态环境造成一定程度的破坏，使周边自然生态系统退化或受损，而且随着我国公路建设的迅猛发展，公路和路网规模、等级、密度、里程的不断增加，由此产生的公路生态环境问题的广泛性、复杂性也日益突显。因此，在实现道路通行目的后，应遵循生态恢复理论和可持续发展理念，协调公路建设与生态环境保护、经济社会发展的关系，通过实施生态恢复技术对受损或退化的路域生态系统进行恢复重建。

第一节　退化生态系统概述

一、退化生态系统的概念

正常的生态系统是生物群落与自然环境取得平衡的自我维持系统，各种组分按照一定规律发展变化并在某一平衡位置做一定范围的波动，从而达到一种动态平衡状态。但是，生态系统的结构和功能也可以在一定的时空背景下，在自然干扰或人为干扰或二者的共同作用下发生位移，导致生态要素和生态系统整体发生不利于生物和人类生存的变化，生态系统的结构和功能发生与其原有的平衡状态或进化方向相反的位移，位移的结果打破了原有生态系统的平衡状态，使系统的结构和功能发生变化并形成障碍，造成破坏性波动或恶性循环。具体表现在生态系统的基本结构和固有功能的破坏或丧失、能量和物质循环总量与效率下降、生物多样性下降、稳定性和抗逆能力减弱以及系统生产力、系统服务功能下降或丧失,这样的生态系统被称为退化或受损生态系统。

生态系统是一种永远处于不断运动和变化状态的动态系统,这里所说的退化生态系统是一个相对的概念,是相对于原来的生态系统而言的。退化生态系统实际上是生态系统演替的一个类型,其形成原因既可能是自然干扰,也可能是人为干扰。公路建设对路域生态系统必然带来干扰,使原生态发生演替与变化。如何使退化的生态系统得以恢复,是研究人为干扰和退化路域生态系统关系的根本出发点,也是公路生态恢复技术的最终目标。

二、路域退化生态系统的特征

生态系统退化后,原有平衡状态被打破,系统的组分、结构和功能都会发生变化,随之而来的是系统的稳定性减弱、生产能力降低、服务功能弱化。对于路域生态系统而言,其退化后的表现具体体现在以下几个方面。

(一)生物多样性变化

系统的特征种类、优势种类首先消失,与之共生的种类也逐渐消失,接着依赖其提供环境和食物的从属性依赖种相继不适应而消失。系统的伴生种迅速发展,种类增加。物种多样性的数量可能并未有明显的变化,多样性指数可能并不降低,但多样性的性质发生变化,质量明显下降,价值降低,因而功能衰退。

(二)层次结构简单化

生态系统的退化,反映在生物群落中的种群特征上,常表现为种类组成发生变化,优势种群结构异常;在群落层次上表现为群落结构的矮化,整体景观的破碎。

(三)食物网结构变化

由于生态系统结构受到损害,导致层次结构简单化以及食物网的破裂,使有利于系统稳定的食物网简单化,食物链缩短,部分链断裂和解环,单链营养关系增多,种间共生、附生关系减弱,甚至消失,系统自组织自调节能力减弱。

(四)能量流动出现障碍

由于退化生态系统食物关系的破坏,能量转化及传递效率会随之降低。主要表现为:系统总光能固定的作用减弱,能流规模降低,能流格局发生不良变化;能流过程发生变化,捕食过程减弱或消失,腐化过程弱化,矿化过程加强而吸贮过程减弱;能流损失增多,能流效率降低。

（五）物质循环发生不良变化

退化生态系统中生物循环减弱而地球化学循环增强。物质循环由闭合向开放转化，同时由于生物多样性及其组成结构的不良变化，使得生物循环与地球化学循环组成的大循环功能减弱，对环境的保护和利用作用减弱，使环境退化。不良变化中最明显的是系统中的水循环、氮循环和磷循环，由生物控制变为物质控制，系统由关闭转向开放。

（六）系统生产力下降

系统生产力下降，其原因在于：光能利用率减弱；由于竞争和对资源利用的不充分，光效率降低，植物为正常生长而消耗在克服环境的不良影响上的能量增多，净初级生产力下降；第一性生产者结构和数量的不良变化也导致初级生产力降低。

（七）生物利用和改造环境的能力降低

生物利用和改造环境的能力弱化、功能衰退主要表现在：固定、保护、改良土壤及其养分能力弱化；调节气候能力削弱；水分维持能力减弱，地表径流增加，引起土壤侵蚀、退化；植物防风、固沙能力弱化；净化空气、降低噪声的能力弱化；美化环境等文化价值降低或丧失，导致系统生境退化。

（八）系统稳定性下降

稳定性是生态系统最基本的特征。正常系统中，生物相互作用占主导地位，环境的随机干扰较小，系统在某一平衡附近摆动。有限的干扰所引起的偏离将与系统固有的生物相互作用（反馈）抗衡，系统会很快回到原来的状态。系统本是相对稳定的，但在退化系统中则不然，由于结构成分不正常，系统内正反馈机制驱使系统远离平衡，其内部相互作用太强，以致系统不能保持稳定。

从生态学角度分析，与正常生态系统相比，退化生态系统主要表现出如下特征（表3-1）。

表3-1 退化生态系统与正常生态系统特征比较

生态系统特征	退化生态系统	正常生态系统
总生产量/总呼吸量	<1	=1
生物量/单位能流值	低	高
食物链	直线状、简化	网状、以碎石链为主
矿质营养物质	开放或封闭	封闭

续表

生态系统特征	退化生态系统	正常生态系统
生活联系	单一	复杂
敏感性、脆弱性和稳定性	高	低
抗逆能力	弱	强
信息量	低	高
熵值	高	低
多样性（生态系统、特种、基因和生物物质）	低	高
景观异质性	低	高
层次结构	简单	复杂

第二节 公路生态恢复技术及应用

一、公路生态恢复技术的概念

公路生态恢复技术是解决路域生态环境问题的直接手段。本书认为，公路生态恢复技术的概念可表述为通过研究公路路域生态系统受损或退化的原因，利用生态学、工程学等相关理论及方法来恢复、修复或重建生态系统，促使其恢复到先前的结构和功能。从工程应用方面，公路生态恢复技术是指根据公路工程建设和养护的特点，综合运用土木措施、生物措施、园林措施、水土保持措施等，在完成公路工程建设的同时，结合沿线区域的地形、地貌、地物以及自然环境，对已经破坏的路域生态环境进行修复、恢复或重建，使公路基础设施作为一种生态景观与路域自然环境相协调、融合的工程方法。

从恢复生态学角度来看，并参照已有研究观点，公路生态恢复技术实施的目的主要为：使受损的路域生态系统的结构和功能恢复到受干扰前的过程；恢复路域原生生态系统的多样性及动态的过程；维持路域生态系统健康及更新的过程；使受损的路域生态系统的结构和功能恢复到较接近其受干扰前的状态的过程；使受损的路域生态系统恢复到先前或历史上（自然的或非自然的）的状态的过程；促进受损的路域生态系统恢复的过程。总而言之，这些表述从不同侧面概括了路域生态恢复的基本内涵，即受损路域生态系统结构和功能的恢复、重建过程。可以相信，随着未来生态恢复研究的深入和生态恢复技术的发展，路域生态恢复的概念将会越来越完善和明确。

公路生态恢复技术的概念及实施目的表明，公路生态恢复是以人工方式（工程对策）恢复、修复或重建路域生态系统的过程，也就是说，公路生态恢复工程是以恢复生态学等理论为指导，以路域植被恢复为核心，以植被恢复促进生态恢复为途径，以路域生态系统的保护和重建为目的，以公路景观的营造和与周边自然环境的融合为特色，通过生态工程技术和公路工程技术的集成应用，使公路路域生态系统得到保护，使公路交通服务功能和道路安全得到保障。在公路建设领域，公路生态恢复技术现已成为一门涵盖从设计、施工到养护管理所有工程活动的新兴、综合技术。

需要指出的是，由于公路路域生态恢复尚处于不断研究、实践和应用的过程，目前在公路生态工程研究和实践中，"生态恢复"和"生态修复"均已被用作一个概括性的惯用术语。但本书认为，"生态恢复"一般泛指恢复和重建受损的路域生态系统，它包括了重建、再造、再植等含义，目标重在"回归""复原"。而"生态修复"一词也经常使用，它与"生态恢复"一词的概念相近，但其带有修理、整治、补偿之意，目标重在"改良"或"完善"，多指对退化生态系统的改良，在工程实践中它与"生态恢复"往往不加以区别。

二、公路生态恢复技术的类型

公路生态恢复技术旨在控制和解决公路建设过程中及竣工后产生的生态环境问题，其实施是遵循植被自然演替规律，采用公路技术与土木措施、水土保持措施等相结合的综合方法，通过不同的建植方式使植物在工程构筑物中得以成活、发育，同时兼顾生态效应、环境效应和景观效应，将不同植物的自然生态习性与其对周边景观的美化、对道路行车安全的保障功能结合起来。

从发达国家长期的工程实践来看，减少公路建设对环境产生的影响、损害以及对破坏后的生态系统进行恢复、重建，已成为公路生态恢复技术的指导思想。在参照、引进发达国家先进生态恢复技术的基础上，通过多年的实践和探索，我国生态恢复技术已经经历了从简单到多样、从传统技术到现代技术的发展过程，目前应用的有关公路生态恢复技术主要涉及土地复垦工程技术、生态（综合生物）工程技术、路域景观恢复工程技术以及环境保护与污染防治技术。

（一）土地复垦工程技术

土地复垦是指将公路修建中被破坏的土地（如取弃土场）因地制宜，采取综合整治措施，使其按预定的目标恢复到可供利用的状态。在确定复垦目标时，一般也包括恢复生态环境、保持水土等内容。有些土地复垦技术，如生态农业，生物（植物、微生物），施用有机肥以及土壤侵蚀控制等，在相关的公路设施、场地的土地复垦工程中得到成功的应用。土地复垦技术包括工程复垦和生态复垦。对遭到严重破坏的土地，一般先采用覆盖表土（客土）、平整压实等工程措施进行土壤恢复改造，同时利用专门的土工功能材料（三维网、土工格室、石笼等）来提高固土作用，以提高复垦土壤的抗侵蚀能力。将不同类型的固土功能材料敷设在表层或边坡，既可防止土壤遭受侵蚀，又不影响植物在其内生长，并且成活植物的根系又增强了对土壤的加固作用。对已经严重丧失生产力的土地，利用豆科植物、微生物或有机肥等进行改良，可以加速土壤熟化，恢复生产力。对已具备恢复植被的土地，可因地制宜确定复垦目标，宜林则林，宜草则草，或者草本与灌木、乔木混生，同时还可开展生态农业项目，建立多层次、多结构、多功能的现代农业系统，达到既恢复土地生态功能，又获得经济和社会效益的目的。

（二）生态（综合生物）工程技术

所谓生态（综合生物）工程技术，是指生物措施与多种工程措施的有机结合或集成，其技术组成通常包括3部分：一是环境基础工程，即利用圬工措施或土壤侵蚀控制技术等，为植物建植和生长营造基础（土壤）条件；二是植物建植工程，根据当地生境条件，正确选择植物品种，营建稳定的植物群落，这是整个技术的核心和关键，一般选择多年生、根部发达、茎叶低矮、水源涵养能力强以及抗干旱、耐瘠薄、可粗放管理的植物品种，特别注意尽量使用当地乡土植物品种，以便达到快速恢复植被的目的；三是植被养护工程，植被恢复工程竣工后，需加强对营建植物的后续管理，以确保植物群落的正常生长，促进生态恢复。

近年来，技术较为成熟、应用较广的公路生态工程技术有边坡植被恢复技术、表土收集处置技术、湿地再造技术、野生生物栖息地恢复技术等，其中边坡植被恢复技术通常采用液压喷播或客土喷播工艺，这是对工程创面形成的公路边坡普遍采用的综合生物工程技术，即在坡面上先铺设混凝土框格、空心砖等网格状构筑物来加固、稳定坡体和坡面，然后利用喷播设备对坡面进行客土或种子喷播，这种工程技术的应用实现了边坡工程防护、植被恢复和生态防护的有机结合，所形成的多功能护坡结构，既增强了公路边坡的稳定性，又恢复和改善了公路沿线的生态环境和景观环境。

（三）路域景观营造工程技术

路域景观营造工程技术运用景观生态学原理，预测公路景观组成元素及受其影响的土地变化特点，结合公路建设与营运的特点，设计恢复型、人工型的植被景观。景观营造工程技术应用需要体现以下特性：一是园林特性，即注重考虑与沿线、区域景观的协调，利用植物、地形、地貌、山岭、水体等元素进行景观设计和施工，同时结合采用雕塑、建筑等造园、造景要素，营造浓郁的艺术、人文景观氛围；二是多样性，即根据公路路界所形成的廊道，注重与周边自然景观的协调，既考虑到不同区域（山岭地区、平原地区、水泽地带等）的景观恢复，也考虑到公路基础设施（防护工程、边坡、服务区、立交桥、路侧地带等）的景观营造；三是综合性，通过合理设计，既要使观赏树木、经济树种和各种花卉以其各自的习性产生不同的景观功能，又要把握从育苗、种植到后期管护的方法，以保证植物稳定健康生长。如在公路中央分隔带营建绿化景观带，这不仅可以诱导视线、防止眩目、改善环境（净化空气、降低噪声），而且可以恢复公路沿线的自然环境，形成线形流畅的路域景观。

（四）环境保护与污染防治技术

公路环境保护通常是指对公路中心线两侧各200 m范围内的自然保护区、水源保护地、森林、草原、湿地和野生生物及其栖息地等的保护，因而其含义具有宏观性和系统性，即公路环境保护不仅局限于生物及其栖境的保护和路域生态系统的保护、恢复，还涉及水土保持、水资源保护、环境污染防治等方面。因公路环境污染问题较为多样、复杂，尤其是相关物理性和化学性污染对生态系统可造成直接的或间接的损害，所以公路环境保护和污染防治的目的在本质上与生态恢复是一致的，由此可认为公路环境保护与污染防治技术是生态恢复工程的支撑、协同技术。公路环境污染通常包括空气污染、光污染、土壤污染、水污染、噪声污染及固体废弃物污染等，鉴于公路环境污染加剧与生态承载压力加大的严峻态势，公路交通行业本着"生态环境保护与恢复并重""源头控制与末端治理结合"的理念，近年来大力发展了公路环境保护技术，注重将生物生态技术融合到环境保护、污染防治和节能减排工程中，例如服务区污水生态化处理设施、生态排水沟渠、生态隔声屏障等，同时开展了大规模的生态建设与修复、清洁能源和水资源循环利用等试点示范工程，目前在相关方面已形成若干核心技术和关键技术成果，从而有力支撑并促进了公路生态恢复技术的应用和发展。

三、公路生态恢复工程的应用范围及措施

当公路建设工程竣工后,随即形成了一个宽约数十米、长度数百甚至上千千米的线形地带,其中不仅包括路基和路面,同时也涉及公路沿线的其他工程构筑物和附属设施,由此可认为,公路征地及建设范围之内的、凡可进行植物建植的场地均属于公路生态恢复工程的实施范围。按不同区域及功能,公路生态恢复工程一般涉及的范围包括公路沿线附属设施、互通立交区域、公路边坡及隔离栅以内区域、中央分隔带、特殊路段的生态防护屏障、取弃土场。

按照相关区域生态恢复工程的功能不同,目前我国的公路生态恢复技术主要有以下措施。

(1)中央分隔带建植,主要用于车道隔离、行车防眩、绿化景观及植被恢复。

(2)路堤边坡建植及护坡,主要用于路堤边坡,坡脚与路界之间区域(土路肩、护坡道、排水沟等)的绿化景观,坡面防护及植被恢复。

(3)路容景观建植,主要用于桥涵、边坡底部或顶部以及排水沟附近的植物绿化景观及植被恢复。

(4)路界隔离带建植,以栽植植物形成绿篱构筑物,用于隔离、封闭道路,也包括排水沟至护网内的绿化景观及植被恢复。

(5)路堑土质、岩质边坡建植及护坡,主要用于边坡立体绿化景观、坡脚与排水沟附近的绿化景观、坡面工程防护及植被恢复。

(6)互通立交区景观再造,主要用于互通立交及广场、匝道三角区和边坡等区域的绿化景观及植被恢复。

(7)附属设施场所环境绿化,主要用于服务区、停车区、收费站、管理中心、养护工区等庭院、空地的绿化景观。

(8)路旁景观建植,主要用于路旁两侧的行车诱导和缓冲、绿化景观、生态廊道营建及植被恢复。

(9)临时用地与取弃土场建植,主要用于公路建设工程施工用地、取弃土场地的土地恢复、绿化景观及植被恢复。

(10)生态环境保护与污染防治建植,主要用于路界防噪降噪林带、污染防护林带、野生动物无障碍通道以及行车安全保障设施、污水生态处理设施等。

需要指出的是,在上述工程措施中,涉及不同类型边坡的植被恢复最为困难,而其又是路域生态恢复的重要组成部分,因此边坡生态恢复技术也就一直是业内研发

的重点和热点。边坡通常按其特性可分为开挖边坡和回填边坡两大类。回填边坡土石混杂、质地疏松。开挖边坡按坡质又可分为石质边坡、土石边坡和土质边坡三种。其中石质边坡的特点往往是"硬、高、陡"（坡度常达70°以上），植被根本不能在其上自然恢复，人工建植也非常困难。边坡植被因其可以涵养水源、控制侵蚀、防止滑坡及净化空气、美化环境，故边坡是路域生态恢复的重点区域。尤其对于石质边坡而言，生态恢复工程实施的意义更为重要，同时其对生态恢复技术的制约也十分突出，具体内容见后面章节。

第三节 公路生态恢复技术原理及工程实施

植被恢复是重建任何生物生态群落的第一步，也是公路生态恢复技术的核心内容，其关键在于通过对生态因子的调控，来加快退化生态系统的恢复和自我完善。营建植物群落是植被恢复工程的重点，实际上是引入了生态系统中最活跃的环节——物质和能量的提供者和生产者，植物通过光合作用不断地向受损生态系统输入物质和能量以重建和丰富食物链，使得土壤质地迅速改善和坡面生物多样性增加，从而有利于植被有序恢复，进而逐步实现生态系统的恢复和动态稳定。

一、植被恢复过程

群落演替理论是指导受损植被恢复的核心理论。在自然条件下，地面植物群落如果遭到破坏，一般可依靠自然恢复力得以逐渐恢复。恢复的过程为首先是被称作先锋植物的种类侵入植被破坏区域，并在此定居、繁殖；先锋植物生长逐渐改善了破坏区域的生境，形成一定的土、水、肥条件，使得其他物种侵入并被部分或全部取代，生境条件又得到进一步改善；如此复加，更多的物种陆续侵入，使植物群落逐渐恢复到原来的结构和外貌，并最终趋于稳定。这一系列变化进程即为演替过程，该过程有以下特征。

（1）植物群落对地力的要求从低到高发生迁移变化；

（2）土壤厚度逐步增加；

（3）植物群落的高度从低到高变化；

（4）从寿命短的种类向寿命长的种类发生变化；

（5）先锋植物在一系列变化中起到重要作用。

以岩石创面边坡为例，这种旱生原生演替要经过地衣阶段、苔藓植物阶段、草本植物阶段和木本植物阶段4个阶段。随着群落演替不断向前发展，首先是一些一年生、二年生草本植物以个体的形式在苔藓群落中出现，以后逐渐增加并取代苔藓群落，多年生植物开始出现；在多年生草本植物发育到一定阶段时，一些喜光的灌木出现，并与高草混生而形成"高草灌木混生群落"，以后因灌木大量增加而形成灌木群落；继而，阳性乔木树种出现并逐渐形成森林。至此，林下形成郁蔽环境，使耐荫树种得以定居；阴性树种不断增加，而阳性树种因在林下不能更新而逐渐从群落中消失，林下生长耐荫的灌木和草本植物复合群落即形成，如图3-1所示。此时旱生生境因群落的作用而形成中生生境。其中，地衣阶段、苔藓植物阶段时间最长，木本植物阶段次之，草本植物阶段较快。调查显示，即使在亚热带气候条件下，整个过程至少也需50年以上，绿色植被就是在这样的环境条件下发生植物种的变迁。

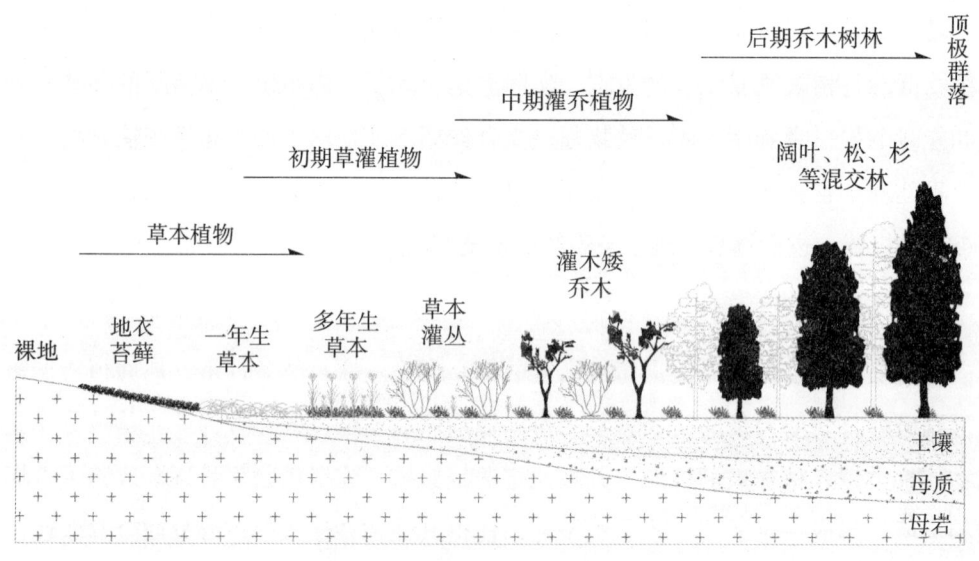

图3-1　裸岩植被的自然演替过程

上述过程表明，退化植物群落自然恢复的实质是群落进展演替，采用以"空间代替时间"的方法，建立退化群落自然恢复的演替系列，其自然恢复顺序为草本群落→草灌群落→灌丛群落→灌乔过渡→乔木树林→顶极群落。对裸露岩质坡面来说，这种自然演替过程漫长而艰难。为了缩短坡面植被自然演替的时间，加快坡面植被恢复的进程，可通过人工干预措施，将岩石创面旱生原生演替4个阶段缩短为2个阶段：首先对坡面进行土壤重建，继而进行草被建植，使演替直接从草本植物（也可与灌木植物结合）群落开始；随着草本植物发育以及灌木的出现，坡面的土壤、生物环境逐渐改善，从而为后续阶段创造条件。因不需要经过地衣阶段和苔藓植物阶段的矿化成土过程，故可使演替进程大为缩短，使植被恢复时间加快，植被恢复所需的生物环境即为在裸露岩质上营建演替过程中的中间群落，因而生态恢复工程就是将生态学相关原理与不同环境特性相结合，以人工方式促进和加快坡面植物群落的演替。

二、生态恢复技术原理

植被恢复是生态恢复技术的核心，也是恢复退化公路生态系统的必要前提条件。当实施植被恢复时，通常通过表土利用或客土回填方式进行土壤重建，并结合先进的机械喷播技术进行人工建植，特别在物种配置上采用灌木和草本植物的混播方式，以加强植被的演替。

仍以前述的坡面植被恢复过程为例，坡面生态恢复的实施原理即依托坡面工程构筑物和（或）应用建植材料，在坡面覆盖土壤层或植生基质，并保持其稳定，为植物提供适宜的生境条件；采用草本、灌木植物组合配置方式，使速生的外来草本植物（先锋植物）在短期内先形成坡面草被覆盖，发挥其减轻坡面土壤侵蚀的作用，并为后续灌木植物生长创造条件；其后适应性、抗逆性强的乡土灌木植物逐渐生长，覆盖度不断增大，历经先锋植物群落向目标植物群落（以乡土物种为主）自然演替的过程，此间植物的护坡效应开始显现，坡面的稳定性亦随之不断提高；随着坡面生境条件的逐步改善，当地的其他乡土植物（草、灌、乔）的种子经重力、风力和动物等媒介传播而成功入侵、定居，使近自然的坡面植物群落逐渐形成、不断完善，并维持生物多样性，从而实现在短期内完成人工植物群落向近自然植物群落的过渡、尽快恢复边坡生态系统功能的目的。由此可见，坡面生态技术恢复实施的本质是以植被恢复为核心和前提的，并且是在生态恢复方法（见第二章）指导下进行的，其实施过程及原理如图3-2所示。

由上可知，在坡面生态恢复工程中，先锋植物的选择尤为重要，因为它关系到初期有效保持和改良坡面土壤条件，并对加速演替过程不可或

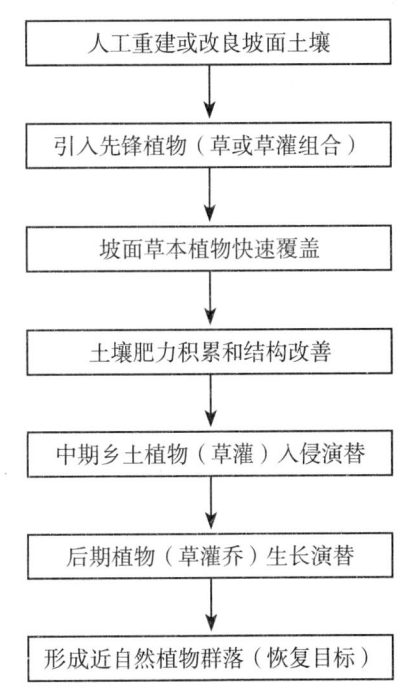

图3-2 坡面生态恢复的技术及原理示意图

缺、贡献重大，故既要考虑其对土壤条件的适应性，也要发挥其对土壤的改良作用。在边坡生态恢复工程设计和实施中，通常要选择根系发达、抗逆性强、改土效果好且生长迅速的草本植物作为先锋植物。为了更快改善土壤结构和养分自给能力，还需考虑豆科植物的协调搭配使用，利用其固氮作用，使灌木能有更充分的氮素养分供应，生长良好，以有效地改良土壤。同时因有较多的凋落物归入土壤，可以保持和提高土壤肥力，并增加雨水的入渗，使边坡立地条件得到更好的改善。

公路路域生态恢复需要在遵循自然规律的基础上，把握技术可行、经济合理、生态效益可观的总体原则，通过人工干预措施，使路域生态环境与周边自然生态环境和谐、统一。在路域生态恢复工程的设计上应突出以下原则。

（1）以群落为基本单位。植物群落是自然植被存在的基本形式，恢复设计要尽可能把乔木、灌木、草本以及藤本植物合理地配置在群落中，达到种群间的相互协调和群落与环境的协调。充分考虑物种的生态位特征，合理选配植物种类，避免种间直接竞争，形成结构合理、功能健全、种群稳定的复层群落结构，以利于种间相互补充，既充分利用环境资源，又能形成优美的景观。

（2）遵循自然演替规律。演替的本质是植物种类与环境条件的更替变化，演替过程也就是自然生态过程。通过调查乡土植物种类，确定当地的地带性植被，筛选适宜的生态恢复植物品种，仿照潜在植物群落的构成，可初期引入外来先锋植物，后逐渐过渡到以乡土植物为主。利用正确的植物种植和生态技术改善已遭受破坏区域的生境条件，发挥自然生态系统恢复力的作用，加速生态恢复过程，提高生态恢复水平。

（3）保持生物多样性。生物多样性是生态恢复的一个重要指标，特别是物种多样性最能反映生物组分的特征，同时它又是生态系统其他诸多特征的集中反映。在生态恢复的设计、实施过程中，多样性具有非常重要的作用。在立地条件恶劣的路域生态恢复实践中，尤其要注意这几个方面的问题：一是以本地优良乡土植物为主，外来品种引入为辅；二是以种植灌木为主，兼顾乔木与地被植物，多用当地乡土植物；三是选择先锋植物要以抗性强、耐贫瘠为主要指标，而将生长特性作为次要指标，并选择根系发达和萌生力强的植物；四是以种子繁殖为主，无性繁殖为辅。

（4）生态效应与景观效应相结合。路域生态恢复除要求与路域生态系统相协调外，还应尽量做到恢复自然环境和改善景观环境。一要考虑恢复受损生态系统及其生态功能，充分利用植被的力学效应和美学效应控制水土流失，保障路基安全稳定；二是要恢复和改善路域景观效果，提高区域环境质量，为驾驶者提供视觉和美学的感受，提高行车的舒适性、安全性。应注意改变目前很多路域生态恢复项目只重视短期内的复绿效果，而对长远的生态效应缺乏科学规划、设计的做法，以保证路域生态价值与景观价值随着时间推移而不断提升。

（5）植被建植与工程治理相结合。植被建植是植被恢复及边坡生态恢复的重要前提，而植被建植必须建立在基底土壤稳定的基础上，土壤稳定是进行边坡生态恢复的必备条件。因此，只有在处于稳定状态的基底上方可进行植被建植，否则应通过适宜的工程措施（基底的工程加固和基底的工程防护）先行治理，彻底消除基底失稳的因素或隐患，为基底植物长期而稳定的生长发育提供基础保障。另外，要加强植被建植措施与工程治理措施的有机结合，以工程治理措施改善立地条件，以植被建植措施形成植物护坡作用，二者结合实现优势互补，产生最佳防护效果。

三、设计手法

公路生态恢复工程设计是包括了一定目标预期的物理、化学和生物等特征的综合性生态恢复解决方案。基于不同区域的生境条件和恢复目标要求，常见的公路生态恢复工程的设计主要有以下4种手法。

（一）自然式恢复设计

自然式恢复设计是相对于传统的规则式设计而言的，是指通过植物群落设计和地形起伏处理，从形貌上表现自然，旨在将公路生态恢复与植被景观营造充分融合，创造协调、和谐的路域自然生态景观。自然式设计的核心是根据地域特征和运用恢复生态学原理，参考地域植物群落的种类组成、结构特点和演替规律，以植物群落营建为基本单元，构建多层次、多结构和多样化的地带性植物群落。适用于自然式设计的区域应具备以下条件：地表稳定性较好，对道路行车安全无影响；当地植被系统良好，具有当地乡土物种入侵的可能；植物群落虽然受到一定程度的破坏，但土壤系统未受到扰动，不会产生严重的水土流失现象，同时土层较厚，具备周边植物入侵和物种发育生长的条件。自然式设计应用在工程实践中较少，一般会出现在土质条件和植被生态系统较好的地区，且道路施工时还应采取适当的植被保护措施（如使用表土剥离后回填措施等）。防止人工干扰对坡面植物、土壤的破坏，最大限度地保护坡面原生植被。

（二）乡土化恢复式设计

乡土化恢复式设计是指参考公路工程周边自然环境条件和植被生长状况，使生态恢复工程设计符合当地的自然生态条件并反映地域的植物景观特色。公路生态恢复工程的乡土化设计主要体现在植物物种选择上,即遵循"以乡土植物为主""适地适树"的原则,目的在于使植物群落能够逐渐发展为适应当地土壤、气候条件的草本、灌木和乔木植物组合,这不仅可以发挥植被的生态功能,并且易于与公路沿线自然景观融合,提高路域植被景观的多样性和观赏性。

(三)人工辅助恢复式设计

对于在公路修建过程中受到较为严重破坏的地域,其上的植被群落受到较大程度的破坏,表层土壤也遭到较为严重的毁坏,对边坡而言还伴随着边坡表层不稳定的现象,这种情形适用于人工辅助恢复。恢复时,需要首先采用有效的工程设施来提供固土条件,然后通过人工辅助措施,重建地表土壤系统,即用改良后的客土、附近的耕作土或专门配置的种植土来重建土壤,并辅以防止雨水侵蚀、水土流失措施,以保持土层的稳定性。人工辅助恢复模式所适用的前提条件是周边的植被系统较好,具有当地乡土物种入侵边坡生境的可能。随着表土中土壤种子库功能的发挥以及周边当地乡土物种的入侵,植被会逐渐自然恢复,并最终形成与当地自然环境相融合的植被系统。

(四)人工恢复式设计

人工恢复模式适用于"裸露""新鲜"的边坡,即在道路修建过程中受到大面积切割、重创的边坡,其坡面土壤层分崩离析,坡面植物也消失殆尽,原有的土壤和植被系统完全丧失,且冲刷侵蚀、水土流失现象严重。恢复时,必须先选取适宜、有效的工程技术、生态技术和土壤再造工艺来重建人工土壤层,为满足植被恢复所需要的养分和质地等功能奠定基础。因坡面人工土壤层的稳定性通常较差,在外力侵蚀(风、雨等)下会产生滑移,还需要对坡面进行快速植被覆盖,利用植被的护坡效应保持坡面的稳定性。考虑到依靠当地乡土物种入侵的自然植被恢复所需的过程太长,不满足坡面快速覆盖的要求,这就需要人为配置先锋植物品种,在重建人工土壤层的同时,协助其快速发育成长,完成初期的坡面植被恢复。通过对坡面土壤系统和植物群落的合理设计,加之可行、有效的坡面工程的实施,随着时间的推移,坡面土壤—植被系统处于不断自我更新和演替的状态,到了恢复的中后期,坡面植物由先锋植物逐渐演替为乡土植物,从而实现坡面植被恢复,并促使边坡生态系统趋向近自然、可持续的目标发展。人工恢复模式在边坡植被恢复工程中大量存在,且大都针对挖方路堑岩质边坡的植被恢复和生态防护,因其具有一定的普遍性、困难性,故长期以来一直是路域生态恢复研究的重点和热点问题。

(五)景观营造式设计

对于城市内部及郊区、风景名胜区、旅游道路沿线等区域,为了适应当地经济社会的可持续发展、生态文明建设等需求,不仅要进行基本的植被恢复,还要满足与区域自然环境相协调的景观要求。因此景观营造不仅要求植被发挥控制水土流失、改善生态环境的作用,还应具备满足景观特殊要求的功能,即在植物群落设计中要更多地考虑例如绿期、花期、形态、层次等美学因素,并且通常要求能达到层次分明、色相丰富、四季常绿、三季有花的观赏效果。在以生态恢复为目标的工程设计上,景观营造型设计通常不单独采用,往往与上述4种设计相统筹、协调,采取经济合理、有效可行的设计方案和工程措施,以兼顾生态效应和景观效应的最优化、最大化。

四、公路生态恢复的要求

植被恢复近年来已成为公路生态建设的重要工程。从前文可知,植被恢复工程不只是植物群落的营建,而是辅以有目标的人工干预改造;也不是简单地实现植物群落的自然演替,而是旨在促进公路生态系统的结构及功能的恢复。因而植被恢复工程在设计时除要充分考虑边坡区域的地形、地质、气候等自然环境因素外,还必须服从路域生态功能和公路稳定要求,而后再做出统筹、适宜的植被恢复方案设计。公路生态恢复的基本要求包括以下方面。

(一)稳定安全

路基边坡等的安全稳定是生态恢复的基础和首要原则,在实际工程设计中,需要根据对现场勘查的结果,对其进行稳定性分析评价。对于坡体自身稳定性欠缺的坡面,设计采取有效的工程防护设施进行稳定加固;对于工程区域自身稳定的,也要考虑避免由于坡面植被恢复工程措施破坏其稳定性,使植被恢复措施与工程加固、防护措施有机结合,统筹优化工程的安全性设计。

(二)生态优先

公路建设破坏了原有生态系统的连续性和完整性,并导致系统功能性的改变。因此,公路生态恢复工程应当坚持生态优先的原则,注重从系统受损功能的角度切入,着眼于生态系统功能的恢复。在工程设计上,首先要保证生态系统结构的完整性,强调系统的整体重建、恢复;对已造成的破坏采取最大可能的恢复措施,使公路生态功能尽可能达到先前的水平;还要充分考虑维护并促进公路生态系统的稳定性、持久性,使其处于不断自我更新、自我发展的良性动态过程。

(三）自然和谐

公路生态恢复工程要遵循路域地带性自然规律特点，植物群落营建要适于当地的自然环境，因地制宜、适地适种，优先利用当地乡土物种和地带性植物，以有利于坡面植物群落在短期内形成并加快演替进程，通过植物群落设计与地形起伏处理的结合，从形式上强化表现自然、尊重自然的理念，立足于将植物景观充分融入路域自然环境中，达到边坡生态环境与路域生态环境整体上的相互协调、和谐一致。

（四）景观改善

公路生态恢复工程也包括对景观的再造和改善，不仅要考虑植被的高效率的恢复，还应注重考虑植物的景观效果，通过生态功能的回归，来实现植物景观的优化。第一，尽量选择具有较高观赏价值且经济适宜的物种，增加边坡植物的外观美感；第二，考虑植物品种配置和种植形式，将乔、灌、草、花植物合理配置，形成立体复合结构；第三，在考虑与周围自然环境协调一致的基础上，采用不同颜色植物种类的搭配，形成色彩、色带的韵律变化，实现既美化路容景观，又增加行车愉悦性、舒适性的效果。

从上述恢复要求可看出，公路生态恢复工程涉及路域生境恢复、当地生物多样性继承以及安全稳定等问题，所恢复植物群落必须是稳定的、可持续存在的且与原有群落相协调的，这与常规的公路、道路绿化的内容及功能有很大区别。公路生态恢复最大的不同点在于以下几个方面。

（1）土壤层的重建及改良与植被的恢复并重；

（2）综合考虑水分、土壤、植物之间的相互依赖、相互制约关系，构建健康稳定的边坡生态系统；

（3）以恢复生态学理论为指导，遵循自然植物演替规律设计群落结构；

（4）生态功能优先于景观功能。

例如，在公路边坡上种植攀缘植物也是一种常见的边坡复绿方式，但在路域生态改善、水土保持、生物多样性、降低污染程度等方面，该方式远比由乔木、灌木、草本植物等合理组成的植物群落的生态功能逊色，仅更多地体现植物绿化造景功效，并不是本质意义上的植被恢复，更不具有生态恢复的意义。

第四节 生态型公路建设与发展

一、生态型公路建设背景

从20世纪90年代以来，我国公路交通基础设施的建设一直发展迅猛，高速公路建设更是令人瞩目，目前我国高速公路总里程已突破10万千米，跃居世界前列，且未来全国公路基础设施建设仍将保持一定的增长趋势。

随着公路建设规模的不断加大，由公路引发的生态环境问题逐渐显现出来，并引起社会和公众的广泛关注。目前，有两方面问题值得业内人士反思和重视：其一，在先前的公路工程规划设计中普遍缺乏生态环境保护措施，对生态系统造成的负面影响至今存在，加之新建工程的生态环境保护水平依然不高，公路长度、密度的增加和公路等级的不断提高，使得我国公路交通面临的生态环境压力越来越大，生态建设和恢复的任务十分迫切；其二，相比其他人工构筑物而言，公路这种线形建设工程具有一定的特殊性，对周边生态环境的影响广泛且复杂，因此公路建设不应只在穿越生态敏感区等特殊地域时才考虑保护问题，而必须以系统论和生态学理论为指导，将公路置于自然、经济、社会复杂系统的大背景中，从建设全局和全程上综合考虑公路与生态环境协调、和谐的问题。

近十年来，随着全国"绿色通道"的大规模建设，我国公路交通行业注重国外先进技术的引进与公路生态技术的自主研发相结合，逐步实施公路生态工程建设，先后完成了数十条以生态保护恢复为目标的高速公路，不仅取得了良好的生态效益和社会效益，而且为探索生态型公路建设及路域生态系统保护提供了成功的工程示范。2011年，《公路水路交通运输环境保护"十二五"发展规划》提出"坚持生态保护与修复并重理念，加强工程建设中的生态保护，实施重大工程生态修复措施"的要求，并将生态型公路工程推广和公路生态修复试点作为主要任务之一，由此使生态型公路建设进入了一个快速发展阶段。

二、生态型公路概念及内涵

（一）生态型公路概念

"生态型公路"提法是根据公路建设和运营过程中产生的各种生态问题以及基于公路建设与环境协调发展的背景下而逐渐形成的。在"公路"前冠以"生态型"，体现出公路从单纯的人工构造物向与自然相融合的构造物的转变，表现了人们对生态环境认识的拓展、加深，是人类工程营建活动向自然生态规律学习的过程。

生态型公路提法是可持续发展战略在公路交通领域的具体体现，强调与区域的环境承载力相适应，生态型公路建设不仅考虑到人和公路之间的相互影响，而且应遵循自然发展规律，最大限度地减少公路交通对生态环境的影响，从而实现公路建设与运营的可持续发展模式。由于地域、观念和技术等方面的差异，生态型公路的概念迄今尚未有公认的表述，甚至对这一概念的合理性存在质疑，但从实践意义上来讲，生态型公路重在表达一种先进理念，对其理解关键在于公路建设与运营应凸显生态发展的标准，坚持人与自然相和谐的思想和可持续发展理念，使公路主体功能与自然生态系统共融、和谐。因此，"生态型公路"并非是一个类型的概念，而是一个评价性的概念，即它不是指某一种或某一类的公路，而是指一种公路建设与运营的理念，也是一种建设形态和发展目标。

由此，本书对生态型公路概念的含义表述为生态型公路是指在尊重自然、保护自然的前提下，将"人—公路—自然"三者有机融合，运用生态学理论和生态工程技术，进行旨在最大限度地保护自然生态系统、避免或减少环境影响的公路建设及运营活动，形成生态平衡、低碳环保、安全高效、景观优美的建设形态以及公路可持续发展模式。

（二）生态型公路的基本内涵

从宏观上可以认为，生态型公路应是由生态环境、社会经济和工程技术等多种因素构成的相互作用、相互影响、相互制约的综合体，它是围绕环境主体——人类，建立起的具有多种组合的，并通过物质循环、能量流动和信息传递于主体，然后产生相互作用、相互联系的复杂系统。因此，生态型公路意味着需从全新视角看待公路与经济、社会、生态环境的协调关系、突出实现可持续发展思想的理念，对公路进行合理布局，使公路发展适应区域环境的承载力，实现经济效益、社会效益和环境效益的综合最大化。

按照可持续发展理念，生态型公路应在整个生命周期内都应达到与生态环境协调一致的目的,即在规划设计、工程施工与服务运营等每个阶段中,综合运用各种有效措施,在满足公路通行安全、便捷、高效等要求的同时,尽量减少公路设施对生态环境的破坏。因此,从微观层面,也就是从公路实体角度,可将生态型公路视为是以生态学理论为指导,以生态环境的自然条件为取向,所进行的一种既能获得经济社会效益,又能促进生态环境保护的复合型工程建造形式。具体来讲,生态型公路概念涵盖了一个基础(生态学)、两种取向(生态环境和自然条件)和三个功能(经济效益、社会效益、生态环境效益),并以生态工程和土木工程为载体。

生态型公路强调公路建设的生态化属性及可持续发展理念,其基本立足点是生态环境保护与恢复、重建并重,故建设者应将公路置于自然、经济、社会复杂系统的大背景中,在全局以及决策、规划、设计、施工、运营、管理的全过程中,综合考虑公路建设与自然环境协调、和谐的问题,即如何减少对环境与生态系统的不利影响,并对所产生的不可避免的影响行为进行有效补偿,实现经济效益、社会效益与生态环境效益的有机统一。目前生态型公路建设已成为现代公路交通行业的重要特征之一,也是未来我国构建绿色交通运输体系的发展方向和组成部分。

三、生态型公路的特征

生态型公路的提出是人类向自然生态系统学习的过程,但建立完全符合自然规律的公路生态系统是不现实的。生态型公路重在强调公路建设的生态化,并不是一味地要求公路像健康的自然生态系统那样,能够自维持稳定性和可持续性,而是在现有条件下注重其最大生态化的实现。因此,生态型公路是以可持续发展理念为先导、以生态技术与公路技术结合为核心的产物,其建设与发展应遵循自然生态规律与区域经济社会发展需求,最大限度地实现公路建设与自然环境的融合、协调。考虑到生态型公路概念的宏观性和目前的不确定性,有必要探讨生态型公路的基本特征,以便指导生态型公路的建设和运营,并在实践中不断总结、提升。通过研究与实践,生态型公路可表述为以下基本特征。

(一)整体协调性

生态型公路是建立在建设、发展与环境相互协调的基础之上,其以自然生态系统的良性循环为基本原则,目的是实现生态效益与经济效益、社会效益、环境效益的协调、统一和最大化。为此在道路规划、设计、施工、营运、管理各个阶段应统筹兼顾、全面把握,把实施对象放在包含环境、生物、资源、污染等要素的"公路—自然—经济—社会"复合系统中通盘考虑,将公路营建工程与路域生态系统的协调作为工作核心，并对工程技术、经济成本、环境绩效的分析同等重视，使工程实施中的各种关系和问题得到统一协调、全面优化。

（二）对生态环境最小破坏和最大恢复

由于公路建设不可避免地会对沿线的生态环境造成破坏或影响，因此生态型公路强调尊重自然、师法自然，力图实现对生态环境的最小破坏和最大恢复。具体来说，生态型公路建设就是要在现存条件下，综合运用各种工程措施、生物措施、农艺措施和管理措施等，将公路建设的破坏限制在最小范围、降低到最小程度，而对于已造成的生态环境破坏和影响，遵循自然规律和生态学理论，采取最大可能的恢复措施，重建新的路域生态系统，并努力实现人工恢复生态系统效能的最大化。

（三）优美的路貌景观

生态型公路在景观层面上的特征是最直观、最易被人感知的，生态型公路给予驾乘者的感官印象不应只是呆板的土木构筑物和生硬的路面，沿线环境应体现出优美、舒适的路容路貌。因此，生态型公路必须通过合理选线和利用路线特点，使公路路线合理、最佳地适应于自然景观，通过道路的布局和设计来展示路貌景观，通过植被建植来美化沿线的生态景观，从而既可给驾乘者带来视觉美感，又加强了自然生态系统保护。

（四）安全高效的服务功能

生态型公路本质上隐含了绿色、低碳、和谐之意，故生态型公路应体现出绿色、健康、安全的属性。公路的基本功能是提供交通运输服务，所以这种属性应通过"以人为本"的公路交通环境而彰显。因此，生态型公路的建设、运营应以"环境绿色低碳、行车安全畅通、运输高效便捷"为目标，所有基础设施应为车流、货流、客流以及能量流动、物质循环、信息联系创造必要条件和高效服务，并在保障服务过程中，最大限度地实现资源节约、环境友好，以及人、车、路三者的和谐、安全。

四、生态型公路建设方略

如前所述，生态型公路强调公路建设的生态化属性，其出发点是生态环境的保护与恢复、重建并重，建设者应将公路置于自然、经济、社会的大背景中，在全局和全程中综合考虑公路建设与自然环境相协调、和谐的问题。为此，生态型公路建设要摒弃以往"先施工后恢复，先破坏后重建"的做法，遵循生态学方法和可持续发展理念，并将其贯穿于公路规划、设计、施工、养护、运营管理的全过程，按照最小程度地破坏和最大程度地恢复的原则，努力降低公路建设对自然生态系统造成的不利影响，从而实现生态型公路的建设目标。生态型公路应以"预防为主，保护优先，防治结合，综合治理"为原则，按照以下方略进行规划、设计及建设。

（1）保护：即保护原生态。原生态的保护是生态型公路建设的重中之重。公路规划应高度重视自然生态系统的保护，不但体现人类活动与地域环境的密不可分的关系，而且要全面考虑区域内部与外部的各种关系，同时还要尊重沿线土地、环境和栖息者的自然属性，其中最基本的一条原则就是尽量不对生物种群及其栖息环境产生扰动，包括保护原生地貌、原生植被、野生动物，等等。

（2）绕避：在公路规划选线时，本着"不破坏就是最大的保护"的思路，应尽量避让生态环境敏感点、水环境敏感点和社会环境敏感点，如穿越自然保护区、珍稀濒危野生动植物集中分布区、河流源头、饮用水源地、重要农田水利设施、文化遗址、名胜古迹时，可采用回避、绕开、隧道等不同方式。

（3）减少：对能够产生不可避免的影响，应采用统筹兼顾、技术可行、经济有效的方法，将公路建设对自然生态系统的影响控制到最小限度，如为了减少道路对动物栖息地的阻隔而设置各种各样的动物横穿通道，为了减少对原生植被的破坏而采用单柱单断面高架桥或悬臂式路面等。

（4）替代：对局部地区能够产生的永久性影响，应在附近选择具有同样生态功能的空间进行异地替代、补偿，如为了生物栖息环境的消失而设置两栖类的产卵池，为了保护珍稀濒危植物而进行迁地移植，为了减少高填深挖引起的环境破坏而采用以桥隧代路等。

（5）恢复：生态型公路区别于常规形态下的公路的核心在于"恢复自然"，而恢复自然的最佳途径是"自然恢复"，即依靠自然演替来恢复原有生态系统，但这样恢复的时间漫长无期。为此要通过人工干预方式，对因公路建设而导致的退化或受损生态系统进行恢复、重建，试图再造、引导或加速自然演化过程，促进一个人工群落发展成为由当地物种组成的近自然的生态系统。

鉴于公路建设在时间上有鲜明的阶段性特征，从规划、设计、施工，到运营、养护、管理，每个阶段都有不同的工作任务和方法，各阶段之间有着彼此联系、互相影响、环环相扣的关系，故生态型公路要实现最终的建设目标，必须从总体上实行全过程控制，使生态保护理念渗透到每个阶段的各个环节，即实现生态规划、生态设计、生态施工、生态管理。不同阶段的实施重点如下。

（一）规划前期

规划前期的基础调查如同环境影响评价一样重要，甚至生态型公路规划的基础调查应该先于环境影响评价，因为对区域自然环境状况的把握是生态型公路建设成功与否的关键。某区域一段公路建设对植被的影响，对动物的生息环境和移动路线的阻隔、屏蔽程度等，人们往往掌握、认识不够。公路沿线定点设置的监测数据，虽然可以反映公路对植被的影响程度，但因动物的移动习性难以准确把握其生息状况。因此，要制定合理的建设区域生态环境调查方案，加强公路建设对自然生态系统影响的基础调查，收集、分析沿线动物行为以及公路阻隔效应的数据，为确定合理的路线走廊带和主要控制点提供参考资料。

（二）规划阶段

公路路线规划阶段是生态型公路建设最为重要的阶段，规划应注重以人为本、以资源环境承载力为前提、以保护自然生态系统为首要原则。例如，当公路需穿越野生动物集中栖息地并对其移动路线造成阻隔时，将公路线路离开栖息地是最佳方案；若条件受限难以离开栖息地，则至少避开动物的移动路线，这是在规划阶段应持有的基本思路。如果实际中如此方案均难以实现，那就应考虑采取在公路的上行方向或下行方向处设置可以确保动物移动的构筑物或措施。另外也可以考虑将一些较小的生息地移到附近的其他场所进行补偿。

（三）设计阶段

对于在规划阶段难以充分对应的问题，则在设计阶段进行专门设计。设计者应根据自然生态环境、经济社会环境以及基础调查资料综合考虑设计方案，提出对各种生态环境问题的保护、恢复措施。该阶段采用的设计方法主要有以下3种。

1. 植被的保全方法

对植被的保全方法主要包括以下方面。

（1）植物群落的保全。为了减轻公路施工对植物群落产生的影响，在森林里建造周边植被时，应在道路两侧和毗邻处培育、栽植人工林。当穿越湿地植被时，应尽量摒弃普通的地面填土结构，而改用诸如高架桥一类的架空结构，以保证不切断湿地水源。

（2）珍稀植物的保全。当公路造成珍稀植物生境破坏时，应采取移植保全的方法。对树木而言，可移植到基本相同的环境；对草本植物而言，则不一定固定在原来的地方，但要在移植以前确定草种或分株等繁殖方法。为此，需事前对该物种的生活史进行调查、试验。

2.动物的保护方法

对动物的保护方法主要包括以下方面。

(1)鸟类和昆虫的保护。鸟类和飞翔的昆虫在横穿道路的时候,如果不能够保证其一定的飞行高度,就可能与行进中的汽车相撞。为此可在公路两侧栽植高大的诱导飞行树木,以使其横穿公路时提高飞行高度。

(2)两栖类动物的保护。森林里有些动物比如青蛙,要迁移到特定的池塘和沼泽里产卵。若公路切断了其迁移路线时,青蛙等会因迁移受阻而不能产卵繁殖。为此可建造新的替代性产卵池,也可在道路下面增设涵管式横穿通道、在桥下设置绿地路径,以使其通行无阻、避免受到伤害。此外,针对公路硬质边沟易对两栖类小动物造成伤害的现象,改用透水性强的材料结构,以有利于其生存,也可在边沟侧壁修筑斜坡或阶梯,使之便于爬出。

3.生物生境的营造

因地制宜,采用各种各样的工程技术方法,营造适宜的动植物生息环境,使环境变得更加自然、丰富。例如,在公路边坡、中央分隔带、路侧绿化带、高速公路出入口、服务区、互通立交区等设施、场所栽种植物,不仅可以恢复植被、美化景观,还可以将昆虫与鸟类聚集起来,形成一个新的生态系统。

(四)施工阶段

在公路的施工阶段,土木工程与构筑设施直接对生物的生息环境造成毁灭性破坏。为了减轻影响、恢复生态环境,在施工中必须制定详尽的工程生态环境保护方案,加强施工全过程的管理,采用先进的技术、工艺、设备、材料,避免噪声、扬尘、污水、取弃土对环境的污染或破坏。同时要加强生态环境的动态监测和环保工程设施工程的监理工作,对可能造成的生态破坏和环境污染问题及时进行处置,确保工程的质量和生态环境效益。

五、生态型公路建设要求及措施

(一)生态型公路建设要求

生态型公路建设的总体要求就是要最大限度地避免对生态环境的负面影响,并通过生态恢复、环境保护等工程技术实现生态恢复和污染防治,达到公路建设和营运与自然人类和谐统一。具体来说,生态型公路建设的总体要求主要体现在保护生态环境、防治环境污染、营造生态景观、发展循环经济4个方面,生态型公路的规划、设计、施工、运营和养护,均应遵循实施。

1. 保护生态环境

保护路域自然生态环境是生态型公路建设的本质要求，在公路规划、设计过程中，应充分考虑地质、地貌、水文、气候以及沿线社会经济条件的要求，公路宽度、线形密度及空间结构要根据实际需要因地制宜，进行合理规划，尽量避免对自然生态系统的破坏和影响。公路干线应避免直接穿过城市人口密集区，并与重要场所、生态敏感区、风景旅游区、文物保护区、水源保护地、珍稀动植物栖息地等保持一定距离。当公路对生态环境中的保护对象产生干扰时，应结合保护对象的特性提出保护方案，将不利影响减少到最低的程度。对于无法避免的情况，应采取相应的生态修复、补偿措施。

2. 控制环境污染

预防和治理公路建设、营运过程中产生的环境污染，是生态型公路建设的重要内容。应贯彻以防为主、以治为辅、综合治理的原则，并结合工程设计开发利用环境，尽可能地改善和提高公路环境质量。公路建设应切实减少公路营建带来的环境问题，加强对公路施工期、营运期环境污染的预防与治理，主要包括公路交通噪声、施工作业噪声对声环境的污染；公路营运车辆的尾气、搅拌站（场）的烟尘和施工扬尘对环境空气的污染；公路服务区等的生活污水、路面径流、施工废水和工业废渣等对水环境的污染；施工中的废弃物对景观环境的污染。各种环境保护与污染防治设施应因地制宜，做到技术可行、经济合理、效益显著。

3. 营造植被景观

公路植被恢复是路域生态恢复工程的核心，植被所形成的路域景观是生态型公路最直观的反映，也是路域生态恢复和污染防治工程生态环境效应的标志性体现。生态型公路植被恢复虽以自然植物演替规律设计群落结构，突出强调其生态功能，但也力求对公路绿化、美化进行全方位、立体式、多功能的优化设计，将植物建植与生态恢复、景观营造、交通服务等协调互补，使得公路工程与自然环境融为一体、单调的线形变得优美多彩、两侧的自然及人文景观资源与植被景观有机结合，从而给公路的驾乘者提供赏心悦目、舒适和谐的行车环境。

4. 发展循环经济

发展循环经济是节约资源、保护环境的有效手段，也是生态型公路建设遵循的重要理念之一。循环经济以"减量化、再循环、再利用"为原则，要求把经济活动对自然环境的影响降低到尽可能小的程度，它遵循资源、产品、再生资源的反馈式流程。

在生态型公路建设中，集约节约利用土地资源、使用交通废弃物循环利用的新材料和新设备、再生和综合利用各种工程废物、节能减排技术改造、清洁能源和水资源循环利用等，都是发展循环经济的重要举措，对促进构建以低碳为特征的交通发展模式及绿色交通运输体系意义重大。

（二）生态型公路建设措施

生态型公路建设重点是如何妥善处理公路建设对自然环境和人类生活环境产生的负面影响，而生态型公路"保护与恢复并重"的建设理念是解决这一问题的唯一有效途径，并且要牢固树立"先保护、再恢复"的观念，即"保护"是第一层次的、首选的措施，"恢复"是退而求其次之举。在做好保护、保全的前提下，对于无法回避的负面影响再采取尽可能的恢复、重建措施。同时还应认识到，"保护"应当是一种积极主动的行为，而非被动的保护，例如"不破坏就是最大的保护"这种观念就充分体现了积极主动的保护意识。因此公路在规划、施工与运营期中的每个阶段都要尽量减少对生态环境的破坏和影响，使生态型公路建设理念贯穿公路建设的全过程、全方位。就目前情况而言，生态型公路建设对策重点体现在生态选线设计、生态保护及恢复、生态环境控制、路域景观营造等方面，如图3-3所示。

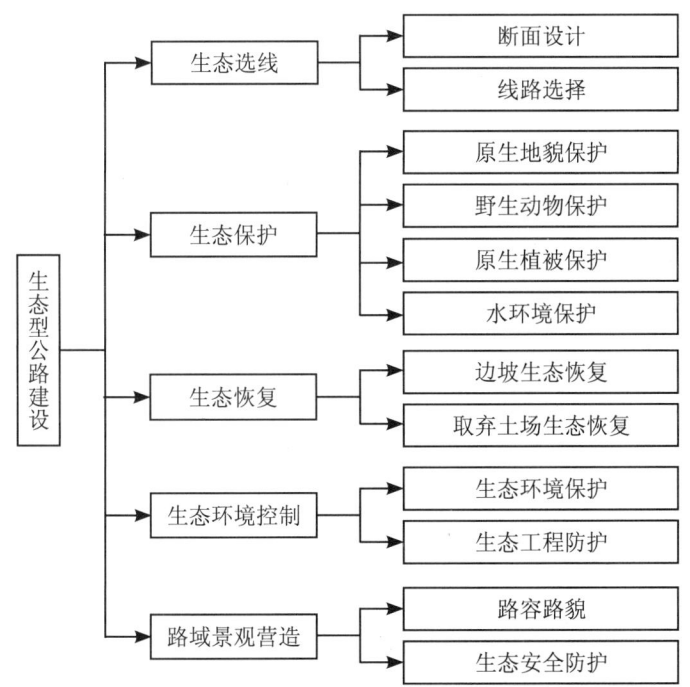

图3-3　生态型公路建设途径及措施

1. 生态选线

公路的主体是路线，路线的走向和位置势必改变沿线的自然生态环境，尽管可以采用一定的恢复、重建措施，但是任何后续的人工植物群落营建模式都无法达到经过长时间自然演替而形成的结构及功能。因此，生态型公路建设的首要关键是把握源头，从选线做起。"生态选线"是指在公路规划选线时，要本着"不破坏就是最大的保护"的原则，路线的选择要尽可能地保护公路沿线的生态环境，即使保护的难度很大也要考虑不对生态环境造成破坏和影响。对应于公路建设的不同阶段，根据对生态环境保护的贡献可将生态选线划分为四个层次。

第一层次：工程可行性研究阶段的走廊带选择。

第二层次：初步设计阶段的路线方案确定。

第三层次：施工图设计阶段的局部线位方案设计。

第四层次：施工中细部路段的线形微调。

这四个层次是"不破坏就是最大的保护"原则的具体体现，应将其贯穿于建设规划的全过程。走廊带决定了线路的走向，从宏观的角度决定了大尺度范围内公路对生态环境的影响，其对生态环境的影响是最大的，故须慎之又慎；路线的设计方案决定了路线的位置和线形，在中等尺度单位内影响着生态环境，设计中不应盲目追求高指标，而是宜结合地形，降低线位，随弯就弯，顺势展线；细部的线位方案决定了路线与环境的直接关系，对生态环境的影响局限在能够直接观察到的小尺度范围，故应采用减少挖方高度、降低填方高度、合理选择弃土场、尽量少占农田等措施；施工中对局部路段的线形微调直接影响的范围更小，有可能具体到某一株植物、某一处边坡。随着层次的降低，公路选线对生态环境保护的影响逐步降低，因此在选线的过程中考虑生态的因素越早、层次越高，对生态环境保护的重要性就越大、贡献率也越高。

2. 生态保护

（1）原生地貌保护。原生地貌涵盖的范围很广，从生态的角度讲，一切现存的稳定的地貌特征都属于原生地貌的范畴。原生地貌是地壳表面经过漫长的自然演变而逐渐形成的外在地貌，具有最稳定的自然结构，能够适应各种气候条件，是最适宜植物生长和野生动物繁衍生息的环境。原生地貌是自然环境组成的基础，一旦被破坏就会改变各种物种赖以生存和发展的生境，会对生态环境产生长期的不利影响。而新的地表形态在自然条件下也难以保持稳定的结构，必须经过长时间的演化和适应才能达到新的平衡。因此保护原生地貌是生态型公路建设的首要目标。

对原生地貌的保护应从选线开始。如上所述，在线位选择时，要选择对原生地貌影响较小的方案，此后再酌情调整路线高程，采取"宜桥则桥、宜路则路、宜隧则隧"的方针，尽量减少对原生地貌的破坏，维持地面径流，降低对野生动物的干扰，保留野生动物原有的迁徙通道，以实现对生态环境的最大保护。

（2）野生动物保护。高速公路建成后，随即出现了一道天然屏障，将连成一片的原始植被分割开来，阻隔了公路两边的物种传播和野生动物往来。相对于其他建设开发行为而言，公路这种线形工程的切割与阻隔作用，对野生动物产生的影响更明显、更直接，所以对公路沿线野生动物的保护也显得尤其重要和迫切，在进行公路建设的同时，必须加大对野生动物的保护力度。首先应识别、筛选出需要保护的野生动物物种，进而调查、研究这些物种的生活习性，再结合公路路线可能对其生活习性的影响，制定有效保护的对策。野生动物保护措施应结合公路工程设计，以安全设施和管理手段为辅，最大限度地恢复野生动物原有的生存条件。

野生动物通道是目前最常用的保护措施，可有效解决高速公路的阻隔效应，为两栖类、爬行类和哺乳类动物穿越高速公路提供了无障碍条件。根据野生动物的栖息地和生活习性，应因地制宜地确定动物通道形式、规模，比如采用下通道（水、陆通道），上通道，隧道等设施。此外，可在野生动物频繁出没的路段设置标志警示、设置防护网，以避免事故发生，同时设置必要的诱导措施，以改变动物的迁徙路线引至动物通道，促使野生动物顺利、安全迁徙。

（3）原生植被保护。原生植被是与生态学的原生演替以及生态恢复密切相关的一个概念。简言之，原生植被是指在某一区域内经过原生演替而形成的植被类型。原生植被是"土生土长"的经过自然淘汰法则考验的生态系统类型，其具有十分稳定的系统结构和功能，是区域生态系统的基础和标志。所以，保护原生植被是保护原生生态系统的必然要求，同时也是生态型公路建设的重要内容。

公路建设对原生植被的保护通常应体现在根据前期植被调查资料，在设计阶段采取有针对性的措施保护原生植被，以有效控制对其产生的破坏和影响；在建设工程开工前，首先明确施工清场范围内需要保留的珍稀树木，严格划定施工红线；公路通过林地时，应严格控制林木的砍伐数量，不得砍伐公路用地范围之外不影响视线的林木；对红线外的植物采取得力措施，加强对一草一木的保护；尽量缩小施工作业面范围，对其内的植物要通过移植等方式予以保护；在山区道路施工时严格规划施工便道，尽量利用已有通道路径，避免新辟临时进场通道。

（4）水环境保护。高速公路大多路段远离城镇且里程较长，为满足公路管理和驾乘者的要求，每条高速公路沿线都定点设置了收费站、服务区等配套服务设施，由此会引发一系列的环境污染问题，例如生活污水、含油废水、固体废物等排放，如果不采取相关的处理、处置措施，极易对周边生态环境产生不利影响。另外，公路路面径流和施工过程中的渣土、沥青、油料、化学品等材料，如果直接进入农田、民用水井以及水库、河流、湖泊，就会造成水体污染；施工驻地的生活污水、生活垃圾、粪便等，如不经集中处理而直接排入水体，也会对周边水环境质量造成严重影响。

公路建设过程中的水环境保护措施首先是加强管理，提高施工人员环境保护意识，不得随意向水体排放弃土、弃渣、固体废物等，生活污水或生活垃圾必须经过处理，满足达标排放要求。在公路营运期，对服务区、收费站等设施排放的生活污水，靠近城市的应纳入市政管网，不靠近城市的，必须安装污水处理设施，并执行污水达标排放，不得对受纳水体造成污染。目前，服务区污水处理设施主要采用一级生化处理、二级生化处理以及土壤渗滤、人工湿地等技术。

3. 生态恢复

（1）边坡生态恢复。公路工程建设不可避免地出现大量的填方、挖方工程，形成了不同坡质、性状的边坡。这些裸露边坡往往土壤含水量低、土质疏松、风化严重、植被丧失，与之相伴的是冲刷侵蚀、水土流失、失稳滑坡、河流阻塞等灾害现象，故边坡成为公路建设对自然生态环境影响最为突出的部分。如何减缓边坡这些负面影响，除了在路线选择上通过避绕或设置桥隧替代路基、尽量减少大填方和大挖方之外，最有效的措施便是对裸露边坡进行生态恢复。

边坡生态恢复工程措施应体现3个基本原则：生态效益最大化原则，即人工植物群落符合顺向演替的自然规律，具有长期的稳定性，并满足生态安全、水土保持、美化路容等要求；生境可容性原则，即在土壤、气候等环境条件可容性的限制范围内，因地制宜进行生态系统功能与服务的最优化设计，同时尽可能改善边坡立地条件；工程可行性原则，即强调措施经济适用，通过合理的工程加固措施与生物防护措施的结合，互补增效，达到稳定边坡、恢复植被和营造景观的多重目的。目前，常见的边坡生态恢复工程主要采用液压喷播、客土喷播、厚层基质喷播、高次团粒喷播以及人工建植、植生材料建植、植被混凝土等技术。

（2）取弃土场生态恢复。公路建设中的取弃土场，是最容易产生水土流失、破坏生态环境的重要工程环节，对其最直接、有效的防护措施是优化设计方案，在一定路线范围内努力做到土方平衡处理，同时合理地选择取弃土场位置。进行后期植被恢复，是减少水土流失、保护生态环境的重要措施。

对取土场而言，其布设应选择在远离公路视线范围之外的山脊尾部，其下游无河流、村庄等环境敏感点，使其对周边环境造成的影响最小，必要时可采取一定防护措施进行治理。从水土保持角度考虑，取土场一般的整治措施及流程为表土剥离、集中堆放；分层取土、覆土；场地平整、植被恢复。相对于取土场，弃土场更容易引发新的水土流失，故其布设位置应合理选择，防护措施有效，宜选在三面封闭的冲沟地带或对植被破坏最小的位置。弃土场的防护恢复措施一般采用"上截下拦"的方法，根据汇水面积大小，因地制宜布设排水沟，修筑拦渣坝，防止施工过程中弃土流失。当弃土施工完成后，随即对其进行植被恢复。

4. 生态环境控制

（1）生活环境保护。公路建设及运营必定会对沿线居民生产生活产生一定的负面影响，例如对空气环境的污染、对声环境的污染及形成交通阻隔等，其中行车产生的噪声污染较为突出。车辆在公路上行驶时，因发动机和传动机构运转以及轮胎摩擦、车体振动等会发出嘈杂、刺耳的噪声，当其达到一定强度时，就会对公路两侧人们的正常生产、生活和学习造成影响，甚至损害人的身体健康，因此需要采取适当的噪声防治措施，使其降低到人们可以接受的程度。

降低交通噪声对沿线声环境敏感点所产生的影响，是生态型公路建设内容的重要组成部分。公路沿线声环境敏感点的保护措施，应根据敏感点性质、位置、规模、当地条件及工程特点等因素确定防治对策。一般而言，可供选择的声环境保护措施有调整公路线位（非决定性措施），堆筑工程弃方形成防噪堤，建筑物设置隔声设施（隔音窗），建造隔声屏障（圬工和复合材料），栽植防噪林带，修筑低噪声材料路面等。其中生态型隔声屏障是一种结构简单、造价低、无二次污染、可保持生态良性循环的隔声降噪设施，因其能将隔声与绿化美化功能融为一体，与沿线自然景观和谐统一，近年来已在生态型公路建设工程中逐渐得到应用，并发挥出良好的生态环境效益。

（2）生态工程构筑物。所谓生态工程构筑物，可以认为是指对公路相关附属工程设施生态化改造后的构筑形态。近年来随着生态型公路建设的大力推进，旨在保护环境、恢复生态、美化路容的生态工程构筑物正不断涌现。

① 生态型排水沟。排水沟是为汇集和排除路面、路肩及边坡的降水，防止雨水对路基产生冲刷，保证路基的稳定性。排水沟的安全问题涉及本体的安全和保证路基

的安全，排水沟的设计要充分考虑公路的平纵线形和地面坡度，尽量以最短的距离将各类径流水排出路基，使水流不过于汇集，做到及时疏排、就近分流，以保障路基的安全。在保证路基稳定的前提下，还应尽量提高沟底的高程，这样既能减少设施工程量，也有利于提高驾驶人员的安全感，并降低交通事故损失程度。

目前，国内公路一般采用矩形、梯形浆砌石边沟或预制混凝土块砌边沟，这种"明沟"虽然施工相对简单，但因外观生硬、单调，其在道路环境中的视觉美感较差，而且其构筑规模往往较大，既对自然生态环境产生了较大影响，又在一定程度上存在行车事故隐患，因此集排水、生态恢复、安全保障功能于一体的生态型排水沟应运而生。生态型排水沟是在对原有圬工设施改造的基础上，采用草被建植（喷播或种植）技术，形成排水、绿化复合结构，其具有多种优点：既具有排水导流功能，又能恢复植被；既可防止水土流失，又可美化景观；既对水质有一定的净化作用，又能增加路侧净区、有效降低事故损害，故其在生态型公路的排水工程中已得到越来越多的应用。

目前，生态型排水沟技术尚处于研发、试验阶段，经过多年的工程实践，现已初步形成不同种类的构筑形式，常见的构筑形式包括浅碟形、梯形、三角形、隐蔽形、明暗复合形等。排水沟设计的重点是根据汇水面积所需排水流量及水力特性，选种生长性、经济性和生态性较好的草被植物，确定合理的沟渠断面形式、尺寸等，还要考虑对沟壁和沟底的补强以及兼顾植物生长的适宜环境，以防止水流冲蚀、保证植被恢复效果。

② 生态型桥梁锥坡。桥梁锥坡是路基边坡和桥台相接处边坡的收尾部分，是连接路基和桥梁的重要公路设施，因通常设计为锥形，故称桥台护锥。随着通行里程规模的不断加大，公路桥梁数量也越来越多，现在大多数的跨河桥头一般是采用全圬工（浆砌石）防护，这就对周边景观造成严重影响，增强了桥梁与所邻近水体、地被植物的不和谐感。为此，生态型公路建设应将桥梁锥坡纳入生态恢复范畴（跨线桥桥台亦可按此处置）。

因桥梁锥坡具有独特的构筑形式并处于特殊的交叉复合环境，故可将其作为生态型公路建设中植被多样性的景点。但囿于设计观念和习惯，目前存在片面强调结构稳定性和水土保持生态性等问题，故亟待解放思想，积极探讨桥梁锥坡的生态恢复措施。近年来，国内许多建设单位对此进行了有益尝试，如在优先考虑安全稳定的前提下按锥坡的不同高度采用不同的处置措施：对低矮锥坡，采用客土喷播、植生材料种植等方式；对中高锥坡，采用石笼植生、框格种植等方式；对高大锥坡采用工程构筑防护与植被建植结合等方式。

5. 路域景观营造

（1）生态化路容路貌。路域景观是公路自身与其周围景观所组成的综合景观体，既包括公路本身形成的"视觉"景象，同时也包括沿线的自然景观和人文景观。本着"保护与营造并重"的理念，通过对公路主体以及不同附属区域、设施的视觉特点分析，从生态性及美学角度选择植物种类和相应的建植技术，达到公路路容路貌与周围自然景观和人文景观相协调的效果，这是生态型公路建设成效的重要标志。

从宏观层面讲，路域景观保护应重于营造。路域景观保护措施要注重以下3个方面：一是防止与缓解景观破碎化，即维护景观整体格局和自然过程，避免大规模建设造成自然景观基质的破碎化和破坏自然生态系统的平衡；二是维护路域景观生境的多样性，即加强对自然生态环境的保护，尽量保留路域景观中不同斑块的异质性和多样性，维护路域生态健康和平衡；三是维护生态景观格局的系统性，即公路建设要尽量减少对自然生态环境的破坏和扰动，并将公路系统与自然生态系统进行统筹，实现二者的健康、协调和可持续发展。

在微观层面，路域景观营造应体现路内与路外、路容与路貌、静态与动态、形与势、远与近的和谐、协调，即从"点"到"线"再及"面"，全方位、多层次地进行优化设计。例如，对中央分隔带景观营造不宜千篇一律，要在统一中求变化，既要有四季常青又要有色彩变化，既要规整有序又要有活跃的形态；对隧道洞口、服务区和互通立交区这种线形结构上的关键节点，需在满足通行、保障及安全功能的前提下，应尽量与周围自然环境景观相协调，并要突出当地的社会风貌和乡土人情，增强景观的标志性、地方特色和文化内涵。

另外，还要与沿线地形地貌相统一。公路生态景观设计要充分考虑地形的变化，如在公路的转角处设计不同色调或沿着转向流动的风景，使司机视觉也要随着变化。当道路线穿等高线时，避免等高线与道路线垂直，要选择一个合适的坡度和角度，平、纵、横应配合好，不要出现空间线性跳跃，凹陷甚至扭曲。

对于公路不同区域及设施体现生态化路容路貌的设计重点分别如下。

① 服务区、停车区、养护工区等附属设施：功能以美化为主，创造优美、舒适的工作和生活空间，以及适宜的游憩、休闲环境。服务区与收费站区的建筑物及构造物一般都较新颖别致，外观美丽，设施先进，具有较强的现代感，视觉标志性极强，而

且通常空间较大、绿化用地较充足，除周边的大块绿地需要与周围环境背景互相协调外，其建筑、花坛、绿地主要采用庭院园林式绿化手法，加强美化效果，使得整体环境舒适宜人，轻松活泼，起到良好的休闲目的。同时服务区亦可根据各自所处的地域特征，通过绿化加以表达，突出地方文化氛围。

② 互通立交区域：功能主要为诱导视线，减少水土流失，美化环境，丰富道路景观。故互通立交区域以地被植草为主，提倡多使用灌木和乔木，以既不影响视线又对视线有诱导作用为原则。图案的设计简洁明快，以形成大色块。依据互通立交区所处的地理位置、服务区域性质和当地社会发展，结合历史典故、人文景观、民俗风情等，决定表现形式和植物配置。可将互通立交区按照园林式、自然式、混合式三类进行设计。

③ 边坡、土路肩、护坡道、隔离栅及内侧：功能主要为保护路基边坡，稳定路基，减少水土流失，丰富公路景观、隔离外界干扰。对土质边坡，宜栽植多年生耐旱、耐瘠薄的草本植物与当地适应性强的低矮灌木相结合来固土护坡；对挖方路堑石质边坡，宜采用人工喷播方式进行坡面建植，或以抗阳性强的攀缘植物、垂直绿化材料加以覆盖；对护坡道，应以防护、美化环境为目的，栽植适应性强、管理粗放的小灌木；对边沟外侧，应以生态防护为主要目的，兼顾美化环境，可植浅根性的花灌木；对隔离栅，应以隔离保护、丰富路域景观为主要目的，选择当地适应性较强的藤本植物对其进行立面绿化。

④ 中央分隔带：功能以防眩为主，丰富公路景观。中央分隔带防眩遮光角应控制在8°~15°之间，常见中央分隔带绿化形式主要有以常绿灌木为主、以花灌木为主、以常绿灌木与花灌木相结合的栽植方式，具体内容见附录。

⑤ 特殊路段防护带：功能为减轻公路运营期所造成的噪声及汽车排放的气体污染物超标造成的环境污染，保护公路免受不良环境条件影响。特殊路段防护林带设计应以环境保护为主，设计前应详细查阅环境影响报告书、水土保持方案报告书、公路工程地质勘测报告书等相关资料，明确防护林带的位置、长度、宽度等事宜。同时在植物选择时应注意以下原则：以规则式栽植为主；以乔灌木栽植为主，结合植草，进行多层次防护；所选树种及草种应能对污染物有较强的抗性并有适应不良环境的能力。

⑥ 公路取弃土场：功能为减少水土流失，恢复自然景观。取弃土场绿化设计应以控制水土流失为主，尽量降低工程造价，设计方法可参考边坡防护工程有关内容。

同时在植物选择时应注意以下原则：以自然式栽植为主；以植草为主，结合栽植乔灌木；草种及树种选择遵循"适地适树"原则。

（2）生态型安全防护。鉴于道路植被是影响交通安全的重要因素之一，故景观营造必须充分考虑到植物建植与交通安全的关系，以有效协调车流的集散，保障道路交通安全，并在事故发生时能够最大限度地减少损失，保护人们的生命安全。近年来，植物生态安全防护设施兼有景观、安全于一体的功能，在不同位置发挥了独到的安全保障功能，例如，用于空间分隔、引导视线、遮光防眩、线形预示的植物带；用于抗冲撞、富有弹性的植被护栏；用于固土护坡、防止水土流失的植物覆盖；用于拓展路侧净区的隐蔽式边沟；用于美化路界的生态型防护绿篱。这些设施均依托不同类型及习性植物的种植，有效实现了生态植被景观与道路安全的协调。

公路植被景观工程与行车安全结合主要从以下几个方面进行设计。

① 公路中央隔离带绿化。公路中央隔离带的目的是既要有效遮挡强光，又能阻隔车辆行人横穿，又要考虑驾车人员与行人横向的透视。如果中央隔离带种植树木不合理，就会造成不安全的因素，中央隔离带种植树木要有一定的间距和高度，绿篱植物高度控制在距离路面70 cm以内，如因防眩光需要，需增加绿化植物高度，中央分隔带断口处两侧60 m范围内绿化植物高度距离路面不得超过70 cm。乔木树种种植间距不少于5 m，其定干高度不得低于2.5 m。

② 平交路口绿化。为了使驾驶人员和行人有足够的视距观察，以便让他们采取相应措施。根据设计时速，距平交路口一定距离内，不得种植丛生型小乔木和垂枝型乔木，乔木树冠下面的高度距路面保持在3 m以上，灌木类的高度控制在距路面不超过1 m，以确保车辆与行人的安全。

③ 交通标志前路段。交通标志前方绿化平台60 m范围内不得种植乔木或大灌木遮挡视线，种植灌木高度应控制在1 m以内，可采用彩叶树种强化警示效果。此外，边沟或边坡乔木树冠遮挡标志要及时予以清除。

④ 弯道内侧绿化。弯道内侧禁止种植丛生型小乔木和垂枝型乔木，灌木类的高度距离路面不得超过70 cm。乔木种植应适当调整线形并加大株间距，以确保安全视距。山区公路急弯内侧植物要强力修剪，确保视距三角形范围内视线通透。

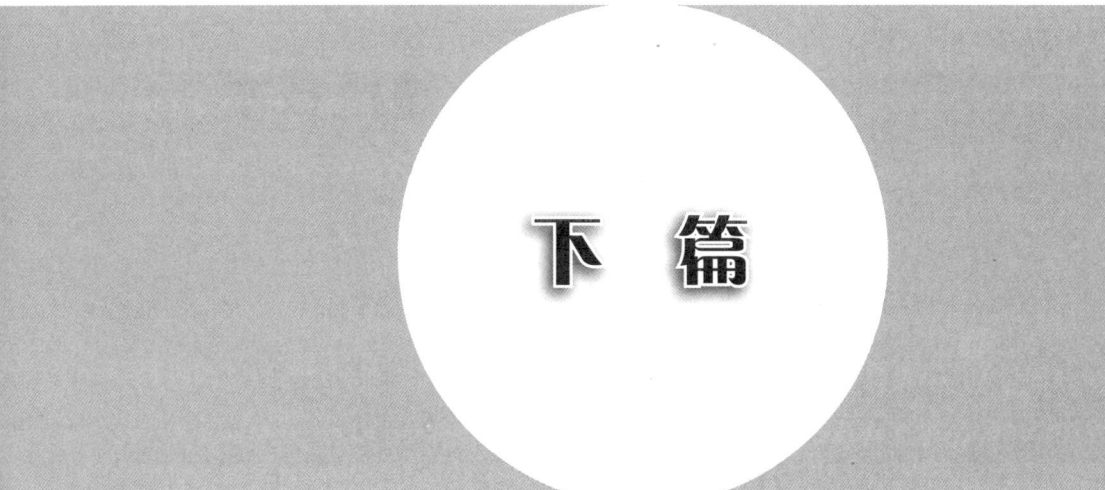

下 篇

公路生态建设和修复技术及工程实践

第四章 土壤重建与植被建植技术

如前章所述,土地复垦技术、生态(综合生物)技术是实现公路生态恢复的重要途径,而这两项技术的核心内容是土壤重建和植被建植。土壤重建是植被建植的基础,旨在解决植物赖以生存的生境条件;植被建植是实现植被恢复的重要前提,目的在于营建一定结构层次、能够稳定生长并持续演替的植物群落,实现从人工植物群落向近自然的植物群落的过渡,促进公路生态恢复。

第一节 土壤重建技术

在土壤学中一般将土壤理解为能够生长植物的陆地的疏松表层,它是在母质、气候、植被、地形和地域年龄五种因素综合作用下形成的。由于公路建设过程中的机械作业、施工翻动,使原有的表土层和腐殖质层遭到破坏,由此形成了一种特殊的土壤类型——扰动土壤。虽然它来自自然土壤或半自然土壤,但其在成土环境、成土过程、剖面发育形态及物质组成与养分循环等方面,均与原始自然土壤有着显著区别,其质地因人为扰动而出现严重的退化现象。最为典型的是边坡开挖后形成的岩质创面,基本上突变为一个极端的退化土壤环境——裸地。因此,对于植被建植(植被恢复)工程而言,土壤重建是不可或缺的支撑技术和关键技术。

一、土壤特性及重建要求

土壤是植物生长的基础，它不仅是植物的固着基底，同时也是植物生长中不可缺少的水分、无机盐的主要供应者。土壤的物理、化学特性以及水、肥、气、热状况对植物的生长发育有着重要的影响。坡面土壤重建、改良必须以满足植物健康、持续生长需求为前提和出发点。

（一）土壤物质组成

土壤是由固态、液态和气态三相物质构成的综合体，其三者间的比例关系影响着土壤肥力状况，从而影响植物的生长。固相物质由颗粒状的矿物质、有机质和土壤生物组成；液相物质是土壤中溶解有多种养分的水溶液，它提供给植物生长必需的水分和养分，并对二者的流动起着重要作用；气相物质是指土壤中的空气，对于植物根系发育具有重要作用。

土壤三相物质组成是土壤各种性质产生和变化的基础，土壤的重建、改良以及后期追肥的各种技术措施，主要出发点就是改善土壤三相物质的组成比例。

（二）土壤质地

土壤质地是根据土壤的颗粒（砾、沙粒、粉粒和黏粒）组成划分的土壤类型，是土壤中各种大小矿质颗粒的相对含量。按照土壤质地分类，土壤一般分为三大类：沙质土、黏质土、壤土。不同质地的土壤具有不同的特性，它直接影响土壤透水、保水、保肥、供肥、通气等特性，与植物生长的关系十分密切。沙土类土壤沙粒多、黏粒少，结构疏松，透气透水性较强，但保水保肥性较差，热容量较小，土壤温度变幅较大；黏土类土壤质地黏重，以黏粒和粉砂居多，结构较为致密，土粒间黏结力强，因含黏粒多、颗粒表面积大，故热容量大、保水保肥能力强，但含水量低时较为坚硬，通气透水性能差；壤土类土壤质地较均匀，沙粒、黏粒和粉砂大致等量，粗粉粒含量高，通气透水性较好，有较好的保水保肥能力，兼有沙土和黏土的优点，最适宜植物的生长。

对质地不良的土壤（客土、回填土等），通常可采取两种措施加以改良：拌沙、掺黏进行调剂，即通过"泥拌沙"或"沙掺泥"的办法改良质地，改善保水保肥性能；加入施用有机肥，有机物质在土壤中经微生物分解所产生的腐殖质胶体可促进团粒结构的形成，调整土壤的水、肥、气、热状况。

（三）土壤结构

土壤结构是指土壤颗粒排列的状况，可分为团粒结构、块状结构、核状结构、柱状结构、片状结构等。其中,团粒结构是土壤中的腐殖质把矿质单颗粒互相黏结成疏松多孔的、直径为0.25~10 mm的团聚体而形成的。因其单粒间形成小孔隙、团聚体间形成大孔隙,小孔隙能保持水分,大孔隙则保持通气,故该结构最适宜植物生长。团粒结构的土壤能够协调土壤中水、肥、气、热之间的平衡,保水保肥能力强。土壤团粒内部的毛细孔隙可保持水分,因毛细管内空气少,主要是嫌气性微生物活动,有机物分解缓慢,故有利于养分的积累和保持;而团粒之间的大空隙则充满着空气,好气性微生物活动旺盛,有机质分解快,可使养分向植物迅速转化。

对于不良结构的土壤可采用改良剂来促进团粒结构的形成,尤其在人工土壤(植生基材)配置中更是必不可缺。

(四)土壤孔隙度

土壤孔隙度即单位体积土壤内孔隙所占体积的百分比,其大小主要取决于土壤结构和有机质含量。土壤中各种形状的粗细土粒集合和排列成固相骨架,骨架内部有宽窄和形状不同的孔隙,构成复杂的孔隙系统,水和空气共存并充满于其中。因为它直接影响到水分和气体的运动,从而决定根系和土壤生物的活动。结块土壤的孔隙度比团粒结构土壤的孔隙度低得多,后者的团粒间具有丰富的大孔隙,土壤水的运动较为自由,故容易导致干旱。反之,前者孔隙都是黏粒间的小孔隙,则土壤水的运动缓慢,故植物易受水涝和缺氧的影响。

另外,大多数土壤生物需要吸收外部的O_2并放出CO_2,该气体交换过程必须通过扩散或溶解于土壤水中并随水流排出。土壤通气性也取决于土壤的孔隙度及其分布,孔隙度高的土壤在水分长期过多时,其通气性会变差;而中等以下孔隙度的土壤在孔隙大小适中和水分适度时,其通气性并不很差。理想的土壤孔隙度及分布应既能保持足够的水分,又允许充分的O_2和CO_2扩散,以满足植物、土壤动物和微生物的要求。

对于孔隙度不适合坡面植被建植要求的土壤,可用通过改良土壤团粒的方法,即使用合适的改良剂来调节土壤孔隙度。此外,因土壤孔隙度的改良属于物理改良,工程中还常使用珍珠岩、蛭石、秸秆、炉灰渣、贝壳碎粒等材料。

(五)土壤有机质

有机质是土壤固相的主要组成部分之一,主要来源于土壤中动、植物和微生物残体及分泌物、排泄物和人工施肥等,土壤肥力的高低主要取决于有机质含量(一般以有机质占干土重的百分数表示)的多少。有机质对改善土壤物理、化学和生物学性质影响很大,它能促进土壤结构形成,改善土壤空隙度,提高土壤通气和透水、保水、保肥等性能，并有助于消除土壤污染。土壤有机质一般分为非腐殖质和腐殖质两大类，前者是指动、植物残体和部分分解物质，其主要成分是碳水化合物和含氮化合物；后者是土壤微生物分解有机质时，经腐殖化过程重新合成的具有相对稳定性的多聚体化合物，它一般占土壤有机质总量的85%～90%。

在土壤重建中，有机质是改良客土、配置人工土壤必备的重要组分，其主要来源有草炭、腐叶土、堆肥、糠壳及锯木屑等，这些材料经发酵分解后，可用于土壤有机质的添加或调剂。

（六）土壤养分

植物生长发育所需的养分元素来自土壤，其中一部分为大量养分元素，如氮（N）、磷（P）、钾（K）等；一部分为中、微量养分元素，如钙（Ca）、镁（Mg）、硫（S）、铁（Fe）、锰（Mn）、锌（Zn）、铜（Cu）、硼（B）、钼（Mo）等。氮、磷、钾是土壤中最易缺乏的元素，通常要用施肥来补充。土壤中无机肥成分类别及数量的养分元素大部分保持在不溶性的无机化合物、有机碎屑物、腐殖质中，这些养分要通过缓慢的矿质化和腐殖质化才能成为有效的养分，并为植物所吸收利用。

不同的土壤其养分含量有很大差异，不同的植物对土壤养分含量的需求也不相同。因土壤不可能像耕作土壤那样通过经常翻耕来补充养分，只能在初期的土壤重建阶段实施养分调控，因此通常提倡速效肥与缓释肥一并施用。

（七）土壤pH

土壤pH是土壤重要的化学性质，是土壤形成过程中产生的重要属性。不同成土条件下有不同的土壤酸碱性，对植物生长、微生物活动、养分存在状态以及土壤理化性质均有很大影响。土壤pH就是土壤溶液中的H^+和OH^-浓度比例不同所表现出的酸碱特性，土壤pH多在4.0～9.0之间，当小于6.5时呈酸性，当大于7.5时呈碱性，处于6.5～7.5之间时呈中性。土壤pH会影响土壤微生物活动，进而影响土壤养分的有效性和植物生长状况。

对于不适宜植物生长的酸性或碱性过大的工程土壤（客土、回填土等），应因地制宜地采取调节、改良措施。对酸性土壤，通常用石灰、沸石等进行改良；对碱性土壤，通常用石膏、硫黄或明矾等进行改良。

二、重建土壤的种类

重建土壤作为种植土，通常包括表土、客土和人工土壤三大类，因各具不同特性，其配置及利用方式也有所不同。

（一）表土

1. 表土利用

表土是指施工前地表原生土壤的表层以及当地农用土壤的上表耕作层、林地或灌丛草地根系密集的表层，其厚度为20～30 cm。表土是土壤中有机质、土壤动物、土壤微生物含量最多的层次，植物扎根于此并从中吸收养分、水分，且具有较好的团粒结构，是一种宝贵的土壤资源。此外，表土最能体现土壤种子库的功能，它所富含的乡土植物种子和繁殖体，是快速恢复当地原生植物群落的重要物质基础，对植被演替更新和生态系统恢复具有重要的意义。相比其他类型土壤，表土的优点在于可使植物发育生长良好、植物群落形成较快、恢复效果更接近原有植被。因而对植被建植工程来讲，利用具有生物活力的表土是最为有效、安全和经济的选择。

2. 表土施工

为了节约土壤资源，充分提高表土利用率，在工程开挖时必须将表土层单独剥离，集中存放，当工程完工后再将表土回填进行土壤重建。虽然这在一定程度上提高了工程造价，但从资源有效利用和发达国家的成功经验方面来看，其环境生态效应要远高于表土施工的工程成本。在植被建植工程中，表土的处理回用程序及要求如下。

（1）制定方案。表土剥离是一项系统工程，由于地理位置的不同，需要对沿线的边坡制定开挖路线、选择取弃土场，尤其是对沿线拟占用的农田、山地，逐一进行现场地质勘查、地形测量，计算实施工程量。还要做好充分的保护措施，保证在表土剥离、堆放期间内，不发生水土流失。因此，应根据现场情况和施工条件，对表土剥离和存放做出完善的计划及操作规程。

（2）剥离堆放。表土的剥离、挖掘采用机械化施工，一般厚度为30～50 cm，表土剥离时，既要保证其肥力不遭受损失，也要将其性状改变控制在最小范围内，尽量不改变土壤团粒结构。剥离的表土堆放高度一般不高于5 m。为防止堆放表土产生水土流失和风化，其堆面应适当进行压实，必要时还需在其上加盖遮蔽材料。对于边坡开挖施工连续的路段，表土存放地点一般间隔5 km设置一个，且取自边坡的表土与取自农田的表土分开存放，因后者一般用于取、弃土场的复耕，而前者直接回填用于坡面植被建植。

（3）处理回用。因表土剥离施工时的机械挖掘深度往往较大，土中多夹杂一些淋溶层及其以下的成分及砾石、杂质，需将其进行过筛清除和无害化处理。因土壤重建的回填土方需用量大，通常还要另外加入种植土与表土混合，并掺入一定比例的有机质、肥料、改良剂等添加材料，一般表土用量占总回填土方的60%～80%。处理后的表土通常回填、覆盖于坡面的框格构筑物内，利用框格的固土作用防止其流失，保障坡面植物生长发育所需的土壤环境。

(二) 客土

1. 客土来源

所谓客土，是指非当地原生的、由别处移来用于置换原生土的外地自然土壤，通常是指质地较好的壤土、沙壤土（沙砾含量在5%以下，最大粒径在8 mm以下）或人工回填土。工程上的客土一般是将部分耕作熟化土壤、大量未经耕作熟化的深层土壤，以及外源土壤与相关添加材料混合而成的。添加材料通常包括纤维材料、各类肥料（无机肥和有机肥）和土壤改良剂（保水剂、黏合剂和土壤稳定剂）等，以达到保证客土的有机质含量、增加植物生长必需的营养元素、提高客土的保水性和稳定性的目的。

客土来源多为施工当地的天然土壤，例如农田土壤、森林土壤、草原土壤或从别处质地较好的土山、土坡中所开挖出的种植土，也可以是人工配置的回填土。工程中常用工程弃土、渣土及其混合物作为人工回填土。工程弃土主要是被机械挖掘出来的除去表土的原生土壤部分（淀积层、母质层），工程渣土主要是机械开挖所产生的碎渣、碎石等。但对这两种来源的回填土均需进行人工处理、改良，通过人工过筛、搅拌，并加入适量的有机质、植物纤维、改良剂、肥料等添加材料，使其具有良好的保水、保肥、稳定性能以及一定的团粒结构。

2. 客土改良

客土的人工再造或改良应考虑以下几方面问题。

（1）具有良好的质地、结构。客土中黏粒、沙粒及黏结剂、改良剂等改良材料的配比合理；通透性、团粒结构良好，适于植物生长；在坡面上有较强的附着力和稳定性，不易滑移、流失。

（2）具有良好的肥水条件。客土中氮、磷、钾肥料及有机质含量充足，植物纤维、保水剂等添加材料的用量适宜，酸碱性适中，保水性、保肥性强，满足坡面植物生长要求。

（3）配置满足经济性、生态性原则。坡面植被建植一般所需客土用量很大，但因国家对土地资源利用和生态环境保护政策日趋从紧，故客土的使用应努力减少对天然土壤的依赖，尽量开发利用工程弃土、渣土和市政污泥作为客土主材；此外还需统筹考虑坡面植物品种组成,根据不同植物的生长习性合理设计土层厚度,尽量减少用土规模,以实现资源节约与生态恢复的协调。

3. 客土施工

客土一般适用于这三种情况:构筑路堤边坡需回填种植土,土质边坡表面为土壤剖面的淋溶层或淀积层,土石边坡表面为土壤剖面的母质层。客土施工通常采用人工回填、机械喷送两种方式覆盖于坡面,前者多适用于中等及以下坡度土质边坡的土壤重建,必要时需在坡面修建固土构筑物;后者多适用于中等及以上坡度的土质或土石边坡的土壤重建。因客土施工的主要目的是进行坡面植被建植,故出现了将客土施工与植被建植相结合的机械建植技术——客土喷播,具体内容详见下节。

(三)人工土壤

以公路边坡为例,边坡大多为石质边坡或土石边坡,因其坡面极度缺乏土壤基础条件而无法通过常规方式进行植被建植,目前解决此问题的通行方法是在坡面上喷播人工土壤,即将含有植物种子及添加材料的植壤土(由人工专门配置)通过喷播机械喷敷到坡面上,使植物种子基于这种土壤材料基盘在坡面上生长、发育。这种经人工配置、专门用于岩质坡面的土壤材料也称为植生基材,属于具有特殊理化性质及成土与植生功能的复合材料,主要由部分植壤土与有机质、肥料及多种添加剂等非土壤成分共同混合形成。其所含组分经人工配置、喷播后,可在岩质坡面上附着一层既能使植物得以生长发育而又能抵御雨水冲刷的稳定人工土层。作为坡面植物生长的基盘,人工土壤除需具备常规土壤的基本理化特性外,还要求其能够在坡面上长期附着、存留,从而为坡面植物提供与自然土壤条件相似的稳定生长环境。人工土壤的主要作用在于提供岩质坡面植物生长所需的土壤结构,提供坡面植物长期生长所需的水分、养分条件,保持植生基材组分混合物的稳定,与植物相互作用形成植生面的封闭和抗侵蚀防护层。

人工土壤是岩质坡面植物赖以生存的重要条件,对石质边坡这一极端的退化土壤生态系统,需应用土壤学、植被生态学理论,通过物理、化学和生物技术及相关技术工艺和工程措施,开展人工土壤结构的重建,以恢复土壤生物多样性,提高土壤理化稳定性,为建立稳定的坡面植物群落提供基础保障。

三、人工土壤配置及重建类型

(一)人工土壤组分

人工土壤组分包括基本材料和添加材料。前者主要有植壤土、有机质、肥料等,是植物生长所需的基本条件；后者一般有土壤改良剂、土壤黏合剂、保水剂、纤维材料等，它们用于营造或优化植物生长环境，是配置人工土壤必不可少的重要组分。

（1）植壤土。植壤土是人工土壤的骨料。为了降低造价，一般取自工程所在地的自然土壤，尽量使用当地的肥土或熟土（壤土、沙壤土）。配置时先将土壤中的石块、碎石、杂草、杂根等异物剔除，再经粉碎风干过筛（8 mm），使其适于喷播机械的作业条件和要求。

（2）有机质。有机质是为植物提供养分和根系生长空间的基本材料。对于农田土壤，其中有机质的含量一般占耕层（厚度50 cm左右）土壤总量的0.4%~7%，它是土壤的核心成分和土壤肥力的物质基础。但是对坡面人工土壤层而言，其厚度一般只在10 cm左右，若要使如此之薄的基盘为植物长期维持养分供应，有机质含量就必须大大高于农田土壤的有机质含量。目前常用的有机质材料有草炭、腐叶土、植物堆肥、饼肥、糠壳等。

（3）肥料。肥料主要用来供应植物生长所需的速效养分及长效（缓释）养分，并兼有一定改善土壤性质的作用。根据肥料提供植物养分的特性和营养成分，一般可分为无机肥料（化学肥料）、有机肥料和微生物肥料。

考虑到不同植物的生长对营养元素的需求有所差异，而不同肥料对植物生长的营养促进作用也不尽相同，肥料在植被建植中的施用需把握这几点：在使用无机肥料时宜选用复合肥，如磷酸二铵、尿磷钾肥等；如果植被建植以木本植物为主，为了在初期抑制草本植物的生长，则此时应选用含氮较少、含磷较多的复合肥；如果需要尽快形成坡面草被，则在初期要促进草本植物的生长，复合肥的养分配比宜含氮较多、含磷较少；若人工土壤的抗侵蚀能力较差，因易发肥分流失，此时则多用速效肥；若人工土壤的抗侵蚀能力较强，其中又掺入了较多的有机肥料，此时则应使用缓释肥或控释肥，以减少化肥使用量、提高肥分利用率。

（4）改良剂。土壤改良剂的主要功效是通过对土壤性状、质地和结构的改善，使土壤的理化性质和生物活性得到改良，从而提高肥料的利用率，促进植物的生长发育。根据其材料性质可分为高分子类（如多糖类衍生物、木质素衍生物、聚丙烯酰胺等），有机类（秸秆、壳质粗粉、泥炭、竹炭、锯木屑等），矿物类（如沸石、石灰、石膏、珍珠岩、蛭石、磷石膏等）和其他类型（如城市污泥、炉灰渣等）。土壤改良剂主要用于对性状较差的细密和中等质地土壤的物理改良，例如，为了增加细质地土壤的渗透性和持水能力可加入泥炭；为了使土壤疏松、便于根系穿透可加入珍珠岩、炉灰渣等。土壤改良剂还有其他不同的用途，例如，加入沸石、石灰和竹炭等改善酸性土壤；加入石膏、磷石膏等改善碱性土壤。另外，生物土壤改良剂使用也较为普遍。

（5）保水剂。保水剂用来贮存并缓慢释放植物生长所需的大量水分。目前主要有丙烯酰胺—丙烯酸盐共聚交联物、淀粉接枝丙烯酸盐共聚交联物两大类，其分子结构有网状分子链，属具保水涵水作用的树脂。保水剂自身虽不溶于水，但能够在土壤中反复进行水分的"吸收—蓄存—释放"过程，遇水时迅速吸收而膨胀成凝胶将水分贮存起来（吸水量可为自身重量的100倍以上），干旱时缓慢释放水分供给植物的根系。不仅如此，因有蓄水作用，可减少可溶性养分的淋溶损失，达到节水节肥、提高水肥利用率的效果；因能发生吸水膨胀和失水收缩现象，土壤可在紧实与疏松状态之间变化，故土壤的物理结构和活性可得到一定的改善。

（6）黏合剂。黏合剂用于增强人工土壤颗粒之间的聚合能力，防止其在坡面上受到重力和风化作用而出现流失现象，以增强植物生长基材的稳定性。黏合剂分为有机类和无机类两种，前者主要有高分子聚合物和沥青乳剂，后者包括普通硅酸盐水泥和离子黏合剂等。高分子聚合物是指由聚丙烯酰胺制剂、聚乙烯醇等构成的非离子均聚物，它遇水后可形成溶胶体，通过较强的胶结作用把分散的土壤粒子黏结成稳固的团粒；沥青乳液是本身加入特殊的添加剂混合后而形成的一种乳剂，具有强烈的黏附作用，能将土粒联结起来，形成较理想的团聚体；普通硅酸盐水泥是指以硅酸钙为主要成分的水泥加入适量的石膏粉制成的水硬性胶凝材料，遇水后发生结晶作用将土壤粒子粘连；离子型无机黏合剂由石灰、石膏、明矾等构成，它们与土壤混合后，在水的作用下会发生灰化反应生成钙矾石，其与二氧化碳接触又发生氧化反应，使结晶效应进一步增强，故可粘连土、沙、砾石的混合物。

（7）团粒剂。团粒剂是一种特殊的黏合剂，但它改善了常规有机类黏结材料收缩性大、易龟裂，而无机类黏合材料碱性大、易产生板结的缺点，是一种增大土壤黏性、促进团粒结构形成的水溶性高分子长链聚合物，近年来得到大量应用。其具有很强的絮凝性，当遇水中悬浮的土壤颗粒时，一个分子可以吸附多个土壤颗粒，而一个土壤颗粒又可以与多个分子吸附，可使土壤形成大体积的絮团，增加土壤中的团聚体，从而使土壤颗粒在径流中不易被剥离和悬浮，故侵蚀作用大大减小。不仅如此，因土壤单粒间形成小孔隙、团聚体间形成大孔隙，所以与单粒结构相比总孔隙度较大，而小孔隙能保水保肥，大孔隙则通气透水。团粒结构的土壤形成促进植物生长的微环境，特别有利于幼苗根系的生长及土壤中水肥的吸收、利用。

（8）稳定剂。团粒剂使用时还需掺入稳定剂，其为水融性聚合物，也属于一种特殊的土壤改良剂，主要用来增强土壤团粒密度，稳定固化土壤结构，保持土壤团粒特性等。稳定剂与团粒剂结合后，可以有效提高土壤的黏滞力和水分的渗透力，改善土壤的亲水性，从而使蜂窝状的土壤团粒结构更加稳定，不会因为土壤的松散、通透而造成土壤及养分流失，并有利于种子萌发和根系生长。

（9）植物纤维。植物纤维是广泛分布在种子植物中的一种厚壁组织，在植物体中主要起机械支持作用。它虽然也是有机质，在其缓慢分解过程中可提供植物生长所需养分，但在人工土壤中还起到增加土壤粒子摩擦力、提高基质的连接性能和抗侵蚀的作用。常用于人工土壤的植物纤维包括农作物秸秆（稻草、麦秸、玉米秸等），果壳（花生壳），木屑，纸屑等，它们由于获取容易、成本低，已成为工程上最常用的植物纤维。此外，也可用经粉碎处理的草炭、麻纤维、椰纤维等，其中椰纤维比一般植物纤维的木质素含量更高，抗腐蚀性、抗拉伸性更强，自然分解时间为5~10年，是配置人工土壤的最佳选择。植物纤维用于人工土壤前应对其进行发酵处理，以消除对植物生长的影响并降低硬度。此外，这些植物还需经机械切割加工，纤维长度通常在2~3 cm之间，以便于喷播机械作业。

（二）人工土壤的类型

目前，人工土壤的类型主要有厚层基质、植被混凝土、高次团粒等，它们是通过相应的喷播技术方法实施的（详见下节内容），已在公路植被建植和土壤重建工程中得到越来越多的应用。

1. 厚层基质

所谓"厚层"，是指人工土壤形成的厚度可达到8 cm以上；所谓"基质"，是指人工土壤的组分以有机质材料为主。厚层基质是采用专用机械设备（灰料喷射机），将人工配制的有机质、复合肥、黏合剂、保水剂、改良剂等添加材料，与种植土、植物种子（草本或草灌组合）混合，再通过压缩空气将这些复合材料喷敷到植生面上，形成一种适于植物生长的人工土壤层。

厚层基质与人工客土在组分配置上大致相同，不过厚层基质的主材是有机质，而客土的主材是种植土，这是二者的最大区别。此外，虽然它们均通过机械喷播实现，但各自解决不同质地条件的植被建植问题：人工客土主要用于回填处和土质缓坡上的植被建植，虽可以用于风化程度较高的岩质坡面，但因自身比重较大、养分含量不足和稳定性较差等缺陷，不宜用于较陡的岩质坡面；而厚层基质在比重、结构、养分和稳定性等方面相对人工客土更有优势，故可以在较陡坡面上获得较好的植被恢复效果。

目前，国内已有多种较为成熟的厚层基质材料及工艺，例如TBS（西南交通大学）、PMS（北方林业大学）技术等，但从本质来讲，其基本配置及特性大致相同，主要差异表现在不同立地条件下的组分构成和环境适应性上。

2. 植被混凝土

厚层基质虽然在缓坡、较陡坡上的实施效果较为理想，但对于高陡边坡来讲，厚层基质难以适应坡面的不稳定性和抗冲刷要求，而其对于营建组合群落也具有一定的局限性。为此，植被混凝土应需而生。

植被混凝土是在厚层基质组分配置基础上改进而来的，主要由种植土、有机质、水泥、专用添加剂材料等组成。鉴于高分子材料黏结剂在缺水条件和自然降解作用下，其功能、寿命会逐渐受到影响，比如后期出现土层龟裂、剥落的现象，特别是与岩质坡面的附着性较差，故采用水泥代替高分子黏结剂，以增强土层的基材与植被混凝土的依附性，并提高其抗冲刷能力。工程上植被混凝土常用的黏结剂是P42.5硅酸盐水泥，因其呈碱性且易硬化，需用添加剂进行调节。

植被混凝土主要为高陡边坡的植被建植而开发，其形成是通过空气压缩机和水泥喷射机的动力而实现的，故其成型工艺与喷锚护坡基本相同。植被混凝土基质中因为掺入了大量水泥而使其能够形成牢固的护坡基底，又因为掺入了特殊添加剂而使植物种子能够在适宜的环境下正常发芽生长，从而为高陡边坡植被建植提供了一种人工土壤新材料。

近年来，三峡大学研发了一种含砼绿化添加剂的植被混凝土（CBS）材料，其由多种组分配制而成，已在国内若干高陡边坡植被建植工程中得到应用，且植被恢复效果明显。

3. 高次团粒

大量公路植被恢复工程实践表明，乔灌木植物组合种植不仅具有良好的抗旱、保水、防风沙、降尘土等优点，而且具有生长快、耐贫瘠并对生长环境要求低等优势，但由于一般植生基材无法有效解决坡面表土抗冲刷能力的问题，难以为乔灌木早期生长提供稳定的土质基础，故不能实现乔灌植物的组合种植。20世纪80年代，日本彩光株式会社研发了"绿化工法"，即高次团粒（SF）技术，为解决这一瓶颈问题提供了一种可行、有效的途径。

高次团粒具有与天然表土接近的土壤结构及特性，其固土、肥、水性能强，疏水透气性好，且适宜微生物栖息。高次团粒结构为粒子的集合体（团粒），团粒内部与团粒之间具有大小不同的孔隙，团粒间的小孔隙具有保持水分、养分的功能，团粒间的大孔隙则发挥着保水、通气的作用。另外，团粒结构中的粒子通过静电的作用吸附大量的养分，使团粒间的孔隙中栖息着大量的微生物，为植物提供了良好的生长条件。

随着材料技术的不断完善，高次团粒组分的适应性不断提高，已逐渐在各种复杂地质、地貌以及植被难以建植的地段得到应用，特别在高陡岩质边坡植被恢复工程中效果显著。目前，国内高分子团粒技术正处于不断研发、完善中，比如青岛冠中生态有限公司、湖南双胜生态环保有限公司、三峡大学护坡绿化研究所等单位，先后开发出各具特色的高次团粒技术，促进了公路植被恢复技术的普及和提高。

第二节 植被建植技术

在植被恢复工程实施过程中，植被建植紧随土壤重建工程之后，其任务就是根据目标植物群落设计方案及要求，将植物物种种植于重建的土壤之中，以营建人工植物群落。植被建植技术是营建植物群落的实施途径，其关键在于解决植物从种植到能够稳定生长、自然演替，并促进植被恢复的问题。

从植被恢复角度分类，植被建植技术可分为播种技术（从种子开始的植被恢复）、移植技术（从苗木开始的植被恢复）和诱导技术（等待或促进植被自然恢复）；从技术特征角度分类，植被建植技术可分为人工建植技术（人工播种、人工移植等）、机械建植技术（液压喷播、客土喷播、厚层基质喷播等）以及植生材料建植技术。本节主要从施工工艺方面介绍液压喷播、客土喷播、厚层基质喷播、植被混凝土喷播、高次团粒喷播这5种常用的植被建植技术。

一、液压喷播

（一）技术原理

液压喷播属于湿法喷播，也称水力喷播或液力喷播。液压喷播是通过液压喷播机实现的，是一种以水为载体的种子喷射播种工艺，即喷播材料的主材是水和种子，原理是将草种（一种或多种）、肥料、有机纤维、土壤改良剂、黏合剂、保水剂、染色剂等与水充分混合后，经喷播机高压、高速喷射到植生面上。液压喷播通常针对"有土"的植生面而实施，其喷播层可与表土结合，形成松软而稳定的植被覆盖层。坡面液压喷播工艺设计如图4-1所示。

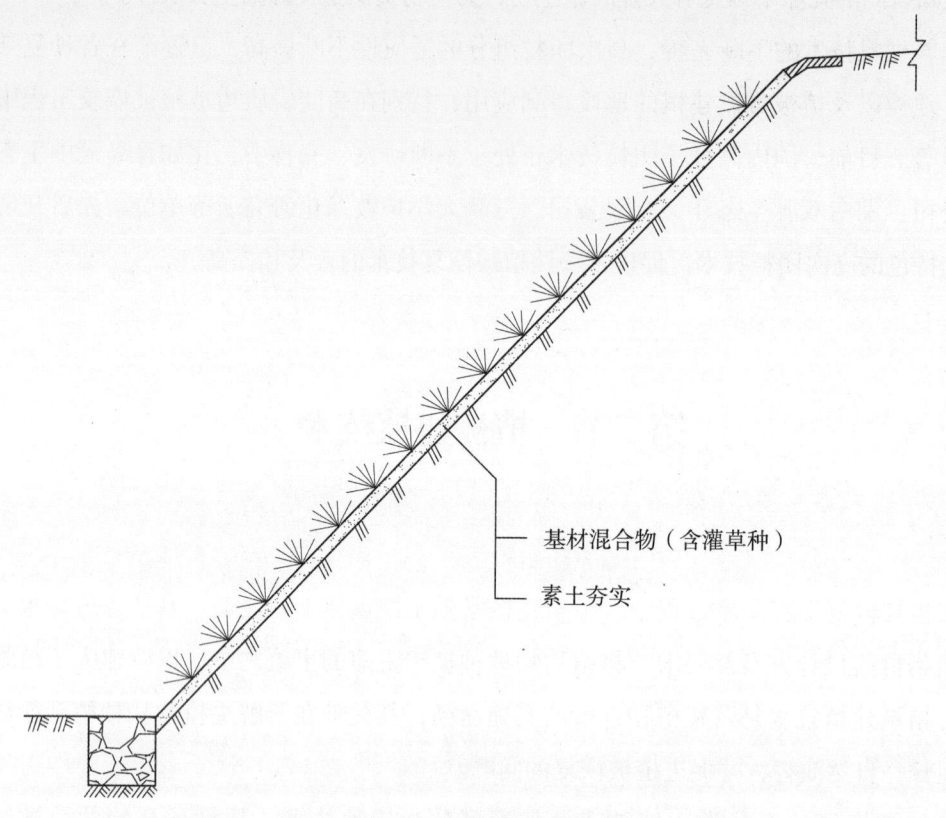

图4-1　坡面液压喷播工艺设计示意图

（二）工艺特性

液压喷播的混合浆液具有一定的黏稠度和固体含量，因而可使比重轻的种子不再漂浮，这是利用高浓度混合浆液中固体颗粒相互影响的干涉沉降现象来获取悬浮浆液，以达到全过程均匀喷送种子和辅料的目的。当这种混合浆液喷射到表土后，可在其上形成厚度为3～5 cm的柔性毯状覆盖层，覆盖层依靠纤维的交织性和溶液的黏性相互连接并与表土紧密结合，而且使植物种子外表层形成胶状膜。这种胶状膜既可以固定保护种子，防止水土流失，又可以为种子提供水分和养分条件，成为种子的良好培养基，促使种子在短期内快速生长。液压喷播工艺的主要特征如下。

1. 施工效率高

液压喷播技术从根本上解决了传统人工播种方法存在的缺陷，由于用水作为载体和溶剂，可使播种、施肥、覆盖在一次操作中完成，取得了传统人工播种三道工序才能完成的效果，大大简化了植被建植的工艺流程，节约了大量的人力、物力和财力，特别是液压喷播能够在人工难以接近的地带进行建植施工作业，对于大规模的工程来说，其效率更具优势。

2. 技术要求高

依靠喷播机提供的压力输出，喷播材料可以喷敷到几十米甚至上百米高的边坡上，有效解决了高边坡、大面积植被建植的施工难题，如种子受风力影响漂移、陡坡播种施工困难、种子易受降雨侵蚀等问题。但由于液压喷播需根据不同的立地条件和建植目标，对材料的组分进行精细化配置，否则可能导致建植工程的失败，因而它是一种较为复杂、技术含量较高的建植工艺，目前尚有许多关键性的瓶颈问题有待解决。

3. 成坪速度快

因喷播材料中添加了一定量的改良剂、黏合剂、保水剂、有机肥料和纤维物等，可使种子稳固在表土中而免受冲蚀，同时种子和幼苗能充分、有效地吸收养分、水分，因而种子萌发和幼苗生长迅速，成坪速度快，覆盖度高。在相同的植生面上，较之采用人工建植工艺，液压喷播成坪时间可缩短20~30天，覆盖度提高30%以上。

4. 建植质量高

因液压喷播机喷出的混合浆料均匀，喷播流速也基本稳定，故所建植的草坪质地均匀致密，其景观效果更为可观。专门配置的添加材料为种子发芽、生长提供了良好的基质和条件，因而出苗率和成活率高，可在短期内形成植被覆盖，这样既有利于恢复植被，也有利于营造植被景观的效果，特别对边坡还具有防止水土流失、提高坡面稳定性的工程效果。

尽管如此，液压喷播技术也非尽善尽美，其主要缺陷是属于高养护型的植被建植工艺，后期的养护管理成本较高，特别是在山岭重丘区立地条件较差的坡面上，植被极易发生衰退，因此在植被建植设计时应予以充分考虑植生面的立地条件及液压喷播工艺的局限性和适应性。

（三）施工要求

1. 适用条件

液压喷播通常用于以面状植被建植为主的坡面防护工程，因此其适用区域主要为湿润区和半湿润区。在半干旱地区如果周边有较好的水源条件亦可使用，但要与覆盖保墒技术结合。必须强调的是，对立地条件相对较差的区域，应当审慎地对草种及配置、肥料配比及用量、覆盖材料、添加材料等做出合理设计，并经试验可行后方可实施喷播工程，否则预期的建植效果将无从把握。

2. 边坡状况

坡形及坡质：通常适用于填方土质边坡，对土质要求较低，黄土、沙砾土、沙石、风化岩等土质较为适宜。对于土石混合的填方边坡，经覆土处理后也可以使用。对于挖方土质边坡，如果坡面土质较为松软，也可以使用。液压喷播工艺主要适用于土质较松软、土壤肥力较好的坡面，一般不适于"无土"的硬质生土坡面和岩质坡面。对于无土壤或土壤不良的坡面，应先行改良土壤，然后再实施液压喷播。

坡率及坡高：适宜液压喷播工艺的坡率为1:2~1:1.5，当坡率超过1:1.5时，应进行基础性整治施工，酌情与坡面植生基材结合使用，如先行铺挂土工网、三维网等。对坡度较大且地质结构较差的坡面，应先构筑相应形式的坡面框架，再采用挂网喷播。适宜液压喷播工艺的边坡一般每级高度不超过10 m。

3. 施工季节

由于植物的生长受降雨和温度的影响很大，而且坡面养护管理困难，一般要求雨季完成喷播施工，但最好在雨季结束前1个月完成。这既满足了暖季型草本植物萌发对高温和高湿的要求，又能使植物在进入冬季前达到一定的生长量，以抵御冬春季节的干旱，保证次年有较高的成活率。否则，在非正常季节施工时，需要增加额外的保水措施。

通常，南方地区一年四季都可以进行液压喷播施工，但应避开高温炎热的盛夏和暴雨集中的时段。北方地区除冬季之外都可以进行液压喷播施工，但在夏季要避开暴雨时段或长时间的阴雨天气。在有降雨时，要将备用的无纺布、草帘子等覆盖在坡面上，防止降雨对喷播层及其基础层造成冲蚀。

4. 喷播厚度要求

施工人员需经过专门技术培训并具有一定的施工经验，喷播操作时应保证浆料喷敷既不遗漏也不重复，液压喷播在坡面形成的覆盖层厚度一般为2~3 cm，使种子与配置的各种喷播材料混合的浆料能均匀覆盖于坡面即可。

5. 物种选择要求

液压喷播的目的主要是防止水土流失和增加景观效果，因此，草种需选择纯度高、发芽率高、生长快速、根系发达且入土深、抗逆性强的物种，一般是多种草种的混合，例如禾本科与豆科的组合，尽量避免使用单一草种。液压喷播工艺所形成的覆盖层厚度较薄，种子仅能附着在土壤表面，故只有选用发芽快的速生草种，才能达到快速建植的目的。在我国南方地区，较多采用狗牙根、百喜草、假俭草等暖季型草，并适当混播白三叶、高羊茅、苜蓿等冷季型草种（地被）；北方地区则以冷季型草种为主，如高羊茅、早熟禾、紫羊茅、黑麦草等草种，同时还可混播一定比例的小冠花、沙打旺等固土能力强的地被植物。为了突出景观效果，也可适当混播观赏价值较高、水土保持作用较强的地被植物，如混合野花、二月蓝等物种，甚至也可将生长快速的花灌木和攀缘植物（黄馨、爬山虎等）通过喷播建植。

6. 着色

为了保证混合浆液喷射的均匀性，通常将纤维物进行染色，以使植生面上作业区与未作业区有明显界限，防止产生漏喷、少喷现象。

（四）材料配置及要求

1. 材料配置

液压喷播材料的组成及配置方案如表4-1所示。

表4-1 液压喷播材料的组成及配置方案表

材料名称	含量配置（g/m^2）	备注
种子	13~21	GB 6142—2008、GB 7908—1999
复合肥	100	GB 18382—2001
黏合剂	3	
保水剂	5	
木纤维	200	
无纺布	30	

2. 材料要求

液压喷播材料除了植物种子（草种）、木纤维、复合肥等基材外，还包括保水剂、黏合剂等添加材料，它们共同决定了液压喷播层的性能。

（1）草种。草种选择应根据当地的气候、播种季节的降雨量、植物的生长特性等因素综合考虑。草本植物种子质量应不低于《禾本科草种子质量分级》（GB 6142—2008）中所规定的二级标准；自行采种的乡土草种，在使用前应进行发芽试验，以确定合适的播种量，保证喷播质量。

（2）木纤维。木纤维由天然林木加工后的剩余物再经特殊加工制成。木纤维的使用对于调整喷播层土壤结构、增加有机质含量、涵养水分、防止水土流失和保护种子等方面作用重大。为提高木纤维间的交织性能，加工时纤维的长短和粗细比例应达到合适的纤维分离度，长度以6~7mm为主，吸水性为10~13倍，加工纤维时可搭配选用一定量的针叶树种原料，从而保证喷播层有良好的性能，木纤维在喷播材料中的使用量见表4-2。

表4-2 喷播材料中木纤维的使用量

坡面土壤肥力条件	不同作业面坡度木纤维用量（g/m²）			
	15°	25°	35°	45°
一般	170	180	190	200
较差	190	200	210	220
差	210	220	230	240
很差	230	240	250	260
极差	250	260	270	280

草炭土是喷播可选的另一种材料，它也可以和木纤维按一定的配比混合使用。含有草炭土的喷播层，较纯木纤维具有更优良的附着和保水性能。为了加强资源再生利用，现已有利用工业或城市生活废物（纸浆、纺织纤维、回收废纸等）作为木纤维的替代材料，但应注意：材料中可能含有对草种萌芽、生长有害的物质；纸浆纤维过于短细，易造成喷播层交织性不好，并会产生板结现象；吸水保水性能较差，不易在浇水和下雨时吸水，水分易蒸发，且在发干后产生"结壳"现象，导致草种萌芽、生长困难，甚至干枯致死。

（3）复合肥。喷播材料中复合肥的作用是为植物提供生长所需的养分，并可提高植物的抗逆性、越冬能力以及对病虫害的抵抗力。复合肥具有养分含量高、肥效长、物理性状好等优点，且有利于平衡植物所需营养成分，促进植物根系和地上部分生长。一般选用的复合肥为N-16、P-16、K-16的复合肥。复合肥应满足《肥料标识内容和要求》（GB 18382—2001）、《复混肥料（复合肥料）》（GB 15063—2001）的要求，也可以根据立地条件及土壤肥力状况酌情选择单一肥料。

（4）保水剂。保水剂是喷播材料中的另一重要组分，它具有高倍率的吸水性能，用于喷播层的保水。液压喷播用的保水剂性能指标相对一般农业、林业要高，一般要求为吸水倍率在300以上；有效寿命大于2年；可自动降解、环保、无危害。常用的保水剂多为合成聚合物系列，如丙烯酸-丙烯酰胺共聚物等。应根据坡面的立地条件、水源的供应条件，针对不同植物种子和种植方式，选择相应的保水剂产品并进行合理配比，其在喷播材料中的使用量见表4-3。

表4-3 喷播材料中保水剂的使用量

气候	不同作业面坡度保水剂用量（g/m^2）			
	15°	25°	35°	45°
湿润	1.60	1.65	1.70	1.75
较干旱	1.70	1.75	1.80	1.85
干旱	1.80	1.85	1.90	1.95
很干旱	1.90	1.95	2.00	2.05
极干旱	2.00	2.05	2.10	2.15

（5）黏合剂。液压喷播工艺需使用专用的黏合剂产品，其为水溶性有机高分子材料，喷播中先是在混合浆中起到润滑作用，防止纤维结团，降低管路流动输送阻力，防止喷射泵和喷枪堵塞；喷播后提供木纤维与土壤及纤维之间更强的黏合力，以保证喷播层抗风吹、雨冲而不脱落。当处于干燥炎热的天气时，由黏合剂作用而形成的表层膜可以封闭水汽，降低土壤及纤维的水分蒸发量，提高土壤的渗透力、保水和缓释性能。对黏合剂的基本要求一般为水分小于8%，pH为6～7，黏度（0.3%水溶液）为200～300 Pa·s。

一些絮凝剂虽然也具黏合剂的功能，但不宜用于液压喷播工艺。另外黏合剂与保水剂应相互匹配，否则将削弱各自功能，降低喷播质量。此外，所用黏合剂还应用对环境无害的绿色产品。黏合剂的使用量应根据坡面的喷播面积而定，其在喷播材料中的使用量见表4-4。

表4-4 黏合剂在喷播材料中的使用量

施工地附着力条件	不同作业面坡度黏合剂用量（g/m²）			
	15°	25°	35°	45°
一般	2.50	2.60	2.70	2.80
较差	2.55	2.65	2.75	2.85
差	2.60	2.70	2.80	2.90
很差	2.65	2.75	2.85	2.95
极差	2.70	2.80	2.90	3.00

（6）染色剂。喷播用木纤维可事先染成草绿色，或根据需要喷播时在搅拌箱中加染色剂进行着色，纤维染色是为了提高喷播时的可见性，便于喷播作业者能够观察到喷播层的厚度和均匀性。此外，亦可改善施工坡面形成的绿色景观。喷播时亦可直接用未染色的原色木纤维，以防可能对环境造成污染。

（7）覆盖物。液压喷播施工结束后必须对坡面进行覆盖，一则可以防止土壤水分蒸发，二则可以防止降雨或灌溉造成的土壤板结和水土流失，三则还可以保温促使种子尽早发芽出苗。通常使用草帘、无纺布作为坡面覆盖物。在坡面草被形成之前，无纺布还兼具防冲刷作用，每平方米克数越低的无纺布越容易被幼苗刺破，且抗风能力越差，因而无纺布的选择十分重要，应严格按照设计要求使用。此外，遮阳网也是常用的覆盖物，尤其在风大的地区更为适用。与草帘、无纺布的覆盖保墒效果相比，遮阳网不仅强度高、施工简便、可重复使用，而且能降低土壤水分蒸发、不妨碍雨水对土壤水分的补充、可使阳光穿透射到植生面上。

（8）水。水是喷播材料的主要溶剂，也是各种喷播材料混合物的载体。水的使用量与纤维用量直接相关，影响到喷播覆盖面积和喷播质量。在水量一定的条件下，随着纤维用量的逐步增加，浆液的稠度也加大，喷播面积反而会减小。反之，纤维量一定时，用水量增加，喷播面积会相应增加，但达不到应有的坡面覆盖和建植效果。

（五）施工流程及要点

1. 施工流程

液压喷播工艺的施工流程如图4-2所示，主要包括坡面平整、物料混合、喷播作业、覆盖保墒等步骤。

2. 施工要点

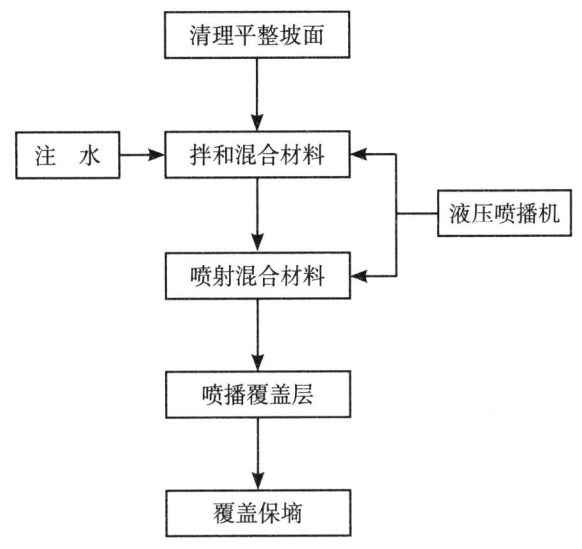

图 4-2 液压喷播工艺的施工流程

（1）坡面整理。坡面应采用人工细致整平并松土，清除所有的石块、碎泥块、植物、杂物，不得有松石、危石；对土质条件差、土石混杂的坡面，可采用客土回填的方式改良表层土，回填客土的厚度不小于10 cm，并灌水浸湿、自然沉降；坡面修整后凸出或凹进均不得大于10 cm。若土壤pH不适宜，需要进行土壤酸碱度调整，一般改良土壤pH应于喷播前一个月进行，以增加改良效果。坡面排水系统的设置是否合理和完善直接影响坡面植被的成长环境，对于长、高边坡，坡顶、坡脚及平台应设置排水沟，并根据坡面水流量的大小考虑是否设置坡面排水沟。一般坡面排水沟横向间距为40~50 m。

（2）种子处理。在喷播前一定要对批量发芽率进行测定，并根据实际测定面积，计算实际种子用量；由于灌木种皮较厚，需要温水浸泡处理和催芽处理，具体措施可依据种子的特性，以保证灌木的正常出苗为原则，但注意嫩芽不可过长，否则在搅拌时会损伤幼芽，影响灌木成苗率。

（3）物料混合。将水加入到搅拌罐1/3处时，开动循环装置，先加入木纤维、草籽进行循环搅拌；随着水量加大，再加入黏合剂和保水剂进行搅拌，黏合剂不可一次性倒入罐内，应边搅拌边撒入，这样易于溶解；罐内水量达到设定值后，再加入肥料继续搅拌。整个搅拌时间一般不少于10 min。喷播之前要检查搅拌罐内混合浆液的均匀状况和黏稠度状况，浆液过稠容易堵塞管路或喷枪，而浆液过稀则会使喷射到坡面的浆液流失。种子使用量要根据设计方案和每罐混合浆液能覆盖的面积进行调整,必要时先进行试喷,然后检查单位面积喷播覆盖物内的种子数量,以保证达到建植设计要求。

(4)喷播作业。喷播时,由高至低进行作业,操作人员要根据浆液压力、射程和散落面大小,有规律、匀速地移动喷枪,一般保持喷播幅宽5~6 m、幅高1~2 m,幅间接合时应压边40 cm,保证喷播浆液能均匀地覆盖;对于干燥的坡面,喷播前应适当洒水,以增加土壤墒情;对于土壤过湿的坡面,应待其水分降低后再实施喷播,避免浆液流失;在雨天或可能降雨时,应尽量避免施工,喷播完工后如随即有降雨,要提前采取覆盖防护措施。

(5)覆盖保墒。喷播后立即覆盖无纺布或草帘子,以保持土壤墒情,同时也可防止喷播层被雨水冲刷而造成种子裸露和流失。覆盖时由上至下平整覆盖,坡顶延伸30 cm固定;两幅相连接处叠加10 cm,用竹筷或U形钉进行固定,间距应不大于100 cm。待禾草高3~5 cm、豆科高2~4 cm(生真叶前)时,揭去覆盖物,过早不利于坡面保墒,过迟则会妨碍幼苗发育;覆盖物去除前应控水,揭去后要及时补水,时间最好选在15:00后进行;撤下的覆盖物应及时收走,特别是无纺布,不得遗留在现场。

(6)养护管理。喷播1~2天后即开始养护,应及时用高压喷雾水喷洒,使坡面保持湿润状态。初期养护时间为45~60天,以每天喷水为主,早(10点前)晚(16点后)各一次,避免在强烈日光下进行喷水养护,以免造成生理性缺水或诱发病虫害;待草长到10 cm以上时靠自然降水补充水分,但若连续高温干旱时间超过5天,应进行浇水养护;草种发芽后,应及时对稀疏无草区进行补播;喷播实施2个月后,最好进行一次营养全面的施肥,一般用尿素5~10 g/m²,复合肥约20 g/m²。此外,初期注意清除杂草,成坪后在每年开春和入冬前视草的长势及时追肥,并定期喷洒药剂防治病虫害。

(六)施工质量验收

1. 期间验收

坡面处理情况:坡面是否平整,土质是否松软,是否有保墒及施肥处理。

喷播物料准备:各种物料的质量、组合配比方案、各组分使用量和每罐的添加量是否符合设计要求。

喷播作业状况:每罐物料的混合时间和混合浆液的黏稠度是否符合作业要求,坡面上喷播浆液的覆盖状况和厚度是否符合设计要求,有无喷播浆液流失现象,单位面积内种子数量是否符合设计要求。

2. 竣工验收

覆盖养护情况：覆盖物是否完全覆盖坡面，有无遗漏处；浇水水量是否合适；土壤湿润情况是否符合标准；坡面有无冲刷现象。

发芽长势情况：发芽状况是否达到设计要求；出苗、长势是否均匀、良好，有无缺水、缺肥、枯死和病虫害现象。

现场整理情况：现场有无施工材料遗留，临时施工设施是否全部清理。

液压喷播工程总体验收参考标准见表4-5。

表4-5 液压喷播工程总体验收参考标准

验收指标	工程质量			评定方法
	不合格	合格	优良	
植被覆盖率（%）	<80	80~90	>90	每1000 m^2 坡面随机取10个 1 m×1 m 的面积测试，取平均值
病虫害发生率（%）	>30	20~30	<20	
颜色（绿）（%）	<70	70~85	>85	
成活率（%）	<80	80~95	>95	

二、客土喷播

（一）技术原理

客土喷播技术是将植物种子、客土（改良后的种植土）以及肥料、改良剂、黏合剂、保水剂等喷播材料混合，再通过泥浆喷射机（湿法）或灰料喷射机（干法）将混合物料喷播到植生面上，以此形成含有植物种子的客土层。客土喷播主要针对"无土"的条件而实施，但目的并非仅为土壤重建，而是在土壤重建的同时进行植被建植。由此可知，客土喷播与液压喷播的工艺差别在于一是喷播主材为植物种子和种植土，二是集土壤重建与植物播种于一体。

为了增强客土在较陡坡面上附着的稳定性，达到在其上建植稳定植被的目的，工程中通常根据边坡立地条件，先在坡面锚固金属网或土工网，然后再进行客土喷播，这样既能稳定坡面，防止土石的滑落，又可使网成为客土的加筋材料，以保证客土稳固并与坡面紧密结合。当然，出于坡面的工程防护需要，必要时可在坡面上修建工程防护构筑物（框架、地梁等），同时使用网材，发挥二者各自的护坡固土功能，增强客土滑塌、流失的治理效果。坡面客土喷播工艺设计如图4-3所示。

（二）工艺特性

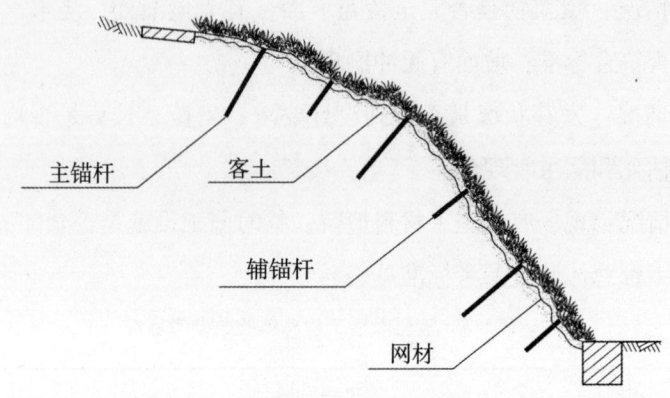

图4-3　坡面客土喷播工艺设计示意图

客土喷播技术是在液压喷播技术基础上发展起来的，其工艺优势是可针对边坡立地条件和目标植物群落进行基材和种子配置，从而具有更广泛的适应性。客土喷播工艺除了具有与液压喷播工艺相同的基本特征外，还有以下特征。

1. 土壤配置与种子配置相结合

客土喷播的主材是种植土和植物种子，工艺是以坡面土壤重建或改良为基础，并使土壤重建或改良与种子种植一体化、土壤组分配置与种子配置相结合，可营造出与周边自然表土相近的植物生长基底，有利于促进植物的稳定生长和演替，形成与周边自然环境相协调的植物群落。

2. 形成乔灌草组合植物群落

客土的应用使植生面土壤层具有一定的厚度，不仅适于草本植物生长，而且也为灌木提供了良好的生长基础，再结合乔木苗的分布栽植，短期内可形成一定结构组合的植物群落。更有意义的是，通过合理的配置设计，能够按照初期以先锋植物（草本植物）为主→中期以灌木植物为主→后期以乔木植物为主的顺序进行演替，从而有利于促进人工植物群落向近自然植物群落的过渡，彻底改变了传统的单一草本植物护坡模式，实现通过植被恢复促进生态恢复的目的。

3. 植被护坡功能显著

由于客土材料中添加了专用黏合剂，而且又是通过高压喷射到坡面上的，所形成的面层结构具有一定的厚度和强度，因而喷播层的稳定性好，其抗风雨侵蚀能力强；喷播层为植物提供了良好的基质条件，可使植物快速地发芽、生长，并在短期内形成植被覆盖，可有效防止坡面的降雨侵蚀和水土流失；客土层有利于深根型灌木植物的生长、发育，且其主根可扎入到基底岩石缝隙，发挥根系的锚固作用。同时，在施工工艺上可与坡面工程防护措施相结合，构成互为补充的生态防护模式，因而固土护坡功能更为显著。

4. 适应性强、耐粗放管理

客土喷播通过对种植土、添加材料和植物种子的统筹配置，加之采用机械化施工作业，既适用于无土壤的石质边坡，也适用于土石混杂的土石边坡，更适用于土壤基础差的土质边坡，同时对坡面的平整程度无严格要求，因而工程适应性强、易于实施、施工效率高；由于客土经过专门的配置、调理，加之喷播层的水肥保持条件较好，建植后灌、乔木植物的成林效果较为理想，且耐粗放式管理，后期的养护成本相对较低。

5. 景观效果与生态效应兼备

客土喷播形成的绿色植被不仅能够取代传统的坡面工程措施的护坡功能，而且从根本上改变了圬工构筑物产生的生硬、呆板景象，可营造出与自然协调、和谐的植被景观，极大改善了路容和行车环境。同时，大面积的乔、灌、草组合植物群落可发挥出多重的生态效应，在一定程度上消除或减少行车产生的污染物，有效提高路域生态环境质量。

综上所述，客土喷播工艺的优点是显而易见的，但从工程实践中也发现，目前工艺本身也存在一些缺陷，尤其在较陡的岩质坡面上应用时更为突出。比如，客土易产生裂缝和板结、喷播层易滑落、组合种植效果差、坡面的截水与汇水较难处理等，从而对坡面植物发育和稳定生长造成不利影响。为此，业内一直在努力研究和探索，力图从技术标准、工艺设计到工程施工等方面出发，形成有效、规范的客土喷播技术体系。

（三）施工要求

1. 适用条件

客土喷播也用于以面状植被建植为主的坡面防护工程，因此其适用区域主要为湿润区和半湿润区。在半干旱地区如果边坡周边有较好的水源条件亦可使用，但要跟进养护管理。必须强调的是，对立地条件相对较差的区域，应当审慎地对客土、植物的配置以及黏合剂等添加材料的配置做出合理的设计，并经试验可行后方可实施客土喷播工程，否则预期的建植效果将无从把握。

2. 边坡状况

坡形及坡质：客土喷播适用于包括挖方和填方边坡在内的各类土质边坡、石质边坡和强风化石质边坡，如果在坡面铺挂土工网材或构筑混凝土框架梁，则客土喷播也可适用于一般的石质边坡，即对"有土""无土"的坡面均适用。

坡率及坡高：适用于客土喷播的坡率一般在1∶1以下，否则就需铺挂土工网材，但也不宜超过1∶0.6，否则喷播层易发生滑移；即使喷播层具有一定的稳定性，但因其厚度、肥水条件的制约，植物也难以正常生长，因此对中等以上坡率的岩质坡面不宜采用客土喷播工艺。适宜客土喷播工艺的边坡一般每级高度不超过10 m。

3. 施工季节

与液压喷播基本相同，可参阅相关内容。

4. 喷播厚度要求

不同于液压喷播的一次性覆盖，客土喷播可进行二次覆盖，因而可在一定范围内控制喷播厚度。喷播厚度主要根据坡度、坡质的不同而有所差异，见表4-6。施工人员需经过专门技术培训并具有一定的施工经验，喷播操作时应保证既不遗漏也不重复，使喷播的客土能均匀覆盖于坡面。

5. 物种选择要求

因客土喷播所形成的覆盖层厚度比液压喷播要大，故不限于植草，可酌情进行乔、灌、草植物混合配置。特别需要混播生命力强的灌木植物，以弥补草本植物的缺陷。物种选择时应首先考虑适合当地气候、地质条件、抗性强的植物种类及其组合，以有利于促进坡面植被的生长、演替。实际工程效果表明，客土喷播的物种以速生草本植物与根系发达的灌木组合为宜，且根据不同边坡类型进行配置，比如缓坡以灌木为主、草本为辅；陡坡开始以草本为主作为先锋植物，后期自然演替为以灌木为主。此外，可根据坡面建植条件，适当栽植一定数量的小灌木、矮乔木，以加快客土的稳定化过程；可根据景观效果要求进行组合配置，达到一定的花期、绿期要求。不同客土喷播厚度所适用的植物种类见表4-6。

表4-6 客土喷播厚度参考标准及适用植物种类

坡面坡质	最小喷播厚度（cm）	主要适用植物种类
土质坡面	3～4	草本（辅）、灌木（主）喷播+乔木（辅）栽植
强风化坡面	4～7	草本（辅）、灌木（主）喷播+灌木（辅）栽植
中风化坡面	7～10	草本（辅）、灌木（主）喷播
弱风化坡面	>10	草本（主）、灌木（辅）喷播

常用于坡面的灌木植物有紫穗槐、刺槐、马棘、沙棘、胡枝子、银合欢、山毛

豆、荆条等；草本植物有紫花苜蓿、高羊茅、多年生黑麦草、结缕草、草木樨、百喜草、沙打旺等。考虑到兼顾植被景观效果以及群落演替，可通过合理配置灌草植物组合，并搭配固氮保肥的豆科植物，以实现边坡全年绿色期达到半年以上，并在2~3年后逐步过渡为以灌木为主的粗放型坡面植被。

（四）材料配置及要求

1. 材料配置

客土喷播材料的组成及配置方案如表4-7所示。

表4-7 客土喷播材料的组成及配置方案（厚度4 cm）

材料名称		含量配置（/m²）	备注
基层 （厚度2cm）	种植土	25 L	
	草炭	5 L	
	椰粉	5 L	
	木粉	10 L	
	复合肥	100 g	GB 18382—2001
	黏合剂	5 g	
面层 （厚度2 cm）	黏合剂	3 g	
	保水剂	5 g	
	木纤维	200 g	
	复合肥	50 g	
	种子	20~25 g	GB 6142—2008、 GB 7908—1999
移植苗		5株	当需要时
无纺布		30 g	
金属网材		1.2 m²	
钢筋锚杆		600~800 g	

注：基材压缩系数为1.5，基材配合比为种植土:有机质=5:3；在有机质中泥炭:椰粉:木粉=1:1:2

2. 材料要求

客土喷播工艺决定喷播层性能的主要材料是种植土、黏合剂、有机纤维、保水剂、肥料，另外还有作为喷播层支撑载体的网材及其锚固件。对前文已介绍过的通用型材料此处不再赘述，以下仅说明客土喷播专用材料及植物种子的配置要求。

（1）种植土。种植土的来源及配置要求在上节已有详述。对客土喷播而言，种植土除应具有良好的结构和肥力以外，其配置应满足：有机质含量大于80%；氮、磷、钾含量不小于5%；pH6.0~7.0；饱和容重0.5~0.6 t/m³；用量占客土总体积的60%~70%。此外，必要时需对土质进行调理，若是黏性土壤，应适当掺入细沙；若是沙性土壤，应适当掺入黏土。

（2）黏合剂。黏合剂是客土喷播材料中的重要添加剂。客土喷播使用的黏合剂有高分子聚合物和无机类两种。常用的阴离子聚丙烯酰胺（PAM），属于人工合成的高分子长链聚合物，它可使土粒子之间以及客土材料与坡面之间产生黏结力，形成稳定的附着层，并且具有提高土壤团聚力、减少面层与流水之间的摩擦、增强土壤团粒多孔性、减缓面层水分蒸发、吸附土壤养分等功能。进口产品PAM-A30是目前较为常用的高分子类黏合剂，一般用量随着坡度的增大而适当增加，但过量的黏合剂对植物的发芽、生长会造成抑制，因而在配置时需注意用量。

因高分子类黏合剂存在黏结作用时间短（1年左右），且对大粒径土壤黏结效果差的缺点，而工程中又多使用质地较差的弃土作为客土来源，所以无机类黏合剂逐渐在客土喷播材料中得到应用。水泥是最为常见的无机类黏合剂，但因其存在早期强度较低、胶凝后产生的变形较大、固化土易干裂等缺点，故需根据土质情况进行合理的用量配置。水泥在喷播材料中的用量一般为65~120 kg/m³（土）。另外，近年开发出的水溶性离子型聚合物也属一种无机类黏合剂，已在小范围的植被建植工程中开始试验应用。

（3）有机纤维。与液压喷播使用木纤维有所不同（木纤维成本较高），客土喷播使用的有机纤维通常选用草炭、椰粉、植物纤维（棕榈、麻质）或作物的秸秆、谷壳等制作的堆肥等。其中，椰粉为椰子外壳纤维加工过程中脱落下的一种可降解的天然有机质，它具有良好的综合性能：孔隙率为95%左右，持水能力可达到自身重量的8~9倍，可以充分保持水分和养分，减少水肥流失；保温保湿、通风透气性强，可防止植物根系腐蚀，保护土壤，促进植物根系生长；富含植物生长所需的微量元素，并有缓慢的自然分解性，有利于植物生长。因此，椰粉成为一种常用的客土喷播材料。有机纤维在客土中的配置要求一般为纤维长度2~3 cm；用量占客土总体积的20%~30%。

（4）网材及锚固件。当在坡度较陡的坡面或一般的岩质坡面上进行客土喷播时，必须先在坡面上铺挂网材，然后再进行喷播施工，使网材成为喷播层的支撑载体和固件，以稳固客土。当坡面植被成长后，其发达的根系能够与网材、土壤形成一个加筋复合整体，从而使坡面客土层保持长期的稳定性。客土喷播使用的网材产品主要有镀锌或喷塑的机编金属网和高密度聚乙烯（HDPE）土工网，其产品结构有多种形式，其直径和孔径有众多规格，可根据边坡立地条件和客土喷播厚度选择。最常用的金属网是网孔为50 mm×50 mm的14号镀锌铁丝网，其质量应符合《一般用途热镀锌低碳钢丝》（GB 3081—1982）的要求。

锚固件是指在坡面铺挂网材时所需的固定锚杆（主、辅锚杆）或锚钉，其中的锚杆还具有对浅层坡体的加固作用，可防止发生局部滑塌。锚固件通常使用$\Phi 12 \sim \Phi 16$的普通钢筋或螺纹钢筋制作，其一端呈尖状，便于插入坡内；另一端为L形或倒钩形，便于钩挂网材。锚杆材料需要相关的质检报告，并符合有关规范要求。在不同坡率的坡面实施客土喷播所需的主锚杆、辅助锚杆的参考规格及布置分别见表4–8、表4–9。工程中可根据坡度和坡质的不同，灵活调整锚杆的直径和长度。

表4–8 主锚杆规格及其间距

坡率	锚杆直径	布置间距（m）		锚杆深度（m）		
		纵向	横向	强风化岩	中风化岩	弱风化岩
1∶1.25	12或16	15.0	10.0	1.0	0.8	0.5
1∶1	12或16	2.0	2.0	1.5	1.0	0.5
1∶0.75	16	2.0	2.0	1.5	1.0	1.0
1∶0.5	16或22	2.0	2.0	2.0	1.5	1.0

表4–9 辅助锚杆规格及其间距

坡率	锚杆直径	布置间距（m）		锚杆深度（m）		
		纵向	横向	强风化岩	中风化岩	弱风化岩
1∶1.25	12	15.0	10.0	1.0	0.5	0.5
1∶1	12	2.0	2.0	1.0	0.5	0.5
1∶0.75	12	2.0	2.0	1.0	0.5	0.5
1∶0.5	16	2.0	2.0	1.5	1.0	1.0

（5）植物种子。类似液压喷播的要求，草种选择应根据当地的气候、播种季节的降雨量、植物的生长特性等因素综合考虑，草本植物种子质量应不低于GB 6142—2008中所规定的二级标准；木本植物种子质量应不低于GB 7908—1999中所规定的二级标准；对自行采种的乡土草本、乡土木本植物种子，在使用前应进行发芽试验，以确定

合适的播种量,保证喷播质量。

(6)混合物料。客土喷播混合物料应具有保水、保肥、透气等特性,在进行配比设计时,其理化性能指标应满足表4-10的要求。

表4-10 客土喷播混合物理化性能指标

指标	数值	测定标准
pH	5.5~5.7	按LY/T 1239—1999测定
有效持水量(%)	>20	按LY/T 1213—1999、LY/T 1215~1217—1999测定
有机质含量(g/kg)	>20	LY/T 1237—1999
总孔隙度(%)	40~60	LY/T 1215—1999
非毛管孔隙度(%)	8~22	LY/T 1228—1999
全氮(g/kg)	>1.0	LY/T 1228—1999
全磷(g/kg)	>0.6	LY/T 1232—1999
全钾(g/kg)	>15.0	LY/T 1234—1999

注:酸性土壤地区,可根据当地物种的生长情况,适当调整pH的范围

(五)施工流程及要点

1. 施工流程

因湿法客土喷播的施工流程与液压喷播基本相同,故此处只介绍干法客土喷播工艺的施工流程,如图4-4所示,其主要包括清整坡面、铺挂网材、混合搅拌、喷播作业、覆盖养护等步骤。

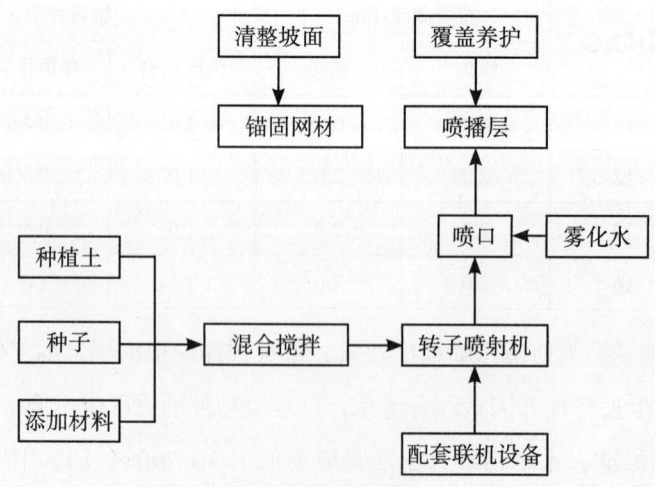

图4-4 干法客土喷播工艺的施工流程

2. 施工要点

（1）清理坡面。对土质坡面，将直径超过20 cm的土块打碎，清除碎石、松散层，平整后坡面高差不超过10 cm；按坡面纵向间距0.2~0.4 m开挖3~5 cm深的平行沟槽。对岩质坡面，将容易滑落和凸起的碎石、浮石等清除，将凸起处进行削方、深凹陷处用土回填，使整个坡面尽可能地平整；对过于光滑、平顺的坡面，要进行开挖横沟、局部开穴、稻草束做垫等处理方式，以增强喷播层的附着性，避免下滑。在坡顶、坡侧、平台等处设置排水设施，对坡面径流涌水设置排水沟进行导排。

（2）锚杆定位施工。在坡面上测量放线，首先按纵横间距2 m放点，确定主锚杆位置，再在相邻的主锚杆之间的中点上插补辅助锚杆位置。考虑到锚杆上端弯折部分的余量，锚杆总长度一般是设计孔深的1.05倍。对于坚硬的岩质坡面，按照成孔（电钻或风钻）→清孔→灌浆→打入锚杆→防锈处理工序进行锚杆施工作业；对于硬度不大的坡面，可采用挤压锚杆成孔方式，即将端部削尖并经过淬火处理的螺纹钢筋直接打入坡体。

（3）铺挂网材。客土喷播用网材通常为金属网和土工网，当坡率大于1∶1.25时用前者；当坡率小于1∶1.25时用后者。铺挂网材时自上而下放卷，将锚杆穿入网面，并使网材自然平铺在坡面上；相邻两张网材应重叠10 cm，通过相互缠绕、捆扎的方式，使两张网材牢固地连接为一个整体；至少每隔1 m间距需用锚杆或锚钉与坡面固定，保证网材与坡面保持一定空隙并与坡面起伏相吻合。

（4）物料混合。首先按照设计要求对多种喷播材料进行严格配比，这是客土喷播最为关键的环节，一般将设计用量（通常以100 m^2喷播面积或1 m^3客土体积为基本单位）换算成每台设备的投入量，保证喷播材料的配比符合设计要求；当使用专用喷播基材产品时，应参照产品说明确定种植土的配比；然后将种植土进行过筛处理，将混在物料中的石块、木块、树枝等杂物分离出来，最后与多种喷播材料进行混合、搅拌，时间以2~3 min为宜。

对湿法客土喷播材料进行混合、搅拌时，虽然是将全部喷播材料在罐内混合一起进行搅拌，但此时还需要注意：植物纤维应先投放，因其纤维空隙大、所含空气多，需充分搅拌才能将其中的空气排出，否则将加重喷播负荷；保水剂和黏合剂在搅拌过程中的投放时机要适当，不能过早或过晚，因为混合时间过短保水剂和黏合剂不能充分溶解；混合时间过长则黏合剂会发生作用，使得搅拌难度增加，并影响喷播射程。

（5）喷播作业。干法客土喷播因使用高压空气为动力，物料喷播压力较大，因而操作过程中应注意施工者及周边人员的人身安全；施工者手持喷枪口一般距坡面

1~1.5 m并垂直于坡面，以保证物料在足够的压力下喷敷于坡面；操作时应根据压力大小有规律、匀速地移动喷枪，并以上下左右反复的方式抖动喷枪，使物料填充到岩石缝隙，并保证客土层能够均匀地覆盖坡面。在对铺挂金属网或土工网的坡面进行喷播时，应先使物料灌满网材下方的空间，后使网材被客土层包裹，以构成网材与客土层一体化的复合加筋结构。

干法客土喷播工艺虽然可一次性形成较厚的喷播层，但这样会造成植物种子的浪费，为此工程中通常采用分层喷射作业：第一次先进行不含植物种子的客土喷播，即仅喷送种植土和部分添加材料，使客土材料在坡面上先形成覆盖基层，其厚度一般为客土层设计厚度的2/3左右；第二次再将植物种子及部分添加材料喷播在第一次的基层之上，形成植物生长稳定的面层。

湿法客土喷播工艺因物料的流动性较大，当喷播层设计厚度大于3 cm时，也需要采用二次、分层喷播作业。第一次喷播厚度不要超过3 cm，待一定时间（20~30 min）喷播层稳定后再进行第二次喷播，使其达到设计厚度（一般5 cm左右）。注意由于水分丧失会造成喷播作业后覆盖层厚度不够，一般要求喷播厚度为设计厚度的1.25倍。

（6）覆盖保墒。与液压喷播工艺类似，可参考本章第二节。

（7）养护管理。与液压喷播工艺类似，可参考本章第二节。

（六）施工质量验收

1. 期间验收

坡面处理情况：坡面是否平整，有无碎石或塌陷，有无明显的坡面裂隙。

施工场地管理情况：现场施工安全措施是否合规、到位；设备安置及运行是否合理、规范，有无妨碍道路通行或物料搬运的情形。

锚杆及挂网施工情况：锚杆钻孔分布及深度、锚杆规格及用量、锚杆固定是否符合设计要求；挂网的搭接宽度及覆盖面积是否符合设计要求；网材与锚杆连接是否牢固，网材固定后的松紧程度是否合适。

种植土及物料准备：种植土及各种物料的质量、组合配比、用量是否符合设计要求；每罐喷播物料的投放顺序、混合时间和搅拌质量是否符合作业要求。

喷播作业状况：喷播压力是否合适；雾化水的用量是否合适；坡面上喷播层的覆盖度、厚度、均匀度、紧实度是否符合设计要求，有无板结、疏松、龟裂、剥落、网材露出等现象。

客土喷播工程施工期验收的参考标准见表4-11。

第四章 土壤重建与植被建植技术

表4-11 客土喷播工程施工期验收参考标准

验收指标	工程质量			评定方法
	不合格	合格	优良	
种植土以外添加材料（%）	<90	90~95	>95	现场称量，每坡面抽检2次
流失状况	有明显沟蚀	有少量流失	无流失	目测及拍摄
剥离状况	剥离严重	少量剥离	基本无剥离	
收缩裂缝状况	有大量裂缝	有少量裂缝	基本无裂缝	
设计厚度与喷射厚度之差（cm）	>0.5	0~0.5	<0	每1000 m²边坡随机抽取20个点测试，取其平均值

注：基材覆盖率达到100%（倒角面及垂直面除外）时进行检验

2. 竣工验收

坡面喷播总体质量：是否有局部遗漏的部位、缝隙；喷播面积、厚度、紧实度、边缘处理是否符合设计要求，有无板结、疏松、分层或剥落现象等。

覆盖养护情况：覆盖物是否完全覆盖坡面，有无遗漏处；浇水水量是否合适；坡面有无冲刷现象。

植物生长情况：发芽状况是否达到设计要求；出苗、长势是否均匀、良好，有无缺水、缺肥、枯死和病虫害现象。

现场整理情况：现场有无施工材料遗留；临时施工设施是否全部清理。

客土喷播工程竣工后验收参考标准见表4-12。

表4-12 客土喷播工程竣工后验收参考标准

检验指标	工程质量			评定方法
	不合格	合格	优良	
植被覆盖率（%）	<80	80~90	>90	每1000 m²边坡随机取10个1 m×1 m的面积测试，取平均值
病虫害发生率（%）	>30	20~30	<20	
颜色（绿）（%）	<70	70~85	>85	
移植苗成活率（%）	<80	80~95	>95	
水分要求	降水无法满足已形成的植被成活要求	降水基本满足已形成的植被成活要求	仅靠降水，且旱季生长良好	现场观测
根系状况	根系不发育	根系发育，互相缠绕，少量扎入岩层缝隙（岩层边坡）	根系纵横交错，大量扎入坡体	

三、厚层基质喷播

（一）技术原理

较土质坡面而言，岩质坡面的立地条件十分恶劣：无植物生长的土壤基础，当边坡坡度较大时，即使坡面有少量因岩石风化产生的土壤母质，也会因雨水的冲刷而流失；无法提供植物生长必需的水分和养分。为此，基于岩质坡面立地条件的厚层基质喷播工艺，成功地解决了硬质基底的土壤重建这一关键性的难题。厚层基质喷播与干法客土喷播并无本质区别，也是通过高压空气将喷播材料喷敷到坡面上，但因其喷播材料主要为有机质（占比为总物料的80%~90%），故将其称为有机质喷播。"厚层"意指通过分层（基层和面层）喷播，可使有机质形成的人工土壤层厚度增加。厚层基质喷播工艺设计如图4-5所示。

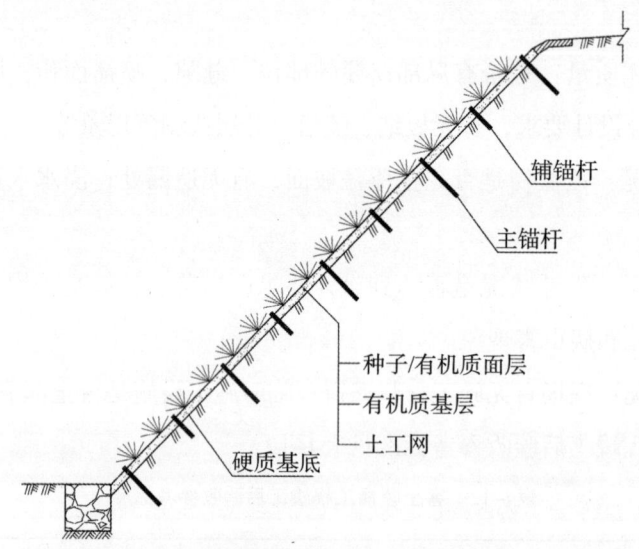

图4-5 厚层基质喷播工艺设计示意图

（二）工艺特性

因大量有机质的添加，厚层基质喷播材料在重量、结构、肥水条件等方面比客土喷播更有优势，故其能够在坡面上形成类似于自然土壤性状且能够贮存水分和养分的植物生长基盘，可较好地解决陡峭、坚硬坡面的植被建植难题。厚层基质喷播工艺与客土喷播工艺的主要区别见表4-13。

表4-13 厚层基质喷播工艺与客土喷播工艺的主要区别

喷播工艺	喷播主材	喷播动力	适用边坡	喷播厚度（cm）
客土喷播	种植土、植物种子	湿法：高压水流	中等坡度及以下的土质边坡、土石边坡	2~4
		干法：高压空气	中等坡度的土质边坡、土石边坡	4~10
厚层基质喷播	有机质、植物种子	高压空气	中等坡度及以上的石质边坡、土石边坡	7~13

厚层基质喷播的主要工艺特征体现在以下方面。

1. 喷播层厚

厚层基质喷播工艺能够在硬质基底上形成较厚的营养基盘，这对于岩质坡面特别是高陡的岩质坡面而言，无疑为坡面植物提供了稳定生长的基础条件。一定厚度的喷播层不仅具有较强的抗风雨侵蚀能力，在坡面上保持自身稳定，同时也为坡面植物的初期生长提供了必需的养分条件，有利于促使植物根系的发育。厚层基质喷播工艺以其质轻、层厚、肥足等优点，突破了恶劣立地条件对坡面植被建植造成的制约，为高陡岩质坡面植被恢复工程提供了有效、可行的解决方案。

2. 初期效果显著

有机质质地松软、pH适中、含有丰富的氮、磷、钾等多种营养物质，非常适合植物种子发芽和快速生长，通过合理的草本、灌木植物配置设计，在水热条件适宜的情况下，施工后1~2个月就可以在坡面上形成70%左右的草被覆盖，既有利于减少坡面水土流失，保护坡面表层稳定，又可促进坡面的植被恢复，同时也改善了边坡植被景观效果。

3. 适应性强

液压喷播工艺和客土喷播工艺存有明显的局限性：液压喷播主要适用于土质坡面，且其喷播厚度较小；客土喷播虽能适用于岩质坡面，但仅限于中等风化程度的岩面，而且客土自身重量较重，难以在较陡坡面上保持稳定。而厚层基质在重量、结构、养分等方面具有综合优势，使其不仅成为陡峭、坚硬坡面植被建植的首选工艺，而且还适用于各类坡质、不同坡度坡面的植被建植。

4. 存在问题

根据近年来国内各地的工程应用发现，厚层基质喷播尚存有诸多不足和缺陷，主要表现在有机质、理化特性、生物活性等方面还不能完全满足不同立地条件下的植物生长需求,对植物根系的发育、水分保存与养分输送造成不同程度的制约。特别是在北方地区实施厚层基质喷播工程,以下问题较为普遍和突出。

(1)喷播层易干裂、脱落。因气候干燥寒冷,特别在半干旱地区,冬春季节的干旱往往持续时间长,由此造成土层中有机质的干裂、变形,使得有机质层与坡面之间出现空隙,甚至使喷播层脱落。

(2)喷播层保水性较差。降雨是喷播层中水分的主要来源,但因量少、分布不均,喷播层中的高分子黏合剂在大部分时间内处于失水状态,造成有机质板结,出现硬度较大的板结块,使保水性能变差。

(3)植物易退化。建植初期有利于高发芽率和速生型草本植物的发育,但因其生长过于旺盛而迅速消耗土层中的养分和水分,使灌本植物处于竞争劣势,给后期植被恢复带来不利影响,从而会导致植物群落自然生长能力差、以灌木为主的植物群落没有形成,而以先锋草种形成的植被在3年左右的时间内出现退化消失的现象。

近年来北方地区采用厚层基质喷播的植被建植工程出现了不少失败的案例,大都是在工程方案设计阶段忽视上述问题而导致的。故需强调的是,当对立地条件较差的坡面拟用该喷播工艺时,必须提前充分论证其可行性、适应性,不可盲目地进行工程立项,否则可能出现事与愿违的后果。此外,厚层基材喷播的工程综合费用明显高于其他建植工艺,这也需在工程立项时注意权衡。

(三)施工要求

1.适用条件

与客土喷播类似,厚层基质喷播也主要用于以面状植被建植为主的坡面防护工程,因此其适用区域主要为湿润区和半湿润区。在半干旱地区如果边坡周边有较好的水源条件,可先通过有针对性的系列试验,再对有机质、植物以及其他添加材料进行优化配置后应用厚层基质喷播工艺,但工程造价一般相对要高,且后期养护管理成本也高,这在工程方案设计时应予以充分考虑。

另外需注意的是,在南方等多雨地区需提高喷播层的黏结性,以增强抗侵蚀能力;在北方等少雨地区则需提高喷播层的保水性,增强水分的利用能力。

2.边坡状况

坡形及坡质:厚层基质喷播可适用于包括挖方和填方边坡在内的土石边坡、石质边坡和强风化石质边坡,但对坚硬的岩石边坡、混凝土坡面和浆砌石坡面更具适应性和针对性,即主要适用于"无土"的岩质坡面。

坡率及坡高:厚层基质喷播特别适用于高陡坡面的植被建植,但坡率一般不宜超过1:0.3。除缓坡外,厚层基质喷播也需要以土工网材作支撑载体,必要时还需与坡面工程防护构筑物(框架、地梁)设施结合,以保证喷播层的稳定性。适宜厚层基质喷播工艺的边坡一般每级高度不超过10 m。

3. 施工季节

与客土喷播类似。但需注意的是,在北方地区,实施厚层基质喷播必须充分考虑植物的成活和生长,特别当需要越冬时,应积累足够的营养和水分,以保证坡面植被安全返青。

4. 喷播厚度要求

与客土喷播类似,厚层基质喷播也可进行二次覆盖,因而可在一定范围内控制喷播厚度。喷播厚度可根据边坡的坡质、坡率而定,见表4-14。

表4-14 不同坡质的厚层基质喷播参考厚度

坡面坡质	土质	强风化	中风化	弱风化
参考厚度(cm)	3~4	4~6	6~8	8~10

5. 物种选择要求

目前,厚层基质喷播工艺主要用于高陡岩质坡面的植被建植工程,从植被恢复及护坡效果、群落稳定性、工程造价、后期养护成本等方面统筹考虑,宜以速生草本植物和灌木植物组合为主(参见客土喷播),但不宜选用乔木或生长缓慢的物种。尤其是在我国北方地区,不可无视环境条件盲目地进行乔、灌、草植物组合配置。

(四)材料配置及要求

1. 材料配置

厚层基质喷播材料的组成及配置方案如表4-15所示。

表4-15 厚层基质喷播材料的组成及配置方案(厚度8 cm)

材料名称		含量配置(m²)	备注
基层 (厚度6 cm)	种植土	60 L	
	椰粉	5 L	
	木粉	5 L	
	稻草纤维	3 000 g	
	有机肥	500 g	

续 表

材料名称		含量配置（m²）	备注
面层 （厚度2cm）	种植土	10 L	
	泥炭	5 L	
	木粉	5 L	
	稻草纤维	1 000 g	
	复合肥	100 g	
	黏合剂	5 g	
	保水剂	10 g	
	种子	20～30 g	
无纺布		30 g	
金属网材		1.2 m²	
钢筋锚杆		600～800 g	

注：基材压缩系数为1.5，基材配合比为种植土∶纤维∶有机质＝5∶3∶2；在有机质中泥炭∶椰粉∶木粉＝1∶1∶1

2. 材料要求

厚层基质喷播材料由种子、种植土、黏合剂、保水剂、复合肥、有机肥、泥炭、木粉、椰粉、稻草纤维等组成，其中多数喷播材料及辅料（网材、锚杆等）已在前面做过介绍，此处仅介绍有机肥、稻草纤维和混合物料的配置要求。

（1）有机肥。有机肥主要来源于动物和植物，即以各种动物废弃物（动物粪便、动物加工废弃物等）和植物残体（饼肥类、作物秸秆、枝叶、草炭等）为原材料，采用物理、化学、生物处理技术，经过一定的加工工艺（堆制、高温、厌氧等），消除其中的有毒，有害物质（病原菌、病虫卵害、杂草种等），制成富含多种有机酸、肽类以及包括氮、磷、钾在内的丰富营养元素的肥料。有机肥不仅能为植物提供全面营养，而且肥效长，可增加和更新土壤有机质，促进微生物繁殖，改善土壤的理化性质和生物活性。有机肥应符合《有机肥标准》（NY 525—2012）的相关指标要求。

（2）稻草纤维。稻草纤维由农作物水稻的秆、叶经过机械粉碎并过1.5 cm筛分后的纤维状材料。稻草纤维的作用是能提高喷播材料的团粒性、透气性以及喷播层的抗冲刷能力。此外，稻草纤维腐烂后，可变为无害且有益的有机肥料。

（3）混合物料。厚层基质喷播混合物料应具有保水、保肥、透气等特性，在进行配比设计时，其理化性能指标应满足表4-16的要求。

表4-16 厚层基质喷播混合物料的理化性能指标

指标	数值	测定标准
pH	5.5~7.5	按LY/T 1239—1999测定
有效持水量（%）	>25	按LY/T 1213—1999、LY/T 1215~1227—1999测定
团粒化度（%）	>50	按LY/T 1225~1227—1999测定
有机质含量（g/kg）	>25	LY/T 1237—1999
总孔隙度（%）	45~60	LY/T 1215—1999
非毛管孔隙度（%）	10~20	LY/T 1215—1999
全氮（g/kg）	>1.0	LY/T 1228—1999
全磷（g/kg）	>0.6	LY/T 1232—1999
全钾（g/kg）	>15.0	LY/T 1234—1999

注：酸性土壤地区，根据当地物种的生长情况，可适当调整pH的范围

（五）施工流程及要点

1. 施工流程

厚层基质喷播需分层施工，即先后进行基层的喷敷和面层的喷播。厚层基质喷播工艺的施工流程如图4-6所示。

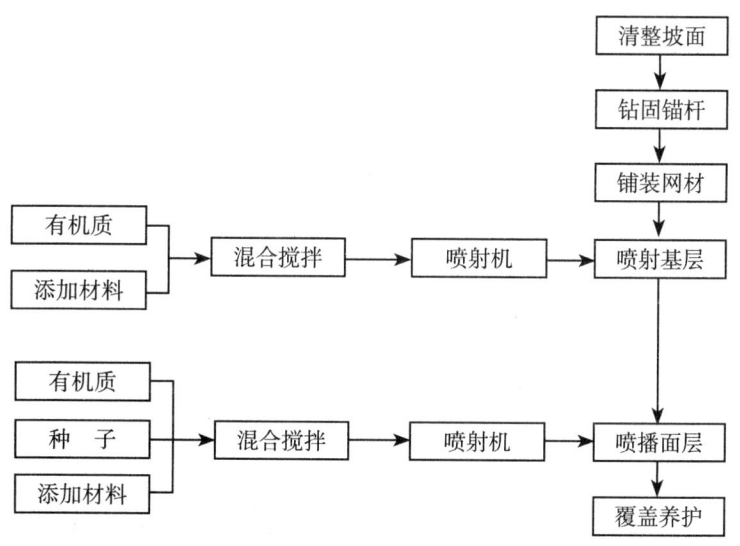

图4-6 厚层基质喷播工艺的施工流程

2. 施工要点

（1）施工准备。由于厚层基质喷播所用的机械设备（喷射机、空压机、发电机、粉碎机、传送带、搅拌机、凿岩机等）和喷播材料（有机质、添加材料等）较

多，施工现场一般需要分设两个场地，一个用于存放喷播材料（材料区），另一个用于布置、安装相关设备（作业区）。施工前主要准备工作是场地开辟整理、设备进场联机及调试、材料调运及保存。所有设备安放位置需考虑到整个坡面的长度和高度状况以及作业的便捷，以尽量不移动或少移动设备为原则。喷射管单侧延伸长度控制在150～200 m范围内，所有喷播材料根据用途、功能和作业流程分类、分区放置。

（2）坡面清理平整。坡面平整有利于喷播层与坡面的自然结合，因而需将坡面浮石、碎石及各种杂物进行清除，对于凸出或凹进坡面大于10 cm的部位应予以削平，或回填客土或采用浆砌片石予以嵌补，尽可能使坡面平整。对过于光滑、平顺的坡面，要采用开挖横沟、表面加糙等措施予以处理，以增强喷播层的附着性，避免基质下滑。在坡顶、坡侧、平台等处设置排水设施，对坡面径流涌水设置排水沟进行导排。

（3）锚杆定位施工。与客土喷播工艺类似，可参考本章第二节。

（4）铺挂网材。与客土喷播工艺类似，可参考本章第二节。

（5）上料拌制。上料前需首先检查各种物料是否齐全，质量是否符合设计要求。厚层基质喷播材料由有机质、肥料、添加材料等按照一定比例混合而成。应严格按照设计要求对各种物料进行配置，根据进场批次材料的包装换算出每罐喷播材料的用量。为了保证配料准确，不同材料的用量应事先称重定容，使用经过标定的容器进行投放。大面积施工前，应进行现场实地勘察及试验，核定每一种材料的合适配比量。有机质具有疏松土壤、保持水肥的作用，同时可增加喷播层氧气的含量，使用时，需将其与其他喷播材料按照设计配比投放到搅拌机内混合搅拌，搅拌时间不少于5 min。混合料的含水量要适中，拌和后以"手握成团、落地松散"为宜。

（6）物料喷播。厚层基质喷播施工要点与客土喷播基本相同，也需要二次、分层喷射：第一次为基层喷敷，即将稻草纤维、有机肥等混合物料喷敷到坡面上，形成植物生长的营养基，喷敷厚度为设计总厚度减2 cm；第二次为面层喷播，即将植物种子、有机质、添加剂等混合物料喷播到基层表面上，喷播厚度为2 cm。喷射时应注意及时调整喷射压力，保持合适的喷敷、喷播压力。否则，压力过大会造成基质质地坚硬，影响出苗；压力过小会造成基质结构疏松，自然沉降后达不到设计厚度要求，且易产生滑动、流失现象。

（7）覆盖保墒。与液压喷播工艺类似，可参考本章第二节。

（8）养护管理。与液压喷播工艺类似，可参考本章第二节。

（六）施工质量验收

1. 期间验收

坡面处理情况：坡面是否平整，有无碎石或塌陷，有无明显的坡面裂隙。

施工现场管理情况：施工现场安全措施是否合规、到位，设备安置及运行是否合理、规范，有无妨碍道路通行或物料搬运的情形。

锚杆及挂网施工情况：锚杆钻孔分布及深度、锚杆规格及用量、锚杆固定是否符合设计要求，挂网的搭接宽度、覆盖面积是否符合设计要求，网材与锚杆的连接是否牢固，网材固定后的松紧程度是否合适。

喷播物料准备：各种物料的质量、组合配比、用量是否符合设计要求，每罐喷播物料的投放顺序、混合时间和搅拌质量是否符合作业要求。

喷播作业状况：喷播压力是否合适；雾化水的用量是否合适；基层、面层的覆盖度、厚度、均匀度、紧实度是否符合设计要求，有无板结、疏松、龟裂、剥落、网材露出等现象。厚层基质喷播工程施工期验收参考标准见表4-17。

表4-17 厚层基质喷播工程施工期验收参考标准

验收指标	工程质量			评定方法
	不合格	合格	优良	
种植土以外添加材料（%）	<90	90~95	>95	现场测量，每坡面抽检两次
流失状况	有明显沟蚀	有少量流失	无流失	目测及拍摄
收缩裂缝（cm）	>0.5	<0.5	基本无	
剥离状况	剥离严重	少量剥离	基本无剥离	
团粒化度（%）	<50	50~70	>70	按GB 7847—87测定
设计厚度与喷射厚度之差	>1	0~1	<0	每1 000 m²边坡随机抽取20个点测试，取其平均值

注：基材覆盖率达到100%（倒角面及垂直面除外）时进行检验

2. 竣工验收

坡面喷播总体质量：是否有局部遗漏的部位、缝隙；喷播面积、厚度、紧实度、边缘处理是否符合设计要求，有无板结、疏松、分层或剥落现象等。

覆盖养护情况：覆盖物是否完全覆盖坡面，有无遗漏处；浇水水量是否合适；坡面有无冲刷现象。

植物生长情况：发芽状况是否达到设计要求；出苗、长势是否均匀、良好，有无缺水、缺肥、枯死和病虫害现象。

现场整理情况：现场有无施工材料遗留；临时施工设施是否全部清理。

厚层基质喷播工程竣工后验收参考标准见表4-18。

表4-18 厚层基质喷播工程竣工后验收参考标准

验收指标	工程质量			评定方法
	不合格	合格	优良	
植被覆盖率（%）	<80	80~90	>90	每1 000 m²边坡随机取10个1 m×1 m的面积测试，取平均值
病虫害发生率（%）	>30	20~30	<20	
颜色（绿）（%）	<70	70~85	>85	
水分要求	降雨无法满足已形成的植被成活要求	降雨基本满足已形成的植被成活要求	仅靠降水，且旱季生长良好	现场观测
物种丰富度	单一	丰富	灌、草错落	
根系情况	根系不发育	根系发育，互相缠绕，少量扎入岩层裂隙（石质边坡）	根系纵横交错，大量扎入坡体	

四、植被混凝土喷播

（一）技术原理

大部分高陡边坡的建植一方面需要保证坡面基底的稳定性，另一方面需要满足植物稳定生长、坡面耐侵蚀、抗冲刷的效果，而目前的厚层基质喷播应用于高陡边坡尚存在诸多不足。植被混凝土喷播技术的出现大大改善了高陡边坡的建植效果，它正是可以同时满足这两方面关键需求的建植技术。

植被混凝土喷播技术的基本原理同其他喷播技术类似，也需在坡面敷设网材用作喷播层骨架，在常规人工土壤材料中加入作为黏合剂的水泥和用于改性的专用添加剂，通过喷播机将混合浆料喷射到坡面上。水泥因具有一定的强度和硬度，与坡面上的网材、坡面基底牢固结合后，可有效提高坡面抗冲刷性能；专用添加剂可起到防止植被混凝土龟裂、调节酸碱平衡、促进植物发育生长的多重作用。植被混凝土改变了普通混凝土的物理和化学特性，营造了植物可以正常生长的较好环境，非常适于高陡边坡的植被建植，在公路植被恢复工程领域有着可观的应用前景。植被混凝土喷播工艺设计如图4-7所示。

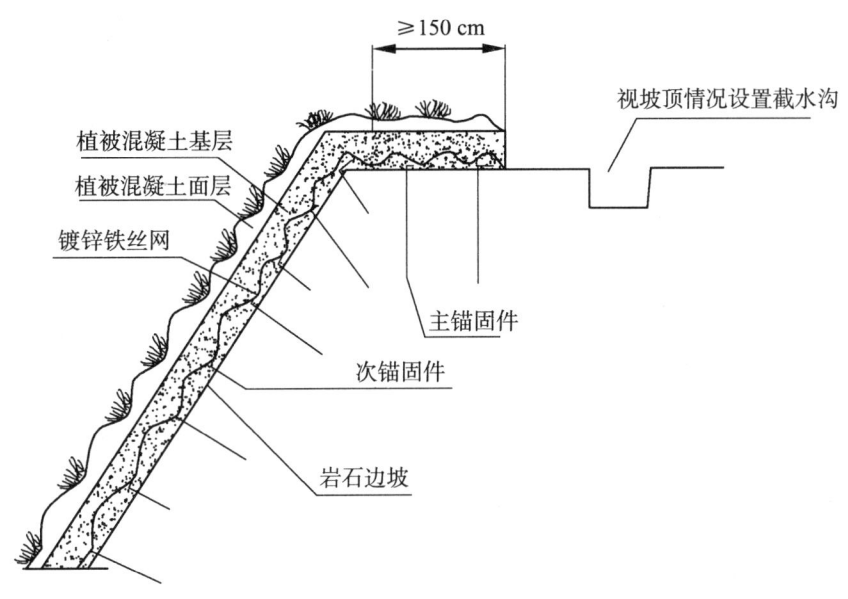

图4-7 植被混凝土喷播工艺设计示意图

（二）工艺特性

1. 材料配置优化

在植被混凝土喷播基质中，除了种植土、有机质（花生壳、稻壳等）、植物种子等常规喷播材料外，还有两种独有的成分：作为改性材料的专用添加剂（A-B菌）和作为黏合剂的水泥。

2. 喷播层强度高

由于喷播基质中加入大量水泥（5%~12%），大大提高了喷播层的强度（最高可达0.45 MPa）。水泥为无机物，与种植土、有机质等材料混合后，初期孔隙率较小，固结性、保湿性较强，可消除常规喷播层产生的干缩龟裂、垮塌等现象，增强喷播层的抗冲刷能力（可抵御120 mm/h降雨）。

3. 喷播层兼具物理与生态特性

专用添加剂可使喷播层具有良好的物理特性和生态特性，因为专用添加剂能够：调节喷播基质的pH，中和水泥产生的碱性，以利于植物生长；提供基质的水供应能力，确保植物生长的水分要求；改善基质的物理结构，为植物生长提供良好的气热交换环境；提供土壤微生物和有机菌，有利于加速基材的活化，保持基质土壤肥力。因此，喷播层能够为植物提供长期稳定、良好的生长环境。

4. 施工快、效果好

植被混凝土喷播所用的设备、工艺与喷锚护坡施工基本相同,具有喷射距离远、作业简单、效率高的优点。植被混凝土喷播后绿化见效快,一般喷播完成后2个月内即可大面积复绿,覆盖率可达95%以上。同时,植物耐粗放型管理,基本上能够实现免养护,且后期生长情况良好,植被恢复效果显著。

（三）施工要求

1.适用条件及边坡状况

植被混凝土喷播施工的适用条件与厚层基质喷播基本相同。对于边坡状况来讲,一般土质或土石缓坡没有必要采用植被混凝土技术。但当对高陡岩质边坡进行建植时,植被混凝土喷播可以说是首选工艺。

2.施工季节

植被混凝土喷播的施工季节要求也与厚层基质喷播基本相同。只是注意在北方地区进行冬季施工时,需要考虑低温的问题。通常只要气温在0℃以上,植被混凝土基层喷播就可以正常施工,但是植被混凝土面层（包含植物种子）喷播只能在春季回暖、夏季、初秋季节进行。

3.喷播厚度要求

植被混凝土喷播一般需要进行二次基层喷播和面层喷播。基层厚度通常在4~8 cm,面层厚度通常在2 cm以上。对于几近垂直甚至大于90°的倒坡,可以采用编绑麻绳或多层铺网的方式进行预先处理,以使得喷播基质能够稳定附着,并确保一定的成型厚度。

4.物种选择要求

大部分情形下,植被混凝土所喷播植物种子都需要生长在高陡岩石边坡上,故植物种子配置要求较高,应兼顾到必要性、可行性、经济性和景观性。一般可按照这些原则进行配置：① 冷季型与暖季型相结合；② 豆科和非豆科相结合；③ 草本和木本相结合；④ 落叶植物和常绿植物（北方选择性有限）相结合；⑤ 乔、灌、草、藤相结合；⑥ 深根植物与浅根植物相结合；⑦ 外来物种和乡土物种相结合。在北方地区,植被混凝土喷播一般选用适于水土保持、耐瘠薄干旱的物种,见表4-19。

表4-19　北方地区植被混凝土喷播适用物种

序号	植物种子名称	种子个数（粒/g）	一般播量（g/m²）	备注
1	狗牙根	3940粒/g	5	草本，匍匐生长
2	高羊茅	500粒/g	10～15	草本，冷季型
3	紫花苜蓿	430粒/g	5	豆科，根瘤菌
4	多花木兰	220粒/g	5	灌木
5	刺槐或紫穗槐	220粒/g	5	灌木，小乔木
6	胡枝子或火炬树	120粒/g	3	灌木

（四）材料配置及要求

1. 材料配置

植被混凝土喷播材料的组成及配置方案如表4-20所示。

表4-20　植被混凝土喷播材料的组成及配置方案（厚度约8 cm）

	材料名称	含量配置（m²）	备注
基层 （厚度6 cm）	种植土	72 kg	种植土比重按照1.8 t/m³计算，基层用量
	水泥	7.2 kg	水泥型号P42.5，比重按照1.25 t/m³计算
	保水剂	0.1 kg	
	植物纤维	3.6 kg	
	缓释肥	0.3 kg	
	植被混凝土添加剂（AB菌）	1.8～3.6 kg	
面层 （厚度2 cm）	种植土	24 kg	种植土比重按照1.8 t/m³计算，面层用量
	水泥	1.6 kg	水泥型号P42.5，比重按照1.25 t/m³计算
	保水剂	0.03 kg	
	植物纤维	1.2 kg	
	缓释肥	0.1 kg	
	植被混凝土添加剂（AB菌）	0.6～0.8 kg	
	植物种子	30～40 g	
	木垫板	3～5 m	
	金属网材	1.2～1.5 m²	
	钢筋锚杆	800～1000 g	

2. 材料要求

植被混凝土喷播材料的组分及要求大部分与客土喷播或厚层基质喷播相同，以下仅介绍种植土、水泥、有机质、添加剂、植物种子的配置要求。

（1）种植土。尽量选择工程所在地原有的地表土壤，经风干、粉碎、过筛后使用。要求土壤中沙粒含量不超过5%，最大粒径应小于8 mm，含水量不超过20%。

（2）水泥。水泥是植被混凝土的黏合剂，通常采用P42.5普通硅酸盐水泥即可，用量一般占种植土的5%～10%。

（3）有机质。一般采用酒槽、醋渣或新鲜有机质（稻壳，秸秆，树枝）的粉碎物，注意在基材配置前，应将新鲜有机质的粉碎物进行自然发酵处理。由于北方地区花生栽植量较大，花生壳资源丰富，故可采用发酵过的花生壳作为有机质。

（4）植被混凝土添加剂。因添加剂可对喷播基质进行改性、优化，故其性能对植被混凝土喷播质量影响很大。工程中使用的植被混凝土添加剂通常为A-B菌（三峡大学专利技术），应按产品说明书要求使用。

（5）植物种子。植被混凝土喷播多采用草灌植物种子组合的形式，并以乡土植物为主。北方地区可用的草本植物为高羊茅、狗牙根、黑麦、苜蓿等；可用的灌木植物为刺槐、紫穗槐、胡枝子等。通常，植物种子用量为30～40 g/m²。

（五）施工流程及要点

1. 施工流程

植被混凝土喷播与厚层基质喷播一样需要分层施工，即先后进行基层和面层的喷播。植被混凝土喷播工艺的施工流程如图4-8所示。

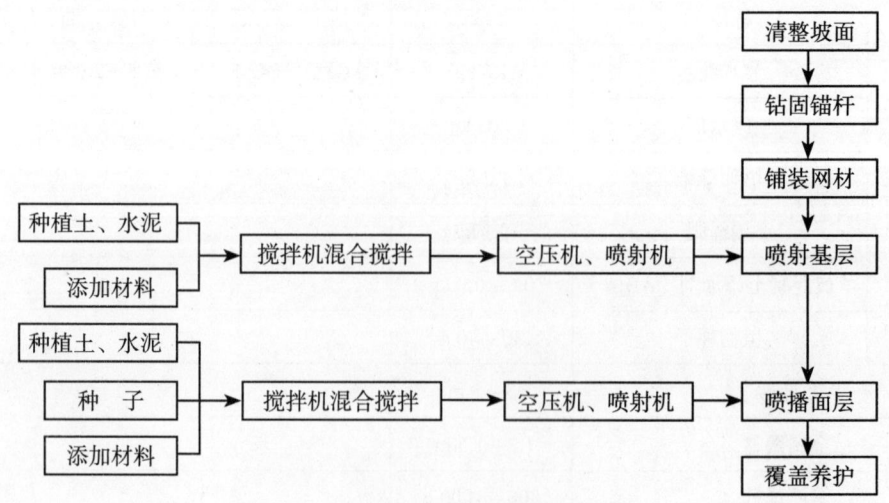

图4-8 植被混凝土喷播工艺的施工流程

2. 施工要点

植被混凝土喷播的施工要点与厚层基质类似，可参考前文。不过在施工过程中需注意，由于植被混凝土也是先后进行基层喷播、表层喷播2次作业，当进行基层喷播时，基质中水泥含量较大且不含植物种子，其主要目的是将基质与坡体、网材紧密结合在一起，以形成稳固的植生层；而当进行表层喷播时，基质中水泥含量较少且含有植物种子，主要目的是在与基层基质紧密结合基础上，更好地保证植物种子发芽、扎根、稳定生长。

（六）施工质量验收

植被混凝土喷播工程的施工质量验收，可参考客土喷播、厚层基质喷播的相关内容进行，此处不再赘述。

五、高次团粒喷播

（一）技术原理

高次团粒土壤基材的形成方法及过程为在主体种植土（或客土）材料中添加长键链状活性高分子团粒剂、黏合剂、植物纤维、稳定剂等，并经充分拌和形成泥浆胶体；利用专用喷播设备将泥浆胶体向植生面（敷设网材）喷播，当泥浆胶体从喷头高速喷出的瞬间发生团粒反应，其中的组分相互发生作用，特别是改性后的长键链状高分子团粒剂所产生的水解聚合作用，可诱发氧化聚合反应，从而使泥浆胶体的黏结力增强，并牢固附着于坡面和网材上，形成"蜂巢"状团粒结构的人工土壤，可为坡面植物稳定生长提供适宜的环境条件。高次团粒喷播工艺设计如图4-9所示。

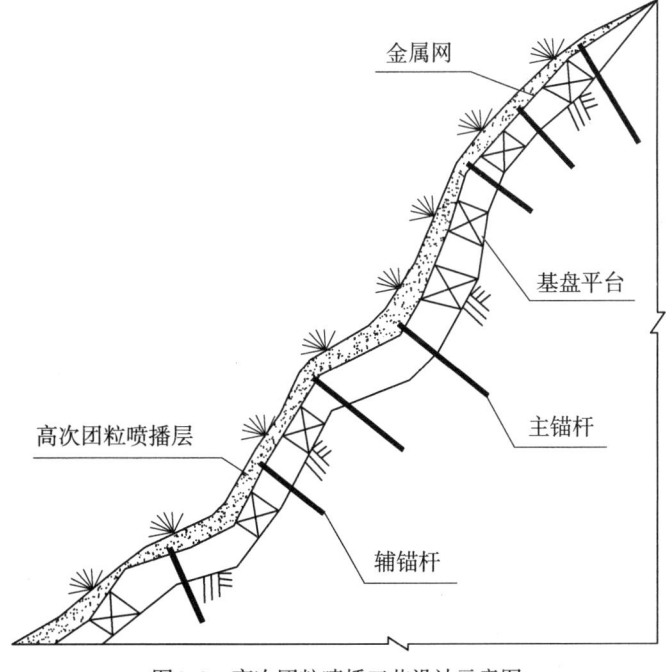

图4-9 高次团粒喷播工艺设计示意图

（二）工艺特性

高次团粒喷播具有以下技术特性。

（1）高次团粒土壤基材具有独特的理化结构，有利于根系发达的植物与之相互结合、作用，形成盘根错节的根系网，可有效抵抗降雨侵蚀，最大限度地降低水土流失。

（2）植物种植可采用以乔灌木为主、草本为辅的组合形式进行自然混播，通常可在乡土植物的基础上配置多种乔灌木品种；其并非常规的植草、植树方式，而是"以种育苗"，从乔灌播种向"森林化"演替的育林模式，可兼顾当前和长远植被恢复目标，形成草、灌、乔有机结合的多样性植物群落。

（3）因克服了其他喷播方式所存在的品种单一、植被恢复慢、后期养护繁重及易退化的弊端，自然演替功能良好，从而使边坡植物群落能稳定、快速生长，短期成林目标得以实现。

（4）常规的喷播技术大多只能满足中等坡度以下边坡的建植要求，对于较陡边坡上的工程效果往往不佳，但高次团粒以其黏结强度高、抗冲刷性能好的优势，可以成功解决高陡岩质边坡的植被建植难题。

（5）多样化的物种配置有效抵抗了病虫害，可减少施肥和喷药；同时所用添加材料多为环保、可自然降解材料，故对环境无污染、无破坏。

（三）施工要求

高次团粒喷播施工的适用条件、边坡状况、施工季节等要求，与厚层基质喷播大致相同，可参考前文内容。以下仅对喷播厚度、物种选择的要求进行介绍。

1. 喷播厚度要求

高次团粒喷播厚度可大于10 cm，应根据不同边坡立地条件和植被建植目标做合理设计。

2. 物种选择要求

高次团粒喷播工艺主要用于高陡岩质坡面的植被建植工程，在植物物种选择上，应从植被恢复及护坡效果、群落稳定性、景观自然化以及工程造价、养护成本等方面统筹考虑，既可进行草本或灌木植物的单一建植，也可进行草灌植物、灌乔植物以及草灌乔植物的组合建植。工程中多选择耐干旱、耐瘠薄、抗性强、生命力强的乡土植物，注重植物的群落演替与营养循环，并尽量选用具有一定固氮能力的豆科植物种类。植物群落营建可以乔灌木为主、地被为辅进行组合混播，有利于逐步实现坡面植物的群落化、自然化。适用高次团粒喷播的岩质坡面建植植物配置示例见表4-21。不同坡率坡面灌乔植物建植配比参考见表4-22。

表4-21 适用高次团粒喷播的岩质坡面建植植物配置示例

植物名称	植物种类	根系特征	生态特性
刺槐	豆科刺槐属	根浅,放射成网状伸展	固氮、速生树种
火炬树	漆树科盐肤木属	根浅但发达,萌蘖性强	护坡、固堤能力强
臭椿	苦木科臭椿属	根系较深	荒山造林先锋树种
苦楝	楝科楝属	根系较深	耐瘠薄,适应性强
盐肤木	漆树科盐肤木属	根系萌蘖力强	荒山造林先锋树种
胡枝子	豆科胡枝子属	根系发达	固氮能力强
紫穗槐	豆科紫穗槐属	根系发达,萌蘖力强	固氮、水土保持能力强
马棘	豆科木蓝属	根系发达	固氮、固坡树种
黑麦草	禾本科黑麦草属	须根发达,入土不深	地面覆盖、水土保持

表4-22 不同坡率坡面灌乔植物建植配置参考

植物种类 \ 坡率	1:1	1:0.75	1:0.5	1:0.25
乔木(%)	50	40	30	20
灌木(%)	50	60	70	80

(四)材料配置及要求

1. 材料配置

高次团粒喷播材料的组成及配置方案如表4-23所示。

表4-23 高次团粒喷播材料的组成及配置方案(厚度8 cm)

	材料名称	含量配置(m^2)	备注
基层 (厚度6 cm)	种植土	25 L	
	椰粉	10 L	
	泥炭	10 L	
	木粉	20 L	
	稻草纤维	1500 g	
	复合肥	100 g	
	有机肥	500 g	
	高次团粒剂、稳定剂	200 g	基层

续 表

材料名称		含量配置（m²）	备注
面层 （厚度2 cm）	种植土	10 L	
	泥炭	10 L	
	木粉	10 g	
	稻草纤维	1000 g	
	复合肥	50 g	
	木纤维	200 g	
	种子	70~100 g	
	高次团粒剂、稳定剂	100 g	面层
木垫板		5 m	
金属网材		1.2~1.5 m²	
钢筋锚杆		800~1000 g	

注：基材压缩系数为1.5，基材配合比为种植土纤维：有机质=3：2：5，有机质中泥炭：椰粉：木粉=2：1：3。

2. 材料要求

高次团粒喷播材料由种子、种植土、复合肥、有机肥、泥炭、椰粉、木纤维、稻草纤维和高次团粒剂、土壤稳定剂等组成，其中最为关键的材料是高次团粒剂和土壤稳定剂（其余材料不再赘述）。

（1）高次团粒剂。高次团粒剂是由多种高分子化合物混合而成的一种添加材料。使用富含有机质和黏质壤土等材料，加入高次团粒剂后能使混合物料在喷播瞬间与空气发生作用，诱发团粒反应，在坡面上形成"蜂巢"状团粒结构的喷播层，并具有较高强度的抗冲刷能力，可保证草本、灌木植物的前期生长条件和需求。

（2）土壤稳定剂。由天然植物性油脂的诱导体构成，施工时对团粒反应起促进作用，具有增强土壤团粒密度，稳定固化土壤结构，保持土壤团粒特性等作用，可在团粒剂发生反应时稳定物料的团粒结构，在以后的吸水、沥水的环境下保持喷播层结构的稳定。

（3）混合物料。高次团粒喷播混合物料应具有保水、保肥、透气等特性，在进行配比设计时，其理化性能指标应满足表4-24的要求。

表4-24 高次团粒喷播混合物料的理化性能指标

指标	数值	测定标准
pH	5.5～7.5	按LY/T 1239—1999测定
有效持水量（%）	>30	按LY/T 1213-1999、LY/T 1215～1217—1999测定
团粒化度（%）	>60	按LY/T 1225～1227—1999
有机质含量（g/kg）	>25	LY/T 1237—1999
总孔隙度（%）	45～55	LY/T 1215—1999
非毛管孔隙度（%）	12%～18%	LY/T 1228—1999
全氮（g/kg）	>1.3	LY/T1228—1999
全磷（g/kg）	>0.6	LY/1232—1999
全钾（g/kg）	>27.0	LY/T1234—1999

注：酸性土壤地区，根据当地物种的生长情况，可适当调整pH的范围

（五）施工流程及要点

1. 施工流程

高次团粒喷播工艺的施工流程与厚层基质喷播基本相同，如图4-10所示。

2. 施工要点

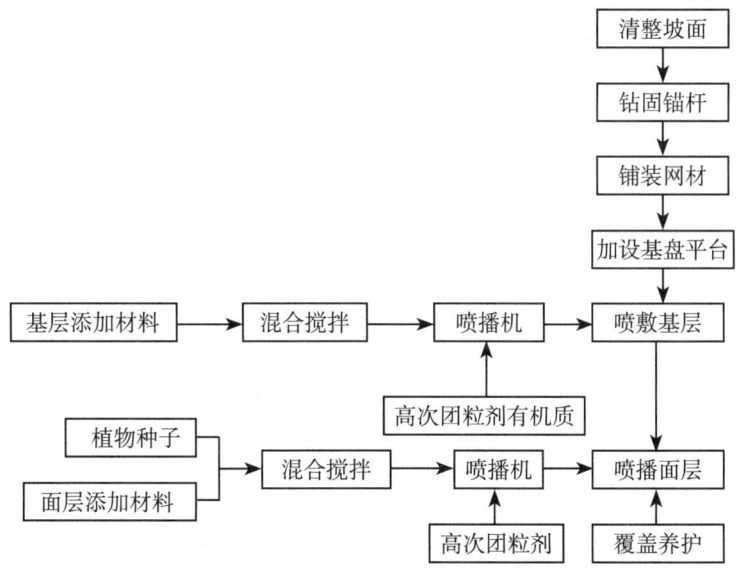

图4-10 高次团粒喷播工艺的施工流程

高次团粒喷播的施工要点与厚层基质喷播基本相同，另外还应注意以下几个方面。

（1）铺装网材。当在高陡岩质坡面采用高次团粒喷播时，应采用风钻锚孔，孔径为40 mm，孔深30~50 cm（局部必要时可适当加深），孔向与坡面基本垂直，交错布置；原则上每100 m²主锚杆不少于80个，辅锚杆不少于180个。在进行辅锚杆定位时应注意观察坡面形态，尽量将其布设在坡面凹进部位，以使金属网材贴近并牢靠地固定在坡面上。当局部坡面凹凸起伏较大时（含软岩），应根据实际情况增设辅锚杆，使金属网材尽可能地贴近坡面。

（2）加设基盘附着平台。由于岩质坡面往往起伏无常、凹凸不平，为了防止喷播时的物料或种子流失，保持喷播层厚度均匀，并使以后植物根系生长时能够更好地延展，在金属网材和坡面之间设置基盘附着平台，对喷播层进行分段阻隔。每列平台的间距可根据坡度在30~50 cm之间酌情调整。基盘附着平台一般用木垫板组装，其厚度设计同喷播层厚度，并随坡面的坡度变化进行调整，其单根长度可根据坡面实地情况截取40~100 cm使用。施工时将每个木垫板水平地置入金属网下，并调整其承土面与坡面垂直，然后用铁丝与金属网扎紧固定。

（3）物料配置、喷射。各种喷播物料要严格依据设计标准进行配比，按操作要求及程序将其与水加入到喷播机内进行混合，经搅拌均匀后再进行喷射作业。喷射时喷枪口要尽可能地垂直于坡面（距坡面1 m左右），避免仰喷，凹凸变化大处及死角部位要喷射充分。掌握喷射厚度尽量均匀并一次成层，植生条件较好的坡面可适当薄些，而条件较差的坡面可适当厚些。通常喷射分三次进行，首先在坡面上喷射一层不含植物种子的营养基层（3~4 cm厚），然后再重复喷射一次形成中层基盘（3~4 cm厚），最后喷射含有植物种子的面层（2~3 cm厚），每平方米播种量为70~100 g。在实际施工过程中，一般简化为两层：基层和面层，基层6~8 cm厚；面层2~3 cm厚。喷射完毕后，金属网材被喷播物料覆盖的面积应超过80%。

（六）施工质量验收

1. 期间验收

坡面处理情况：高次团粒喷播虽然对坡面平整度要求不高，但仍需对坡面碎石或塌陷进行处理。

施工现场管理情况：施工现场安全措施是否合规、到位，设备安置及运行是否合理、规范，有无妨碍道路通行或物料搬运的情形。

锚杆及挂网施工情况：锚杆钻孔分布及深度、锚杆规格及用量、锚杆固定是否符合设计要求,挂网的搭接宽度、覆盖面积是否符合设计要求,网材与锚杆的连接是否牢固,网材固定后的松紧程度是否合适,坡面凹凸起伏较大的部位是否有加强措施,基盘附着平台的布设是否合理、稳定。

喷播物料准备:各种物料(特别是团粒剂、稳定剂)的质量、组合配比、用量是否符合设计要求,每罐喷播物料的投放顺序、混合搅拌质量和浆液的黏稠度是否符合作业要求。

喷播作业状况:喷播压力是否合适;物料含水量是否合适;基层、中层和面层的覆盖度、厚度、均匀度、紧实度是否符合设计要求,有无板结、疏松、龟裂、剥落、网材露出等现象。

高次团粒喷播工程施工期验收的参考标准见表4-25。

表4-25 高次团粒喷播工程施工期验收参考标准

验收指标	工程质量			评定方法
	不合格	合格	优良	
种植土以外添加材料(%)	<90	90~95	>95	现场称量,每坡面抽检两次
流失状况	有明显沟蚀	有少量流失	无流失	目测及拍摄
收缩裂缝宽度(cm)	>0.5	<0.5	基本无裂缝	
剥离状况	剥离严重	少量剥离	基本无剥离	
团粒化度(%)	<50	50~70	>70	按GB7847—87测定
设计厚度与喷射厚度之差(cm)	>1	0~1	<0	每1 000 m²边坡随机抽取20个点测试,取平均值

2. 竣工验收

坡面喷播总体质量:是否有局部遗漏的部位、缝隙;喷播面积、厚度、紧实度、边缘处理是否符合设计要求,有无板结、疏松、分层或剥落现象等。

覆盖养护情况:覆盖物是否完全覆盖坡面,有无遗漏处;浇水水量是否合适;坡面有无冲刷现象。

植物生长情况:发芽状况是否达到设计要求,出苗、长势是否均匀、良好,有无缺水、缺肥、枯死和病虫害现象。

现场整理情况:现场有无施工材料遗留,临时施工设施是否全部清理。

高次团粒喷播施工后验收参考标准见表4-26。

表4-26 高次团粒喷播施工后验收参考标准

检测指标	工程质量			评定办法
	不合格	合格	优良	
植被株数	<5	5~7	>7	当植被覆盖率为50%~70%时，每1000 m²边坡随机取10个1 m×1 m的面积测试，取平均值
病虫害发生率（%）	>30	20~30	<20	每1 000 m²边坡随机取10个1 m×1 m的面积测试，取平均值
水分要求	降雨无法满足已形成的植被成活要求	降雨基本满足已形成的植被成活要求	仅靠降雨，且旱季生长良好	现场观测
物种丰富度	单一	三种以上	灌、草错落	
根系状况	根系不发育	根系发育，互相缠绕，少量扎入岩层裂隙（石质边坡）	根系纵横交错，大量扎入坡体	

第五章 公路雨水集蓄利用与污水处理技术

水资源是最宝贵的自然资源之一。目前，水质性缺水已成为我国许多地区，特别是人口集中的城镇地区水资源匮乏的主要表现形式。一方面，作为路面径流水的公路雨水是自然界水循环的阶段性产物，对其集蓄利用具有重要意义。另一方面，公路建设期及运营期产生的生产废水、生活污水和路面径流等，因会造成环境污染而需经处理后排放，而达标排放的中水可作为再生水源回用。因此，应用水资源循环利用技术和水污染防治技术，提高水资源利用率、加强路域水环境保护，这也是生态型公路建设必不可少的重要内容。

第一节　公路雨水集蓄利用

雨水的集蓄利用在我国已有较长的历史。20世纪80年代开始实施的西部一系列集雨节水农业灌溉工程促进了缺水地区和农村的雨水集蓄利用。自20世纪90年代开始，我国城市建筑物的雨水集蓄利用技术的探索研究逐渐开展，北京、大连、上海、西安等地先后实施了一批雨水集蓄利用工程，例如北京2000年启动的中德合作"城区水资源可持续利用雨洪控制与地下水回灌"项目，是我国较早的城市雨水利用项目之一。此后2008年的北京奥运会和2010年的上海世博会在众多场馆建筑中均建造了雨水集蓄利用系统，这些工程不仅产生了明显的经济效益、社会效益和环境效益，而且推动了我国雨水资源利用技术的普及和发展,并实现了城市雨水利用的标准化和产业化。近年来,我国雨水集蓄利用技术已不断趋向成熟。

一、公路雨水集蓄利用需求

从公路建设的主体工程安全方面考虑,水是公路建设的负面影响因素,路基水毁已成为公路灾害的主要形式之一,因而公路建设项目需要设计完善的排水系统,以顺畅排除路面和路基范围内的地面水和地下水,确保公路结构稳定和运行安全。但遗憾的是,作为极为重要的淡水资源的天然降水,目前在公路工程设计上是"只排不用"的,主要考虑公路排水的安全性,而忽略了利用相关设施对这一宝贵水资源的蓄集利用,致使大量的降水以地表径流和无效蒸发的形式损失。据有关调查,坡度在5°~6°的山区道路,每100 m^2 产生的年径流量为6~8 m^3,即每1 hm^2 道路年产生径流量可达600~800 m^3。由此可知,除了路面以外,类似互通立交桥面、匝道以及边坡等,均是面积可观的雨水集流面,它们对于雨水集蓄利用的潜力值得期待。

另一方面,公路绿化景观、植被恢复等建植工程往往基于不良的土肥立地条件,故其建植后期的灌溉养护甚为重要,否则植物将难以生长,工程也将功亏一篑。但是,因公路"水源缺、供水难"的特殊环境而造成路域植物"缺水少灌"现象普遍存在且日趋严重,特别是对于北方干旱、半干旱地区,灌溉水源严重缺少的状况几乎常年存在、难以克服,根本无法保证路域植物的适时灌溉,从而严重影响了绿化景观效果和生态恢复工程质量。根据有关统计,已建成的高速公路用于植物养护的费用已达总养护费用的20%以上,该费用主要出自水的利用和输送成本,用于维持基本的植物灌溉养护需求。因此,本着"排用结合"的思路,根据公路排水工程特点,利用已有技术对公路雨水进行集蓄利用具有重要的现实意义。

二、公路雨水集蓄利用现状

尽管我国农业与城市雨水集蓄利用技术已基本发展成熟、应用较为普遍,但对于公路雨水集蓄利用而言,目前这方面的工程技术应用尚未普及,近年来仅限于对高速公路服务区雨水的渗透、收集及利用方案方面。例如,通过改装渗透式地面、采用渗透式雨水口成套产品收集雨水,以达到减缓水流、改善雨水水质的目的,并对雨水进行初步利用,以节约服务区的用水量、维持水循环系统的平衡。此外,行业内对雨水处理方式的研究、应用也陆续展开,例如生态边沟、浅蝶式草沟、下凹式绿地等以沉淀、渗滤为主的处理方式,这些处理方式大都以原有排水设施的改造、完善为基础,在使雨水得到净化的同时，还使常规的圬工结构变得具有一定的生态化、景观化功能，并提高道路行车的安全性。尽管如此，目前行业中对公路雨水的集蓄利用研究、应用仅仅处于初期研发、试验阶段，尚有一些问题有待解决。

（1）公路路面排水系统有待完善。因目前的排水设施的主要功能是防止水患、保障路基稳定和行车安全，并未考虑路面雨水的集蓄利用，因而需要因地制宜、排用结合，从公路路域系统的生态化、景观化功能上进行优化设计。

（2）公路排水设施功能性有待提升。排水设施在设计、施工上较为简单、粗放，普遍存在尺寸偏大、型式单一、材质偏低的现象，常常使得工程量增加和施工难度增大，这不仅对工程质量和生态环境造成不利影响，而且对道路行车造成一定安全隐患。故在考虑雨水集蓄利用时，需解决排水、集蓄设施及功能的统筹性、有效性和兼容性等问题。

（3）公路雨水集蓄利用技术体系有待建立。高速公路的设计和建设技术规范自成体系，而雨水集蓄利用目前仅集中在农业灌溉领域和城市建筑范围，虽然行业内一直倡导"资源节约、环境友好"的设计与建设理念，但如何科学、合理地集成现有技术，并使之与公路相关技术规范、标准有机融合，进而形成公路雨水集蓄利用工程技术体系，尚需系统开展研究、试验工作。

三、公路雨水集蓄利用技术

（一）公路雨水径流特征及污染因素

1. 公路雨水径流特点

作为路面径流水的公路雨水是具有单一地表使用功能的地表径流。公路路面径流污染是指公路营运期，交通运输过程中货物在路面上的抛洒、汽车尾气中微粒在路面上的降落、汽车燃油在路面上的滴漏及轮胎与路面的磨损等，当降水形成路面径流时，这些有害物质被挟带排入水体或农田造成环境质量下降的现象。近年来路面径流污染日益严重，它具有非点源污染的一般特性，如随机性、不确定性、不易监测、难以量化等。

路面污染物的累积是雨水径流污染的主要来源，当降雨发生时，由于降雨的溶解和冲刷等作用将由公路交通活动而形成的路面累积的污染物带入雨水径流之中产生污染。路面沉积物是径流最重要的污染源，沉积物的组成决定着雨水径流污染物的性质，路面径流中污染物主要为SS、COD、BOD_5、TN、TP、Pb、Zn等。由于高速公路为封闭式道路，其路面径流的污染物来源较为单一、集中，虽然径流雨水中检测出污染物的种类较多，但引起污染的指标主要以SS、COD为主。与城市污水相比，路面径流水质具有与其不同的污染特征：污染物成分复杂；SS含量高；COD含量相对较低；有机污染物以非溶解性COD为主，并且生物可降解性较差。

2. 公路雨水径流污染的影响因素

影响高速公路径流污染物浓度的因素主要有4个方面：一是影响污染物来源和数量多少的因素，一般涉及交通状况，包括路面材料、交通量、各类车辆及其燃料类型、车辆行驶状况、路况、载货情况等；二是影响污染物积累的因素，主要与天气状况有关，包括降雨强度、降雨量、降雨历时等因素，降雨强度决定着淋洗路面污染物的能量大小，降雨量决定着稀释污染物的水量，降雨历时决定污染物在降雨期间累积于路面的时间长短；三是与公路周围土地利用状况有关，公路周围土地利用及与地理环境特征相关的非道路活动，决定着非道路污染源在路面的沉积状况；四是与路面养护有一定关系，比如路面清扫的频率及效果也影响晴天时在路面累积的污染物量。

（二）公路雨水主要处理方法

1. 公路雨水处理技术

为了实现路面雨水回用的目的，必须将收集的雨水进行处理。目前国内外已经研发了许多用于公路路面径流污染控制的技术方法，例如物化处理、植被控制、湿式滞留池、渗滤系统、湿地系统等，其中可行性、有效性和经济性较高的方法有以下3种。

（1）物化处理。物化处理是采用过滤、投加药剂混凝沉淀等方法，将雨水中的磷、氮、颗粒物以及其他有机污染物去除，使雨水满足达标排放或回用要求。

（2）滞留池。湿式滞留池是池中平时保持有一定水量的池塘，是去除地表径流污染的一种有效方法。湿式滞留池的效率取决于滞留池的规模、流域面积和暴雨特征等。水在滞留池中的停留时间是影响去除效率的关键因素。滞留池去除颗粒状污染物的基本机理是沉淀，但滞留池中的生物及物质的综合作用能够对一些可溶性营养物质，如可溶性磷、硝酸盐及亚硝酸盐等也有一定的去除效果。

湿式滞留池不同于干式滞留池，干式滞留池中平时无水，主要用于暴雨径流量控制，削减洪水流量，由于其滞留时间通常较短，一般不足以使细小的悬浮物沉淀下来（已证明地表径流中的污染物主要与细小颗粒有关），且前一次地表径流的沉积物有可能在后一次的降雨中被冲出，使后一次的处理效果降低，故其长期的处理效果较湿式滞留池要差。

（3）植被控制。植被控制是利用地表密植的植物，对路面径流中的污染物进行截流的一种措施。它能够在路面径流输送的过程中将污染物从径流中分离出来，使到达末端的径流水质指标得以明显改善，从而达到雨水回用、保护周边水环境的目的，其为一种广泛、有效的路面径流污染处理方法。

地表植被去除污染物的机理包括吸附、沉淀、过滤、共沉淀和生物吸附过程。植被控制包括植草沟渠和漫流2种。植草沟渠即在输送路面径流的沟、渠中密植草皮以防止土壤侵蚀并提高悬浮固体沉降效率。相关研究表明，在较为平缓的坡度（<5%）上种植高于地面至少15 cm的草，保持植草沟渠内较小的水流流速（<46cm/s），对路面径流有良好的处理效果：可去除70%的SS、30%的TP、25%的TN、50%~90%的重金属。漫流是过滤理论的应用，它是在坡度较小的带状地面密植草皮使水流发散成为面流，从而过滤污染物质并提高土壤渗透性能的一种方法。

（4）人工湿地。人工湿地是一种控制地表径流污染的高效措施，地下水位位于地表或接近地表的滞留池，或有充足空间形成一浅水层的洼地，都可以人工方式来构建湿地系统，其对水中污染物有较好的去除效果。这主要是因水生植物根系和填料表面大量微生物生长而形成的生物膜，可对SS进行截留，对BOD_5、COD等有机物产生吸收及同化、异化作用；而在植物根系周围、较远处以及更远处，则会不同程度地形成好氧、缺氧、厌氧环境，不仅能通过植物和微生物将氮、磷作为营养吸收，而且还可以通过硝化、反硝化作用将其去除。实践表明，暴雨径流在人工湿地中停留72 h，可使SS的去除率达到95%、BOD_5和COD的去除率超过80%。人工湿地维护可通过更换填料或收割植物，即可将污染物从系统中移除，以保持人工湿地的处理功能。

人工湿地作为一种生态处理技术，其在公路路面径流处理中的可行性和优点主要有不需复杂的操控设备，也无须外加动力；能很好地适应进水的随机性和间歇性，管理维护简单；湿地系统一般具有较长的水力停留时间，能保证一定的耐冲击负荷能力；工程造价和运行管理费用低，通常只有其他常规技术的1/10~1/5；可与周边环境设施、植物景观建设相结合，具有很强的生态景观效应。

2. 公路雨水处理技术选择

公路雨水处理技术的选择应根据路面径流的主要污染特性，综合其他相关因素进行考虑，通常需考虑以下几个方面。

（1）对于其中的固体悬浮物SS，主要是路面磨损的一些废渣和汽车抛洒的固体颗粒和尾气微粒等，一般采取物理沉淀、植被渗滤的方法将其去除。

（2）对于其中的有机物，路面雨水径流的微生物降解性较差，无法采用微生物降解法，可采用人工湿地的处理方法。

（3）初期雨水中含有较高浓度或较大负荷的污染物质，故需进行弃流。弃流通常根据降雨对路面的冲刷强度来进行控制，即以降雨量作为控制标准，将降雨初期的路面径流排入弃流池，其后的雨水则进入后续处理流程。

在实际工程应用中，可将上述3种方法组合使用。其中，植被控制可单独用在径流流动的各个环节，作为径流的收集、输送、处理系统；也可与其他方法结合使用，如与人工湿地结合作为其前级预处理。人工湿地的处理效果及景观性最为理想，但宜在地下水位高、土壤透水性差、植物适应性强、工程占地允许的条件下使用。

四、公路雨水集蓄利用工程设计

（一）设计原则

公路雨水集蓄利用工程设计原则主要有以下方面。

1. 科学性原则

雨水收集与利用工程应统筹规划，合理布局，应注重路界内外排水系统、已有设施的功能及相互之间的合理衔接，形成完善的防、排、用系统。

2. 安全性原则

雨水收集与利用设施应以确保公路结构安全稳定为前提，并重视生态环境保护和水土保持，防止水体污染和生态损害。

3. 协调性原则

雨水收集与利用工程应因地制宜、合理设计，与服务区建筑、互通立交桥、边坡等主体工程、相关设施及周边自然环境相协调。

4. 经济性原则

充分利用现场条件和已有排水设施，选择适宜的工程方案及施工工艺，尽量降低后期运行人工维护和管理费用，做到经济合理。

5. 先进性原则

雨水收集与利用工程设计应在总结实践经验和已有成果的基础上，积极采用新技术、新材料和新工艺，不断提高公路雨水利用技术水平。

（二）公路雨水集蓄利用工程方案设计

以下以高速公路互通立交区雨水集蓄与回用工程为例，提出总体设计方案。

1. 系统组成

高速公路互通立交区雨水集蓄与回用系统主要由雨水收集设施、弃流设施、预处理设施、主处理设施、回用设施组成，见图5-1。

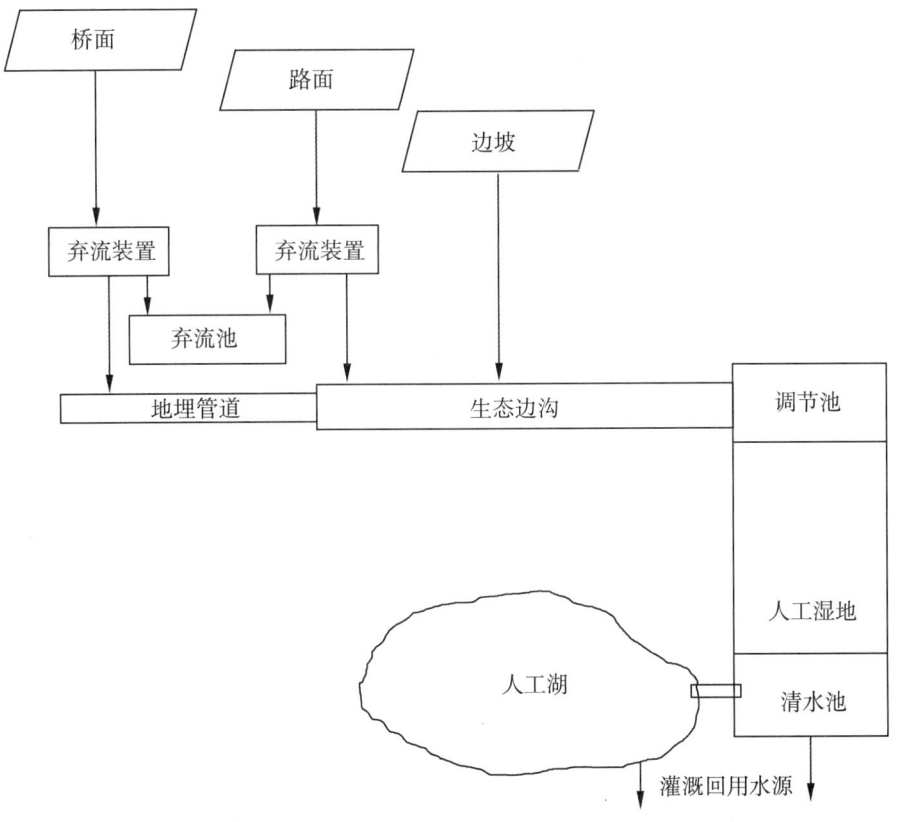

图5-1　高速公路互通立交区雨水集蓄与回用系统组成

雨水收集设施一般包括落水口及集水管（桥面）、泄水口及排水沟（路面）和坡面集排水沟等设施；弃流设施一般包括弃流装置和弃流池（弃流井）等设施，弃流池同时可兼作路面危险化学品泄漏应急收集池；预处理设施一般为生态化的植草边沟，其亦为汇排水边沟；主处理设施一般包括调节池、简易型人工湿地和清水池，以及提升水泵、管线等设施。

2. 系统设计

（1）雨水弃流。

① 要求。

a. 对桥面和路面的初期雨水径流，应在其进入处理设施前先经弃流装置进行弃流。

b. 桥面、路面初期径流的弃流设施一般应分开设置，路面初期径流的弃流设施可根据路面汇水单元分散设置。

c. 初期雨水弃流宜采用自动控制弃流装置，以及具有渗透功能的弃流池或弃流井。

d. 路面雨水初期径流的弃流量应按照实测雨水径流的CODcr、SS、色度等污染物浓度确定。当无资料时，雨水弃流可采用3~4mm径流厚度。

② 初期径流弃流量计算。初期径流弃流量按下式计算：

$$W_i = 10\psi_c \delta F$$

式中，W_i——设计初期径流弃流量（m³）；

ψ_c——雨量径流系数；

δ——初期雨水径流厚度（mm）；

F——汇水面积（hm²）。

（2）雨水调节池。

① 要求。

a. 调节池的设置主要考虑一次暴雨可集雨量、年平均可集雨量和处理水量（需水量）等因素，在设计中应当结合实际情况，对其进行统筹比较。

b. 当用水量大于可收集雨量时，可依据一次暴雨可集雨量确定调节池的有效容积；当用水量小于可收集雨量时，从经济实用角度出发，可直接依据处理水量（需水量）来确定调节池的有效容积。

② 雨水调节池容积计算。雨水调节池容积一般可按下式计算：

$$V = 10\psi_c (h_y - \delta) F$$

式中，V——雨水调节池有效容积（m³）；

ψ_c——雨量径流系数；

h_y——设计降雨厚度（mm）；

δ——初期雨水径流厚度（mm）；

F——汇水面积（hm²）。

（3）人工湿地。

① 要求。

a. 人工湿地系统可由一个或多个人工湿地单元组成，人工湿地单元包括配水装置、集水装置、基质、防渗层、水生植物及通气装置等。

b. 人工湿地系统设施场所应考虑互通立交区自然环境条件，包括土地面积、地形、气象、水文以及动植物生态因素等,必要时可进行工程地质、水文地质等方面的勘察。

c. 人工湿地工程建造应因地制宜,充分选择自然坡度为0~3%的洼地、水塘以及未利用土地。

d. 平面布置应充分利用自然环境的有利条件,按构筑物使用功能和流程要求,结合地形、气候、地质条件,考虑便于施工、维护和管理等因素,合理安排,紧凑布置。

e. 高程布置应充分利用原有地形,符合排水通畅、降低能耗、平衡土方的要求;系统高程设计应尽量结合自然坡度,采用重力流形式,需提升时,宜一次提升。

f. 人工湿地设施应设置必要的溢流、排空、清淤、通气等装置。

g. 应综合考虑人工湿地系统构筑物的外观、轮廓、不同类型单元的搭配、水生植物的配置、景观设施营建等因素,使工程设施与自然环境相协调,并达到应有的生态景观效果。

② 人工湿地主要参数计算。

a. 人工湿地体积一般可根据调节池有效容积进行推算,即

$$V_c = \frac{Vt}{n_k T}$$

式中,V_c——人工湿地体积(m^3);

V——雨水调节池有效容积(m^3);

t——人工湿地的水力停留时间(d),一般小于1d;

n_k——填料孔隙率,一般取值为0.4~0.5;

T——设计降雨历时(d),一般为1d。

b. 人工湿地表面积按下式计算:

$$A_c = \frac{V_c}{h}$$

式中,A_c——人工湿地表面积(m^2);

V_c——人工湿地体积(m^3);

h——人工湿地有效水深(m),一般取值为0.6~1.1 m。

c. 人工湿地表面水力负荷按下式计算:

$$q_{hs} = \frac{Q_c}{A_c}$$

式中,q_{hs}——表面水力负荷($m^3/(m^2 \cdot d)$);

Q_c——人工湿地设计处理水量(m^3);

A_c——人工湿地表面积(m^2)。

③ 人工湿地植物及物料配置。

a. 人工湿地宜选用耐污能力强、根系发达、污染物去除效果好、具有抗冻及抗病虫害能力且易于养护管理的乡土型水生植物。

b. 人工湿地可选择一种或多种水生植物作为优势种搭配种植，增加植物的多样性并具有景观效果。

c. 水生植物物种的选择通常包括芦苇、蒲草、宽叶香蒲、菖蒲、水麦冬、风车草、灯芯草等挺水植物和凤眼莲、浮萍、睡莲等浮水植物，以及这些不同物种之间的组合。

d. 水生植物种植密度可根据植物种类与工程的要求配置，挺水植物的种植密度一般为9~25株/平方米；浮水植物的种植密度均一般为3~9株/平方米。

e. 人工湿地基质配置应选用比表面积大、孔隙率高并有一定机械强度的材料，如用土壤填料、卵石填料、炉渣填料、自然岩石与矿物材料等，基质可采用多种填料、不同级配和多层结构。填料粒径规格宜在5~60 mm范围内。

（4）清水池。清水池的有效容积一般可根据人工湿地设计处理水量、回用需水量确定。在理想状态下，清水池的容积就是前一场降雨后所收集的雨水刚好能满足后一场降雨前的雨水回用需求。在规模一定的情况下，可根据降雨量、回用需水量和储水量进行平衡计算，合理确定其规模。在有条件的情况下，可利用地形设置池塘、人工湖等，将清水池的储水引入作为后备回用水源。

（5）雨水预处理。雨水预处理一般可采用植被控制处理方式，通常是将常规的排水边沟改造成利用植物的沉淀、吸附、渗滤功能来净化雨水的构筑型式。

① 生态型边沟结构。所谓"生态型边沟"，是一概念性术语，目前尚缺少统一技术标准，其实为现有浆砌边沟的生态化构筑形式。常用的结构有双侧柔化浅碟形、双侧柔化U形以及底部埋设盲管的复合形。雨水预处理一般采用图5-2所示的结构，工程设计时可参照其相关结构和参数进行，但注意要以满足《公路排水设计规范》（JTG/T D33—2012）相关要求为前提。

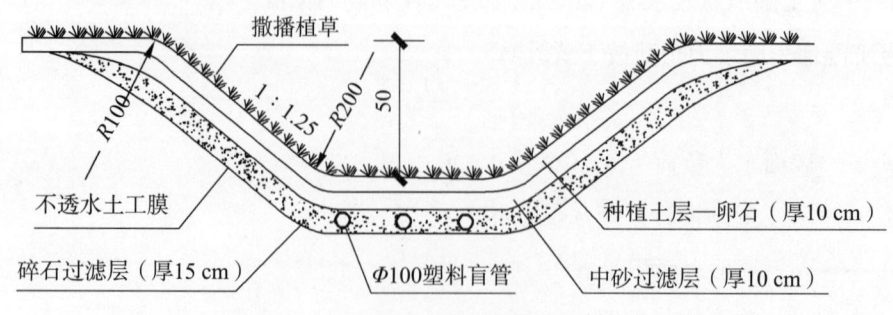

图5-2 生态型边沟的结构

② 要求。

a. 生态边沟表土层可采用喷播方式，植物种植品种可选用马蔺、紫羊茅、无芒雀麦、草地早熟禾、紫花苜蓿或这些品种的组合。

b. 因过水断面的形状和面积、沟底纵坡和沟壁的粗糙系数直接影响生态边沟的排水能力，故在设计时应予以充分考虑，合理设置。一般纵坡可在0.3%~2%范围内取值，断面边坡坡度可在1/4~1/3范围内取值。

c. 生态边沟的雨水预处理功能应与排水能力兼顾，种植草的高度一般应保持在20~30 cm之间。生态边沟的深度应大于最大有效水深，但一般最大不宜超过60 cm。

d. 生态边沟的长度应根据具体的平面布置情况取值，主要以防止沟底冲刷破坏为原则。沟底部应尽量设计成圆端形，宽度范围宜在20~200 cm之间，当设计底宽大于200 cm时，应在边沟纵向增设水流分离装置。

第二节　公路污水处理技术

高速公路沿线的附属设施，如服务区、收费站、养护管理站等排放的废水一般都属于生活污水范畴，其中服务区因车辆、人员流动规模大而污水排放量相对较大。根据服务区设施功能的不同，污水来源主要为生活区（综合楼、宿舍楼厕所、餐厅等），地表污染区（加油站、汽车修理间），车辆冲洗区（停车场），由此产生了生活污水、地表废水、冲洗废水3种类型污水的排放。由于高速公路服务区一般远离城市，附近缺少配套的市政污水处理系统，如果这些污水不经处理直接就地排放，则会对周围生态环境产生不利影响，甚至造成社会性的环境污染损害事故。因此，在没有市政污水管网可接入的情况下，高速公路服务区污水排放应按照《污水综合排放标准》（GB8978—1996）中的一级标准实现达标排放，同时将中水作为再生水源回用于冲厕、养护灌溉、洗车、消防等。

一、服务区污水水质特征

服务区3种类型污水因其来源不同而具有不同的水质特征，分别表现在以下几个方面。

（1）生活污水。主要来源于厕所的粪便污水和餐厅的餐饮废水。污染物主要为BOD、COD、NH3-N、SS、油类等，污染物含量取决于人们的生活水平、习惯和当地气候条件等。生活污水的水质和水量较为稳定，其色度、浑浊度高且有恶臭，一般不含有毒有害物质，但营养物质含量较高，并含有一定数量的细菌、病毒和寄生虫卵。

（2）地表废水。主要来源于加油站、汽修间地面的加油、维修服务排放的含油废水以及区域内降雨前期的地表雨水等。加油、修车废水中主要含有泥沙颗粒物和石油类物质，但产生数量较少，一般经隔油池工艺预处理后与生活污水混合进入后续处理设施。

（3）冲洗废水。主要来源于一般车辆和运输动物车辆的冲洗水。污染物主要为石油类、BOD、COD、NH3-N、SS、大肠杆菌等。冲洗废水水质和水量变化较大，多受车辆数量、货物种类和雨雪天气等因素的影响。

二、服务区污水排放特点

（1）污染物排放点多、排放量小。服务区污水主要以服务区常住工作人员和过往旅客产生的污水为主，洗车及加油站冲洗所排放的污水量相对较小。污水主要来自综合楼、宿舍楼、公共厕所、汽车修理间和加油站等单体建筑物，一般情况下，单个处理系统的处理水量在50~300 m^3/d之间。因各建筑物比较分散，污水收集管道分布广、线路长。

（2）污水主要以生活污水为主。餐厅的餐饮废水和公共厕所的粪便污水约占总污水量的85%以上，并且污水中氮、磷浓度高，设计时需选用高效可靠的工艺进行脱氮除磷。

（3）污水量时段变化大。由于天气、季节、时段以及其他一些特殊状况等因素会造成车辆来往随机性很大，进而导致污水量具有较大的波动性，每季、每月甚至每天都有可能不同，污水量的变化系数较大，在交通高峰时段产生的污水量明显高于其他时段，水力冲击负荷大。

（4）处理设施运行周期变化大。通车初期由于车流量较少，污水量达不到设计水量，常常会间断运行，而在高速公路开通一段时间后，随着车流量的逐年增大，污水排放量也呈现逐年增加的趋势。

（5）处理设施自动化程度要求高。受人员能力、技术与经济条件的限制，服务区污水处理设施难以采用专业化管理模式，故污水处理设施运行应尽可能实现智能化自动控制，减少工艺过程中复杂的操作和维护，即能够在无值守、免维护的状态下长期、可靠地运行。

三、服务区污水处理现状

2002年以前，因我国对不易收集的分散型污水的处理没有引起重视，故服务区污水的处理也处于停滞状态。2002年以后，随着国家环境保护力度的不断加大，沿海地区一些高速公路服务区开始重视污水排放对环境的污染问题，陆续开始配置污水处理设施。十多年来，服务区污水处理设施已在全国各地得到普遍推广。根据有关调研资料显示，截至2010年，全国16个省的高速公路服务区污水处理设施的配置率已达到100%。目前，服务区污水处理基本上是以生物接触氧化法为核心工艺的一体化组合式地埋处理设备，其市场占有率在60%以上，基于其他工艺技术的设施也以并存方式应用。但是，由于受我国目前小型生活污水处理技术水平、服务区环保管理能力的限制，各类污水处理设施总体运行状况不佳，因多种情况造成的不运行、间断运行、无法运行的局面普遍存在。目前，我国高速公路服务区污水处理主要存在以下问题。

（1）部分早期建设的高速公路服务区，特别是小规模服务区至今缺少污水处理设施或只设有传统的化粪池处理污水，因其处理效果较差，出水不能满足达标要求，排放后对周围环境尤其是地下水的污染较为严重。

（2）目前，污水处理基本上是借鉴了住宅建筑小区的小型分散式污水处理技术，由于没有针对服务区污水排放特点在可行性、适用性、系统性上进行深化设计，使总体性能特别是出水水质、运营成本、管理强度等重要指标难以优化。

（3）技术设计与设施选型存在缺陷，一是设计处理量偏大，因水量的时间变化系数大，往往造成间歇进水，使设施处理能力与实际污水量有较大偏差。二是设备存在缺陷或选型不当，故障频发，增加后期维修维护难度。三是有相当一部分的处理设施没有经过严格验收，且施工和售后服务差，致使系统缺乏技术支持，直接影响运行效果。

（4）早期配套的污水处理设施基于当时较低的污水排放标准，设计上未考虑脱氮除磷功效，加上设备老化等原因，造成出水COD、BOD、NH3-N和总磷超标情况严重。随着国家对环保重视程度的不断提高，执行更为严格的排放标准势在必行，现有工艺及设施显然不能奏效。

（5）污水生物处理设施对运行管理要求较高，而大多数经营管理单位没有配备专业人员，通常仅由水电工兼职管理，由于缺乏应有的专业知识，难以胜任维修维护和技术管理工作，更不能及时发现问题、解决故障，最终造成设施瘫痪或闲置。

（6）污水处理设施运行费用较高，主要是能耗大、电费高、维护费高，导致许多污水处理设施"建得起而用不起",竣工运行不长时间即进入闲置状态,造成投资浪费、环境二次污染的后果。

(7)种种原因造成的服务区不达标排放,对地方农田、河流及鱼塘造成长期污染和不同程度的经济损失,由此引发与地方的纠纷和矛盾,这已成为各经营管理单位面临的棘手问题。

(8)虽然近年来以生态技术为核心的污水处理技术也开始在服务区应用,例如稳定塘、净化槽、土壤处理系统、人工湿地等,但在大范围推广应用上仍有不足,一是生态工程技术的共性特点是需占用较大面积土地,二是易受气候条件限制,处理效果难以稳定可靠。

因此,目前高速公路服务区污水处理存在的问题,亟待在已有技术应用实践基础上,通过总结经验、因地制宜、突破制约、统筹设计,从工艺优化、技术升级、系统改造乃至运营管理模式方面,进一步开展系统性探索,形成技术先进、运行可靠、性价比高的适用技术,以促进公路环保科技进步,提高服务区管理效益。

四、服务区污水处理方法

目前,高速公路服务区采用的污水处理技术主要有化粪池处理、生物处理和生态处理等。由于化粪池属于一级处理方式,其出水水质较差,现在单独应用于新建服务区已不多见。而具有耐冲击负荷、处理效率高的二级处理技术逐渐成为主流,其中生物处理法以接触氧化、SBR和MBR等工艺为主,生态处理法常用的是人工湿地和土壤渗滤技术,各处理工艺技术的关系如图5-3所示。

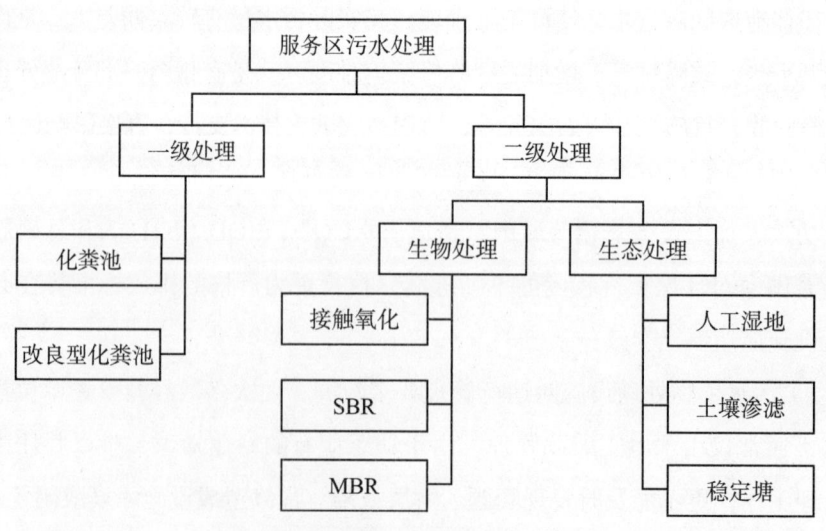

图5-3 服务区污水处理主要工艺技术

（一）生物处理技术

1. 接触氧化工艺

接触氧化工艺属于生物膜法的一种，是在生物反应池内装充填料，在曝气的条件下，污水以一定的流速流经填料。污水与填料上的生物膜充分接触，在微生物新陈代谢的作用下，污水中的污染物得以去除，水质得到净化。接触氧化设施主要由生物反应池、填料、供气装置、布水集水装置及排泥等部分组成。填料是生物膜的载体，是接触氧化工艺的关键部分，直接影响处理效果，目前采用的主要是纤维状填料。

多年来服务区污水处理普遍使用的地埋式一体化污水处理设施就是采用的接触氧化工艺。其他常见工艺如A／O法、A2／O法，其实质也是设置了厌氧／好氧条件的接触氧化工艺，而非传统活性污泥法中的A／O工艺。

接触氧化工艺具有设施成本较低，抗冲击能力强，处理效果稳定，污泥产量低等优点，但是其生物填料需定期更换，费用较高，操作烦琐，维护复杂，运行管理要求高。

2. SBR工艺

SBR（Sequencing Batch Reactor）工艺属于一种活性污泥法，其利用微生物在反应器中按照一定的时间顺序间歇操作。SBR集进水、缺氧、好氧、沉淀、出水功能于一池，采用按时间有序运行的工艺过程。反应池在一定时间间隔内充满水，然后曝气进行生物降解，处理后的混合液沉淀一段时间后，从池中排出上清液，沉淀的生物污泥留在池内，用于再次与进水混合处理，这样依次反复运行，构成了序批式的处理工艺。用于滗除上清液的滗水器是SBR工艺最为关键的机械装置之一，其设计选型对处理效果起着决定性作用。

SBR工艺占地小、造价低，系统间歇运行可以降低运行成本，特别是能够进行脱氮除磷，出水优于活性污泥法。但由于需配置自动控制系统，设备易出现故障，对管理人员的技术能力要求较高。近年来，SBR又出现了一些改进型工艺，如ICEAS、CAST、DAT-IAT、UNITANK、MSBR等。

3. MBR工艺

MBR（Membrane Bio-Reactor）工艺，即膜生物反应器。MBR是现代分离技术与生物技术有机结合的一种新型污水处理技术，其集传统的活性污泥法降解能力与膜的高效分离能力于一体，利用膜分离装置将生化反应池中的活性污泥和大分子有机物有效截留，替代二沉池，使生化反应池中的活性污泥浓度大大提高，实现水力停留时间和污泥停留时间分别控制，将难降解的大分子有机物截留在反应池中不断反应、降解。膜生物反应器主要包括膜组件、集水系统、出水系统、曝气系统和计量装置等。膜组件是MBR工艺的核心部件，其以膜分离过程取代重力沉降过程，不论固体颗粒的沉降性能如何，均可实现固液分离，并且可以避免因生物体流失而造成的系统失效。MBR工艺的容积负荷高，占地面积很小，污泥产量很低，在低温时亦能维持高处理能力。出水消毒后能达到回用水标准，可用于冲厕、洗车、绿化、消防等。MBR已成为技术日趋成熟、应用日益广泛的新型污水处理工艺，但因其采用膜组件，系统造价与维护运行费用相对较高，目前主要适于占地受限、出水水质要求高、资金条件好的场合。

从污水处理工艺的情况来看，高速公路服务区污水处理工艺主要有地埋式一体生化处理设备、SBR法、膜生物反应器、生态渗滤深度处理、人工湿地、土壤渗滤等。

（二）生态处理技术

1. 人工湿地法

由上节可知，人工湿地是利用"土壤—植物—微生物"复合生态系统的物理、化学和生物的三重协调作用，通过过滤、吸附、沉淀、离子交换、微生物同化分解和植物吸收等途径，来去除污水中的悬浮物、有机物、氮和磷等，同时，通过营养物质和水分的生物地球化学循环，促进绿色植物生长并使其增产，实现污水的资源化与无害化。根据水流类型，人工湿地可分为表面流人工湿地、水平潜流人工湿地和垂直潜流人工湿地。人工湿地处理系统一般由1~3级人工湿地组成，内填不同粒径、级配的填料（碎石、砂、土以及特殊除磷填料等），并栽种耐水、多年生及根茎发达的水生植物，如芦苇、美人蕉、香蒲、风车草、灯心草等。此外，在湿地内通过蚯蚓等生物作用，可提高稳定处理效果。

相比较而言，人工湿地的最大特点是景观效果好，故可以利用服务区规划的绿化用地修建，此外还具有系统运行费用低，无须专人看管，维护简易的优点，在保证一定的有机负荷下，出水可以达到回用水标准。但是，人工湿地的缺点也较为突出，且难以克服：存在植物的枯死衰退、杂草丛生和根系扩展较浅等问题；易造成基质淤积堵塞，影响处理效果，故需要人工定期养护；占地面积较大，一般说来人工湿地的处理负荷越低，占地面积就越大。因此，在服务区应用人工湿地技术，宜综合考虑服务区场地条件和景观要求，并根据当地气候慎重选择植物品种，最好保留并恢复原污水处理设作预处理单元。目前，人工湿地的基质易堵塞和北方地区冬季处理效果差等突出问题尚未有效解决，由此成为该技术在服务区广泛应用的瓶颈。

2. 稳定塘法

稳定塘是一种构造简单、管理维护容易、处理效果稳定可靠的污水处理方法。稳定塘可以作为化粪池的后续处理，也可单独使用。当服务区附近有取土坑（或洼地）可以利用时，可以将其修整作为稳定塘处理设施排水。稳定塘对污水中污染物的去除机理是使污水在塘内经较长时间的停留和贮存，通过微生物（细菌、真菌、藻类、原生动物等）的代谢活动与分解作用，对污水中的有机污染物进行生物降解，最后达到稳定。

稳定塘分为厌氧塘、兼性塘、好氧塘和曝气塘4种。其中前3种对污染物的去除都是在自然条件下进行的，所以，污染物的分解速率低，所需池塘容积大。曝气塘是设有曝气设备的好氧塘或兼性塘，适用于土地面积有限，不足以建成完全以自然净化为特征的池塘系统的场合，通常接在兼性塘之后。

厌氧塘有效水深一般在3.0~5.0 m，旨在充分利用厌氧反映高效低耗的特点降低有机负荷，改善原污水的可生化降解性，设计上不以出水达到常规二级处理水平为目的，而是尽量减少占地面积，通常仅作为初级处理设施。兼性塘应用较为广泛，有效水深1.2~2.5 m，其内存在着好氧层、兼性层和厌氧层3个区域。好氧层因有阳光透入，藻类光合作用旺盛，溶解氧充足，好氧微生物生化代谢活跃。兼性层因在中间，白天、夜间好氧状态不同，故藻类光合作用微弱，兼性微生物占优势。塘的底部厌氧微生物占主导，对沉淀池底污泥进行酸性和甲烷发酵。兼性塘适宜处理BOD5在100~300 mg/L之间的污水。由于厌氧、兼性和好氧反应功能并存其中，既可与其他类型的塘串联构成组合塘系统，也可以自成系统。所以，其设计既可以是尽可能多地去除有机物来保证后续塘的正常运行（高负荷），也可以是直接确保出水达标排放。好氧塘的有效水深一般小于1 m，阳光可以投至池底，藻类通过光合作用而释放大量底氧，加之塘表面由于风力搅动而进行自然复氧，使塘内保持"好氧"条件。好氧微生物对有机污染物进行氧化分解，代谢产物CO_2供藻类光合作用所需碳源。藻类利用CO_2、H_2O、无机盐及光能合成其细胞质，并放出O_2。好氧塘适宜处理BOD_5小于100 mg/L的污水。通常与其他塘（特别是兼性塘）串联组成系统或接在其他生物处理设施的出水处。在部分气温适宜的地区，也可自成系统，其功能和设计目标是使塘出水水质至少达到常规二级处理水平。

3. 土壤渗滤法

土壤渗滤法是一种就地污水处理技术。经化粪池、调节池等预处理的污水引入土壤渗滤系统，通过配水系统均匀布水，由于毛细管作用水经过不同生物滤层，污染物在土壤中的动物、植物、微生物作用以及土壤的物理、化学过程,通过分解、利用和吸附等形式被去除。土壤渗滤法对水质净化的原理主要包括以下几个方面。

(1)毛细管、虹吸及物理化学吸附过程。通过土壤的毛细管现象及表面张力原理,将水与污染物中的胶体部分、溶解部分分离,土壤颗粒间的空隙能截留、滤除污水中的悬浮物及胶体物质,起到渗滤作用,土壤颗粒则吸附溶解性污染物于土壤中。

(2)微生物代谢和有机物的分解过程。土壤中的微生物可对污水中的悬浮固体、胶性体、溶解性污染物进行生物降解,并利用污水中的有机物为营养物进行新陈代谢。

(3)植物的净化过程。表层土壤中种植的草坪、花卉或灌丛等植物,在生长过程中通过根系吸收、富集污水中的氮、磷等。

生态土壤处理系统从上至下依次为植物层、改良土壤层、主反应层、布水层和防渗层。防渗层位于最底层,其主要作用是防止污水下渗,在该层经预处理的污水直接进入,并形成最高水势,使砾石层经常处于水饱和状态,促使水分的毛细上升;布水层由直径为20~40 mm的砾石和粒径为0.25~1.00 mm的粗沙组成,主要是承托整个单元均匀布水,为以生物膜为载体悬浮生长的微生物提供生长的空间,内设干管、支管布水管;主反应层由经过工程驯化培养的生物菌种和生物填料组成,其作用主要是阻挡污水中的悬浮物进入主反应层,由次反应层和布水层一起构成初步兼氧和厌氧反应层,是污水净化的主要作用层;土壤层由腐质土构成,具有较好的通透性,作为植物生长的基质,厚度在10~20 cm范围内,其上种植当地适生植物;植物层种植具有观赏性、根系发达的灌草植物,通过深入分布土壤中的根系吸收土壤中的氮、磷元素,从而进一步净化污水,同时植物的根系还可增加土壤水力渗透作用,改善植物根区微环境,促进微生物对污染物的降解。

土壤渗滤系统中生长着大量细菌、真菌、酵母、霉菌、原生动物、后生动物,在净化污水的过程中相互依存、协同、制约,是维持土壤生态系统和完成物质和能量转化的重要组成部分,它们不仅参与有机质的分解和腐殖质的合成,而且也参与矿物质的分解和合成,土壤代谢作用中60%~80%是由土壤微生物活性(包括酶活性)所引起的。试验表明,对于具有驯化微生物土壤的土地处理场地,有机负荷(以COD计)即使高达11 186 kg/(ha·d),仍能有效地进行净化。对于某些处理易生物降解的工业废水的土地处理系统,进水BOD浓度即使达到1 000 mg/L或者更高的情况下,系统仍能有效地运行。土壤渗滤法的出水可达到中水回用标准。

土壤渗滤与人工湿地都属于土地生态处理技术,工艺特点比较类似,只是在配水方式、基质种类、床体结构、栽种植物以及污染物的主要去除机理等方面有所区别。一般来说，同等条件下土壤渗滤系统占地面积更大（处理负荷约1 m^3/10 m^2·d），处理效果更好些。土壤渗滤工艺与其他污水处理技术相比，其具有以下优点：可以处理低负荷进水，且对负荷的变化适应性强；出水水质好、稳定，特别是对氮、磷的去除率高；基建及运行费用低，维护简便；置于地下，对地表景观影响小；受外界气温影响小；可以将污水处理与绿化景观以及回用结合起来。目前，土壤渗滤处理技术日趋成熟，作为一种分散式生活污水处理的适用技术，尤其适合于高速公路服务区应用。图5-4展示的是一种土壤渗滤污水处理设施原理及结构。

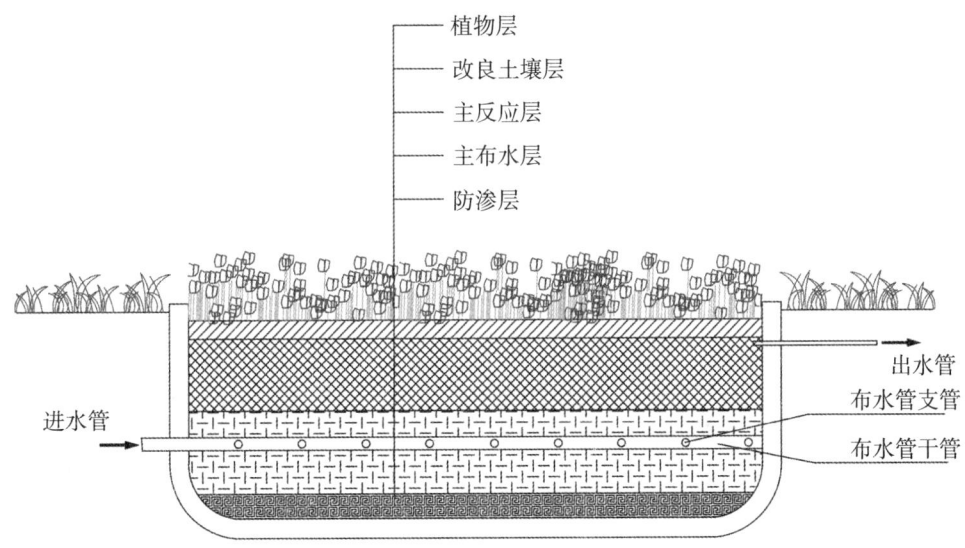

图5-4　一种土壤渗滤污水处理设施原理及结构

五、污水处理工艺选择原则及设计要点

服务区污水处理属于分散型污水处理系统，其有别于集中污水处理系统，故不能照搬市政污水处理厂及污水管网的建设、运行管理模式。但是，目前国家及行业尚未正式建立分散型污水处理系统的工程设计、设备生产、安装施工、检修维护、运行管理等规范、标准，加之分散型污水处理技术发展相对滞后，特别是高速公路服务区污水处理工艺技术尚未成熟，基本停留在简单的"移植"应用上。这种现状由来已久，使设计者、建设者在实际工作中颇感被动。为此，有必要从行业特点、技术层面、管理层面、综合效益等角度，提出服务区污水处理工艺选择原则及设计要点。

（一）工艺选择主要原则

（1）根据地方政府或国家环保部门对受纳水体规定的水质标准，确定处理程度，选择合适的一级、二级处理工艺。

（2）由于服务区多地处偏远山区，存在"水源缺、供水难"问题，故尽量在污水处理的同时增加中水回用，或有条件时直接采用膜中水处理工艺。

（3）在达到处理水质标准要求和运行可靠的前提下，选择投资低、运行成本低、处理效率高的工艺，系统设施配置应满足标准化、定型化、模块化。

（4）服务区污水具有水质、水量随时间波动较大的特点，选择的污水处理技术应具备良好的抗冲击能力。

（5）服务区一般缺乏污水处理设施运行所需的专业技术人员，应尽量选用自动化程度高、易于管理维护的设备及工艺。

（6）当地的地形、气候、地质等自然条件，对工艺的选择也有一定影响。如寒冷地区宜采用适于低温运行或采取适当的技术措施后能低温运行的处理工艺，地下水位高、地质条件差的地方不宜选用水深大、施工难度高的构筑物等。

（7）注重污水处理新技术、新工艺、新材料、新设备以及节能减排技术的应用，以"三低一少"（投资低、运行费低、管理要求低、废泥量少）为原则，提高污水排放水质质量以及经济效益和环境效益。

总而言之，污水处理工艺的选定是设计工作的重要内容，应充分考虑上述原则，必要时还应进行调研甚至试验研究工作，以选定技术先进可靠、系统经济合理的处理工艺。表5-1展示的是服务区污水处理主要工艺技术的适宜性、差异性比较，可在设计选择时参考借鉴。

表5-1 服务区污水处理主要工艺技术的适宜性、差异性比较

工艺类型	生物接触氧化	SBR	MBR	生态处理
处理效果	一般	较好	很好	好
造价及运行费用	造价较高，运行费用较高	造价较高，运行费用较低	造价高，运行费用较低	造价低，运行费用低
低温适应性	好	好	很好	差
是否需要深度处理	否	否	否	低温时需要
污泥处理	需定期外运	需定期外运	需定期外运	无污泥排放
占地面积	较小	较小	小	较大
运行管理	需定期维护和专业人员	需定期维护和专业人员	需定期维护和专业人员	维护管理简单

（二）设计要点

在污水处理工艺技术设计上，应总结以往工程的实际经验，深入调研已建工程的运行效果，根据服务区污水排放特点，因地制宜、综合统筹地进行优化设计，同时应把握以下要点。

（1）对于小规模的服务区或停车区，因人员少、污水水量较小，可选用合适规模的生物接触氧化工艺。因其处理水量较小，考虑到施工方便，可采用一体化设备，并采用地埋的方式，以减少占地、缩短施工周期、减少对周边环境造成的影响。

（2）服务区污水量随车流量的增大而增加，选择设施的规模应考虑到为未来预留，特别是处于国家主干道的沿线设施，车流量增长速度较快，应避免二次建设、重复投资。设施可按远期规划设计、分期实施，既可选择一体化样式，也可采用混凝土结构。因污水水量变化较大，宜尽量增加调节池容量，处理部分也应适当放大余量，以确保污水达标排放。

（3）由于服务区设有餐饮功能，污水中含有餐厨用油，故应在污水进入化粪池前进行隔油处理，使污水中的动植物油含量尽量降低，以防大量油脂进入后造成生物膜黏附，从而影响生化处理效果。隔油池可考虑设计成具有隔油沉沙池功能，在隔油的同时解决北方地区污水中的灰沙问题。

（4）服务区污水主要来源为公厕，污水中的有机物及氨氮浓度较高，设计时宜适当放大余量，并采用高效的布气器、表面积大的填料。应在调节池内设置水解酸化段，使污水中的大分子有机物降解成小分子有机物，以提高污水的可生化性，提高设备的处理效率。对氨氮浓度高的污水，要选用具有脱氮除磷的工艺。

（5）污泥的清运是处理设施操作管理的一大问题，为了减少污泥的产量，宜在调节池内设置水解酸化池，通过酸化水解去除大部分悬浮物，以减少沉淀物。同时通过污泥回流到酸化池进行污泥消化，进一步减少污泥的产量，降低运行管理强度。

（6）北方地区的污水处理设施一定要考虑到气候的特殊性，设计时须考虑配置 1~2 m 厚度的防冻层，当标高较低最终出水需二次提升后排放时，出水管道应倾斜布置，以防积水冻结。

（7）污水处理设施的选址要综合考虑现场情况，充分利用地下空间，平面布置要紧凑，节省用地；特别是要考虑进出水方向、标高、风向等因素，还要兼顾到设备进场、吊装施工的可行性；另外设施应尽量处在下风口，防止恶臭影响环境，或者采用高空排放方式或吸附除臭装置。

第三节 公路边坡植被微灌系统

一、微灌技术原理及特点

微灌是一种新型的节水农业灌溉技术，一般包括滴灌、微喷灌、渗灌和膜灌等。微灌系统可以按照作物需水要求，通过水泵、低压管道与安装在末级管道上的特制灌水器，将水和作物生长所需的养分以较小的流量均匀、准确地输送到作物根部附近的土壤表面或土层中。与传统全面积湿润的地面灌溉和喷灌相比，微灌仅以少量水湿润作物根区的部分土壤，因此又称之为局部灌溉微灌，其具有以下特点。

（1）节水节能。可按植物需水要求适时、适量地灌水，显著减少了水损失；因用管道输水，不易产生地表径流和深层渗透；因在低压（50~150 kPa）下运行，能量损耗较小；一般比喷灌省水30%左右，比地面浇灌省水40%~60%左右。

（2）灌水均匀。能够对每个灌水器的出水流量进行控制，因而灌水均匀度高，一般可达85%以上。

（3）适应性强。可适应复杂的地形条件，并能根据不同的土壤入渗特性调节供水压力和灌水速度。

（4）省工效率高。因属管网分配供水，工作效率高，而且便于实现自动控制，因而可明显节省劳力；施肥可通过微灌系统进行，肥料与水一起混合施加到土壤中，可节肥20%~40%，且不需人工作业。

二、微灌系统组成

微灌系统通常由水源、首部枢纽、输配水管网、灌水器以及流量、压力控制部件、量测仪表及控制单元等组成，如图5-5所示。

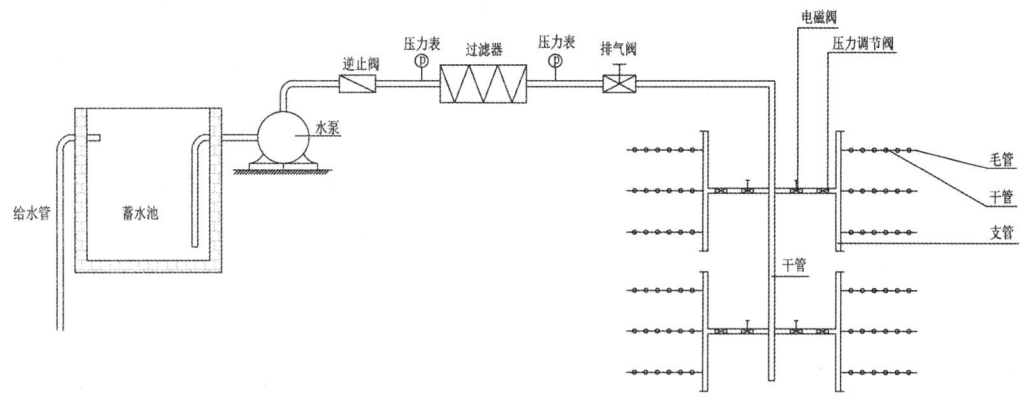

图5-5 微灌系统组成

（一）水源设施

地面水源（河流、水塘、水库、蓄水池等）或地下水源（主要是深井），只要其水质符合微灌要求，均可作为微灌水源。为了利用不同水源进行灌溉，往往还需引水、蓄水、提水、净水等设施以及相应的输配电工程，这些都属于水源工程。对水源设施的基本要求是有蓄水能力，极端干旱时蓄水量能满足灌溉需水量，有一定的地下水补给能力，水质达到灌溉水质要求，离灌区较近。水源设施的供水通常有直接式供水、自流式供水、水塔、高位水池等方式。

（二）首部枢纽

集中安装管网进口部位的加压、调节、控制、净化、施肥（药）、保护及量测等设备的组合总称为首部枢纽，其作用是从水源抽水加压向管网定时、定量供水，主要包括水泵、止回阀、施肥器、过滤器、压力表、进排气阀和控制设备等。在选择这些设备时，其设备容量必须满足系统的过水能力，使水流经过各设备时的水头损失尽量小。在布置上应将易锈金属件和肥料（农药）注入器放在过滤装置上游，以确保进入管网的水质满足灌溉要求。

（三）输配水管网

输配水管网的作用是将首部枢纽处理过的水，按照要求输送分配到每个灌水单元和灌水器中。输配水管网包括干管、支管和毛管三级管路，以及将各级管路连接为一个整体所需的管件和必要的控制、调节设备（如截止阀、减压阀、流量调节阀、进排气阀等），根据灌溉面积和规模的不同，管网的等级配置也有所不同。毛管是微灌系统的最末一级管路，其上安装或连接灌水器。常用的管材有U-PVC管、PE灌溉管等。

（四）灌水器

灌水器是向土壤灌溉施水的终端部件，也是微灌系统的关键部分。其作用是消减供水压力，将加压水经细小的流道或孔眼变为水滴或细流或呈喷洒状施入土壤。常用的灌水器主要有管上补偿式滴头、内镶式滴管、薄壁滴带等。

三、微灌技术在公路边坡植被灌溉中的应用

由上可知，微灌技术在公路边坡植被灌溉养护上应用的可行性和合理性是显而易见的，而且边坡的地形特征可使微灌供水凭借重力自流，从而无须配置常规的加压水泵及其供电，这极大地提高了微灌技术用于坡面植被灌溉的适用性。除此之外，其还具有以下优势。

（1）节水效率高，地形适应能力强。公路边坡不仅具有较陡的坡度，且土层较薄，常规的灌溉模式容易造成水资源浪费、水土流失等问题，而微灌技术最适宜发挥其独特优势。

（2）节水、节能、省工。常规的灌溉模式如水车拉水、漫灌等，运距远、占用车道、费水、费时、成本高，人员工作强度大并有不安全因素，而应用微灌技术可以有效地解决这些问题。

（3）易于实现智能化控制。因微灌技术实施方式为管网化布置和分配式输水，这样就可根据实际需求有效地控制灌溉，有利于实现节约化、集约化和规模化灌溉养护。

尽管如此，微灌技术目前在公路边坡植被灌溉应用中也存在一些亟待解决的问题，主要有：因技术体系尚未形成，故如何与公路基础设施建设、相关技术规范结合，尤其是如何与公路路面雨水集蓄技术有机融合，需深入开展调查、研究工作；边坡特殊的立地条件和植物环境，对微灌技术的适用性造成一定的限制，需要从系统性出发，并结合边坡植被恢复工程目标，以微灌技术的优势来提升坡面生态恢复的质量和效益；边坡表土不同于平缓的农田土壤环境，其水分运移规律表现为整个湿润体随着坡度的增大明显向下坡方向偏移，且坡度越大，偏移距离越大，湿润体形状也随之变化，故坡面微灌不宜直接引用常规设计方法，需考虑综合优化布水设计方案。

四、边坡植被微灌系统方案设计

边坡植被微灌系统设计可参照《微灌工程技术规范》（GB/T 50485—2009）进行。但因边坡坡面上影响灌溉水量、灌溉强度等指标的因素较为复杂，常规的微灌计

算方法所得出的设计往往与坡面实际情况偏差较大,因此最好借鉴已有工程的设计经验,并进行现场实地试验、观测,以保证微灌系统设计的合理性、有效性和经济性。图5-6展示的是一种公路边坡植被微灌系统设计方案,可供参考。

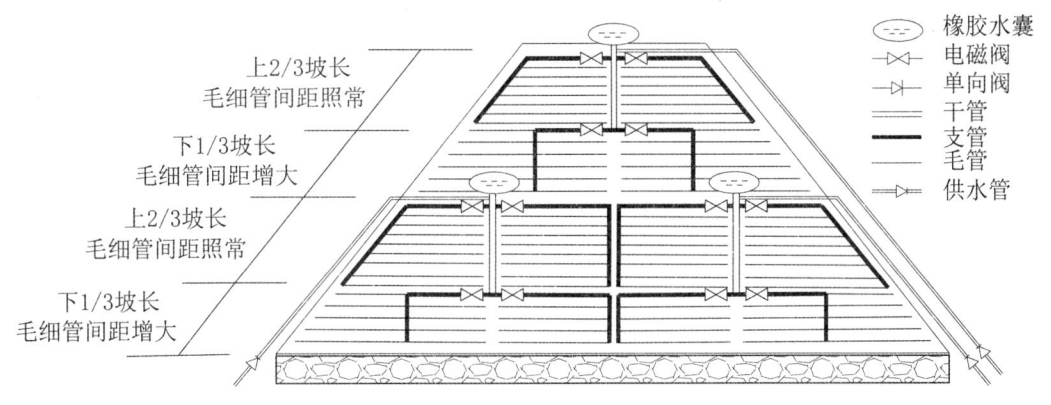

图5-6 一种边坡植被微灌系统设计方案

如图5-6所示,在坡顶和坡面平台上设置容积与灌溉水量适配的橡胶水囊,橡胶水囊结构及基础形式与橡胶坝类似,并再用柔性的布鲁克网将其笼罩锚定,以保持充水后的稳定。橡胶水囊的安装位置应尽量处于隐蔽处(如坡顶背侧),或种植乔灌木进行遮挡,以减少对坡面景观的影响。根据坡面灌溉区域及面积,每个橡胶水囊应分片设置、单独输出灌溉水。坡面微灌系统组成除了首部枢纽由橡胶水囊取代外,其他部分的配置与常规的微灌工程基本相同。

坡面微灌系统以平台为界按上坡面和下坡面分区设计,共有独立的3套系统(上坡区1套、下坡区2套),各自在坡面上分片配置,其中的橡胶水囊是1个分片的水源。灌溉管网包括干管、支管和毛管3级管道,每路干管分上坡和下坡2个支路,每个支路的支管又通过电磁阀分组设置。由于坡面地形起伏多变,为保证灌溉流量、压力在一定范围内达到基本均衡,干、支管连接采用鱼骨式结构,支、毛管连接采用鱼骨式和梳齿形2种结构。微灌系统的运行采用智能化控制,微灌控制器能根据人工预设程序或动态的植物需水量、气象条件等因素,适时发出分片控制、分组控制、流量控制、间歇控制、泄流控制等指令,自动完成不同轮灌方式、不同灌溉强度下的运行过程,使坡面植被灌溉实现智能化、精细化、节约化。橡胶水囊的水源来自运水车的供水(适于无水源、无动力条件的偏远地带边坡)或雨水收集蓄水池的回用水,并通过提水管道(经由单向阀)定期进行补水。

坡面微灌系统的组成配置尽管不复杂,但因其管路处于一种非水平面状态下,管内水流分配受重力因素影响较大,故系统的设计与常规的地面灌溉系统有所不同,根据工程实施经验,管网设计时需把握以下几个要点。

(1)土壤允许的喷灌强度随着坡度的增加而显著减小,喷灌强度不能大于土壤入渗率,宜选用低灌溉强度的喷头,同时需通过调节阀进行压力控制,这样可以减少地表径流和水土流失。

(2)初步研究与试验表明,当微灌用于边坡客土层时,微灌水的浸润范围与坡度有关,当坡度大于35°时,其随坡度增加而快速增长,因此设计坡面喷头布设时,可将其竖向间距适当加大,不需与横向间距相同,这样可减少喷头数量,降低工程造价,但并不影响微灌效果。

(3)为分散流量,降低水头损失,减小管道直径,应采用分组轮灌的方式,即将支管划分为若干组,每组毛管由电磁阀进行灌溉控制;为了防止发生坡面径流损失,增加灌溉水的入渗量,每组毛管还应采用间歇控制,将所需灌溉量分时段断续供应。

(4)当坡面起伏不平时,毛管应沿水平等高线布设;因存在重力渗流作用,每一分片内布设的毛管,其上、下部分的间距可有所不同,一般上2/3部分的毛管间距可按常规计算设计,而下1/3部分的毛管间距可增大30%左右。

(5)除了合理布设系统的管路外,微灌控制器能够提供的功能特性、控制策略也非常重要,因此需从实用性、可靠性和经济性上选择相关的智能化产品。此外,需考虑供电条件的约束,电磁阀、微灌控制器应具有低功耗特性,以便与太阳能光伏发电或风光互补发电装置配套。

第六章　荣乌高速烟威段生态建设与修复试点工程设计

第一节　工程区基本情况

一、工程背景

荣乌高速烟威段位于荣乌高速公路（G18）的东段，是全封闭、全立交、四车道的高速公路。烟威段连接烟台和威海两座重要的经济、旅游、文化和生态强市，是山东半岛高等级公路网的主干交通要道。随着山东沿海城市经济的快速发展和山东半岛蓝色经济区建设上升为国家战略，此段交通量迅速增长，已经成为山东半岛各地市之间的重要纽带。荣乌高速烟威段濒临山东半岛北部黄海，并穿越沿海防护林自然保护区以及滨海湿地、河口湿地等重要生态敏感区，具有良好的自然资源条件和生态价值。经过多年系统规划和强化建设，烟威段路域生态系统的结构及功能不断完善，生态平衡趋于稳定，路域生态景观质量逐年提升。但是，因受初建时期设计理念、经济技术水平和环境条件的制约，应有的环境保护措施不足、系统性生态保护与恢复水平薄弱等问题一直存在，特别是近年部分区域生态功能有所退化，一些重点路段和重要生态功能区域已出现通过自然演替难以迅速解决的突出问题。

2012年1月，交通运输部印发《公路水路交通运输环境保护"十二五"发展规划》，提出树立绿色、低碳发展理念，继续推进资源节约型、环境友好型行业建设，加强生态和环境保护，构建绿色交通运输体系的要求，将"坚持生态保护与修复并重,加强工程建设中的生态保护,实施重大工程生态修复措施"作为重点,并计划针对不同区域的已建公路开展生态建设和修复试点工程。项目建设单位针对未来基础设施和运输装备的存量和增量都将继续走高的态势,以及山东半岛"蓝色经济区""黄河三角洲高效生态发展战略"和烟台、威海两市生态城市建设的新要求,提出对荣乌高速烟威段部分路段进行强化性生态建设和修复工程计划,以进一步提升路域生态环境水平和质量。2012年9月,交通运输部批复同意实施荣乌高速烟威段生态建设和修复试点工程。随后,项目建设单位以"生态、环保、低碳、安全"为理念,以优化路域生态环境、促进全线与周边生态功能区的融合为重点,统筹规划、精心组织,在2013年先后实施了路堑边坡生态恢复、互通立交区生态建设和路侧裸地生态建设、受损湿地生态系统修复及穿越沿海防护林路段生态恢复为主要内容的工程建设。后经两年多的持续养护,工程项目全部内容顺利完成,较好地达到了预期目标和效果。荣乌高速烟威段生态建设和修复试点工程实施是沿海高速公路路域生态保护和建设的一项有益探索,为北方沿海地区公路生态建设和修复提供了工程示范,也为构建公路建设可持续发展模式和绿色公路交通运输体系提供了有益借鉴。

二、工程概况

荣乌(荣成—乌海)高速公路,中国国家高速公路网编号为G18,其起点在山东荣成,途径威海、烟台、新河、东营、黄骅、天津、霸州、涞源、朔州、鄂尔多斯,终点在乌海,全长1820 km。荣乌高速烟威段地处山东半岛东北部,贯穿烟台东部和威海西北部,全长49.184 km,于1994年建成通车。烟威段公路是连接烟台和威海两个重要沿海城市的快速交通大通道,并穿越集森林与滨海湿地生态系统于一体的沿海防护林自然保护区。全线共有6处收费站,4座互通立交,4座跨线桥,5座跨河大桥,所处地理位置优越、生态环境独特、路域功能重要。荣乌高速烟威段主要生态环境区域分布如图6-1所示。

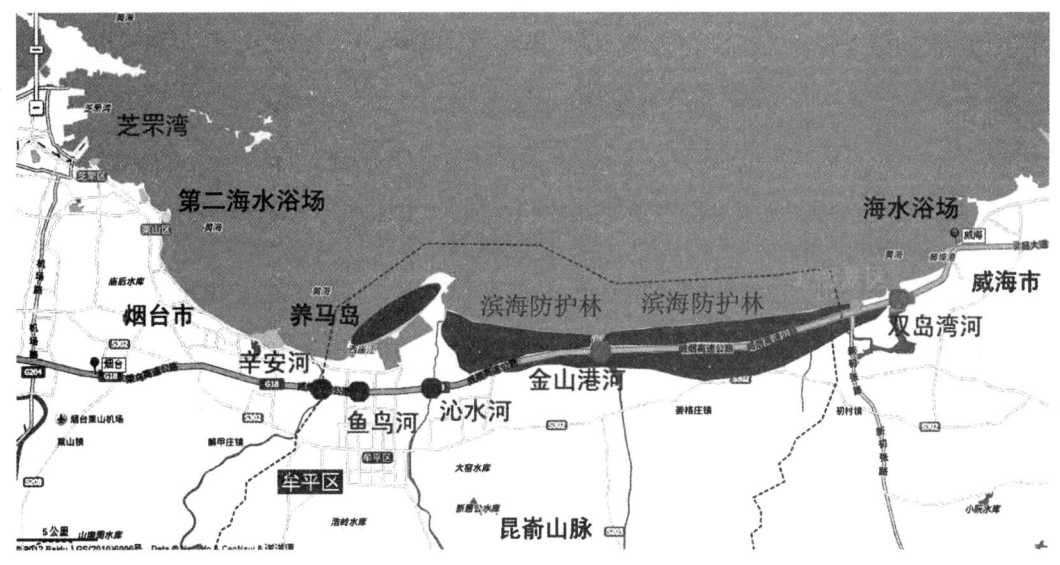

图6-1 荣乌高速烟威段主要生态环境区域分布

荣乌高速烟威段生态建设和修复试点工程内容主要包括以下几个方面。

（1）路堑边坡生态恢复。针对路堑石质边坡和土石边坡长期坡面裸露、风化严重、坍塌滑坡隐患严重的状况，对高陡不稳定坡面采用布鲁克网防护、乔灌木种植进行生态恢复；对风化严重的破碎岩和裸岩无表土坡面采用植生喷播技术（厚层基质喷播和植被混凝土喷播）进行植被恢复，以控制水土流失，保护路域生态和道路行车安全。

（2）互通立交区生态建设和路侧裸地生态修复。针对互通立交对区域景观造成的大面积分割尚未完全修复、植被群落与自然生态格局衔接不够的状况，通过土壤改良、植被优化配置、排水设施改造、雨水收集利用、人工湿地等途径，进行多层次植被重建和景观提升，完善互通立交区的生态景观系统。根据多处路段和重要节点出现的植被覆盖度低、生境连通性差、景观连续性和协调性不够等问题，对路侧、跨线桥下裸地或退化区进行植被重建和生态修复，以改善路域生态系统结构及功能水平。

（3）受损湿地生态系统修复。针对河口湿地和滨海湿地因道路设施和交通影响导致生境"岛屿化"效应加重、部分湿地生态功能退化加剧的状况，通过重建土壤、设置生物廊道、优化配置水生植物群落，对脆弱敏感区域进行生态修复，以涵养水源、控制土壤侵蚀、保持湿地的生态平衡和生物多样性。

（4）穿越沿海防护林路段的生态恢复。针对道路穿越沿海防护林而引起的部分路段两侧林分退化、缺口断带严重、局部生态稳定性和景观性差的问题，通过土壤改良重建、乔灌木组合栽植等途径，进行廊道（公路）与基底（森林）的协调优化、路堤边坡的植被恢复、道路与林区的防火隔离，以保护防护林的生物多样性，减少公路交通对森林生态系统的影响。

（5）服务区和收费站的污水处理。针对荣乌高速烟威段服务区和收费站尚未配置生态化污水处理设施的状况，在进行生态建设和修复工程的同时，对土壤渗滤污水处理技术的有效性、适用性进行深入研究和实地试验并提出适合污水排放量小的、占地少、造价运营成本低、耐寒冷季节的土壤渗滤污水处理技术。

三、自然概况

（一）气候特征

荣乌高速烟威段地处中纬度，属于北温带季风型大陆性气候，四季变化和季风进退都较明显。线路受海风影响，年平均风速4~6m/s，易受台风影响，年极大风速可达32.6 m/s。因属海洋性气候，年平均气温12℃，年平均相对湿度68%。寒潮从10月份开始，以12、1、2月份最强，无霜期为215天。年平均降水量652 mm，年最大降雨量（1964年）达到950 mm。

（二）水文地质条件

道路沿线河网较发达，中小河流众多，沿线经过的主要河流有辛安河（桥长175 m）、鱼鸟河（桥长132 m）、沁水河（桥长175 m）、金山港河（桥长368 m）和双岛港河等，发源均在南部山区，主流长不超过30 km，汇水面积不超过300 km^2。河流除双岛港河为海湾，其涨潮时水深6~7 m、退潮时4~5 m，渔船可进出外，其他均不通航。河流特点为河床比降大，源短流急，暴涨暴落，属季风雨源型河流。

线路所经地段为近海的平原微丘地形，越岭处起伏较大，大河处地势较洼，整个地形向海边倾斜。沿线大部分海岸为基岩海岸，地下水主要储存于基岩裂隙中，埋藏浅、储量少，是相对贫水区。在基岩海岸也有部分山前平原、河口冲积平原及滨海堆积平原分布。从金山口到皂河北为细沙地带，上有小松树覆盖，其他段为耕地、滩涂和防护林带，表层多为沙性土壤，黏性土较少。山丘岩石为浅灰色片麻岩。

（三）土地利用与土壤状况

线路地处烟台市，全市土地总面积137.46万公顷，土地利用率达86.8%。林地23.69万公顷，分别占土地总面积和农用地面积的17.2%和23.4%。水面6.01万公顷，分别占土地总面积和农用地面积的4.4%和5.9%。建设用地18.12万公顷，占土地总面积的13.2%。交通用地4.26万公顷，分别占土地总面积和建设用地面积的3.1%和23.5%。土壤面积约1 759万亩[①]，全市共有八个土类、十九个亚类、四十四个土属、一百二十个土种，土类包括棕壤、褐土、潮土、砂姜黑土、盐土、水稻土、山地草甸型土、风沙土等，其中棕壤分布面积最大，潮土次之，褐土第三，其他土类面积均较少。

（四）地震烈度

根据国家标准GB18306—2001（1∶400万）《中国地震动参数区划图》，线路位置地震动峰值加速度系数0.1，对应于原基本地震烈度Ⅶ度，按Ⅶ度设防。

（五）交通状况

烟台市2013年公路通车里程为17 024 km，其中干线公路通车里程2 353 km，高速公路通车里程507 km。另有在建高速公路3条，里程近160 km。近年平均旅客周转量为1 320 698万人千米，货物周转量为4 933 279万吨千米。威海市2013年公路通车里程为6 769 km，其中干线公路达到1 326 km，干线公路中国道125 km、省道1 161 km、高速公路116 km，二级以上公路占比超过85%。另有多条高速公路开建，未来通车里程将不断增加。荣乌高速烟威段目前平均日交通量为17 000。

（六）野生动植物分布情况

线路所处烟台市植被属暖温带落叶阔叶林区的胶东丘陵栽培植被赤松、麻栎林分区，由于水、热条件良好，本区域的植被类型和植物资源都比暖温带落叶林区的其他地区丰富和繁茂。主要森林植被类型有赤松林、黑松林、麻栎林、日本落叶松林、糠椴林、刺槐林、枫杨赤杨林、杨树林和竹林9个种类。灌丛植被有栎类、杜鹃灌丛、鹅耳枥灌丛、坚桦白檀灌丛、牛奶子灌丛、胡枝子灌丛、绣线菊灌丛、紫穗槐灌丛、柽柳灌丛9个类型。全市现有植物资源1 349种（详见附录）。其中木本和藤本植物70科457种，草本植物120科742种，栽培植物（不包括观赏植物）150种。野生动物资源现有脊椎动物434种，其中哺乳动物30种，鸟类287种，爬行类15种，两栖类8种。梅花鹿、丹顶鹤、灰鹤金雕、中华秋沙鸭等被列为国家重点保护的珍稀濒危动物。

（七）区域生态环境

线路所处区域目前林业用地面积820万亩，森林覆盖率40%，均位居山东省首位。现有自然保护区20处、森林公园25处、湿地公园7处，面积302.6万亩，计划实施的城市绿化提升、景观通道建设、城郊森林建设、水源地绿化、林业产业和森林资源保护六大生态工程陆续启动。

---

① "亩"为非法定单位，但在实际生产中经常使用，本书保留。1亩≈66.7平方米。

沿线穿越或毗邻多处重要生态建设与保护区域，例如，烟台沿海防护林为省级自然保护区，始建于20世纪60年代，目前面积约15万公顷，总长度400 km，对沿海地区风沙、海潮、水土流失的防治发挥了巨大的作用，荣乌段穿越其中的长度近20 km。金山港生态旅游度假区拥有22 km海岸线，沿岸有8 km^{2}的滩涂，5万亩浅海养殖区，处于沿海防护林带区域内，沙滩宽广、海水碧蓝、地下温泉丰富，滨海、内湾、半岛等地貌特征造就了海口独特的生境和难得的生态旅游资源。沁水河国家湿地公园全长9 km，总面积为208万平方米，湿地率为84.44%，拥有丰富的野生动植物资源，其中植物种类160种、动物种类414种，栽植银杏、水杉、玉兰等观赏树木近百种共6.2万多株，形成的生态植被面积达148万平方米。鱼鸟河全长23 km，流域面积107 km^2，保留原生态植被地貌22.4万平方米，拥有滨海滩涂保护区、生态密林区、湿地公园，其中湿地公园总面积5 km^2、水体面积1.4 km^2、绿化面积3.3 km^2、各类植物10万多株。规划建设中的牟平滨海生态城，总面积60 km^2，是养马岛旅游度假区和金山湾生态旅游度假区外的滨海生态城起步区和水系生态景观区，新开通的滨海路与荣乌高速牟平段并行且贯通，已成为荣乌高速的标志性生态景观。

第二节 设计说明

一、设计依据

（一）法律法规及政策

（1）《中华人民共和国公路法》（2004）。

（2）《中华人民共和国环境保护法》（1989）。

（3）《中华人民共和国水污染防治法》（2008）。

（4）《中华人民共和国森林法》（1998）。

（5）《中华人民共和国林业法》（1985）。

（6）《中华人民共和国水土保持法》（1991）。

（7）《中华人民共和国道路运输条例》（2004）。

（8）《交通建设项目环境保护管理办法》（2003）。

（9）《公路安全保护条例》（2011）。

（10）《交通运输"十二五"发展规划》（2011）。

（11）《公路水路交通运输环境保护"十二五"发展规划》（2012）。

（12）《山东省公路水路交通运输"十二五"发展规划纲要》（2011）。

（二）规范标准

（1）《建设低碳交通运输体系指导意见》交政法发【2011】53号。

（2）《公路工程技术标准》JTG B01—2003。

（3）《公路勘测规范》JTG C10—2007。

（4）《公路工程水文勘测设计规范》JTGC30—2002。

（5）《公路工程地质勘测规范》JTJ064—98。

（6）《公路排水设计规范》JTJ018—97。

（7）《公路桥涵设计通用规范》JTG D60—2004。

（8）《高速公路交通工程及沿线设施设计通用规范》JTG D80—2006。

（9）《公路环境保护设计规范》JTG B04—2010。

（10）《公路绿化设计制图》JT/T647—2005。

（11）《雨水集蓄利用工程技术规范》SL267—2001。

（12）《给水排水工程构筑物结构设计规范》GB50069—2002。

（13）《城市污水再生利用—城市杂用水水质》GB/T18920—2002。

（14）《建筑与小区雨水利用工程技术规范》GB50400—2006。

（15）《中华人民共和国污水综合排放标准》GB 8978—1996。

二、设计原则

（一）生态优先原则

生态恢复工程设计应突出以下生态效果特征。

① 土壤层的重建及改良与植被的恢复并重；

② 综合考虑水分、土壤、植物等之间的相互关系构建植被生态系统；

③ 以恢复生态学原理为指导，遵循自然演替规律设计群落结构和恢复目标；

④ 控制水土流失，防止环境污染，节约利用资源，保证道路稳定安全；

⑤ 生态功能与景观功能相协调。

（二）可行性和适用性原则

从生态修复和环境保护的现状、目标及后期养护出发，因地制宜，注重方案的可行性、适用性，满足技术先进、合理可行、经济适用的要求。

（三）典型性原则

工程内容选址在具有代表性的典型路段、区域实施，在施工同时开展相关试验项目，并加强动态监测观测，采集获取数据信息，以期为后续的工程设计、建设提供参考和借鉴。

（四）创新性和示范性原则

工程方案的设计突出试点示范效应，从宏观格局到微观层面尽量体现出一定的探究性和创新性，注重探索共性技术、关键技术的应用及瓶颈技术的突破，为国内同类工程提供技术借鉴和起到示范作用。

第三节 设计方案及施工技术要求

一、路堑边坡生态恢复

（一）设计方案

工程点位于牟平东K119+600~K120+200路段，该段路堑边坡坡度较陡、坡度较高，存在坍塌、落石隐患，危及行车安全，且水土流失严重，因此采用3种技术的结合，以确保边坡的稳定、生态修复的持续效果。

路堑边坡花岗岩岩体节理发育，坍塌、浅层滑动、落石等隐患普遍，局部存在形成倒坡的大块危岩，严重影响路基和行车安全。

1. 厚层基质喷播

厚层基质喷播是通过高压空气将富含有机质的喷播材料喷敷到坡面上的一种新型边坡植被恢复技术。该技术使用的喷播材料以有机质为主，配以土壤、黏合剂、改良剂等辅材，与草灌木种子混合后，使用机械喷播工艺将混合材料喷射到锚固有镀锌铁丝网的岩面上，形成一层厚度10 cm左右的多孔稳定结构。坡面经喷混植生后，不仅为植物的生长提供了基础条件，而且使坡面具有较好的抗侵蚀和抗水土流失能力，喷播基层不会产生龟裂和垮塌、脱落现象,后期养护管理成本也较低。

植物选择以乡土植物为主,乡土植物适应当地环境气候,而且生长快、抗干旱、耐贫瘠、管理粗放,同时还有较强的抗污吸污、抗病虫害的能力。此外,植物选择还应考虑景观的季节性,以保证暖季和冬季均体现出较好的生态景观效果。

路堑边坡厚层基质喷播种子配比见表6-1。

表6-1 路堑边坡厚层基质喷播种子配比见表

材料名称	榆树	火炬树	紫穗槐	草地早熟禾	狗牙根
数量g/m²	15	25	20	25	25

2. 植被混凝土喷播

大部分高陡边坡的建植一方面需要保证坡面基底的稳定性,另一方面需要满足植物稳定生长、坡面耐侵蚀、抗冲刷的效果,而目前的厚层基质喷播应用于高陡边坡尚存在诸多不足。植被混凝土喷播技术的出现大大改善了高陡边坡的建植效果,它正是可以同时满足这两方面关键需求的建植技术。

植被混凝土喷播也需在坡面敷设网材用作喷播层骨架,在常规人工土壤材料中加入作为黏合剂的水泥和用于改性的专用添加剂,通过喷播机将混合浆料喷射到坡面上。水泥因具有一定的强度和硬度,与坡面上的网材、坡面基底牢固结合后,可有效提高坡面抗冲刷性能;专用添加剂可起到防止植被混凝土龟裂、调节酸碱平衡、促进植物发育生长的多重作用。植被混凝土改变了普通混凝土的物理和化学特性,营造了植物可以正常生长的较好环境,非常适于高陡边坡的植被建植,因工程区边坡上部存在风化程度高、坡度大、滑塌易发生的问题,故采用植被混凝土喷播技术。

大部分情形下,植被混凝土所喷播的植物种子都需要生长在高陡岩石边坡上,故植物种子配置要求较高,应兼顾到必要性、可行性、经济性和景观性。

本工程植物种子配比如表6-2所示。

表6-2 植被混凝土喷播种子配比表

材料名称	刺槐	火炬树	紫穗槐	黑麦草
数量g/m²	15	25	20	25

3. 布鲁克网+苗木移栽

布鲁克网是一种非常新颖的柔性边坡防护网,是通过钢筋或钢丝绳、锚杆、格栅网、专用锚垫板以及支撑绳等结合固定的方式防护在边坡表层,从而达到加固边坡和防止边坡坍塌的防护目的。适用于具有坍塌、崩塌、浅层滑动、危岩落石等潜在地质灾害的土质或岩石边坡的加固和防护。采用布鲁克网覆盖与锚杆加固的方式，对坡面进行工程防护，既可有效治理坡面灾害，消除安全隐患，又可对坡面凹陷处的回填种植土起到加固、稳定作用，有利于乔灌木的生长。布鲁克网能将局部集中荷载向四周均匀传递的固定特性，使整个系统的防护能力较强。

工程区有多处坡面存在落石、坍塌隐患，危及行车安全，为了达到边坡稳定与植被恢复的目的，采用布鲁克网+苗木栽植方案。布鲁克网施工完成后，在回填土上，通过布鲁克网孔栽植乔灌木苗，苗木位置尽量处于网孔的中心；即将带土球乔灌木，通过布鲁克网孔栽植于边坡风化层和岩石裂隙内或坡面凹陷处，加入壤土基材并使之紧实，因采用的乔木根系发达，耐干旱、耐瘠薄性好，使边坡能在1~2年内达到生态恢复的目的。本工程选用的栽植乔木主要为黑松，株距为100 cm；栽植的灌木主要为红叶李、黄栌、红瑞木等，株距为50 cm。

布鲁克网植物栽植配比如表6-3所示。

表6-3 布鲁克网植物栽植配比表

材料名称	黑松	红叶李	黄栌	红瑞木
数量　株/10 m²	10	3	2	3

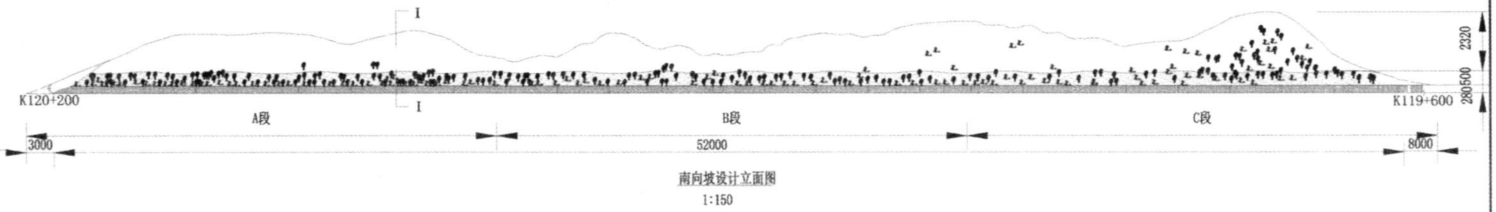

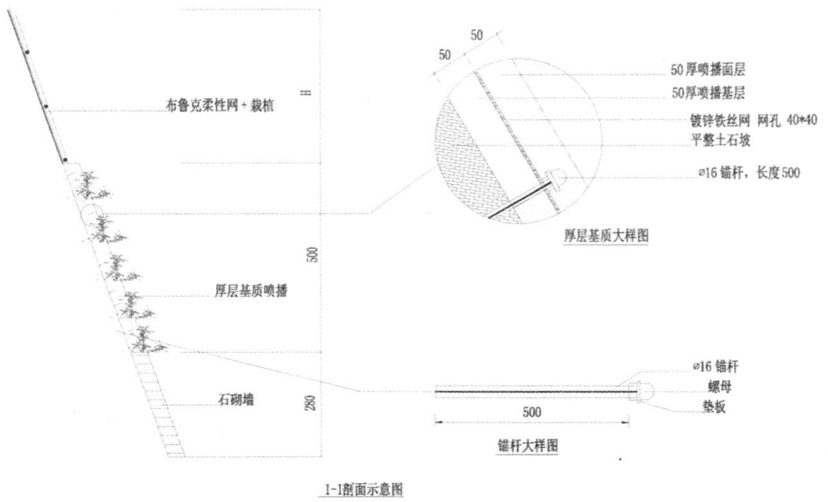

植被混凝土苗木配比					
材料名称	刺槐	火炬树	紫穗槐	黑麦草	
数量g/m²	15	25	20	25	
布鲁克柔性防护网+栽植苗木配比					
材料名称	黑 松	红叶李	黄 栌	红瑞木	
数量 株/10m²	10	3	2	3	
厚层基质喷播苗木配比					
材料名称	榆树	火炬树	紫穗槐	草地早熟禾	狗牙根
数量g/m²	15	25	20	25	25

注：
1.图中尺寸除材料规格以mm计外，其他均以cm为单位。
2.根据A段、B段、C段坡面的具体情况，穿插采用了厚层基质喷播、布鲁克网和植被混凝土喷播技术。
3.锚杆之间的距离均为100cm，锚杆采用钻机成孔，孔径大于 12mm，长度如图所示。
4.锚杆杆体采用Φ10螺纹钢筋，采用水泥砂浆灌注锚孔后插入锚杆杆体

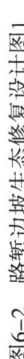

图6-2 路堑边坡生态修复设计图1

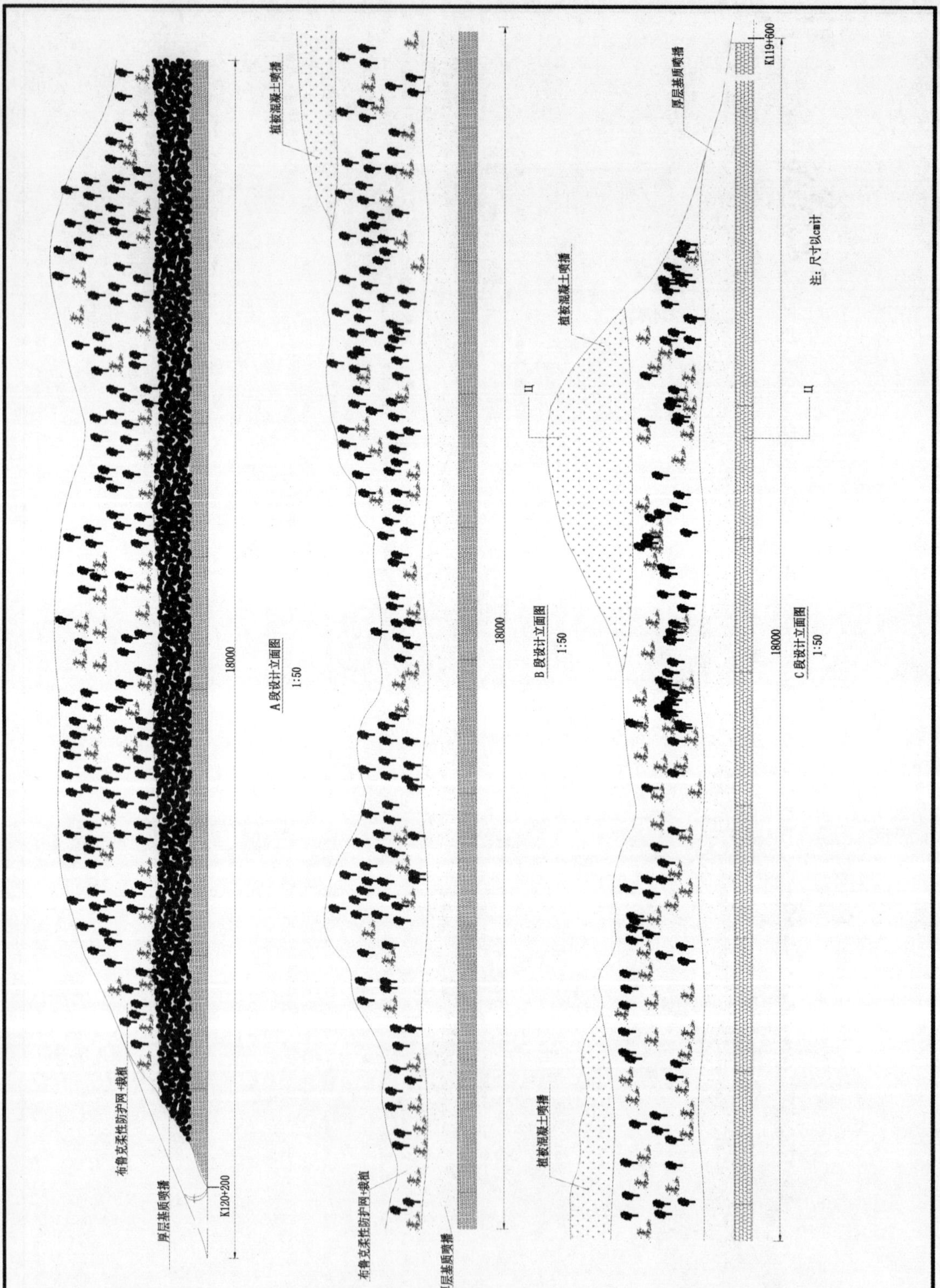

图6-3 路堑边坡生态修复设计图2

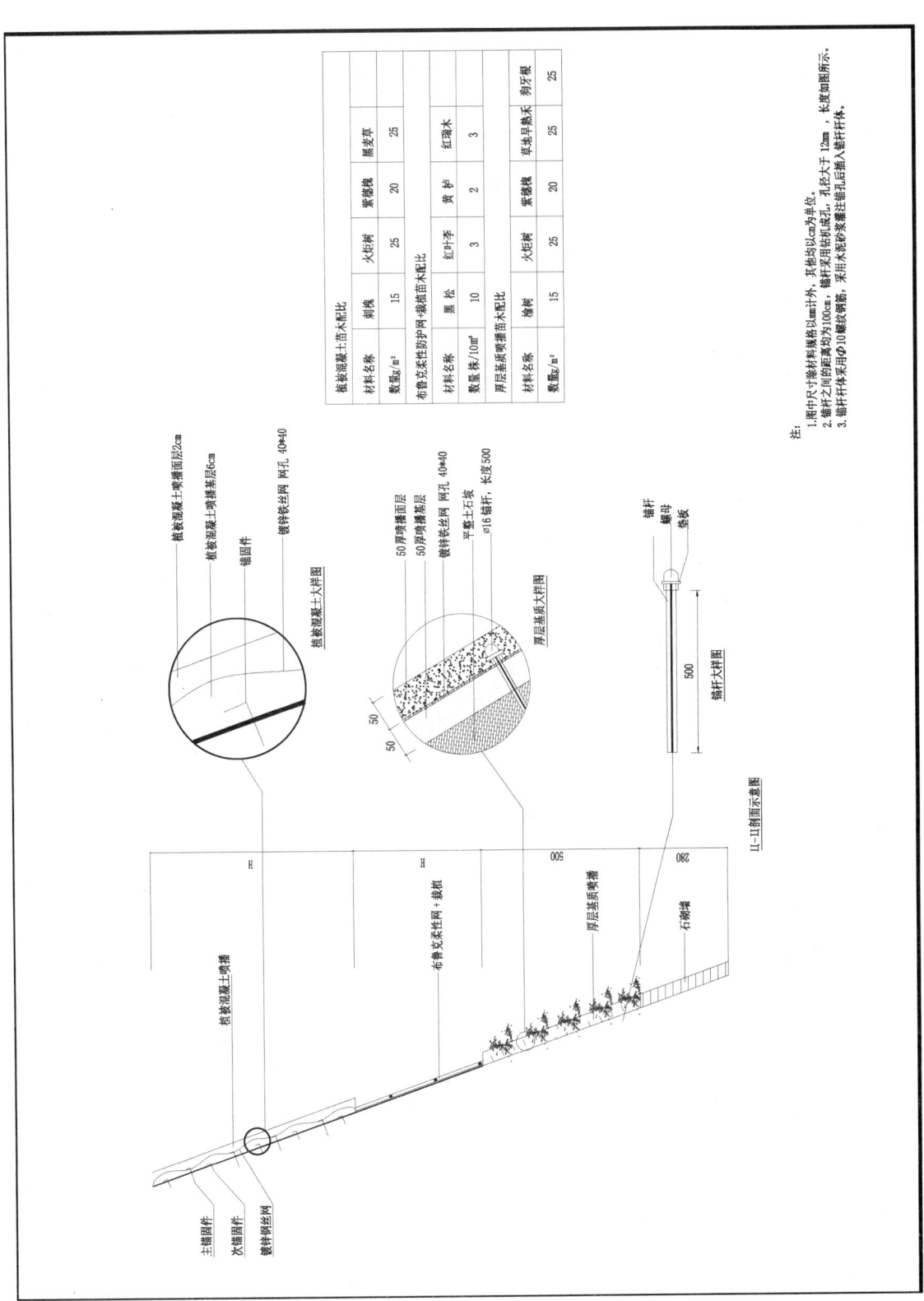

图6-4 路堑边坡生态修复设计图3

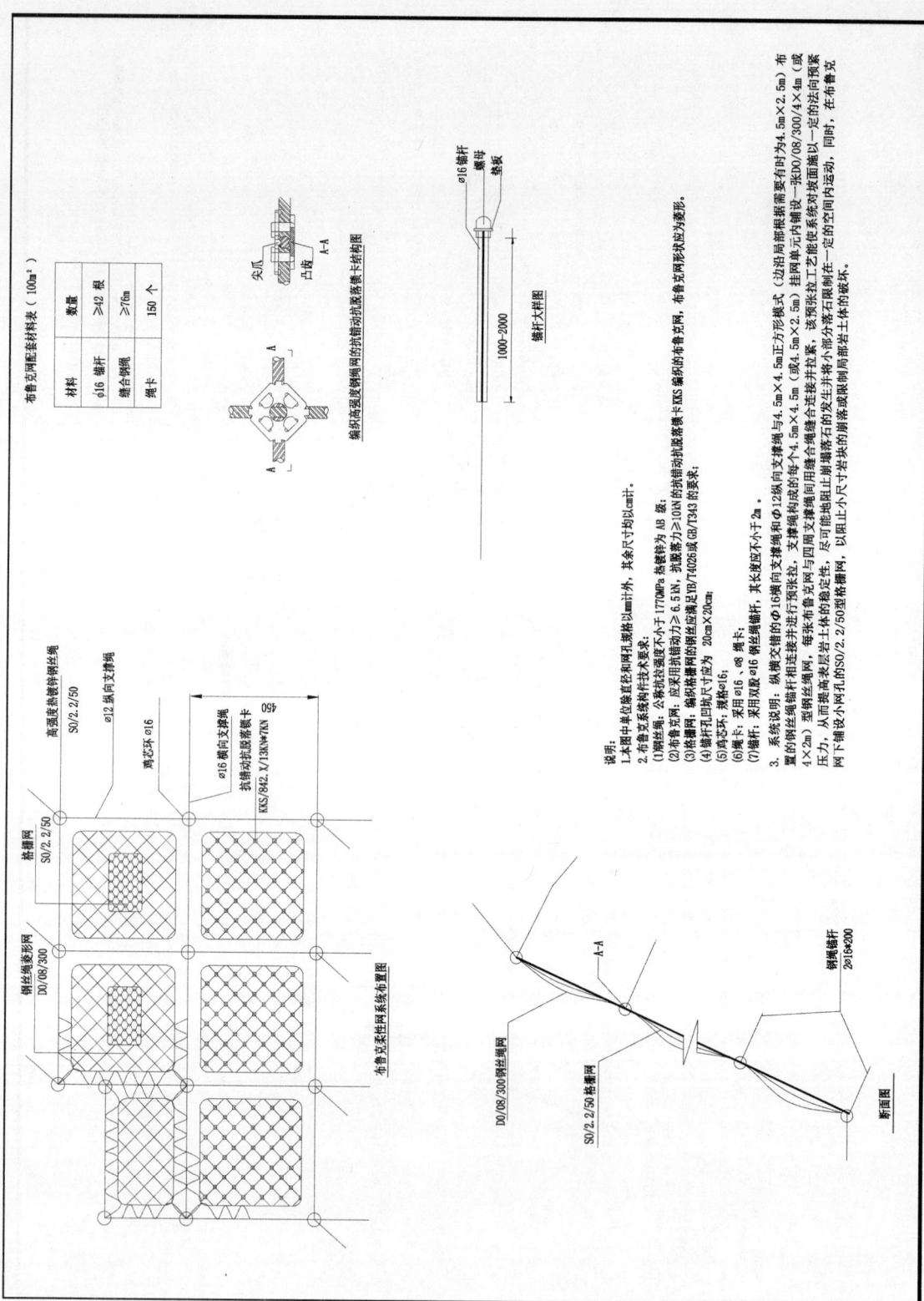

图6-5 路堑边坡布鲁克柔性网设计图

（二）施工技术要求

1. 厚层基质喷播施工技术要求

（1）施工准备。由于厚层基质喷播所用的机械设备和喷播材料较多，施工现场需要分设两个场地，一个用于存放喷播材料（材料区），另一个用于布置、安装相关设备（作业区）。施工前主要准备工作是场地开辟整理、设备进场联机及调试、材料调运及保存。所有设备安放位置需考虑到整个坡面的长度和高度状况以及作业的便捷，以尽量不移动或少移动设备为原则。喷射管单侧延伸长度控制在150～200 m范围内，所有喷播材料根据用途、功能和作业流程分类、分区放置。

（2）坡面清理平整。坡面平整有利于喷播层与坡面的自然结合，因而需将坡面浮石、碎石及各种杂物进行清除，对于凸出或凹进坡面大于10 cm的部位应予以削平，或回填客土或采用浆砌片石予以嵌补，尽可能使坡面平整。对过于光滑、平顺的坡面，要采用开挖横沟、表面加糙等措施予以处理，以增强喷播层的附着性，避免基质下滑。在坡顶、坡侧、平台等处设置排水设施，对坡面径流涌水设置排水沟进行导排。

（3）锚杆定位施工。在坡面上测量放线，首先按纵横间距2 m放点，确定主锚杆位置，再在相邻的主锚杆之间的中点上插补辅助锚杆位置。考虑到锚杆上端弯折部分的余量，锚杆总长度一般是设计孔深的1.05倍。对于坚硬的岩质坡面，按照成孔（电钻或风钻）→清孔→灌浆→打入锚杆→防锈处理工序进行锚杆施工作业；对于硬度不大的坡面，可采用挤压锚杆成孔方式，即将端部削尖并经过淬火处理的螺纹钢筋直接打入坡体。

（4）铺挂网材。铺挂网材时自上而下放卷，将锚杆穿入网面，并使网材自然平铺在坡面上；相邻两张网材应重叠10 cm，通过相互缠绕、捆扎，使两张网材牢固地连接为一个整体；至少每隔1 m间距需用锚杆或锚钉与坡面固定，保证网材与坡面保持一定空隙并与坡面起伏相吻合。

（5）植物种子处理和配比。在喷播前一定要对批量种子发芽率进行测定，并根据实际测定面积，计算实际种子用量；由于灌木种皮较厚，需要温水浸泡处理和催芽处理，具体措施可依据种子的特性，以保证灌木的正常出苗为原则，但注意嫩芽不可过长，否则在搅拌时会损伤幼芽，影响灌木成苗率。

（6）上料拌制。上料前需首先检查各种物料是否齐全，质量是否符合设计要求。厚层基质喷播材料由有机质、肥料、添加材料等按照一定比例混合而成。应严格按照设计要求对各种物料进行配置，根据进场批次材料的包装换算出每罐喷播材料的用量。为了保证配料准确,不同材料的用量应事先称重定容,使用经过标定的容器进行投放。大面积施工前,应进行现场实地勘察及试验,核定每一种材料的合适配比量。有机质具有疏松土壤、保持水肥的作用,同时可增加喷播层氧气的含量,使用时,需将其与其他喷播材料按照设计配比投放到搅拌机内混合搅拌,搅拌时间不少于5 min。混合料的含水量要适中,拌和后以"手握成团、落地松散"为宜。

(7) 物料喷播。厚层基质喷播需要二次、分层喷射:第一次为基层喷敷,即将稻草纤维、有机肥等混合物料喷敷到坡面上,形成植物生长的营养基;第二次为面层喷播,即将植物种子、有机质、添加剂等混合物料喷播到基层表面上。喷射时应注意及时调整喷射压力,保持合适的喷敷、喷播压力。否则,压力过大会造成基质质地坚硬,影响出苗;压力过小会造成基质结构疏松,自然沉降后达不到设计厚度要求,且易产生滑动、流失现象。

(8) 覆盖保墒。喷播后立即覆盖无纺布或草帘子,以保持土壤墒情,同时也可防止喷播层被雨水冲刷而造成种子裸露和流失。覆盖时由上至下平整覆盖,坡顶延伸30 cm固定;两幅相连接处叠加10 cm,用竹筷或U形钉进行固定,间距应不大于100 cm。待植被生长达到高3~5 cm时,揭去覆盖物,过早不利于坡面保墒,过迟则会妨碍幼苗发育;覆盖物去除前应控水,揭去后要及时补水,时间最好选在15:00后进行;撤下的覆盖物应及时收走,特别是无纺布,不得遗留在现场。

(9) 养护管理。喷播1~2天后即开始养护,应及时用高压喷雾水喷洒,使坡面保持湿润状态。初期养护时间为45~60天,以每天喷水为主,早(10点前)晚(16点后)各一次,避免在强烈日光下进行喷水养护,以免造成生理性缺水或诱发病虫害;喷播实施2个月后,最好进行一次营养全面的施肥,一般用尿素5~10 g/m^2,复合肥约20 g/m^2。此外,初期注意清除杂草,成坪后在每年开春和入冬前视草的长势及时追肥,并定期喷洒药剂防治病虫害。

2. 植被混凝土喷播施工技术要求

植被混凝土喷播的施工要点与厚层基质类似,可参考前文。植被混凝土喷播最需注意的是喷播材料中水泥和绿化添加剂的配比,而且二者的配比在基层基质和表层基质中略有不同。同时,在施工过程中需注意,由于植被混凝土也是先后进行基层喷播、表层喷播二次作业,当进行基层喷播时,基质中水泥含量较大且不含植物种子,目的主要是将基质与坡体、网材紧密结合在一起,以形成稳固的植生层;而当进行表层喷播时,基质中水泥含量较少且含有植物种子,主要目的是在与基层基质紧密结合的基础上,更好地保证植物种子发芽、扎根、稳定生长。

3.布鲁克网施工技术要求

布鲁克柔性网施工前准备、坡面清理平整等内容与厚层基质喷播中的内容相似。因布鲁克柔性网需要将横向支撑绳、纵向支撑绳、布鲁克网、格栅网等较为紧密地结合在一起,以保证安全防护要求,因此铺挂网材是布鲁克柔性网施工的难点和重点。具体施工要求如下。

(1)材料要求。工程使用的布鲁克网、钢丝绳、格栅网、锚杆、绳卡等必须达到产品及设计要求。

(2)施工要求。

① 清除坡面防护区域内威胁施工安全的浮土及浮石,对不利于施工安装和影响系统安装后正常功能发挥的局部地形(局部堆积体和凸起体等)进行适当修整。

② 由于该坡面在锚杆施工完毕后进行,故直接根据方案进行布鲁克网和锚杆链接固定即可。

③ 安装纵横向支撑绳,张拉紧后两端各用4个绳卡与锚杆鸡芯环卡扣紧固连接,绳卡间距宜为钢丝绳直径的6~7倍,其卡扣应位于尾绳段一侧。

④ 从上向下铺挂格栅网,格栅网间重叠宽度不宜小于5 cm,两张格栅网间以及必要时格栅网与支撑绳间用ϕ1.5扎丝进行扎结,当坡角小于45°时,扎结点间距一般不宜大于2 m,当坡角大于45°时,扎结点间距一般不宜大于1 m(有条件时本工序可在前一工序前完成即将格栅网置于支撑绳之下)。

⑤ 纵横交错的ϕ16横向支撑绳和ϕ12纵向支撑绳与4.5 m×4.5 m正方形模式(边沿局部根据需要有时为4.5 m×2.5 m)布置的钢丝绳锚杆相连接并进行预张拉,支撑绳构成的每个4.5 m×4.5 m(或4.5 m×2.5 m)挂网单元内铺设一张DO/08/300/4×4 m(或4×2 m)型钢丝绳网,每张钢丝绳网与四周支撑绳间用缝合绳缝合连接并拉紧,该预张拉工艺能使系统对坡面施以一定的法向预紧压力,从而提高表层岩土体的稳定性,尽可能地阻止崩塌落石的发生并将小部分落石限制在一定的空间内运动,同时,在钢绳网下铺设小网孔的SO/2.2/50型格栅网,以阻止小尺寸岩块的崩落或限制局部岩土体的破坏。需要注意的是缝合绳不得直接连接到锚杆上。

⑥ 对需栽植苗木的位置,提前进行树穴的预留处理。因栽植苗木的边坡具有一定坡度,且坡面栽植所用的黑松、红叶李、黄栌、红瑞木等均为小苗,所以挂网前按照0.8 m×0.8 m×0.8m的尺寸挖掘树穴;进行格栅网铺挂过程中,预留树穴位置,树穴上

方不再挂网，便于后期苗木的栽植；挂网结束后，再进行树穴的种植土回填，平均换土厚度为50 cm。

（三）施工过程实景

图6-6　清理、平整坡面

图6-7 坡面挂网

图6-8 厚层基质喷播施工

图6-9 植被混凝土喷播施工

图6-10 布鲁克网施工

二、互通立交区生态建设和路侧裸地生态修复

（一）设计方案

1. 互通立交生态建设

工程点位于牟平互通立交区，该互通立交区原有植被层次单一、种类较少且长势不良，没有形成较为完整的植物群落，生态系统薄弱，与周围生态景观不够协调，需进行生态建设与景观提升。

在尽量保留原有植物配置和景观布局的基础上，采用"乔+灌+草"的搭配方式，选取雪松、黄山栾为"当家树"支撑互通立交区，丰富区域生态的空间格局，构造路域生态景观框架。互通立交区设计体现生态性与景观性结合的理念，采用多物种的乔灌花、乔灌草相结合配置，加强竖向空间布局和生态景观的整体性、层次性。为使互通立交区四季有景，常绿树和落叶树的配比为3：7，植物的种类主要有雪松、银杏、黄山栾、皂角、龙柏、火炬树、樱花、紫薇、红瑞木、金叶女贞、小龙柏等。人工湿地的植物种类为芦苇、马蔺、水葱，使之成为路面雨水净化且景观性强的植物群落，并对互通立交区生态功能、减少热岛效应、降低噪声等起到改善作用。

第六章
● 荣乌高速烟威段生态建设与修复试点工程设计

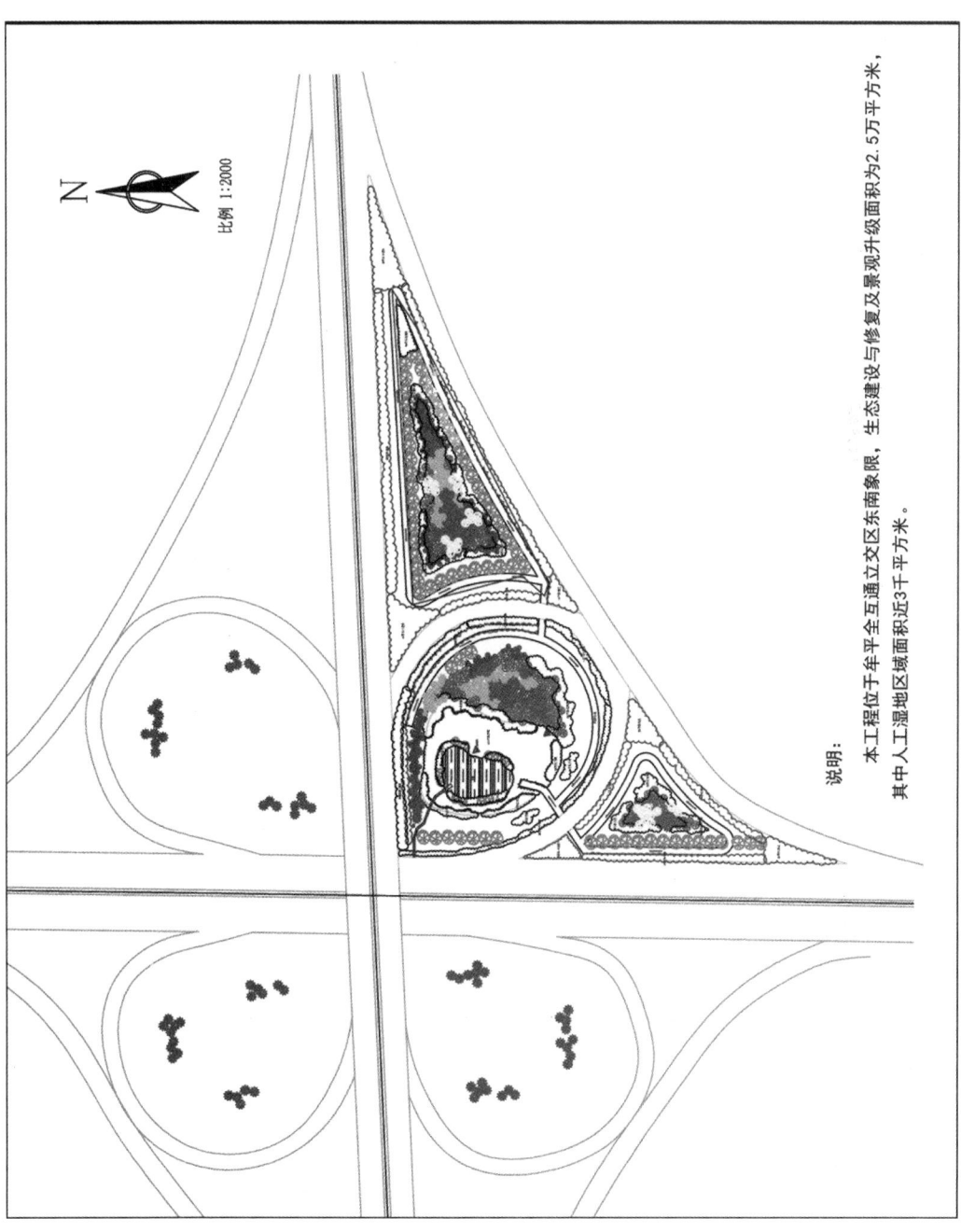

说明：

本工程位于牟平全互通立交区东南象限，生态建设与修复及景观升级面积为2.5万平方米，其中人工湿地区域面积近3千平方米。

图6-11 牟平互通立交区东南象限平面设计图

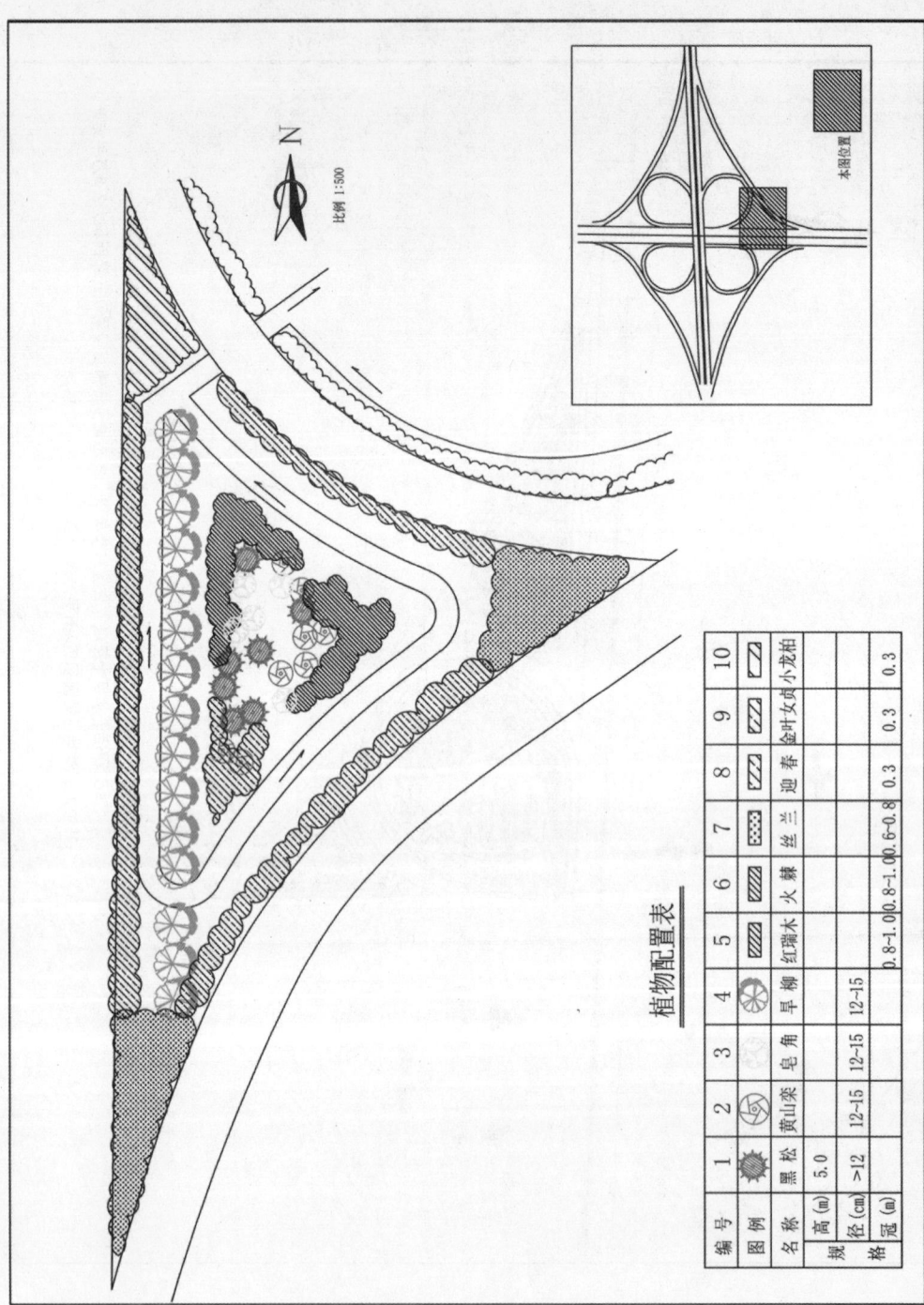

图6-12 互通立交绿化设计图1

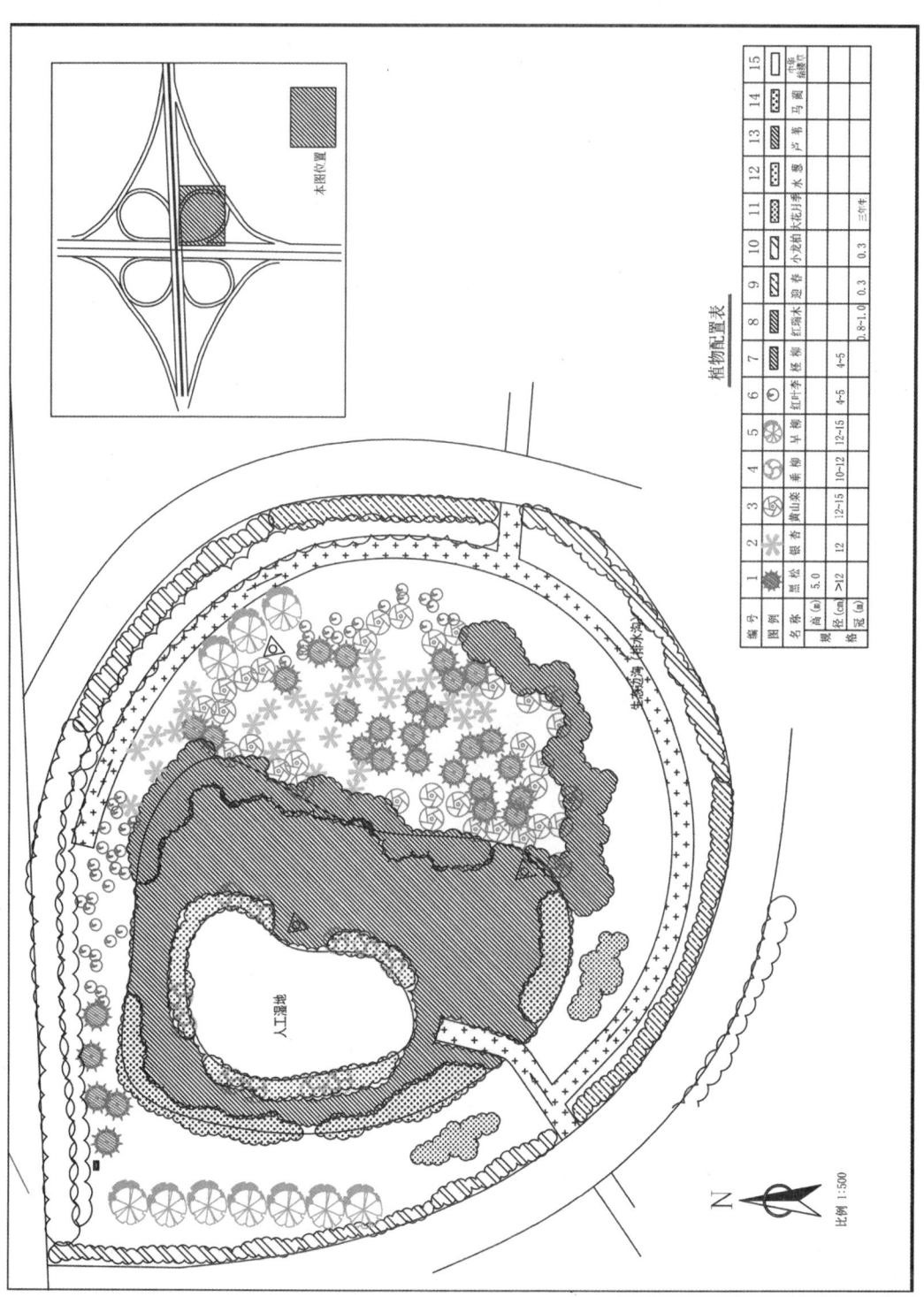

图6-13 互通立交绿化设计图2

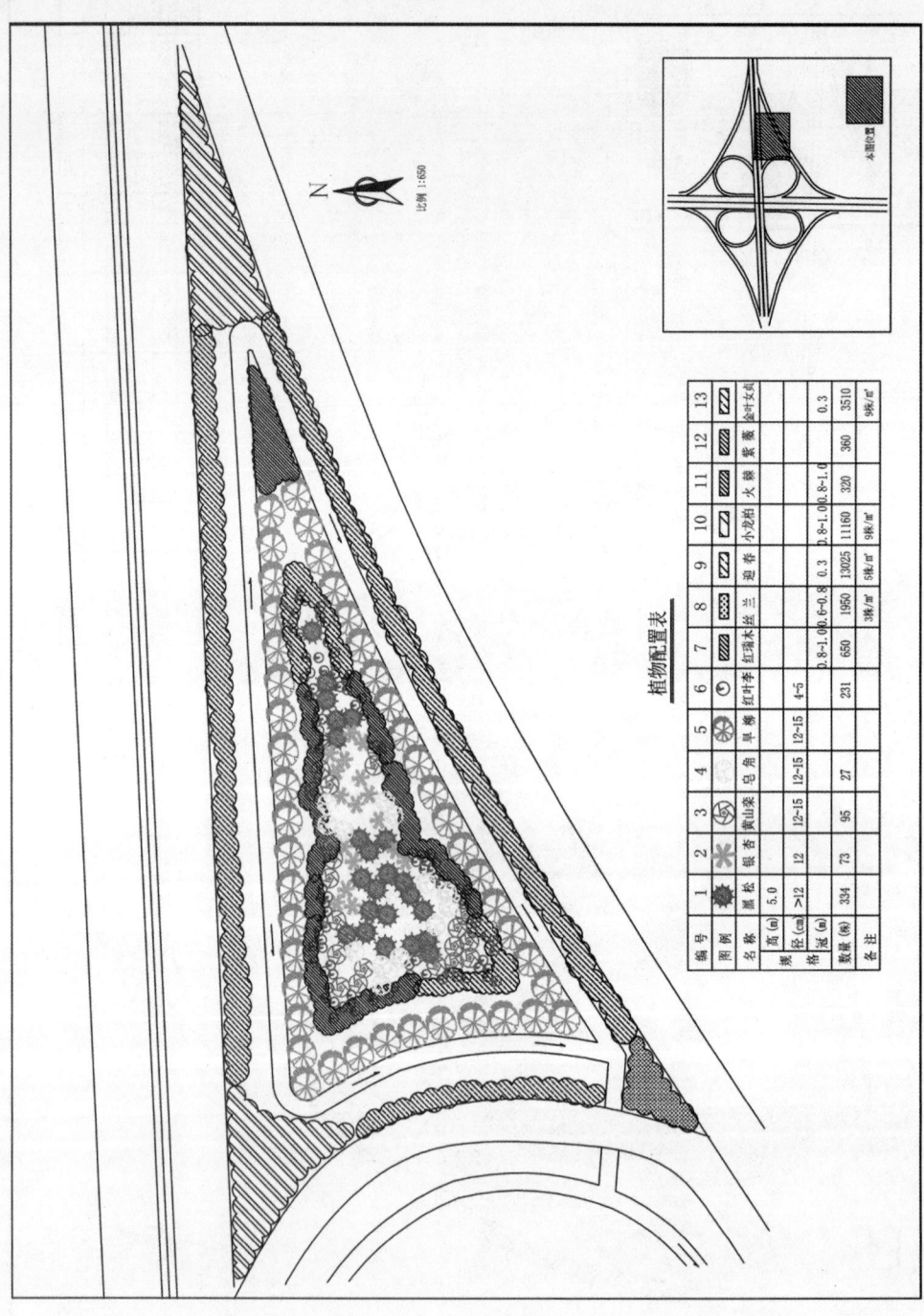

图6-14 互通立交绿化设计图3

2.人工湿地生态建设

在互通立交内修建一处小型人工湿地系统,通过生态边沟内植物的物理、生物作用,对收集的路面雨水进行预处理。人工湿地内安装复合床体填料系统,利用其与水生植物的吸附降解作用,实现对污染物的去除,处理后的雨水用于互通立交区植物自动喷灌养护,实现节水灌溉。

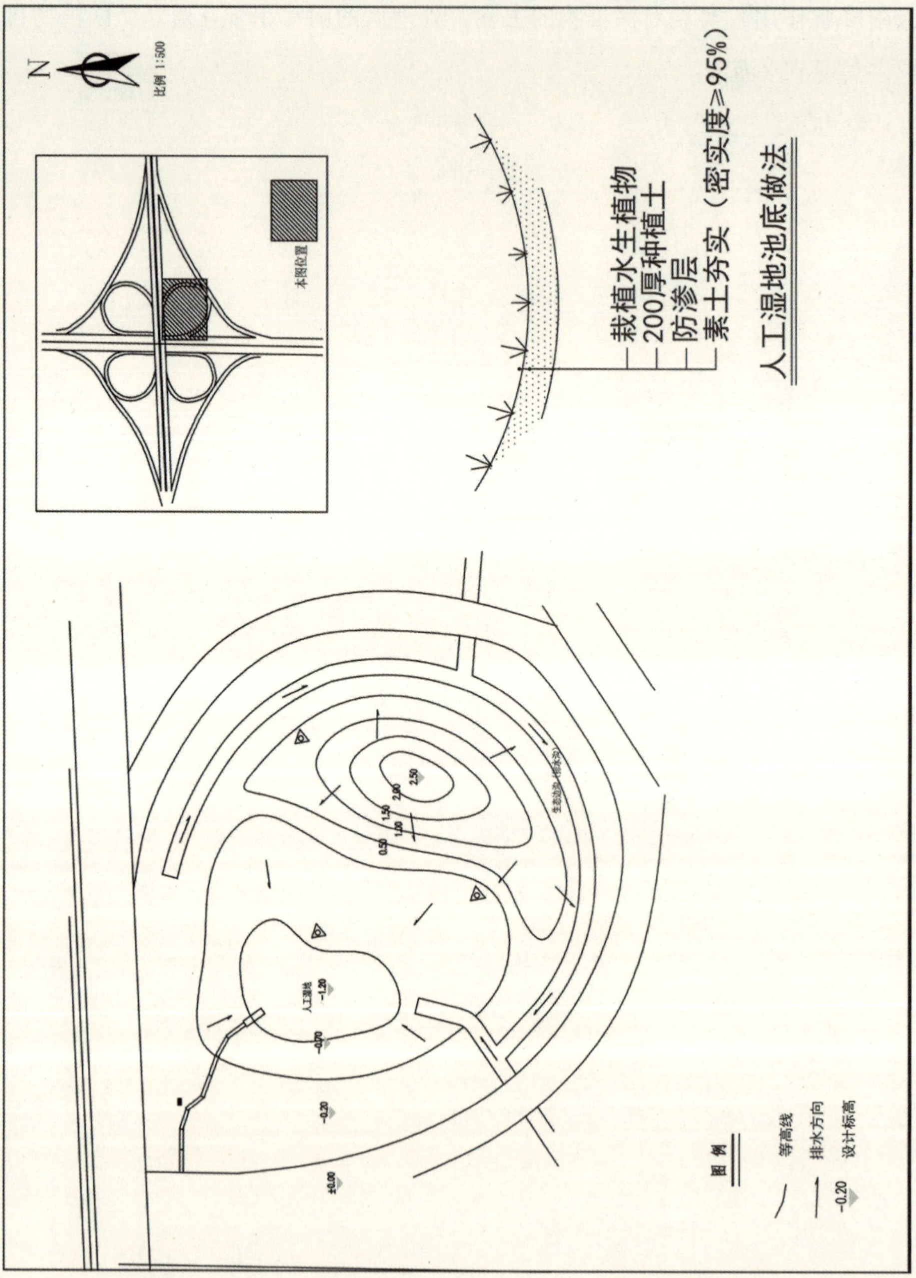

图6-15 互通立交人工湿地设计图

3. 生态边沟建设

将互通区目前的浆砌明沟改造为浅碟形生态边沟，将其作为雨水回用系统的收集和预处理部分。生态边沟从上至下由植被层、渗透净化层叠加构成，对初期雨水进行渗滤和预处理，并将后期路面径流导入人工湿地。

路面雨水是依附互通立交区集流面而产生的，雨水的收集处理采用生态化的生态边沟+简易人工湿地净化处理模式，前者是将现有浆砌边沟改造后而成，汇流雨水中的污染物使经沟内的草被植物得到渗滤，形成对汇流雨水的预处理；后者是新增的雨水处理设施，将经由生态边沟预处理后的雨水再通过人工湿地进行深度处理。这种路面径流雨水处理模式的选择，不仅兼顾了互通立交区的排水需要和雨水收集利用，而且能够满足该区域生态景观的建设需求，使基础设施与周围自然环境得到有机融合。

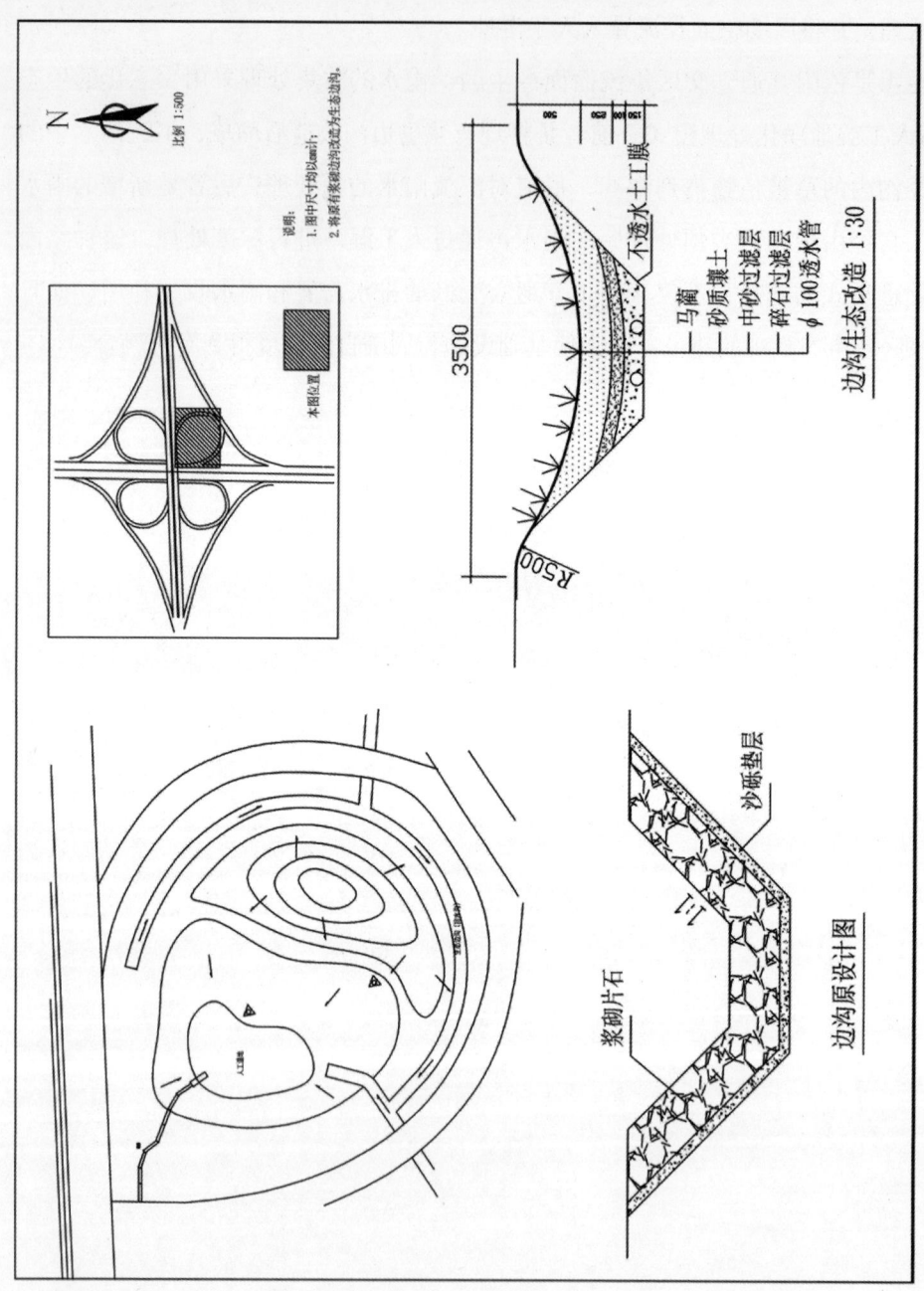

图6-16 互通立交生态边沟设计图

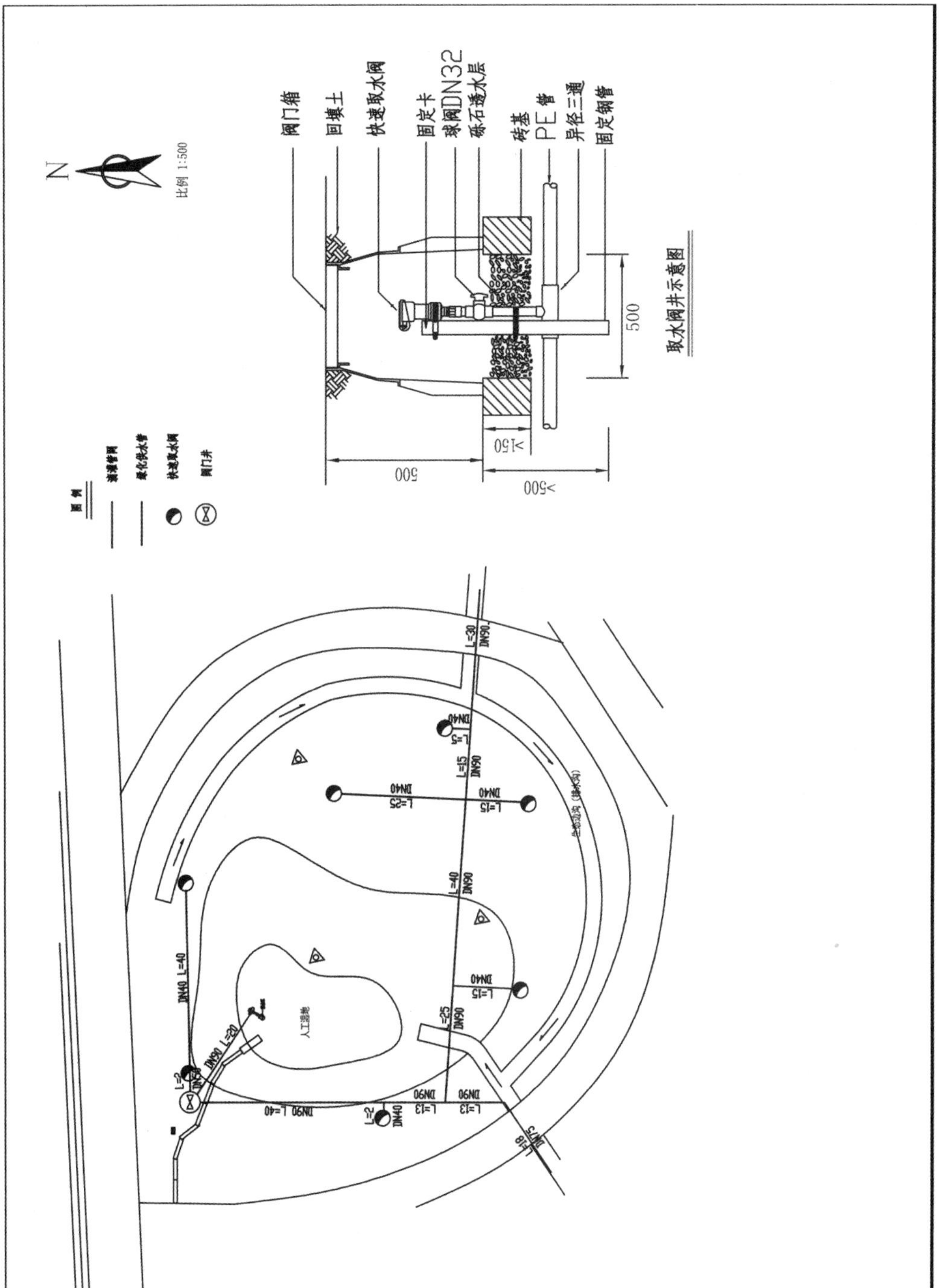

图6-17 互通立交绿化供水管网设计图

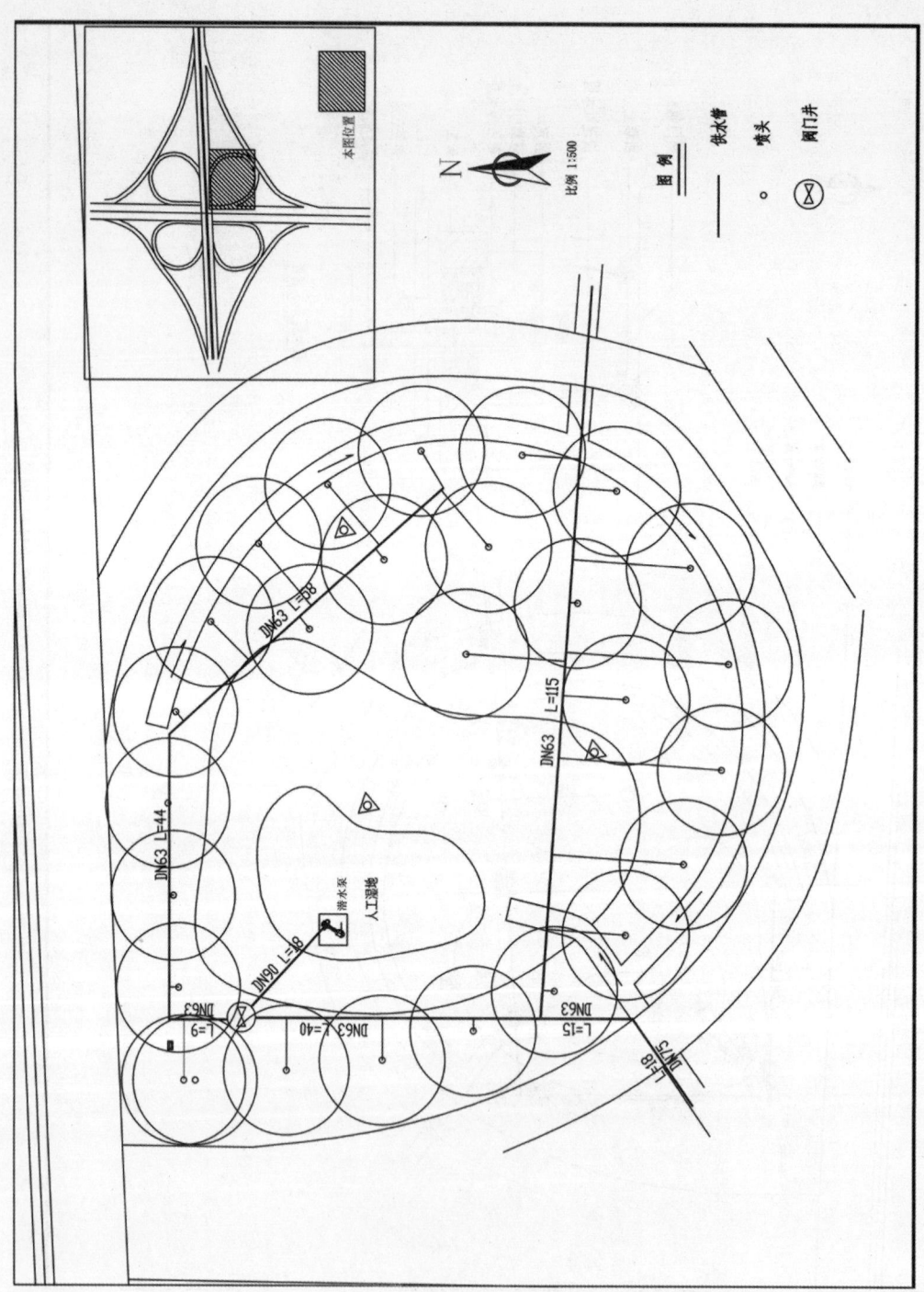

图6-18 互通立交绿化喷灌设计图

4.路侧裸地及跨线桥下生态破碎段生态修复

根据路侧裸地及跨线桥下区域不同的生态环境，分段分片采用不同层次的植被恢复模式进行生态修复。开阔区域采用大乔木与亚乔木及灌木相搭配的生态修复方式；桥下路侧裸地栽植黑松、火炬树、樱花等以降低噪音影响并增加行车安全；路侧平缓区域栽植迎春等地被植物以吸纳车辆排放的污染物质。其他选用的植物种类主要有黄山栾、海棠、火炬树、樱花、丛生紫薇、红瑞木、连翘、金叶女贞、小龙柏、丝兰、石竹等。使其与周边生态功能格局相协调，增加植被覆盖度和生境连通性、生态景观性。此外，在跨线桥下修建雨水收集池，用于植被养护用水。

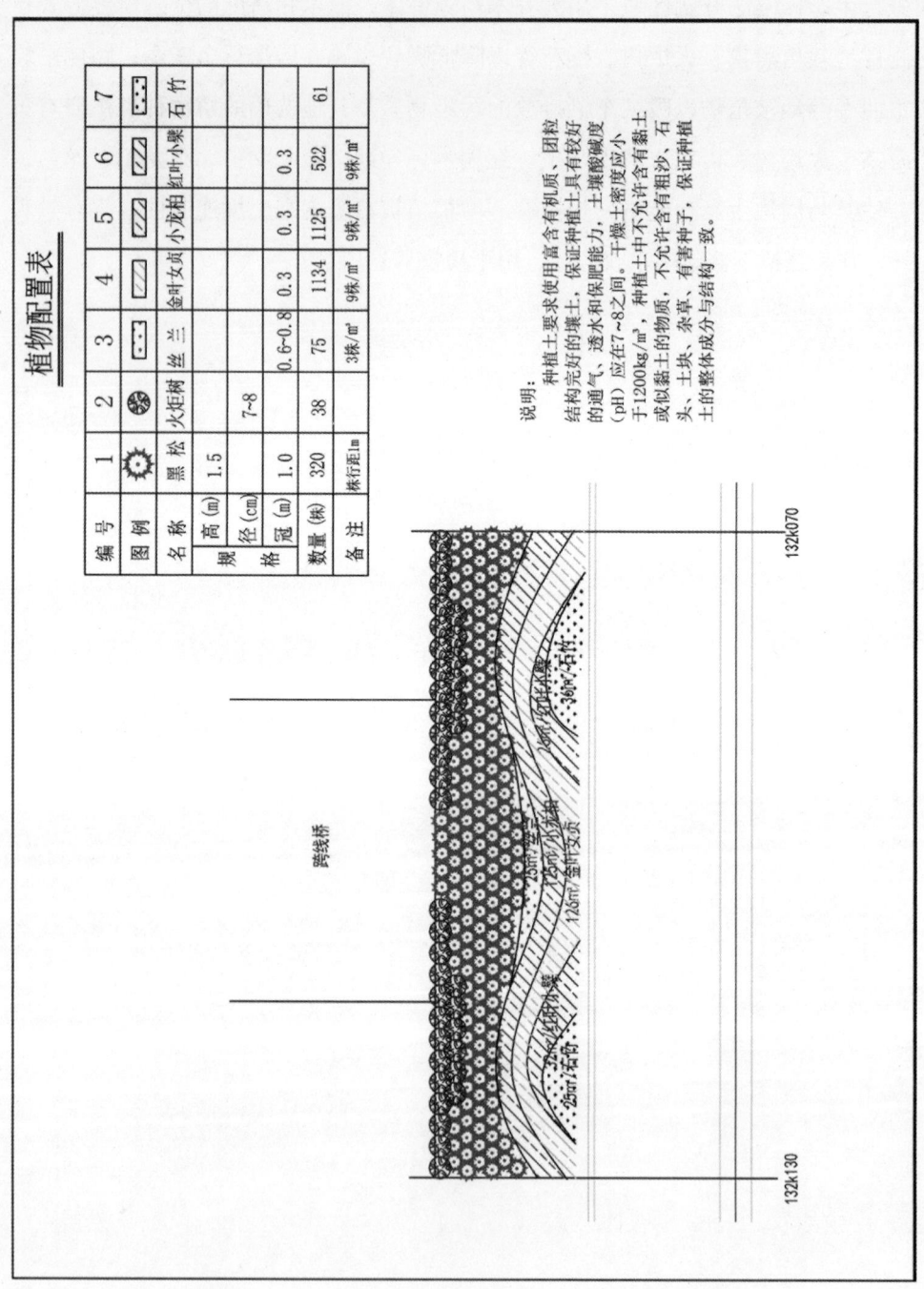

图6-19 跨线桥下绿化设计图1

第六章
荣乌高速烟威段生态建设与修复试点工程设计

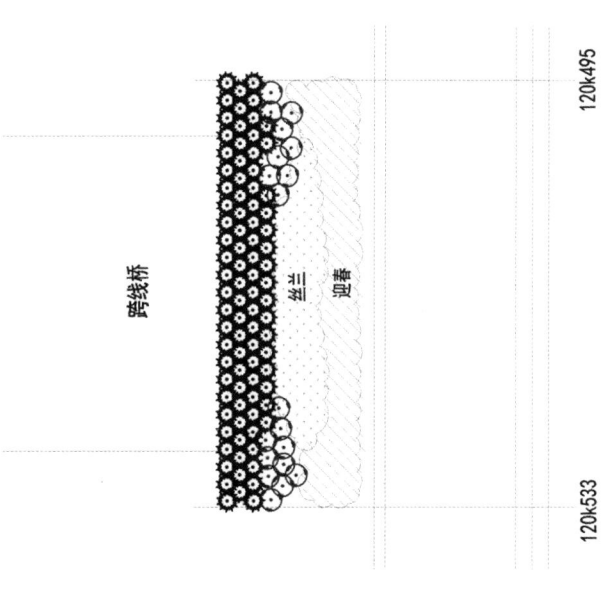

植物配置表

编号	1	2	3	4
图例	✹	⊙		
名称	黑松	海棠	丝兰	迎春
规格 高(m)	1.5			
径(cm)		4-5		
冠(m)			0.6-0.8	0.5
备注	株行距1m		3株/m²	5株/m²

说明：

种植土要求使用富含有机质、团粒结构完好的壤土，保证种植土具有较好的通气、透水和保肥能力，土壤酸碱度（pH）应在7~8之间。干燥土密度应小于1200kg/m³，种植土中不许含有黏土或似黏土的物质，不允许含有粗砂、石头、土块、杂草、有害种子，保证种植土的整体成分与结构一致。

图6-20　跨线桥下绿化设计图2

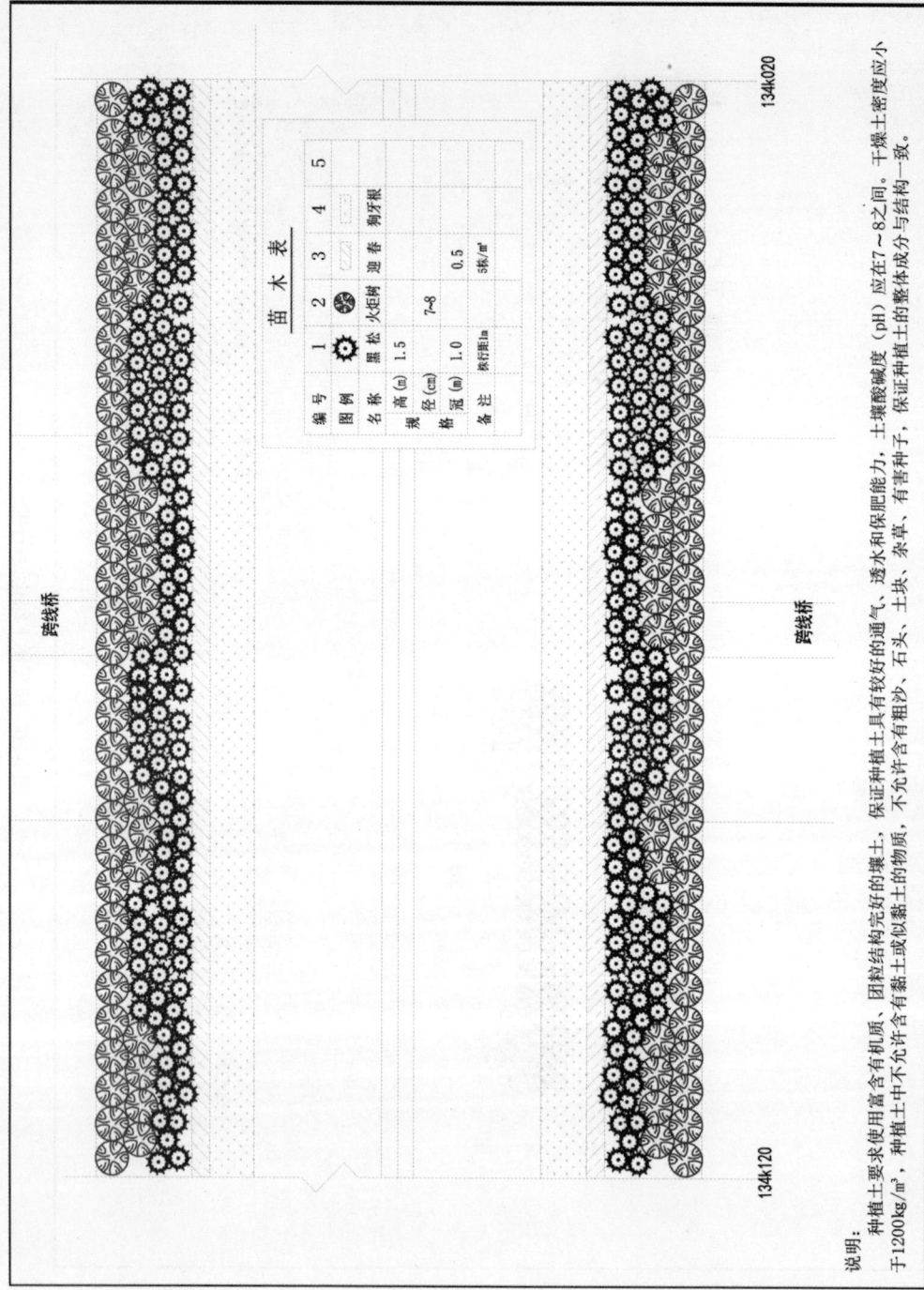

图6-21 跨线桥下绿化设计图3

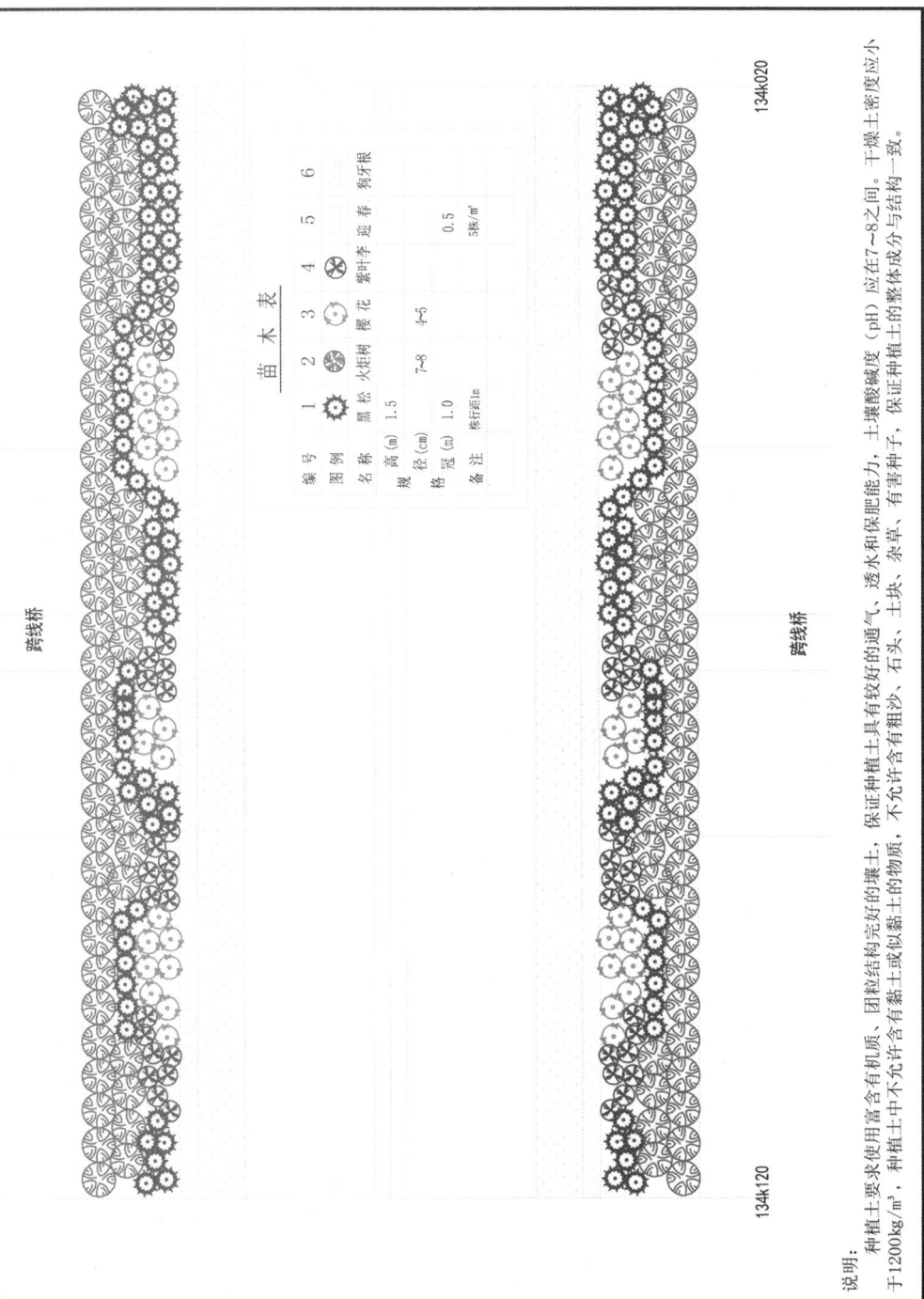

图6-22 跨线桥下绿化设计图4

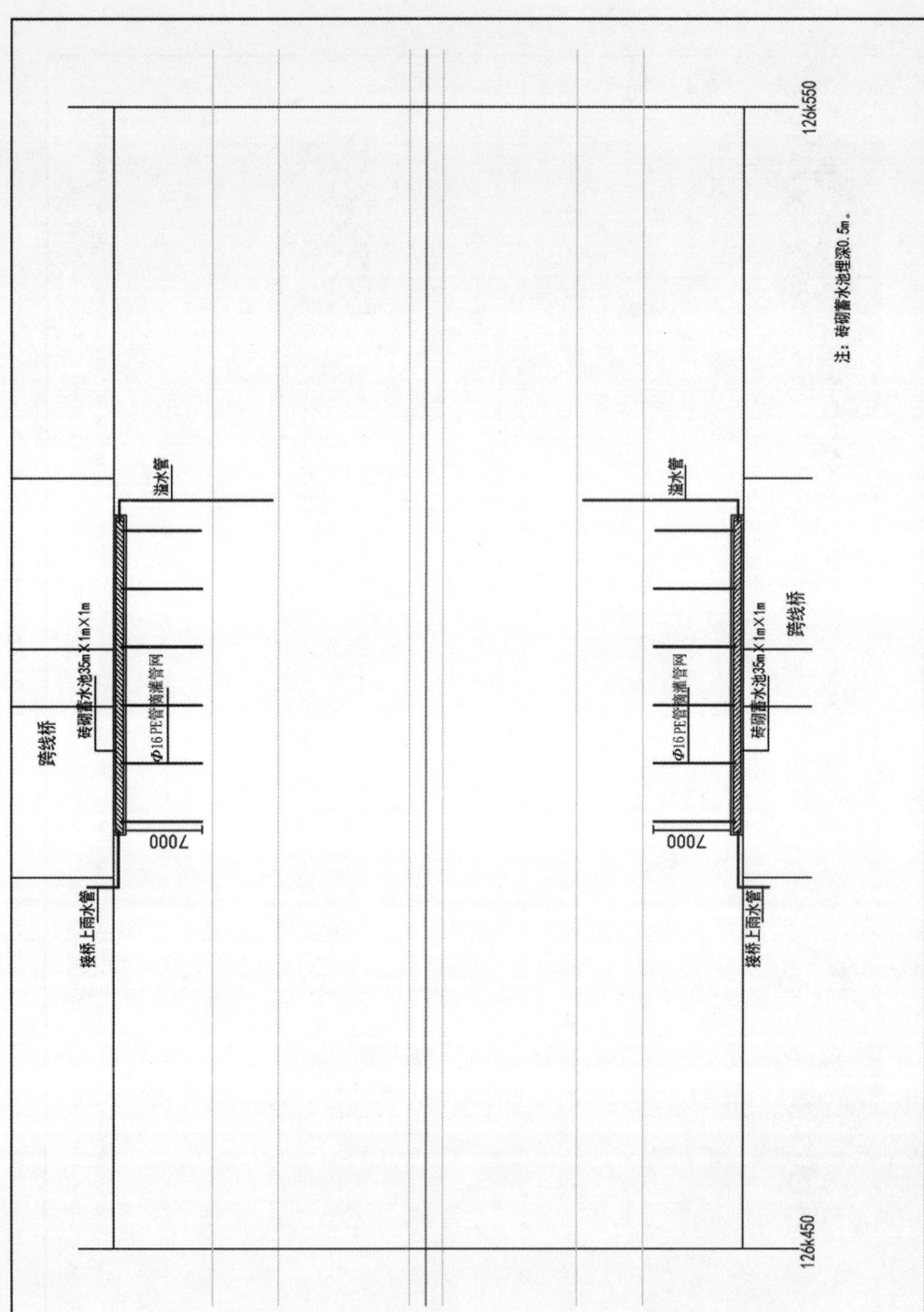

图6-23 跨线桥排水蓄水设计图

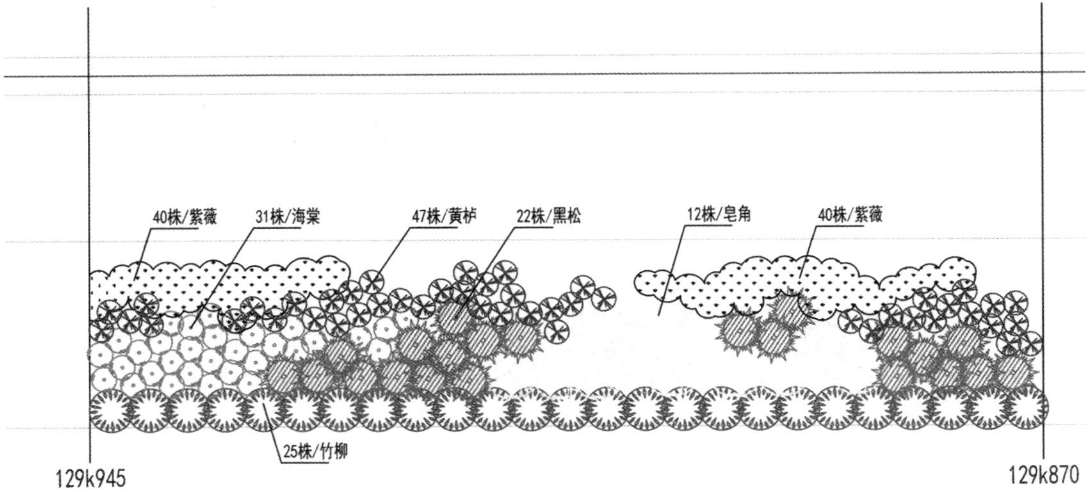

第六章
荣乌高速烟威段生态建设与修复试点工程设计

图6-24 路侧裸地绿化设计图1

植物配置表

编号	1	2	3	4	5	6
图例						
名称	黑松	皂角	竹柳	海棠	黄栌	紫薇
规格 高(m)	5.0					
规格 径(cm)		12-15	10	4~5	4~5	
规格 冠(m)						0.8~1.0
数量(株)	48	26	50	68	75	160
备注						

说明：
种植土要求使用富含有机质、团粒结构完好的壤土，保证种植土具有较好的通气、透水和保肥能力。土壤酸碱度（pH）应在7~8之间。干燥土密度应小于1200kg/m³，种植土中不允许含有黏土或似黏土的物质，不允许含有粗沙、石头、土块、杂草、有害种子，保证种植土的整体成分与结构一致。

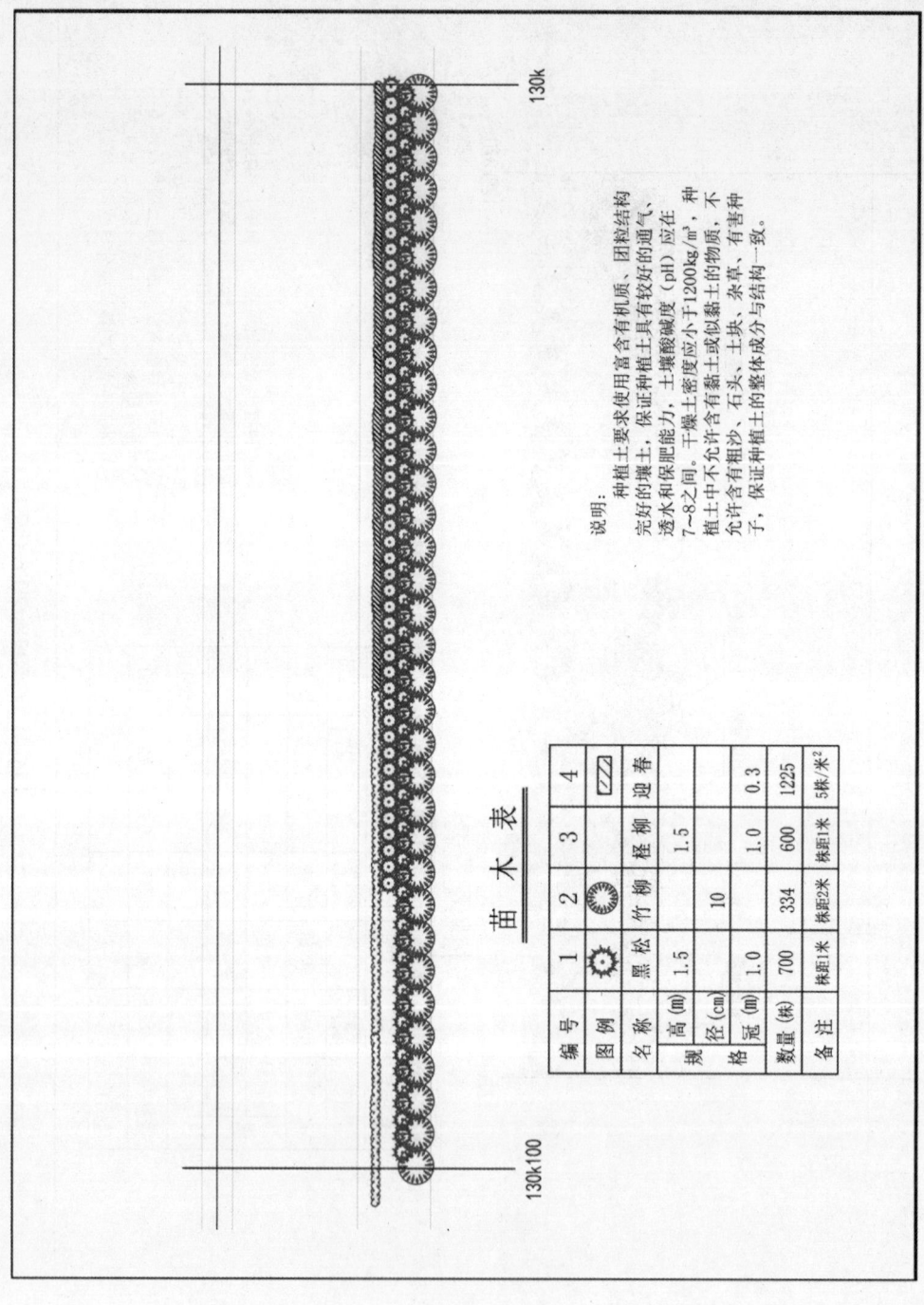

图6-25 路侧裸地绿化设计图2

（二）施工技术要求

1. 植物种植施工技术要求

（1）土方工程。

① 种植土要求。种植土要求使用富含有机质、团粒结构完好的壤土，保证种植土具有较好的通气、透水和保肥能力，土壤酸碱度（pH）应在7~8之间。干燥土密度应小于1 200 kg/m³，种植土中不允许含有黏土或似黏土的物质，不允许含有粗沙、石头、土块、杂草、有害种子，保证种植土的整体成分与结构一致。

② 土壤改良。对质地不良的土壤（客土、回填土等），通常可采取两种措施加以改良：拌沙、掺黏进行调剂，即通过"泥拌沙"或"沙掺泥"的办法改良质地，改善保水保肥性能；施用有机肥，有机物质在土壤中经微生物分解所产生的腐殖质胶体可促进团粒结构的形成，调整土壤的水、肥、气、热状况。

对于孔隙度不符合植被建植要求的土壤，可用通过改良土壤团粒的方法，即使用合适的改良剂来调节土壤孔隙度。此外，因土壤孔隙度的改良属于物理改良，工程中还常使用珍珠岩、蛭石、秸秆、炉灰渣、贝壳碎粒等材料。

在土壤重建中，有机质是改良客土、配置人工土壤必备的重要组分，其主要来源有草炭、腐叶土、堆肥、糠壳及锯木屑等，这些材料经发酵分解后，可用于土壤有机质的添加或调剂。

不同的土壤其养分含量有很大差异，不同的植物对土壤养分含量的需求也不相同。因土壤不可能像耕作那样通过经常翻耕来补充养分，只能在初期的土壤重建阶段实施养分调控，因此通常提倡速效肥与缓释肥一并施用。

对于不适宜植物生长的酸性或碱性过大的工程土壤（客土、回填土等），应因地制宜地采取调节、改良措施。对酸性土壤，通常用石灰、沸石等进行改良；对碱性土壤，通常用石膏、硫黄或明矾等进行改良。

③ 回填种植土。绿地内回填种植土时应避免重型机械碾压。种植土的表层应用石磙碾压平整，凹凸不大于2 cm，达到设计高程和坡度要求。

（2）植物材料要求。

① 应无病虫害，并无导致树木死亡的病原体。

② 树干枝条应无突出疤痕，若有疤痕应进行治疗，不给病原体提供入侵点。在分枝点不应有裂开的茎或树干。

③ 树木根系应无病虫害或病原体，根系应稳固且保留完好，无劈裂根，带土球苗

木应保证土球完好无损。

④苗木树冠应以叶冠的主要冠面测量其宽度,不包括偶然伸出的枝条。

(3)树木形态要求。

①常绿树应树形完整,枝条充实,无偏枝,下部枝条饱满不枯萎,生长旺盛。

②落叶乔木要求树形优美,保留自然树形,定植后为整理树形和提高成活率可做疏枝修剪,但应保证树形完整,不能砍掉主干,不允许使用独杆树。落叶乔木应树干通直,无槲寄及其他附生植物,无枯枝。

③花灌木要求内膛多枝,枝条饱满,无徒长枝,株形整齐。

④落叶乔木胸径7 cm以上的要求分枝点高2.5～3 m。

(4)种植工程。

①树穴尺寸按不同树种确定(长×宽×深)。

常绿乔木:1.2m×1.2m×1.2 m

落叶乔木:1.0m×1.0m×1.0 m

灌　木:0.8m×0.8m×0.8 m

地被植物:换土50 cm

花卉、草坪:换土30 cm

树穴底部为岩石、乱石、强风化岩地段,树穴尺寸长×宽×深各增加20 cm。

②树木栽植定点应与设计相符,若地下有埋设物、管线或坚硬岩石不能栽植时,在保证景观效果的前提下,树木位置可做适当调整,乔灌木的栽植应注意前景与背景的关系,认真领会设计意图,充分展现植物的群体美与个体美。

③栽植时树穴底部应施有机肥,并填入适量种植土,使中部略微突起,注意树木朝向,创造最佳观赏面。树木栽植后要整姿,在保留自然树形的前提下,使用锋利而适用的工具,提高或剪薄树冠,去除死病枝、树桩等,改善树形。

④地被植物、花卉成片栽植以整体覆盖地面为原则,要求枝条互相搭接,修剪整齐、密度合理、景观效果好。

2. 生态边沟改造施工技术要求

(1)根据所需排泄的设计流量,合理确定采用生态边沟的宽度与高度。

(2)生态边沟挖出的土壤可经过处理作为边沟的回填种植土。

(3)确定边沟内的填充材料,上层以沙壤土为宜,中、下层过滤层可采用中砂和碎石进行填充。

（4）为确保生态边沟收集、疏导雨水能力，在边沟结构层内设置Φ100渗排水管材。经生态边沟过滤净化后的水可直接通过渗透汇集到人工湿地中。

（5）生态边沟表面回填种植土后栽植马蔺，与填充材料一起对雨水进行预处理。

3. 喷灌系统施工技术要求

（1）施工放线。用仪器在现场定出主要轴线和纵轴线、开挖线及区域的轮廓线等。标明主要部位和沟槽的开挖深度。

（2）管线放样。根据设计平面图和管线纵剖面图等，每隔20～50 m打一木桩，标明桩号。在分支或控制阀门处要加桩号标明。

（3）开挖。按照施工放线时做的标记及设计尺寸进行开挖。开挖时要保存好桩号，以便管道安装时进行高程校核。开挖深度一般在防冻层以下0.5 m左右，开挖宽度为0.2 m。

（4）安装。潜水泵与枢纽部分进行活接，其他部件采用固定式联接。

（5）试水。管道安装完毕，初检合格就可进行试灌，试水时先打开控制闸阀，防水冲洗整个管道，排除管中一切遗杂物，然后将各级管道尾部用堵头堵好。以轮灌区为单位，按相应的压力供水，调整各闸阀，检查接头、管道有无漏水，滴水头滴水是否均匀。如有故障，要及时排除。

（6）回填。试水正常后，回填管道。回填应分层进行，紧贴管道的一侧用细沙土，并边填边捣实，防止管道受力不均。冬季施工，最好下午回填，以减少热胀冷缩对管道线性变化的影响。

（三）施工过程实景

图6-26　生态边沟清理

图6-27　生态边沟开挖

图6-28 互通立交区清理

图6-29 互通立交区苗木栽植

图6-30 互通立交区平整

图6-31 人工湿地开挖

三、受损湿地生态系统修复

（一）设计方案

对受损的金山港河口湿地进行生态修复，并在跨河桥下迎水坡面修建生物廊道，以便动物通行并与河道水岸植被形成湿地生态景观，使该区域生态平衡和生物多样性得到保护和增强。

湿地植被恢复采用适宜当地环境的水生植物马蔺、芦苇、石菖蒲等，并且在该区域进行竹柳种植试验，探索其在河口湿地生长的适应性、生态性；在湿地中栽植柽柳、樱花等观花植物，丰富湿地生态系统，营造湿地的物种多样性，增加生态系统的稳定。

跨河桥下生境连通采用石笼＋植物的方式构筑生物廊道，堆砌成具有透水性、整体性的迎水坡体，表面种植马蔺、芦苇、石菖蒲等水生植物，将被路基切断、阻隔造成的湿地破碎部分恢复连通。

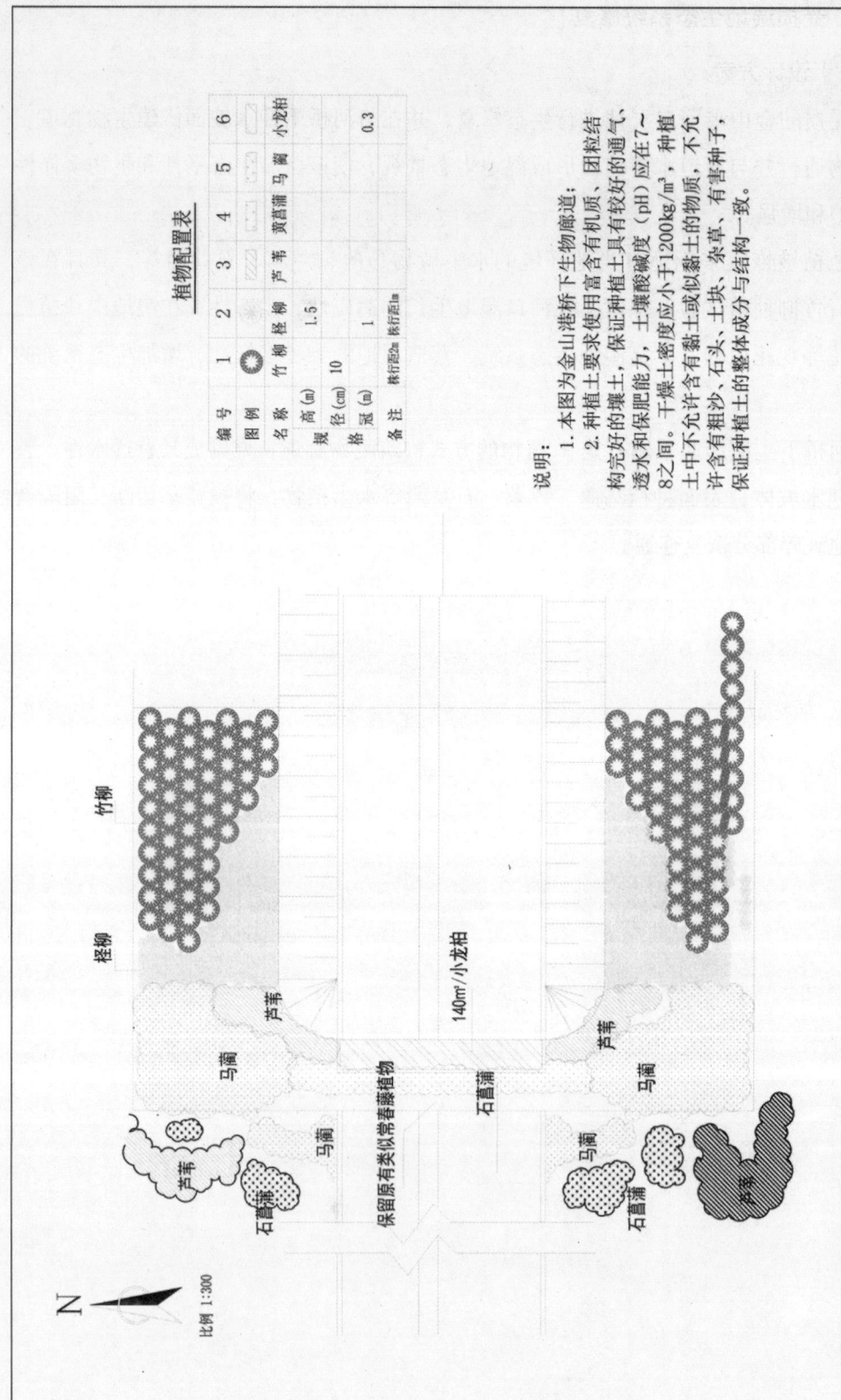

图6-32 受损湿地生物廊道绿化设计图

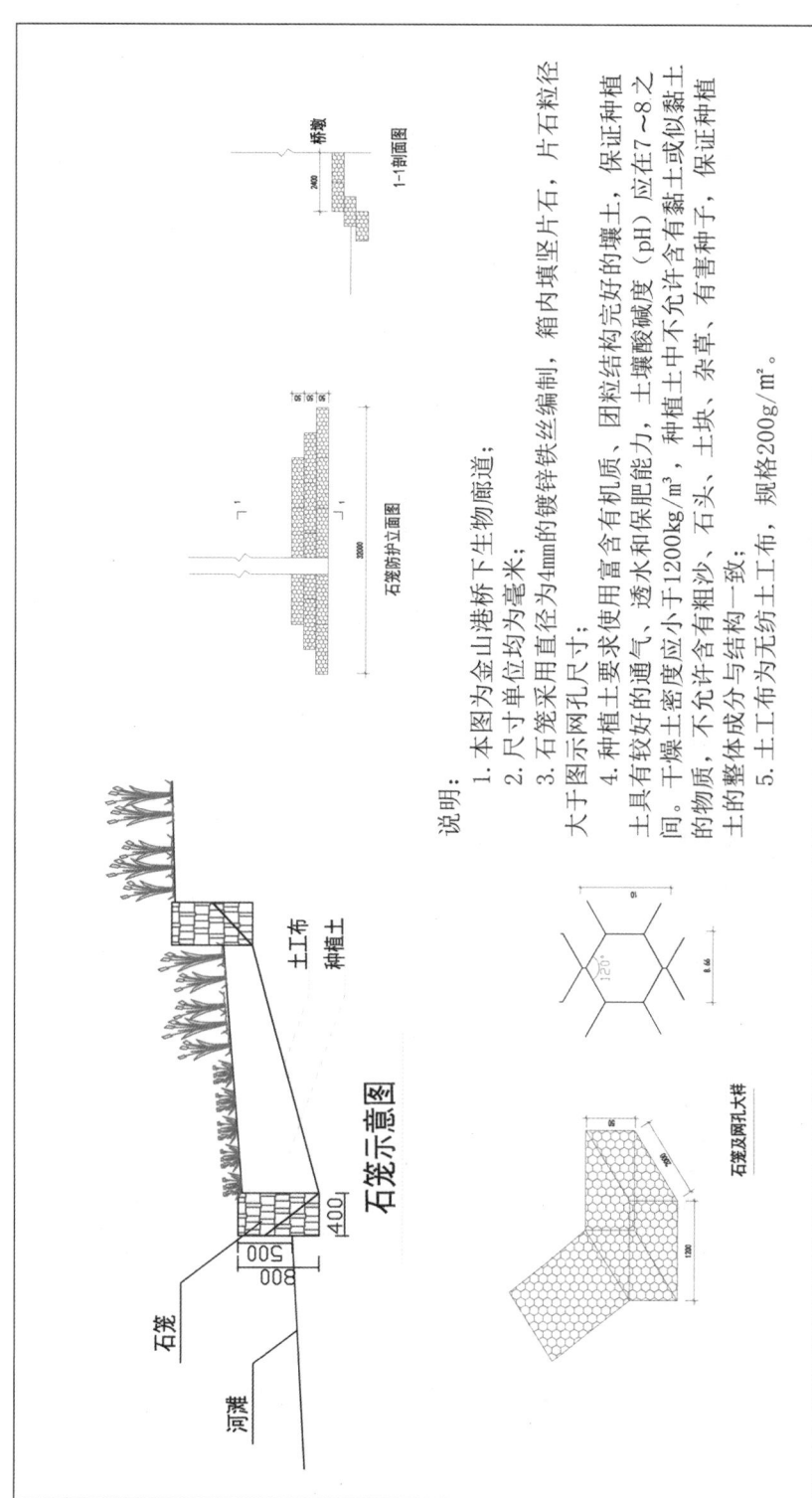

图6-33 生物廊道石笼设计图

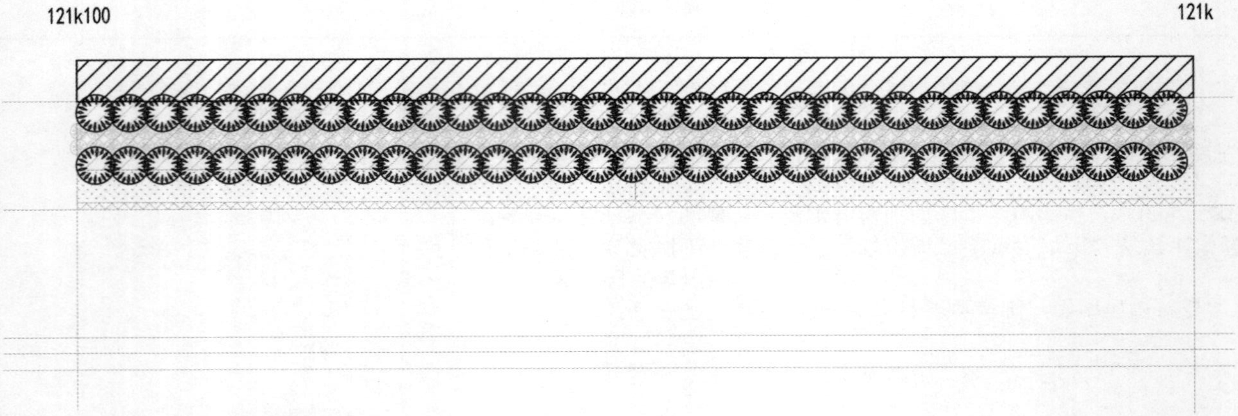

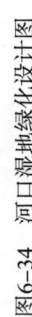

植物配置表

编号	1	2	3	4	5
图例	◉	✱	▨	▨	⋮⋮
名称	竹柳	柽柳	迎春	芦苇	长绿草
规格 高(m)	10	1.5			
径(cm)					
冠(m)		1.0	0.3		
备注	株距2m	株行距1.5m			5株/m²

说明：
1. 本图为与河口湿地的接壤路段；
2. 河口湿地土壤盐碱度较高，植物选择以竹柳、柽柳等耐盐碱植物为主；
3. 护坡位置栽植常绿草绿草护坡；
4. 路界与河口湿地的临界位置栽植芦苇自然过渡。

图6-34 河口湿地绿化设计图

（二）施工技术要求

种植土及植物种植施工技术要求参照上文。

受损河口湿地土壤盐碱度较高，应对土壤进行改良、回填，植物选择以竹柳、柽柳等耐盐碱植物为主；路基地被为常绿草护坡，使其与湿地植物相协调；路界与河口的临界位置栽植芦苇以进行自然过渡。

生物廊道施工应注意石笼内填坚片石的粒径要大于石笼网孔尺寸；同时还需特别注意土工布的铺设与石笼墙的竖向关系，严格按照石笼示意图进行土工布的铺设施工，使得土工布发挥应有的生态作用。

四、穿越沿海防护林路段生态恢复

（一）设计方案

因该路段设计的重点在于解决目前部分路段不同程度的林分退化及缺口断带严重、局部生态稳定性差等问题，故因地制宜，以补植黑松为主，恢复路侧防护林的完整性，适当栽植花灌木（详见附录）、宿根花卉（详见附录），营造多样化的防护林生态景观格局，改善区域景观单调性，最大限度地改善公路交通对防护林生态环境的负面影响。

同时，沿海防护林区域位置、生态功能十分重要，公路穿越防护林路段的防火要求必须高度重视，严防火灾发生，因此选择具有防火功能的植物（详见附录）。在公路两侧特别配置了耐火能力较强的刺槐、火炬树、胶东卫茅等树种，可在一定程度上降低火灾发生时的风险和损失。

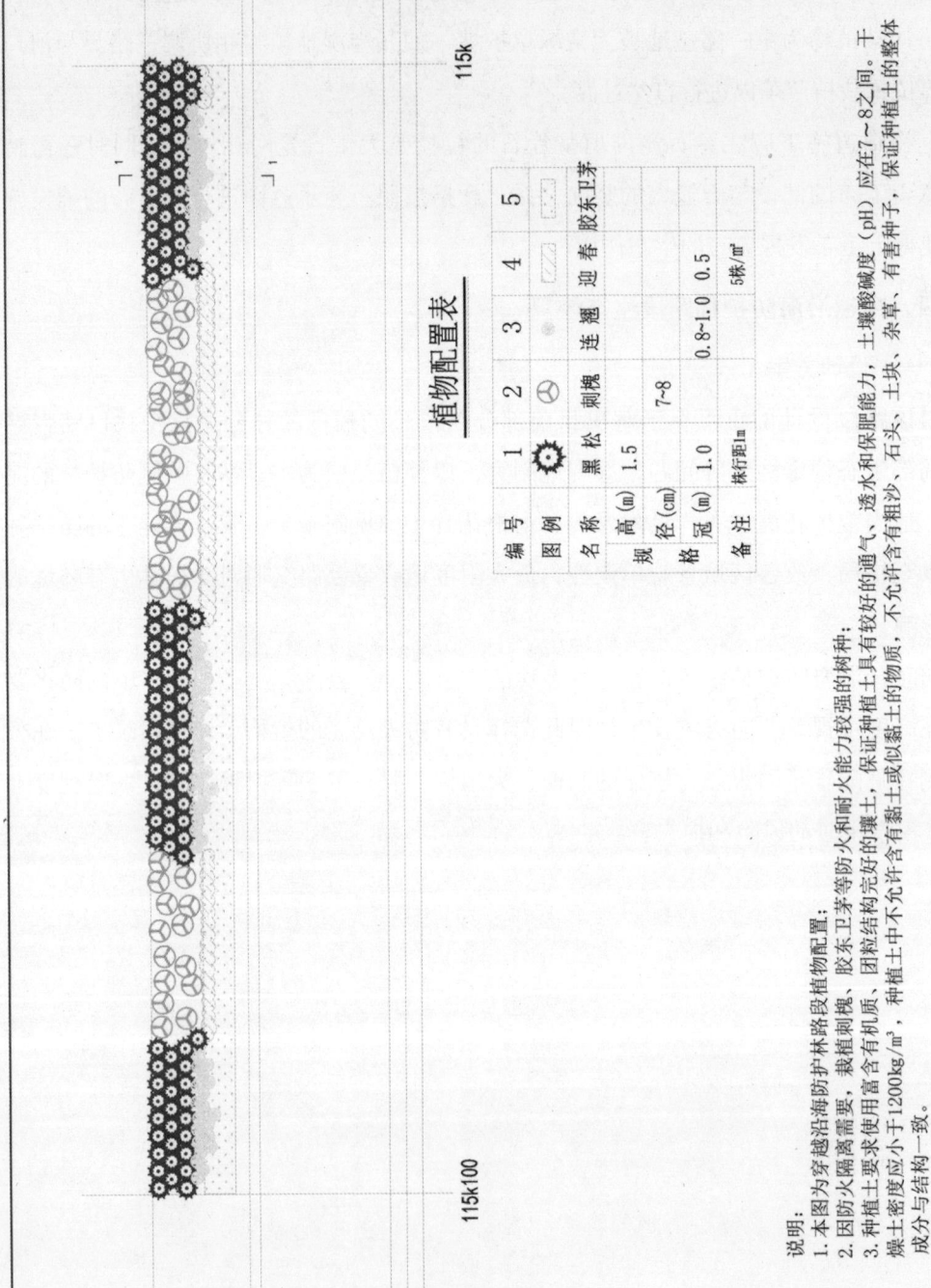

图6-35 穿越沿海防护林路段绿化设计图1

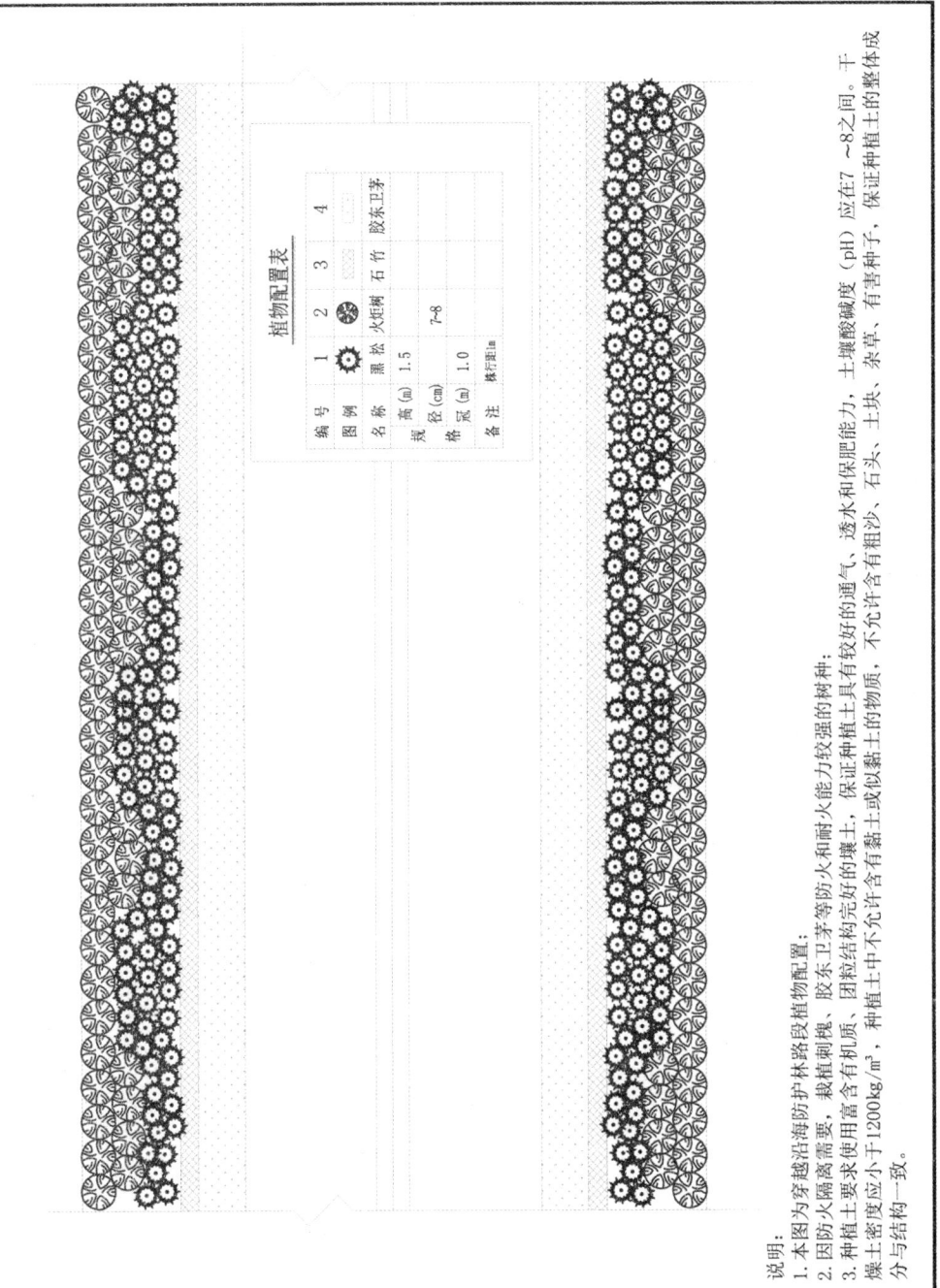

图6-36 穿越沿海防护林路段绿化设计图2

（二）施工技术要求

种植土及植物种植施工技术要求参照上文。

因防火隔离需要，栽植了刺槐、火炬树、胶东卫茅等防火和耐火能力较强的树种。在具体施工过程中要注意，根据地貌特征有效增加防火控制的空间格局。胶东卫茅四季常绿、铺地生长，在起到景观功能、护坡功能的同时起到防火隔离的作用，因此必须在种植土质量、苗源质量、栽植规范、养护力度等方面高标准严要求，保障胶东卫茅的成活率。

五、收费站污水生态处理

（一）设计说明

1. 项目概述

（1）本项目为收费站生活污水生态处理工程。

（2）处理后的水达标排放或回用。

（3）水质及水量。

设计处理能力：5 m^3/天。

设计进水水质：

项目	pH	COD	BOD	NH_3-N	SS
水质指标mg/L	6.0~9.0	≤350	≤150	≤40	≤150

设计出水水质：

项目	pH	COD	BOD	NH_3-N	SS
水质指标mg/L	6.0~9.0	≤50	≤10	≤10	≤10

2. 设计依据

（1）《污水综合排放标准》（GB 8978—1996）。

（2）《建筑给水排水设计规范》（GB 50015—2003）。

（3）《室外排水设计规范》（GB 50014—2006）。

（4）《污水再生利用工程设计规范》（GB 50335—2002）。

（5）《建筑中水设计规范》（GB 50336—2002）。

（6）建设单位提供的资料。

3. 工艺流程

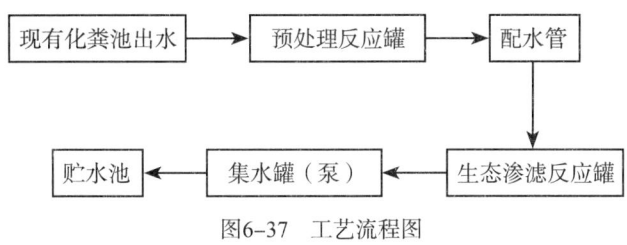

图6-37　工艺流程图

4. 流程说明

（1）格栅。除去大块悬浮、漂浮物，对后续处理单元起保护作用。

（2）调节沉淀池。收集储存原水，对原水的水量与水质进行调节，并预沉悬浮物。

（3）配水管。用以调配生态渗滤单元模块的进水分布。

（4）生态土壤渗滤工艺。生态土壤渗滤处理是本工程的主处理工艺，采用模块化的罐体设计，罐体埋深浅，施工简单，管理方便。罐体中填充有高效复合填料，孔隙率高，易于微生物附着，可承受高污染物负荷。独特的配水和集水系统设计使罐体内水流更加均匀，无沟流、短流现象。罐体表面覆土种植有具净水作用的水生、湿生植物，在实现污水净化的同时营造优美的景观效果。

5. 管材及阀门

（1）给水管、集水管均采用PVC-U水管。

（2）管道穿越建筑物基础墙时应配合土建专业按照施工验收规范规定预留孔洞。

（二）设计方案

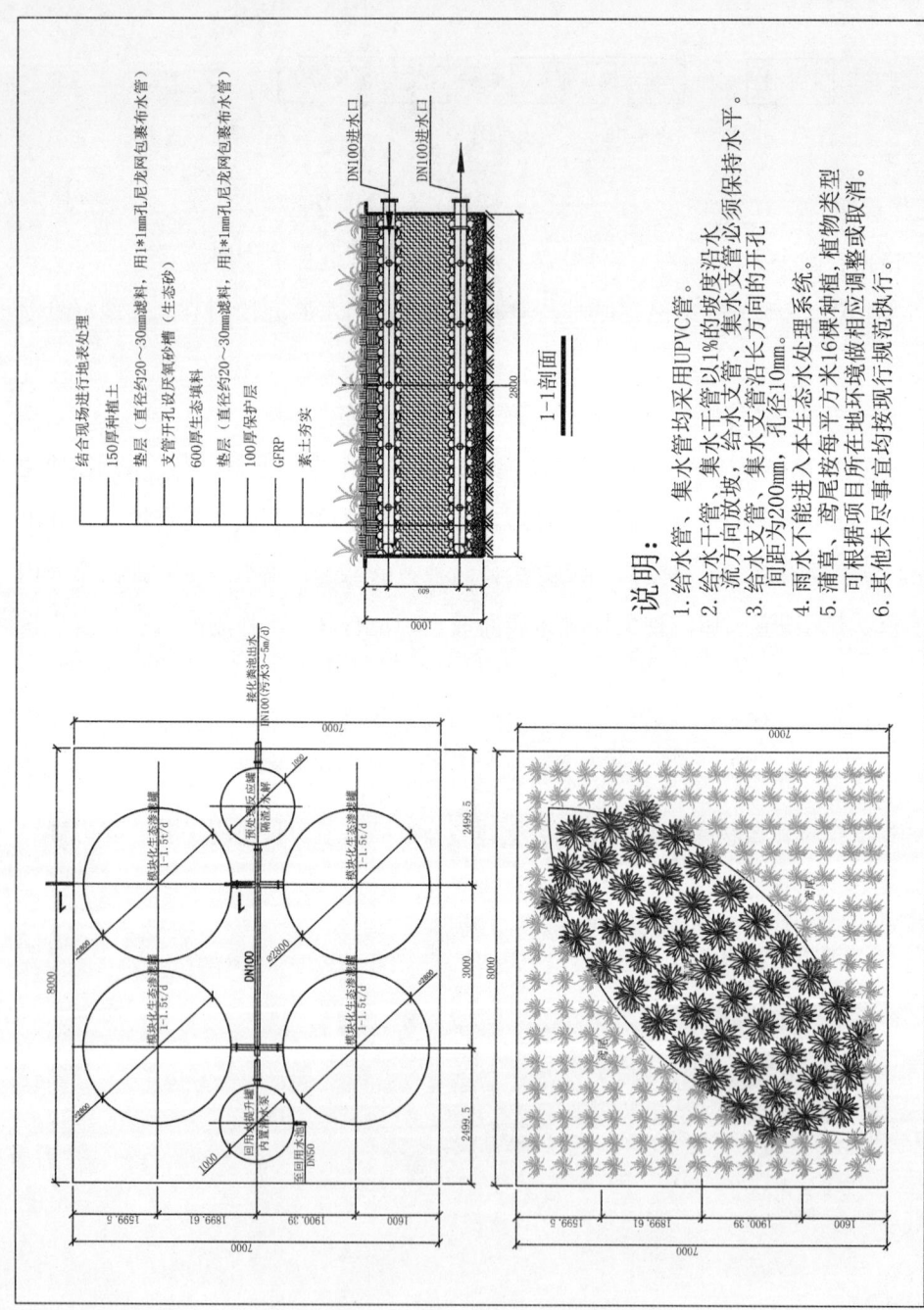

图6-38 生态水处理设计图

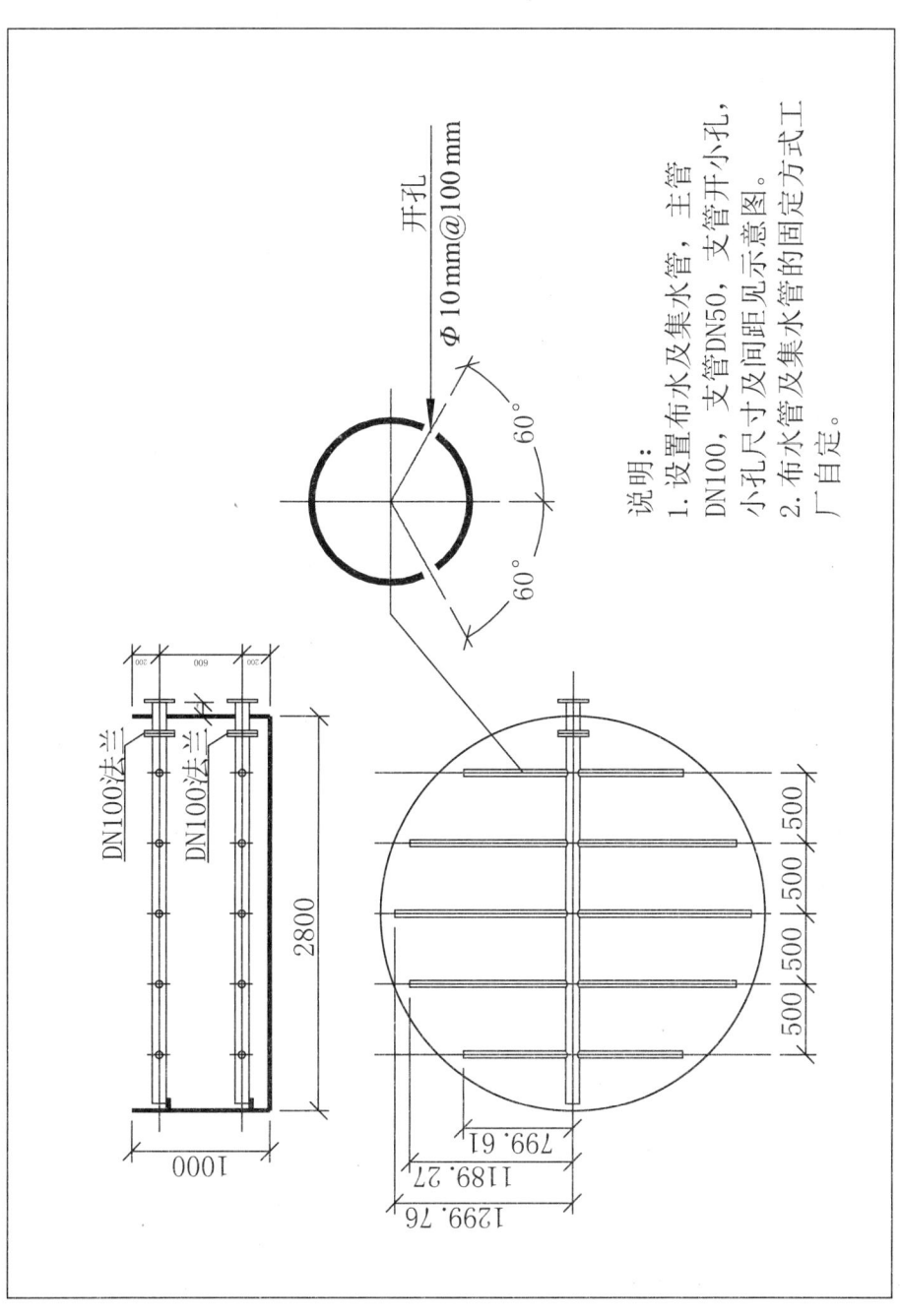

图6-39 布水管集水管设计图

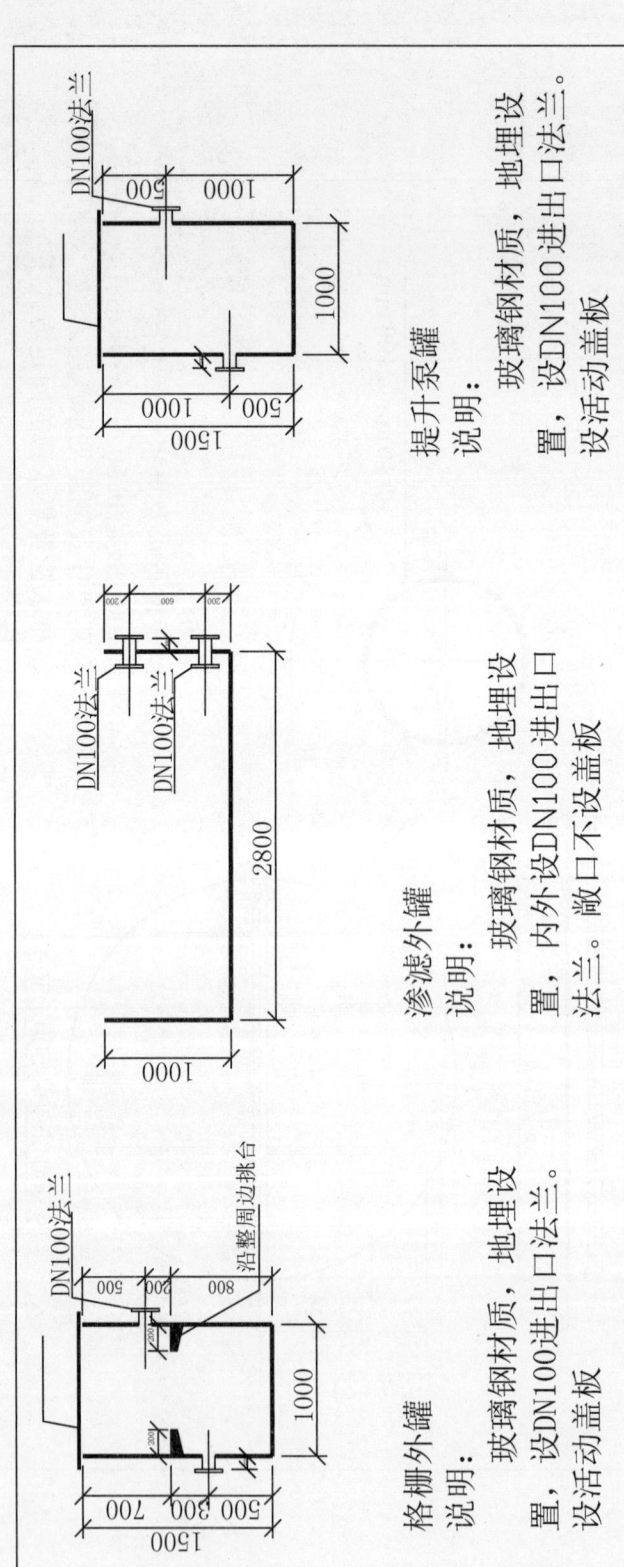

图6-40 格栅外罐、渗滤外罐、提升泵罐设计图

（三）施工过程实景

第七章 公路生态环境保护管理及生态恢复工程评价

随着公路建设的快速发展和相关环境问题的产生,我国逐步完善了适合国情的公路环境保护制度规范,并在公路建设中加强环境管理,避免和控制了公路建设对环境的一系列影响。但目前我国公路环境保护还面临一些困难,行业环境管理与国家环保发展新形势需求不相适应的问题也日渐突出:公路环境管理尚停留在针对具体污染问题采用相应的补救对策的层面,使环境保护处于被动应对的状态;片面地注重具体的"环境影响",而对公路建设产生的关键性影响——"生态影响"有所忽视,未将公路建设是通过改变土地资源利用方式而影响生态过程与功能、造成生态破坏的这一本质问题作为管理的重点,使公路环境管理缺乏"生态导向"。为此,根据以往的有益管理经验和形势发展需求,本章从强化生态导向、完善管理体系角度出发,探讨公路生态环境管理基本要素和生态恢复工程效果评价方法,并提出将"环境管理"转变为"生态环境保护管理"的设想,以进一步丰富公路环境管理体系内涵,全面提高公路生态建设管理水平。

第一节 环境管理与生态管理

一、环境管理概念及其内容

(一)环境管理的概念

环境管理来源于人类对环境问题的认识和实践。1974年召开的联合国环境规划署和联合国贸易与发展会议(UNCTAD)以"资源利用、环境与发展战略方针"为其讨论专题,此次会议形成了3点共识:全人类的一切基本需要应得到满足;要发展以满足需要,但又不能超出生物圈的容许极限;协调这两个目标的方法是环境管理。自此,环境管理的概念首次被正式提出。同年,休埃尔(G.H.Sewell)在《环境管理》一书中指出:"环境管理是对损害人类自然质量的人为活动(特别是损害大气、水和陆地外貌质量的人为活动)施加影响。"并说明"施加影响"系指"多人协同活动,以求创造一种美学上令人愉快的、经济上可以生存发展的、身体上有益健康的环境所做出的自觉的、系统的努力"。

经过几十年的发展,环境管理的概念受到环境科学、管理学、经济学、生态学等理论的巨大影响,其概念和内容得到了不断的完善和发展。刘天齐主编的《环境技术与管理工程概论》中对环境管理的含义表述为"通过全面规划,协调发展与环境的关系;运用经济、法律、行政、教育等手段,限制人类损害环境质量的活动,达到既要发展经济满足人类的基本需求,又不超出环境的容许极限"。北京大学叶文虎认为,环境管理是通过对人们自身思想观念和行为进行调整,以求达到人类社会发展与自然环境的承载能力相协调。虽然目前对环境管理的概念尚无确切定义,但其运用多种手段更新人类社会的生存发展观念,调整人类社会的行为,涉及人类生产生活的各个领域的基本要义是毋庸置疑的。环境管理既是环境科学的一个重要分支学科,也是一个社会工作领域,它是环境保护事业的重要组成部分。

在"人类—环境"系统中,人是主导方。所以,环境管理的实质是控制人类的行为,使人类的行为不致对环境产生污染和破坏,以求维护环境质量和生态环境平衡。从这种意义上讲,环境管理不能理解为"管理环境的行为",而是管理人的事务,是人类调整和修改"自己作用于自然环境的行为"的行为,即通过对人类活动的管理,达到保护环境和可持续发展的目标。

科学、技术和管理是现代化的三大要素,三者相互制约、相辅相成,且管理这一要素具有更加重要的作用。环境管理在现代化建设中占有重要地位,保护环境、控制污染关键在于环境管理,只有加强环境管理,才能更有效地利用人力、物力、时间,解决好环境问题。

(二)环境管理的内容

环境管理的根本目标是协调发展与环境的关系,涉及人口、经济、社会、资源和环境等重大问题,故其管理内容必然是广泛的、复杂的。从总体上讲,可以按照管理的范围和管理的性质对环境管理内容进行分类。

1. 按管理的范围划分

(1)资源管理。资源管理包括可更新(再生)资源的恢复和扩大再生产,不可更新资源的合理利用。我国当前资源的主要危机是使用不合理和浪费。资源的不合理使用会导致不可更新资源的提早枯竭,可更新资源的锐减。资源管理主要是研究确定资源的承载能力,资源开发的条件优化,建立资源管理的指标体系、规划目标、标准、政策法规和机构体制等。管理的主要内容包括水资源的保护与开发利用,土地资源的管理和可持续开发与保护,矿产资源的合理开发利用与保护,草地资源的开发利用与保护,生物多样性保护,能源的合理开发与保护等。

(2)区域环境管理。区域是指行政区域(如省、自治区、直辖市及整个国土)、水域、工业开发区、经济协作区等。环境问题与自然环境及经济状况有关,存在明显的区域性特征。区域管理主要是协调区域的经济发展目标和环境目标,进行环境影响预测,制定区域环境规划,进行环境质量和技术管理,按规划实现环境目标。管理的主要内容包括城市环境、流域环境、地区环境、海洋环境、自然保护区建设和管理、风沙区生态建设和管理等。

(3)专业环境管理。环境问题与行业性质及污染因子有关,存在着明显的专业性特征,不同的经济领域会产生不同的环境问题,不同的环境要素往往涉及不同的专业领域。专业环境管理是按行业领域进行环境管理,根据行业和污染因子(环境要素)的特点,有针对性地加强专业化环境管理,有利于提高污染防治和生态环境保护的技术水平。按行业管理划分,专业管理包括能源环境管理、工业环境管理、农业环境管理、交通运输环境管理、商业和医疗行业管理等。按环境要素划分,专业管理涉及大气、水、固体废弃物、噪声,以及造林、防沙治沙、生物多样性、草地湿地、沿海滩涂、地质等环境管理。

2. 按管理的性质划分

（1）环境计划管理。计划是为了实现一定目标而拟定的科学预计和判断未来的行动方案。计划主要包括两项基本活动：一是确立目标，二是决定实现这些目标的实施方案。环境计划管理首先是制定好环境规划，使环境规划成为整个经济发展规划的必要组成部分，通过计划协调发展与环境的关系，对环境保护实行计划指导。环境规划是环保工作的纲要，需在实践中不断调整和完善。

（2）环境质量管理。保护和改善环境质量是环境管理的中心任务，环境质量管理是环境管理的核心内容。质量管理是指组织必要的人力和其他资源去执行既定的计划，并将计划完成情况和目标对照，采取措施纠正计划执行中的偏差，以确保计划目标的实现。为落实环境规划、保护和改善环境质量而进行的各项活动，如调查、监测、评价、检查、交流、研究和污染防治等，均属于环境质量管理的内容。

（3）环境技术管理。环境技术管理，是制定环境保护技术发展方向、技术路线和政策，制定防治环境污染技术、技术标准和技术规范等，以协调科学技术、经济发展与环境保护的关系。使科学技术的发展既能促进经济不断发展，又能保证环境质量不断得到改善。加强环境技术管理，就是加强技术支持能力建设，依靠科技进步和先进技术手段，实现规范、有效、科学的管理。

（4）环境监督管理。环境监督管理是指运用法律、行政和技术等手段，根据环境保护的政策、法律法规、环境标准和环境规划的要求，对各地区、各部门、各行业的环境保护工作进行监察督促，以保证各项环保政策、法律法规、标准、规划的实施。环境监督管理的内容包括由生产和生活活动引起的环境污染，由开发建设活动引起的环境污染和生态破坏等。

3. 建设项目环境保护管理

国内外的经验表明，为了更有效地进行环境管理，必须对建设项目实行环境保护管理。建设项目环境保护管理是环境管理的重要组成部分。建设项目环境保护管理是指运用经济、法律、技术、行政、教育等手段，去监督建设开发者按照国家的环境政策和有关法律法规从事开发建设活动，并通过建设项目环境预审、环境影响评价和"三同时"等制度去协调社会经济、资源、环境三者的关系。建设项目环境管理的目的在于实现建设项目合理布局，合理利用资源和能源，减少污染物的产生和排放量，降低项目对环境的各种不良影响,切实落实"预防为主,综合防治"的环保方针,保证项目在建设和建成使用后符合环境保护的各种要求,实现经济效益、社会效益和环境效益三者统一。建设项目环境保护管理内容主要涉及建设前期环境管理、建设期环境管理和运营期环境管理。

二、生态管理的概念

(一)生态管理的提出

生态管理20世纪70年代起源于美国,前身是20世纪六七十年代以末端治理为特征的对环境污染和生态破坏的应急环境管理。20世纪70年代末到20世纪80年代兴起的清洁生产,促进了环境污染管理向工艺流程管理的过渡,通过对污染物最小排放的环境管理减轻环境的源头压力。20世纪90年代发展起来的产业生态学促使了生态管理理念的产生,产业生态管理将不同部门和地区之间的资源开发、加工、流通、消费和废弃物再生过程进行系统组合,优化系统结构和资源利用的生态效率。21世纪初,生态管理的概念扩大为动员全社会的力量优化系统功能,使资源得以高效利用,人与自然高度和谐,社会经济持续发展。

自1989年《环境保护法》正式实施以来,我国的环境管理取得了巨大进步,在国家环境保护事业发展中起到了至关重要的作用。但随着经济社会的高速发展和众多环境问题的日益突出,环境管理逐渐凸显出一些与新形势、新需求不相适应的问题,主要表现为:管理机制的生态导向不足、管理体系的生态特性偏低;强调生产过程的末端治理,而忽视了系统功能的生态管理;重视工业生产的物理过程,而忽视其生态过程;重视产品的社会服务功能,而忽视其生态服务功能;注重经济成本核算而忽视生态效应;社会的生产、生活与环境管理职能相割裂,生态意识低、管理理念方法滞后。

进入21世纪以来,环境管理的观念与模式不断得到发展与创新,污染预防、清洁生产、节能减排、生态工业园区的发展,为从根本上解决环境问题提供了更多的途径和空间。但是多年来形成的以末端治理为主的管理方式,基本还是我国环境管理的主要方式,其滞后性、缺陷性越来越明显,已在一定程度上制约了总体环境质量的改善和污染治理水平的提高。因此,尽快转变传统的环境管理思想和模式,建立适应我国国情的、有效的环境管理模式,近年来在我国环保工作领域已达成高度共识。

目前,生态管理研究在我国处于起步阶段。近十年来,有学者依据生态学理论和生态系统管理内涵,以通过生态系统管理保持或恢复生态系统的健康或整体性为宗旨,开始进行这方面的研究工作,许多有益进展也陆续出现,比如有人对生态管理的概念进行了界定，同时解析了生态管理在一些发达国家的实践经验和启示，并结合我国国情，提出了改善我国环境管理建议；有人对相关生态管理理论进行了分析，认为生态管理科学是系统工程与生态学原理的结合，涉及复合生态系统的动力学机制和控制论方法等；还有人基于管理实务提出了全方位环境管理、全过程环境管理、生态化环境管理等技术方法。正是环境管理存在着诸多有待改善的问题，因而迫切需要创新管理理念，从宏观和微观层面探索"生态管理"模式来有效地解决环境问题，使其更加适应生态系统的组织管理方式和可持续发展要求。在此背景下，生态管理理论研究应运而生，相关实践不断发展。

（二）生态管理的概念

生态管理的理论基础非常广泛，它跨越了生态学、生物学、经济学、管理学、社会学、环境科学、资源科学和系统论等学科领域，并秉承了生态系统管理的概念及内涵。不同群体或个人从不同的视角、出发点给出了关于生态管理概念的含义。例如，美国内务部和土地管理局将生态管理定义为通过生态学、经济学和社会学原理的相互作用，以一种能保护长期的生态持续性、自然多样性和景观生产率的方式对生态和物理系统进行的管理；Overbay认为生态管理就是利用生态学、经济学、社会学和管理学原理进行生态系统的生产、恢复或长期维持生态系统的整体性和理想的条件、用途、产品、价值和服务；Wood将生态管理定义为综合利用生态学、经济学和社会学原理来管理生物学和物理学系统，以保证生态系统的可持续性、自然界多样性和景观的生产力；潘祥武等人把生态管理的定义归纳为运用生态学、经济学和社会学等原理和现代科学技术来管理人类行动对生态环境的影响，力图平衡发展与生态环境保护之间的冲突，最终实现经济、社会和生态环境的协调可持续发展。由于自身的复杂性和学术争议性，生态管理无论是作为理论还是实践，迄今一直处于研究、发展中。

综上可知，虽然生态管理的不同表述存在一定的侧重性和重复性，但其不外乎强调两个要义，即生态系统的功能特征和生态系统与经济社会发展之间的可持续的平衡。故可认为，生态管理是将生态学的原理引入环境管理中，进而形成一种全新的管理理念和思维方式，旨在为避免、解决生态环境问题提供决策支持、科学依据和技术方法，以平衡经济社会发展与生态环境保护之间的矛盾，促进人类与环境的协调发展。由此可见，生态管理意味着一种管理理念的转变和提升，它强调管理的整体性和系统性，注重生态系统内各组成部分之间相互依存、互利共生，谋求社会经济系统和自然生态系统的协调、可持续发展。生态管理是环境管理的延伸与发展，是生态建设和生态恢复的重要方法手段。

（三）生态管理主要方法途径

生态管理的方法途径一直处于探索、发展之中，发达国家已形成许多成熟、可借鉴的模式，目前人们通常从以下几方面单一地或复合地进行生态管理。

1. 生态风险评估及管理

生态风险评估是利用生态学、环境化学及毒理学知识，定量确定环境危害对人类负效应的概率及其强度的过程。目的是为生态环境和生态系统的保护和管理提供决策依据。风险管理是指根据生态风险评估的结果，采取相应的对策与行动，是一个管理决策过程，又称为风险控制。

2. 清洁生产

清洁生产也称为"无公害工艺""无污染生产""废料减量化"等。简单地说就是无废物、少污染的生产过程。其目标是通过资源的综合利用、替代作用、多次利用以及节能、节水、减少原材料等方式，实现合理利用资源、减缓资源耗竭。比如，用无污染、少污染的产品替代毒性大、污染重的产品；使用无污染、少污染的能源和原材料；选择消耗少、效率高、无污染、少污染的工艺设备；最大限度地利用能源和原材料，实现物料最大限度的生产循环；对少量的、必须排放的污染物采用低费用、高效率的净化设备和三废综合利用措施进行最终的处理、处置。

3. 废物资源化5R方法

废物资源化是采用各种工程技术方法和管理措施，从废弃物中回收有用的物质和能源，也是废物利用的广义称谓。近三十年来，废弃物的资源化已经为人们所关注，这方面的技术研究和措施越来越得到重视。如将城市垃圾中的有机物经过处理，可作为煤的辅助燃料，经高温分解制成燃料油，经微生物降解制取沼气和优质肥料等。同时，针对废物资源化利用的5R方法成为主要管理途径。

（1）抵制（reject）。不购买难以回收或造成浪费的产品，拒绝使用非绿色产品，如选购不含Hg和Cd的电池等。

（2）减量（reduce）。改变产品生产工艺和人们购物消费的方式，减少过度消费、浪费和垃圾产生量，如购买刚需、适用的商品，不购买过度包装的商品等。

（3）修复维护（repair）。尽量修复损坏的物品而不更换为新的物品，加强产品维护保养而延长其使用寿命，如修好损坏的物品再用，而不是随意丢弃等。

（4）循环利用（recycle）。将可再造的废旧物品分类回收，然后进行资源化再循环利用，如回收废纸进行造纸可节省大量能源和水。

（5）响应（react）。让生产者和消费者了解造成浪费的情况和不负责任的废物管理，共同改变行为，实行源头消减，减少废物的生产。

4. 实施标准化环境管理系列标准

由世界标准化组织（ISO）推出的环境管理系列标准为ISO1400。该标准的实施目的是规范、约束企业和社会集团所有组织的环境行为，以实现节约资源、减少环境污染、改善环境质量和促进经济的持续、健康发展的目标。ISO1400体系标准确定了环境保护的有效机制，其特点为倡导全员参与、自我约束机制，具有很强的操作性、适用性，以全过程预防为主导思想，强调全面管理、持续改进。实施ISO1400体系标准对管理者和组织成员自觉提高环境意识和管理水平具有非常重要的作用，是进行生态环境管理的重要途径。

5. 推广3S技术

3S技术是RS（遥感）、GIS（地理信息系统）、GPS（全球定位系统）的总称，它们是人类为获取、处理、分析生存环境信息逐步发展起来先进技术手段。遥感技术由航空遥感发展到航天遥感，从单一的可见光到多波段摄影，可使信息获取量、精度与速度有极大的提高，遥感技术已成区域与全球研究的有力手段；地理信息系统技术是空间技术与计算机技术发展的产物，也被称为"资源和环境信息系统"，作为处理和应用系统已在遥感技术中得到广泛应用，很大程度上解决了大量的遥感信息与快速处理之间的矛盾，实现了遥感信息的现实性，增加了遥感技术的可操作性；全球定位系统也是空间技术发展的结果和遥感技术空间定位研究的成果，主要是利用地面控制点建立图像坐标与地面控制点坐标的关系，以地面控制点将遥感信息定位于地面控制网中。

6. 3S技术在生态管理中的应用

RS、GIS、GPS三者密切结合，形成现代遥感应用技术系统。RS和GPS是遥感信息的获取系统，为GIS提供及时的信息；GIS是遥感信息的处理和应用系统，能对大量的空间数据进行分类、统计计算、分析、制图等。GIS、GPS是RS的两大支柱。RS、GIS、GPS三位一体，实现了遥感信息的获取、处理及应用的一体化。三者的有机结合，使现代遥感技术系统成为生态系统研究不可缺少的技术手段。其应用包括：区域与全球资源的探测、预测与评价；对土地、农业、水资源等，运用3S技术建立精度较高的模型；对全球环境问题和要素进行动态监测与分析，获取全球变化信息；为区域性环境问题解决及可持续发展提供信息及决策依据;进行环境灾害的监测、预报及评估,为减灾防灾提供支持保障。

7. 环境管理信息系统(EMIS)

环境管理信息系统(Environmental Management Information System,EMIS)是以现代数据库技术为核心,将环境信息存储在电子计算机中,在计算机软、硬件支持下,实现对环境信息的输入、输出、修改、增加、删除、传输、检索和计算等各种数据库技术的基本操作,并结合统计数学、优化管理分析、制图输出、预测评价模型、规划决策模型等应用软件,构成一个复杂而有序的、具有完整功能的技术工程系统。它既是各种环境信息的数据库,又是环境管理和决策的平台。

第二节 公路生态环境保护管理

由上节内容可知,正是在生态环境问题变得愈加复杂、严重,而传统环境管理的局限性和不适应性日渐突出的背景下,将可持续发展理念和生态观念引入到环境管理领域自然就成为人们共同的努力方向。公路交通是社会经济发展的基础性和先导性产业,又是资源占用型和能源消耗型产业,公路建设和运营产生的环境问题一直非常突出,环保压力依然严峻,而且生态影响逐渐成为公路建设阶段的主要环境问题。因此,亟须在我国公路环境管理模式多年来取得的成功经验基础上,完善既有的公路环境管理体制机制,并将生态学原理和生态观念渗透、融合其中,探讨对公路建设及运营进行生态环境管理,以改变公路环境管理与行业发展新形势不相适应的局面,进一步提高公路生态环境保护总体水平。

一、公路环境管理任务及内容

长期以来,我国公路环境管理以建设项目环境管理为主,建设项目就是按照一个总体设计进行建设的基本建设工程,按其性质通常分为扩建、改建、拆建和恢复项目。建设项目环境管理的主要任务是执行国家有关的环境管理和环境保护的法律法规及制度,制定公路交通行业相应的规范、规定和细则,对因公路建设、运营给生态环境造成的污染、损害和影响采取保护、防治对策,使公路建设与环境建设实现可持续发展。

公路环境管理是在公路工程建设活动和公路环境保护实践中产生并不断发展的。一个时期以来,公路环境管理的不断加强,避免和减少了公路建设项目对生态环境的破坏和污染,有力促进了公路环境保护事业的发展。根据交通运输部《交通建设项目环境管理办法》的规定及要求,目前我国公路建设项目环境管理涉及项目的4个阶段,对应于不同阶段,环境管理内容又有所不同,其环境管理工作也有所侧重。

(一)建设项目前期的环境管理

建设项目前期可分为项目建议书(预可行性研究)阶段、可行性研究(设计任务书)阶段、设计阶段。在项目建议书阶段,环境管理的主要内容是结合选址对项目所在地进行环境调查,对可能产生的环境问题进行初步分析。在可行性研究阶段,环境管理的主要内容是针对项目的环境影响报告书,进行编制、报审、备案等。在设计阶段(初步设计和施工图设计),环境管理的主要内容是按照环境保护设计规范和技术要求等,具体落实各项环境保护技术措施,初步设计文件经审查通过后,再形成详尽的施工图设计文件。建设项目前期的环境管理工作最为重要,故需要注意以下要点。

(1)对环境有影响的大、中型建设项目,实行环境影响报告书(或报告表)审批制度和"三同时"制度;对改(扩)建和进行技术改造的工程建设项目,在实施的同时对原有的污染进行综合治理;建设项目投产后,其污染物的排放不得超过国家和地方规定的排放标准。

(2)建设单位在安排工程可行性研究工作的同时,委托具有相应环境影响评价资质的机构进行环境影响评价工作。

(3)大、中型建设项目和限额以上技术改造项目的环境影响报告书(或报告表),由建设单位报国家环保部或项目所在省级政府环境保护部门审批。小型建设项目和限额以下改造项目的环境影响报告书(或报告表),按各地区政府规定的审批权限办理。

(4)承担项目环境保护设计机构,应具有相应的建设项目环境保护设计资质,并应按照《建设项目环境保护设计规定》、《公路环境保护设计规范》的要求,完成经过审批的环境影响报告书(或报告表)所确定的环境保护设施的设计任务。

(二)建设项目施工期的环境管理

在建设项目的施工准备阶段,环境管理的主要内容是项目"施工组织设计"中环保内容和要求的落实,"三通一平"及环境监理等。在施工阶段,环境管理的主要内容是项目各项工程的环境监理及其他环保工作，相关同时施工的环保设施的工程管理等。

施工期必须保护施工现场周围环境。应尽可能采取有效的环境保护措施，防止和减轻施工过程中产生的粉尘、噪声、废水、废料等对周围环境的污染和危害。加强水土保持措施和公路绿化，保护生态环境。工程竣工后，应尽快、尽可能地恢复因施工受到破坏的环境原貌。

（三）建设项目试运行和竣工验收阶段的环境管理

在竣工验收阶段，环境管理的主要内容是建设项目环保设施的竣工验收、试运行工作，项目各项工程施工环保要求的达标验收等。

建设项目竣工验收前，建设单位应向项目主管的政府部门和交通环境保护部门提交"建设项目环境保护设施施工验收报告"，说明环境保护设施及其效果、试运转情况等。建设项目竣工验收时，应有政府和交通环境保护部门参加。

（四）建设项目运营期的环境管理

建设项目运营期的环境管理的主要内容包括项目环保设施的运行状况，项目所在区域定期的环境跟踪监测，项目环境影响后评价等。

我国目前公路建设项目的环境管理内容及程序如图7-1所示，图中表示了公路项目建设各个阶段所对应的环境管理工作。

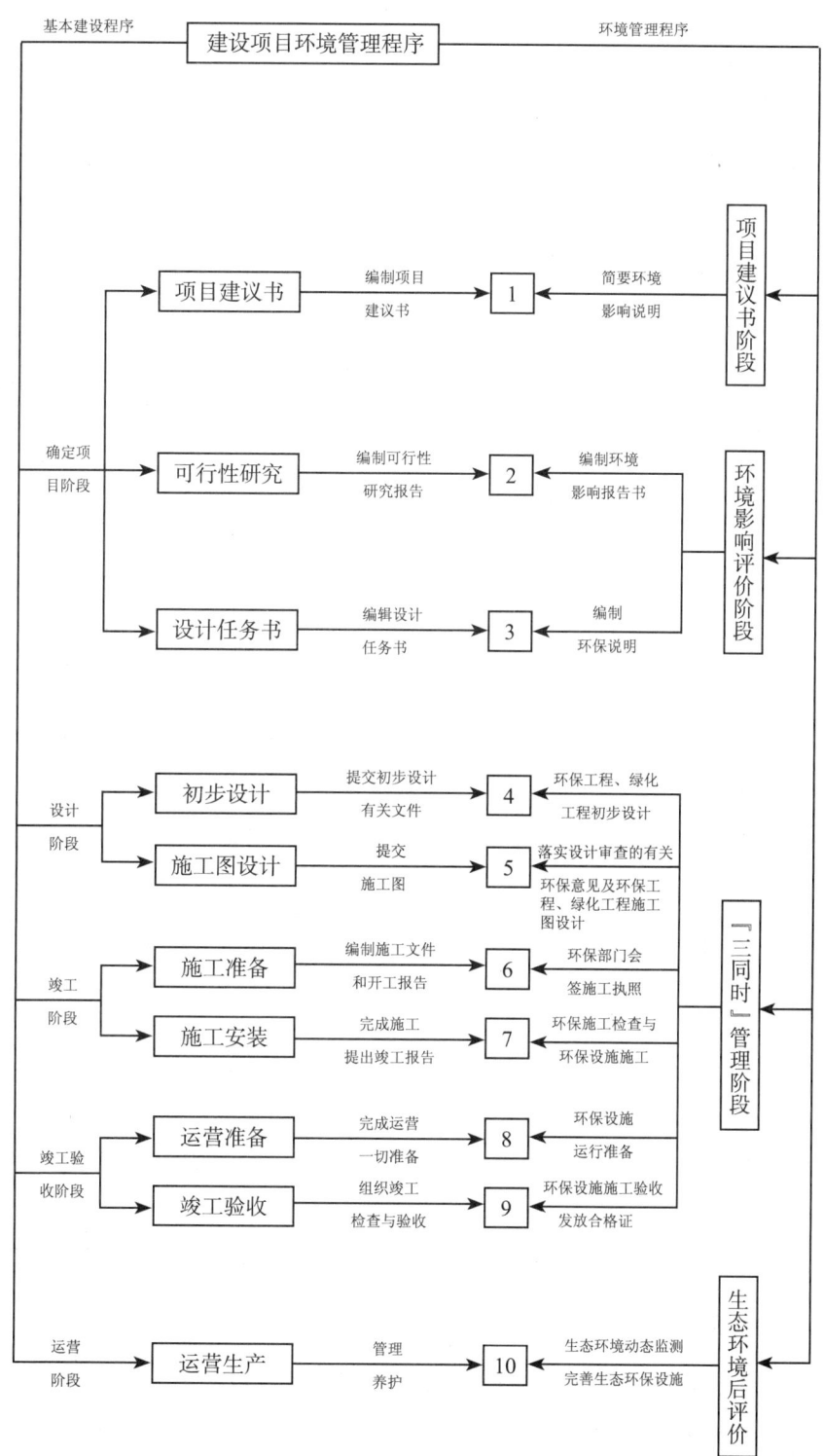

图7-1 公路建设项目的环境管理内容及程序

二、公路环境管理存在的问题

随着公路建设的快速发展与环境问题的产生，我国逐步制定和实施了适合我国国情的公路环境保护制度规范，并在公路建设中加强公路环境管理，以避免、控制公路建设对环境的负面影响。建设项目实行环境影响评价和"三同时"制度是我国公路环境保护管理的"尚方宝剑"，这对公路生态环境保护起到了至关重要的作用。但也应看到，因管理理念滞后、管理体制机制尚不完善等原因，目前我国公路环境管理存在一些与新形势发展要求不相适应的问题，从总体上主要表现在以下几个方面。

（1）对项目前期的环境保护较为重视，能够加强建设项目的环境影响评价，但项目建设期和运营期中的环境管理工作较为薄弱，"重审批，轻执行，缺监管"的问题较为普遍。

（2）通常重视事后、末端的治理，但忽视事前、源头的保护，环境管理尚停留在针对具体污染问题采用相应的补救对策的层面，使环境保护处于被动应对的状态。

（3）片面地注重具体的"环境影响"，比如大气、水、噪声污染等，而对公路建设产生的关键性影响——"生态影响"有所忽视，未将公路建设是通过改变土地资源利用方式而影响生态过程与功能、造成生态破坏的这一本质问题作为管理的重点，使环境管理缺乏"生态导向"，难以从根本上解决公路环境问题。

（4）尽管实施了环境规划、环境影响评价、环境保护设计、环境监理、环境影响后评价等管理技术方法，但环境管理体系尚未健全，特别是在满足公路生态保护要求和应对公路环境影响的复杂性方面，现行的环境管理技术方法尚存在一些不足。

众所周知，当前和今后一段时期，公路交通仍将处于大建设、大发展时期，面对国家"五位一体"发展布局的新要求以及能源资源短缺、生态环境恶化所带来的严峻挑战，加强公路环境管理工作至关重要。为此，根据公路环境管理以往的有益经验和形势发展需求，从强化生态导向、完善管理体系角度，探讨将现行的公路环境管理转向"生态环境保护管理"，对于进一步丰富公路环境管理内涵，全面提高公路生态建设管理水平，具有重要意义。

三、公路生态环境保护管理

近年来，我国公路交通建设面临的生态环境承载压力、资源需求压力和全球气候变化影响等矛盾进一步凸显，而且生态影响已逐渐成为公路建设阶段的主要环境问题，公路基础设施建设与生态保护的矛盾时有发生。随着国家对生态保护的关注度不断提高，对各类生态敏感区的保护和管理进一步加强，公路建设所面临的资源环境刚性约束和生态保护压力越来越大。鉴于公路环境管理的首位性和关键性，有必要将其置于战略的高度和全局的地位去认识，并以生态学原理为指导、以生态观念为导向，探讨完善我国公路环境管理体系。基于此，"公路生态环境保护管理"遂被提出。

（一）公路生态环境保护管理含义

所谓"公路生态环境保护管理"是基于现状、着眼发展的一个新提法，尚需做深入的研讨解析。根据上节所述环境管理和生态管理有关概念及含义，可初步认为公路生态环境保护管理是公路环境管理与生态管理在管理内容上的交叉融合，也可以理解为生态管理方法在公路环境管理中的渗透、应用。公路生态环境保护管理的基本属性在于突出生态观念和生态导向，强调公路环境管理的生态性、系统性。因此，公路生态环境保护管理的含义可以认为是以生态学原理作为管理依据，以生态导向来设计管理体制机制，按照生态规律实施工程活动，将生态管理要素渗入到公路建设及运营环境管理的全过程、各环节。由此可见，公路生态环境保护管理体现了一种新的管理理念和思维方式，旨在突出"源头保护与末端治理并重"，为避免、解决公路生态环境问题提供更为系统、全面的决策支持和技术方法。

多年来实施的公路环境管理是在公路环境保护的实践中产生和不断发展的，有力地促进了我国公路环境保护事业的发展。公路生态环境保护管理含义正是源于其方法及丰富实践而延伸、拓展的。从生态学和环境管理学角度来讲，公路生态环境保护管理具有综合性特点，这决定了其借助应用的知识、方法和手段也是多样化的，其与有关自然科学、管理科学、社会科学及现代技术有着互相渗透、互相依赖、互相促进的关系。可以相信，随着公路行业生态环境保护事业的发展及生态环境保护科技的进步，对公路生态环境保护管理含义的认识必将不断深入，同时也会促进公路生态环境管理体系的完善。

（二）公路生态环境保护管理要素

要素是指构成事物的必要因素。管理要素就是指构成管理活动的必要因素。目前，管理学界对管理要素的认识倾向于八大要素，即观念、目标、组织、人员、资金、信息、技术、物资。国际上通行的ISO14000环境管理体系标准列出包括法律及其他要求、管理方案、组织机构与职责、信息交流、文件管理、运行控制、监测等17个体系要素指标。

公路建设及运营活动产生的环境影响涉及面广、周期长，生态环境管理具有一定复杂性,确定管理要素及关键节点是决定生态环境保护管理水平和成效的重要前提。鉴于目前公路环境管理体系尚处于探索完善阶段,同时考虑到与其相关研究及实践成果的衔接,故仅从体系要素角度讨论公路生态环境保护管理的重点及要求。从目前公路建设发展需求来看,公路生态环境保护管理的基本要素可涉及法律法规及制度、人员配备、技术方法、质量控制4个方面,其他要素有待今后在实践中进一步探索完善。

1. 法律法规及制度

法律法规是国家为保护和改善人类环境而对一切影响环境质量的人为活动所规定的行为准则,政府主管部门和建设单位据此制定的相关生态环境保护和污染防治的规章、制度是公路生态环境管理的重要依据。目前,公路生态环境管理存在相关法律规定内容过于抽象宏观、具体要求不够细化,执行中易出现可操作性不强、"有法难依"或者"无法可依"的现象,另外因管理机制尚不完善,导致相关制度规定滞后、不健全,执法管理工作缺乏应有力度,公路建设项目只是在立项阶段和验收阶段侧重生态环境的管理,而在施工阶段基本上处于缺失状态。为此,应基于现行的环境法律制度及其在公路建设中的应用现状,针对公路生态环境管理制度中不适应国家环保新形势发展需求的问题,同时借鉴国外先进的立法经验和做法,加强公路生态环境管理制度体系构建,提高公路生态环境管理的制度化、法制化和规范化水平。根据目前公路生态环境保护形势和管理需求,对于不同管理主体及不同管理内容,本要素应在相关方面得以强化落实。

政府主管部门应加强公路建设环境管理的立法工作,对现行的制度规定中的相互矛盾、重叠的部分进行修订,对立法时欠缺考虑的部分进行补充,同时完善公路生态环境管理体制机制建设,并以法定形式确认各级各类环境管理机构主体的管辖分工、职责范围和活动规范,全面提高执法管理能力。同时,进一步完善相关技术标准和管理规范:制定生态保护、污染防治、监测监管等标准;研究建立规划环评和环境影响后评价的理论和方法,针对环境影响评价、竣工环保验收中生态影响等定量分析的薄弱环节,建立适宜的生态环境综合评价指标体系,增强评价的科学性、适用性;确定公路建设生态环境监测、环保工程监理等具体方法和标准以及专业技术人员的资质认证办法,保证公路建设全过程、各环节都能够有法可依,执法有据。

在具体管理实施层面,行业主管部门应加大生态环境管理执法力度,尽快解决长期以来存在的执法监督工作中的薄弱问题,健全生态环境监管手段,提高监管能力,加大执法力度。施工单位、监理单位与监测单位应根据公路建设项目环境影响预测与分析结果，在由建设单位制定的环境管理目标及相关指标的指导下，分析周围生态环境因素以及自身技术力量，制定生态环境保护管理方案与相关实施作业规程，并将其认真落实到位。

2. 人员配备

人员配备就是管理者为确保工作任务目标的实现，为相关岗位配备符合能力要求的人力资源，并使之能够有效地完成任务的过程。对于每一个公路建设项目，人员始终是项目的实施主体。公路建设项目全程参与人员众多，从设计师到主设计师，从施工人员到项目经理，从监测人员到监理人员等，他们都需要具有强烈的生态环保意识和相应的业务能力，在各自的岗位上尽职尽责，以达到对公路建设生态环境保护的过程管理和目标管理。

人员配备不只是人员数量、类型的简单组合，还要根据项目的需要保证所有岗位、每项活动都有合格的人员承担，并能胜任工作。因而，首先应加强宣传教育工作，使所有的设计、施工、管理等从业人员增强生态环保意识，具有基本的环保知识和业务能力，充分发挥基层施工作业人员保护生态环境、防治污染的主观能动性，积极主动地落实各项环保工程要求和措施。其次，应加强对技术人员的职业技能培训，凡涉及生态环保技术工作的岗位人员，都必须接受专门的业务培训，并经考核合格后方能上岗。在项目实施过程中，也需要组织参与人员及时进行培训，通过学习和认知改进来提高其环保技能。人员职责中应明确各个岗位具体的环保职责，使其各司其职，尽职尽责，自觉地致力于生态环境效应的提高。

我国公路建设生态环境保护力度的不断加大，使公路行业对高素质专业人员的需求越来越迫切。但目前在公路行业涉及生态环境保护管理的项目规划、工程设计、计划管理、工程监理、运营养护、监测评价管理等部门、岗位，专业人员配备尚显薄弱，例如，工程设计人员的生态环境专业能力和工程技术经验多有欠缺，易造成工程设计的"先天不足"；工程建设项目的环境监理工作基本由工程监理机构人员兼职进行，难以有效地承担并完成具有特殊性和专业化的环保工程监理工作。为此，应加强公路生态环境保护管理队伍建设，重视培养资源循环利用、节能减排、生态建设和恢复、新能源利用等方面的专业人才，全面提高行业生态环保从业人员的专业素质。

3. 技术方法

技术方法是指组织中各个层次的管理者根据管理活动的需要，自觉运用自己或他人掌握的各类技术，以提高管理效率的管理方法。通常包括决策技术、计划技术、组织技术、信息技术、控制技术等。技术方法的实质是将相关技术融进管理活动中，利用技术来辅助支持管理，即根据不同的管理内容和问题，运用不同的技术或在了解各种技术适用范围的前提下，尽可能把所掌握的技术用到实处，发挥积极作用。技术方法具有客观性、规律性、精确性、动态性的特点，其应用对于组织的有效运行有着十分重要的作用。当然，技术方法并非是万能的，管理者应了解相关技术方法的有效性和局限性，综合运用管理的其他方法，科学、合理地解决管理问题。

多年来，众多管理技术方法通过研发、引进、集成等途径，陆续在公路生态环保工程中得到推广和应用，有效避免和减少了部分环境污染和生态破坏。但也应看到，目前公路建设项目产生的各种环境问题尚未得到全面、有效的解决，其主要原因除了前述因素及管理体系尚未健全外，管理技术方法的缺失、滞后也在一定程度上起到制约作用，主要表现在环境影响评价和污染防治方面：公路环境影响评价具有多层次、多任务、多指标特点，并是一个需要不断评价、决策的过程，但目前的技术方法实际上是一种简捷化方式，也是以末端控制为导向的产物，对公路建设项目影响的复杂性、后续性认识不足，对生态影响、景观影响重视程度不够，因而亟须引入新的方法、扩展评价范围、完善技术对策；虽然公路网的规划环评已逐步开展，扩大了公路建设项目环境保护在时间和空间上的范围，但其技术方法体系尚未建立，还缺少具体的技术规范或导则，实践中用项目环评的技术方法来指导规划环评缺乏针对性和可操作性；目前单一型的环境影响评价技术方法局限性明显，难以科学、准确、全面地分析生态环境影响，故需引入先进的技术方法，并研究建立以适应性方法为主的综合性技术方法体系；公路建设项目环境保护设计是污染防治、生态恢复的重要途径，但由于重视程度不够，环保工程设计大都来自既往的一成不变、生搬硬套的同类方案，加之环保技术研发创新能力不够，造成环保工程普遍技术陈旧、工艺水平不高、综合性能低下，同时因环保要求逐渐提高而设计规范要求相对滞后，目前的工程设计普遍缺乏应有的广度、深度和先进性，导致总体生态环保技术水平偏低，污染治理能力不足。

生态环境保护管理技术方法是实现公路生态环境保护的必要途径和重要手段，因而需要大力推动公路生态环保科技创新，充分借鉴发达国家先进经验和技术，加强开展公路生态环保共性技术、关键技术的研发，综合应用生态环境预测技术、生态环境决策技术、生态环境评价技术、污染防治技术、生态保护技术、生态环境监测技术、清洁生产技术，并结合3S技术、计算机模拟仿真技术、大数据及云计算技术以及情景分析方法、信息网络平台等现代先进技术手段，摈弃末端治理思维，发展源头预防和过程控制技术对策，健全公路生态环境保护管理技术体系，通过对建设项目进行全过程、全方位的技术管理，有效控制和解决生态破坏与环境污染问题，以科技进步保障公路建设与生态环境承载能力相适应，支撑公路生态环境保护事业和公路行业可持续发展战略。

4. 质量控制

为达到质量要求所采取的作业技术和活动称为质量控制。也就是说，质量控制是为了通过监视质量形成过程，消除质量环节上所有阶段引起不合格或不满意效果的因素，以达到质量要求、获取经济效益，而采用的各种质量管理技术和活动。在企业领域，质量控制活动主要是企业内部的生产现场管理，是指为达到和保持质量而进行控制的技术措施和管理措施方面的活动。

20世纪90年代，质量控制学说将质量控制划分为若干阶段：在产品开发设计阶段称为质量设计，在制造生产过程称为质量监控，抽样检验是传统的质量控制（事后质量控制）。同时，全面质量控制成为质量管理发展的最新阶段，其有两个重要含义：一是全面控制，即以优质为中心，实行全员工、全过程、全方位控制；二是全面质量，包括产品质量和工作质量。在此基础上，国际质量管理体系标准ISO9000诞生，并在全球得到广泛认可和推行。继而，国际标准化组织又制定了旨在促进全球环境质量改善的ISO14000环境管理体系标准。该体系包括的五大要素及其相关要求如下。

（1）环境方针。阐述组织的环境工作宗旨和原则，为制定环境目标、指标和措施提供依据。

（2）规划。为实施环境方针而确定环境目标、指标、工作重点、行动步骤、资源、措施和时间安排。

（3）实施和运行。执行环境计划，使环境管理体系正常运行。

（4）检查和纠正措施。检查运行中出现的问题并加以纠正。

（5）管理评审。依据对环境管理体系审核的结果及不断变化的形势，提出环境方针、目标和程序变动的要求，以求不断完善及保持环境管理体系的持续适应性。

基于ISO14000体系标准，建立全过程管理和质量控制机制是公路生态环境保护管理的有效途径。公路生态环境质量控制是以生态环境质量标准为依据，以保护、改善公路生态环境为目标，以生态环境评价、环境污染防治和生态环境监测为主要内容的全方位管理。公路生态环境保护管理中的质量控制可体现在以下步骤及内容。

（1）识别生态环境因素，特别要注意识别和判断具有重大生态环境影响的因素和具有一定敏感性的因素，并在识别时要考虑因素的不同状态、时态和污染类型。

（2）对照选择适用的控制破坏因素、保护敏感因素的国家及地方的法律、法规和标准；在法律、法规、标准或其他要求下，针对管理对象的特点，制定生态环境管理目标和指标。

（3）制定旨在实现上述生态环境管理目标和指标的管理方案，管理方案应包括管理方法、管理职能、时间和经费保障等详尽内容。

（4）落实机构和人员编制，进行人员及职责分工，进行必要的工作能力培训；形成信息交流机制和管理体系文件，制定文件管理、档案保存、信息记录、查询交流制度和重大事件报告制度。

（5）制定针对重要生态环境因素运行与活动的管理程序及操作规程，并根据潜在的事故隐患和突发紧急情况制订应急计划，并开展确保有效的应急响应能力的演练、试验。

（6）制订并实施生态环境监测计划，监测计划应包括监测时段、监测点位、监测项目、监测的仪器设备、监测人员、监测数据管理和报告的编写、上报及信息反馈。对出现的异常情况及时采取预防及纠正措施。

在公路生态环境保护管理中，质量控制需要明确责任主体，有效分解落实质量目标和职责，严格执行规划设计、施工计划和相关技术标准，保持质量控制的全程性和持续性。质量控制重点为：在建设前期的项目建议书、可行性研究和工程设计3个方面，应以"事前管理、预防为主"为原则进行生态规划、生态环保设计，并保证设计对环境影响评价措施的应对响应；在项目建设期的施工准备、建设施工和竣工验收3个阶段，应加强"事中跟踪"，做到全面落实施工环保要求、加强全程环境监理监测以及对环保设计的执行力度、严格组织项目验收工作；项目实施过程中，建设单位和参建单位应根据相关要求自觉加强质量控制，使工程全部过程和活动始终处于完全受控状态。一旦发现违反环保要求或作业规程、监测数据偏离、工程施工不到位等问题，应及时查明原因并采取有效措施，恢复受控状态，避免不良环境影响或后果的产生，确保工程项目经济效益、社会效益与生态环境效益的统一。

（三）公路生态环境保护管理展望

《交通运输节能环保"十三五"发展规划》指出："十三五"时期是我国交通运输业转型升级、提质增效的关键时期，面对日益趋紧的资源环境约束，交通运输发展必须依靠结构调整、技术进步和制度创新，不断提升节能环保工作的科学性和系统性,并强调"着力提升交通生态环境保护品质,突出理念创新、科技创新、管理创新和体制机制创新"。对公路生态环境保护管理的初步解析,不仅体现了对以往理念观念的调整、转变,也体现了在公路生态环境管理工作中对技术进步、管理创新的积极响应。公路生态环境保护管理的主要目的在于:坚持"尊重自然、顺应自然、保护自然"的原则,保护自然资源的可持续供给能力;保护生物多样性,为避免、减少公路建设项目可能引起的生态环境影响而实施行之有效的保护、防治、恢复的对策,实现公路建设与生态环境承载能力相适应。根据公路行业"绿色发展"战略及"两个统筹"要求,未来公路生态环境保护管理工作任重道远,将面临新的挑战和任务,因此公路生态环境保护管理有待在以下方面从广度、深度上加强研究和实践。

1. 完善公路生态环境保护管理政策制度

公路生态环境保护管理政策制度是对于涉及公路建设及运营的资源利用、建设项目规划设计、生产工艺及养护管理、废弃物排放等与生态环境保护相关的指导政策和具体制度规范,具有统领性、指导性地位,故应从行业"绿色发展"战略的高度,全面制定、完善指导行业生态环境保护、污染防治管理的基本原则和管理依据,加强规划战略环评、动态监测与动态评价、项目生态后评价、生态评价体系等方法研究、建章立制和实践探索,为生态环境保护全面纳入公路建设全过程管控提供根本保证。

2. 建立生态环境保护管理体系

基于ISO9000、ISO14000体系标准要求,结合公路生态环境保护管理实际,探索建立以源头保护与末端治理相结合、持续改进生态环境质量为宗旨的全过程、全方位的公路生态环境保护管理体系。

3. 绿色规划设计、绿色建设施工

以"设计阶段最大保护,施工阶段最小影响,运营阶段最快恢复,全过程全方位监管"为原则,开展绿色规划设计、绿色建设施工和生态型公路建设,采用生态、环保、节能、低碳、循环利用的理念和方法,进行工程规划、设计、施工以及设施设计和生产,以减少工程活动和设施在施工、生产、流通、废弃等过程产生的资源消耗、环境影响、生态破坏和废物排放。

4. 绿色运营管理及养护

"以绿管绿",开展绿色运营管理及养护,用生态环保、节能低碳的方法和手段,对传统的运营方式及养护管理进行改革和创新,全面提升运营管理水平和质量,保障公路建设工程特别是生态建设与恢复工程的生态环境效益。

5.治理废弃物，大力开展清洁生产和发展循环经济

废弃物治理应遵循预防为主、防治结合、综合治理的方针，采用5R（Reduce减量化、Reuse再利用、Recycle再循环、Regeneration再生、Rejection拒用），3化原则（减量化、资源化、无害化）建立市场化体制环境，行业内外协同提升资源循环利用水平。将清洁生产全过程预防的理念持续应用于建设、运营和服务过程中，以增加生态效益和减少环境风险。发展循环经济则是立足于提高利用效率，在生产和再生产的各个环节按"物质代谢"关系安排生产过程和工程流程，形成一种以"资源—产品—废弃物—再生资源"为表现形式的经济发展模式。开展清洁生产和发展循环经济是公路生态环境保护管理的重要组成部分。

6.强化技术手段的应用

生态环境保护管理中的技术手段主要是指在工程活动、运营管理过程中可以保护生态环境、集约节约资源的一系列技术方法、生产工艺和设备产品等。通常可以分为"硬技术"和"软技术"两类，前者如污染治理、生态工程、环境监测及清洁生产技术、设施等；后者如相关规范标准、生态环境规划及评价、环境标志以及RS、GIS、GPS、EMIS等信息技术系统等，它们可为先进、高效的智能化公路生态环境保护管理平台提供技术支撑。此外，作为新一代设计技术的建筑信息模型（BIM）技术已开始推广，其高精度项目空间场景、模拟设计选线和结构物选型、精细化管理、工程施工组织设计、可视化分析控制工程进度等功能应用，将推动公路建设全方位的技术创新与管理创新。

第三节　公路生态恢复工程效果评价体系的建立

随着可持续发展理念和生态观念在公路生态环境管理中的不断深化，公路的设计者、建设者和管理者越来越重视以生态学理论作为管理依据，以生态导向来设计运营管理模式，以生态规律指导建设活动，以生态效果衡量工程水平，这些已日益成为公路生态建设和恢复的工作宗旨。因此，在生态恢复工程实施之后所形成的以人工重建为主的植物群落，对其是否能够完全或部分取代原生植被作用于周边环境，并能够演替、过渡为稳定的、近自然的植物群落，达到促进路域生态系统功能恢复的效果，即

公路生态恢复工程产生的生态效果，应当通过整体性和系统性的评价方可确定。

国际上关于公路生态恢复工程效果的评价研究，多从公路自然科学结合人文科学的角度出发，以各类环境要素和植被恢复管理政策等方面为切入点开展具体评估研究。而国内则注重于公路生态恢复工程的绿化功能、景观效益、工程技术效果等方面的研究，大都强调改善公路绿化景观与工程环境的效果评价，特别是对公路大气影响、化学污染等具体的环境问题有较为深入的研究，从整体上来看，目前国内外研究所涉及的内容较为广泛，评价体系上多为定性评价。但应明确的是，作为一类非污染型建设项目，公路工程对自然环境和生态系统的影响主要是通过直接改变地表的土地利用方式，进而影响区域的景观格局，在此基础上通过累积性变化和系统性变化，最终影响整个区域的生态系统结构、功能及其所提供的生态系统服务的过程。因此，对公路生态恢复工程的生态效果评价，应更加注重工程的生态功能性，即以重建植被的生态恢复功能属性为研究重点，突出公路生态系统景观水平以及生态系统服务功能的关键地位，以相关生态景观要素作为定量性的评价指标，构建旨在衡量生态恢复工程的生态功能和生态价值的评价体系。

一、评价目的及体系目标

对公路生态恢复工程而言，所谓生态效果，可认为是人工构建的公路植物群落对路域生态系统结构、功能的改善和促进作用，主要评价对象是其产生的生态功能和生态价值。因为公路生态恢复工程的根本出发点是利用人工植物群落的生物作用，来达到增强路域生态环境稳定性和景观性的目的，所以生态效果是衡量公路生态恢复工程效果的首要标准。

多年来的工程实践表明，众多生态恢复工程方法对路域生态系统恢复的影响及效能有正面的和负面的，目前对其评价尚缺乏系统性和实践性，大多局限在较为随意、笼统的概念描述上，致使工程设计、施工、养护和验收等过程缺乏宏观与微观兼顾、定性与定量交叉、普适性与针对性结合的工作方向或指导依据，从而使得不同技术方法对公路生态恢复的贡献程度难以进行合理的判断，由此影响公路生态治理方向和模式、资源配置及利用、工程规划及管理的调整、优化、提升。鉴于此，有必要从公路生态恢复工程的本质特点、实施要求出发，遵循恢复生态学、景观生态学和工程学等基本理论，并借鉴已有其他领域的生态评价方法，探讨建立适于公路生态恢复工程的生态效果评价体系，借此评价不同尺度水平、不同工程目标、不同技术方法、不同面向问题下的公路生态恢复工程的促进作用和贡献程度，即生态恢复工程所产生的生态功能、生态价值和防护功能，从而对公路生态建设及运营管理工作提供可操作性强的指导依据，同时也便于对已建工程进行评判总结，提出后续改进和优化对策。

评价体系建立的目标是通过对不同属性的基础信息的收集汇总，借助植被生态调查、权重确定、模糊评判等手段，给出公路生态恢复工程生态效果的综合评价方法、过程及结果。

二、体系建立的原则

（一）科学性与整合性

公路生态系统有其自身的结构和功能，系统内、外部同时存在着物质、能量和信息的流动和传递。各个生态因子之间存在着相互制约、相互影响的内在关系。同时公路生态恢复是以人工植物群落构建为主体的，不仅具有生物功能属性，而且还具有工程功能属性，共同维持公路生态系统的稳定和功能的行使。因此其评价体系应以生态学理论为指导，体现公路植被的生物特性和工程功能．并考虑相关指标之间的联系，以保证评价的全面、系统。

（二）易获取与可行性

评价体系是在系统性的现场观测、测量数据基础上，经过层级分析和统合处理，最后给出评价结论，并且需经常、反复地进行评价。原始资料的测量内容、层次分布和考量方法都影响着生态恢复工程生态效应评价的准确、客观，因此应当选择简单、便捷、多量、易于重复考测的指标。这也是将生态恢复效应评价从定性转为定量、再从量化结论中总结获得定性指导结论的关键。

（三）系统性与独立性

系统性包括评价体系的完整性和结构层次性，体系中的指标应能全面反映公路生态恢复的本质特征和系统功能，评价涉及的指标并非面面俱到、多多益善，而是要选择主要的、基本的和有代表性的指标。各评价指标及其评价准则应相互独立，保证各指标能从不同方面反映公路生态恢复工程的本质特征、生态功能及生态价值。

（四）动态性与地域性

公路路域生态系统本身就是一种动态过程，其结构和功能不断变化，客观上要求选择的指标要具有动态特点，公路生态恢复工程效果评价指标既要能够正确反映恢复初期和后期的生态环境状况，又要能够预测路域植被恢复的发展变化趋势，以便及时采取有效措施加以防治。同时，因公路是长线形廊道构造物，所跨越的沿线生态系统可能是不同种类的，其产生的影响也是各不相同的，因此指标体系应具有地域性，处于不同区域、不同生态类型中的公路生态恢复工程，其评价体系中的指标有所不同。

（五）客观评判性

由于公路生态恢复是基于人工建植工程实施的，通常是重建路域退化生态系统的第一步，它以人工手段使公路植被在短时期内得以恢复。因此，公路人工植被不同于自然的植被群落，其含有众多的人为干预、影响因素。构建评价体系时应当注意将人的主观意愿、偏好尽可能地降低，以保证所得到的评价结果客观、真实，具有实际的工程指导价值。

三、体系指标的确定

（一）指标确定的思路

一方面，公路生态恢复工程实施后，即产生了以人工重建植被为主的生态集群，作为特殊生态系统的一种形式，路域生态系统是公路与周围自然环境的交界，因而容易受到周边环境的影响。在空间尺度上，公路跨越不同区域之间复杂多变的地理环境；在时间尺度上，公路植被也要经历季节的变化所带来的气候交替。在进行工程生态效果评价时，有时需将同一工程区在不同年份、不同季节的生态特性进行纵向的比较，有时也需将不同区域或采用不同恢复方法的工程实体在同一时间进行横向的比较。另一方面，公路生态恢复是涉及道路工程、土壤学、植被生态学、恢复生态学、草地生态学、水土保持学、景观生态学等多学科、综合性的系统工程，因而要求评价的类别、指标本身具有不同的性质和特点，从不同层次说明问题，同时又要求这些指标之间相互存在关联，以达到从多方面综合反映工程生态效果的目的。

公路生态恢复工程的重点是构建"植被—土壤系统"，从系统的结构来看，"土壤"是指公路条件下人工提供的满足植被正常生长所需的基础物质（人工土壤或基质），其既提供植被生长所需的合理物理结构，又是植被水分、养分转化利用的载体；而"植被"则是指公路人工植物群落，是系统演化、发展的主要生物要素。从系统的功能来看，因土壤与植被二者还形成了"固结—维养"工程属性，故系统功能就包括了物质生产循环功能（保持系统的稳定性，降低人工辅助能量的输入等），植被生态防护功能（边坡力学加固与侵蚀控制等）以及植被恢复后产生的景观文化服务功能（融入自然景观及美学价值等），即系统同时存在生态功能属性、工程功能属性和服务功能属性。因此，鉴于公路生态恢复工程的设计要素众多、要素侧重各有不同，以及评价问题具有多属性、多量纲和属性侧重不同等特点，评价的实施应当首先建立准则体系，设定层次结构，以便于评价不同技术方法或不同条件下的生态效果。

(二) 指标体系的组成

现有评价体系多数是针对一定立地条件或某种技术方法的生态恢复工程效果而建立，或只是确定了相关评价指标，或只是建立了评价体系，故评价的系统性和综合性及相关性有待进一步完善。因此，本书结合国内外现有研究成果及工程实施经验，应用层次分析法（AHP）对评价要素建立不同层次的结构模型，提出以公路生态恢复工程的生态效果为决策目标层，以植被生态环境、景观生态水平、生态服务功能为准则层，以及以具有代表性、易于定量描述和考测的18个因子为指标层，构成一种公路生态恢复工程生态效果评价体系（表7-1）。

表7-1 一种公路生态恢复工程生态效果评估体系

目标层A	准则层B	指标层C
公路生态恢复工程生态效果	植被生态环境	植被生物量
		草本植物盖度
		物种多样性
		植被综合抗性
		土壤有机质
		土壤质地
		土壤硬度
		有效土层厚度
	景观生态水平	景观丰富度
		景观多样性
		景观均匀度
		植被覆盖度
		自然融合程度
		植被绿期
	生态服务功能	环境质量改善
		小气候调节
		水土保持
		动物栖息环境改善

公路生态恢复工程生态效果评价体系尽管只设置了3个准则层，但体系指标较为系统、全面，在一定程度上反映了公路生态恢复工程的本质以及公路生态功能、生态价值的特征，同时可表现出在人工干预下，植被生态环境、路域生态系统与沿线景观生态系统结构功能的相互依存及改善、提升的关系。

四、评价指标含义、阈值及考测方法

（一）植被生态环境（B_1）

1. 植被生物量（C_{11}）

植被生物量指群落在一定时间内积累的活的有机体的总量或贮存的总能量，又称现存量，通常以单位面积或单位时间积累的平均质量或能量来表示。植被生物量是整个生态系统的能量基础和物质来源，是生态功能系统最重要的特征和本质的标志，它反映植被群落的生产力，同时也可以用来评价一个恢复生态系统的功能。因此植被生物量是生态系统结构优劣和功能高低的最直接的表现，是群落生态系统质量的综合体现。

植被生物量指标对应适当植被类型，分地上生物量和地下生物量两类统计得到具体数据。对于乔木生物量，对所选取的标准木采用分段分层切割法（地上部分）和全体收获法（地下部分）砍伐，通过测定鲜重、干重，再用相对生长法估算全部乔木生物量；对于草、灌木，采用样方全体收获法测定，即在样地中机械布设5~10个1~2 m^2的样方，将其中的草、灌木（地上、地下）全部收获称重，经烘干后测干重率，再以样方的平均值推算整体植被生物量；对枯枝落叶层亦采用样方收获法进行收集、测定。此外，林下植被根系生物量测定采用土钻法测定。

2. 草本植物覆盖度（C_{12}）

草本植物覆盖度是指草本植物在植被区的垂直投影面积占植被区总面积的百分比，此处用来衡量公路人工植物群落形成后，草被对恢复工程区的覆盖情况。草本植物的覆盖度是衡量公路植被状况的一个重要指标，同时它又是在恢复工程初期控制土壤侵蚀与水土流失的重要因素。特别对于公路边坡，灌木植物与草本植物组合种植在后期会产生更好的护坡效果，但由于恢复初期的草本植物生长较快，会占据灌木生长的空间、营养而使灌木难以成活。因此，草、灌植物种植比例不仅是群落物种多样性的一个体现，更是反映护坡植物物种搭配合理与否的一个重要指标。

草本植物覆盖度通过样方（针刺法）进行测定，也可使用专门的覆盖度摄影测量仪进行测定。

3. 物种多样性（C_{13}）

物种多样性是植物群落在组成结构功能和动态等方面体现出的差异，是群落内物种分布数量和均匀程度的测度指标。物种多样性的表达采用多样性指数，它是用来描述一个群落的多样性的统计量。在生态学中，多样性指数被用来描述生态系统中的生物多样性，同时它与群落的稳定性成正相关。公路植被建植后，土壤环境得到一定程度的改善，为物种的入侵创造了条件。一些1年生的先锋植物首先入侵，随时间的延续，物种数量、植被覆盖度逐渐增加。植被物种数目的增加，主要是由于当地自然物种侵入数目的波动引起的，侵入物种以1年生先锋草本植物为主，其对土壤环境和气候变化较为敏感，年际间种类组成表现出不稳定性。这里的物种多样性仅指人工植物群落组织水平上的物种组成类型和植物物种。

物种多样性通常采用临时样地法和固定样地法，通过实地调查覆盖度大于10%的乔、灌、草植物的种类数量来进行计算。

4. 植被综合抗性（C_{14}）

植被综合抗性是指群落植物抗旱性、抗寒性、抗病性和耐贫瘠能力的综合表现。比如，干旱可导致植株萎蔫或者死亡，耐旱的植物在短期缺水后可以复活，是一种适应公路生境耐旱的表现；而有的植物在干旱后立即死亡，不能恢复生长，表现为抗旱性差；表土贫瘠可影响植物生长，表现为植株发育受阻、叶色发黄，甚至死亡，岩生植物的耐贫瘠能力最强，灌木类通常强于草本类。此处的综合抗性指同一植物在不同植被恢复工程方法下所表现的适应程度或存活率情况。

植被综合抗性通常采用目测法观察不同植物生长的直观表现而获取。

5. 土壤有机质含量（C_{15}）

土壤有机质含量是指单位体积土壤中含有的各种动植物残体与微生物及其分解合成的有机物质的数量，一般以有机质占干土重的百分数表示。土壤有机质是土壤肥力的重要基础，也是土壤形成和发育的重要标志，其含量的高低，决定着改良土壤质地、结构，以及协调水、肥、气、热等能力的大小。

土壤有机质的测定采用重铬酸钾容量法：在外加热源的条件下，用一定量的标准重铬酸钾-硫酸溶液来氧化土壤有机质（碳），剩余的重铬酸钾用标准硫酸亚铁来滴定。由消耗的重铬酸钾含量计算有机碳的含量，再间接计算有机质的含量。

6. 土壤质地（C_{16}）

土壤质地是土壤物理性质之一，指土壤中不同大小直径的矿物颗粒按不同比例的组合状况。各粒级在土壤中的相对比例或者质量百分数，称之为土壤质地。土壤质地与土壤通气、保肥、保水状况有密切关系，故将土壤中物理性黏粒含量作为衡量土壤质地的指标，黏粒含量小于15%为沙土类、壤土类；黏粒含量15%～25%为黏壤土类；黏粒含量大于25%为黏土类。

土壤质地数据主要通过实地土样调查获取，其测定有室内、野外两种方法，室内测定一般采用"比重计法"和"移液管法"，野外则采用"干试法"或"湿试法"进行简易速测。

7. 土壤硬度（C_{17}）

由于土壤是土粒的集合体，所以土粒与土粒之间的结合力、凝聚力以及土粒垒结状态等的综合作用使土壤具有一定的硬度，这种硬度也称为土壤的紧实度。路域工程土壤多遭受机械压实，这必然导致土壤硬度增加，这也是土壤结构重排、孔隙度降低的集中体现。土壤经压实后导致原有结构发生变化，土粒之间变得紧实，密度增加，水肥条件变差，从而影响植物生长，故需对工程土壤进行调配、改良。

测量土壤硬度一般使用土壤硬度计，其测量范围为0～40 mm或0～500 kg/cm²。

8. 有效土层厚度（C_{18}）

土层厚度即有效土层厚度，可认为是指土壤母质层以上到土壤表面的垂直深度。所谓有效土层是指具有肥力特征的土壤腐殖质层或耕作层，即植物根系伸延容易、有一定的养分可以吸取、能使植物正常生长发育的熟土层。有效土层厚度能直接反映土壤的发育程度，与土壤肥力密切相关，是野外土壤肥力鉴别的重要指标，它既是土壤养分的补充源，又是土壤矿质元素的储存库，而且还是判定土壤侵蚀程度的主要指标，对土壤的营养状况影响很大。

此处的土层厚度指标主要针对采用机械喷播工艺形成的坡面人工土壤的厚度而言，其测量可采用插钎法进行。

（二）景观生态水平（B_2）

1. 景观丰富度（C_{21}）

景观丰富度一般用景观丰富度指数R（Landscape Richness Index）来表征，是指景观中所有斑块类型的总数，即

$$R = m$$

式中，m为景观中不同斑块类型的数目。

在比较不同景观时，使用相对丰富度R_r（Relative Richness）更为适宜，其表达式

为

$$R_r = \frac{m}{m_{max}} \times 100\%$$

式中，R_r表示景观相对丰富度；m表示景观中现有的斑块类型数量；m_{max}表示景观中斑块类型可能的最大值。景观相对丰富度是反映景观组分以及景观破碎化程度的关键指标，并对许多生态过程产生影响。研究发现，景观丰富度与物种丰富度之间存在正相关，特别是对于那些生存需要多种生境条件的生物来说它就显得尤其重要。

2. 景观多样性（C_{22}）

与物种多样性不同，景观多样性是指景观单元在结构和功能方面的多样性，它反映了景观的异质性和复杂程度。景观多样性关注的是组成景观的斑块在数量、大小、形状和组成的景观类型、分布及斑块间的连通性、连接性等空间结构、功能机制的多样化程度。景观多样性用Simpson景观多样性指数H'来表征，其表达式为

$$H' = 1 - \sum_{k=1}^{n} P_k^2$$

式中，H'表示Simpson景观多样性指数；P_k是斑块类型k在景观中出现的频率；n是景观中斑块类型的总数。在整个景观水平上，景观多样性指数可描述景观组成的复杂程度。

景观多样性指数在生态学中应用广泛，它能反映景观异质性，特别对景观中各斑块类型非均衡分布状况较为敏感，即强调稀有斑块类型对信息的贡献，这也是与其他多样性指数的不同之处。在比较和分析不同景观或同一景观不同时期的多样性与异质性变化时，H'也是一个敏感指标。

3. 景观均匀度（C_{23}）

景观均匀度反映景观中各斑块在面积上分布的不均匀程度，通常以多样性指数与其最大值的比来表示。此处采用Pielou景观均匀度指数E来表征，其表达为

$$E = \frac{H}{H_{max}} = \frac{-\sum_{k=1}^{n} P_k \ln(P_k)}{\ln(n)}$$

式中，E表示Pielou景观均匀度指数；H表示Shannon景观多样性指数；H_{max}是Shannon景观多样性指数的最大值；P_k是斑块类型k在景观中出现的频率；n是景观中斑块类型的总数。

上述3项指数的计算可以通过相关软件来进行，例如ArcGis、SPAN等，但最为常

用的是FRAGSTATS软件，其由美国俄勒冈州立大学开发，最新版本能计算60多个景观指数。

4. 植被覆盖度（C_{24}）

植被覆盖度指植被（包括乔、灌、草植物的枝、茎、叶）在地面的垂直投影面积占统计区总面积的百分比，它是植被对地面的垂直投影比例，对边坡进行植被覆盖度测量时，应该采用垂直于坡面的角度。植被覆盖度具有强烈的尺度效应，同一片植被，因被纳入统计的范围不同而表现为不同的植被覆盖度。这里的植被覆盖度是用来衡量公路植被恢复后的植物群落覆盖工程区域的情况。覆盖度也能客观地反映植物的地上部分的生物量，并对防止地表侵蚀和降低地表径流有直接的作用。

根据测量手段，植被覆盖度的测量方法可分为传统的地面测量和新兴的遥感测量两大类。其中，地面测量又分为目估法、采样法、仪器法和模型法；遥感测量依据对植被光谱信息与植被覆盖度所建立的关系不同，可分为物理模型法和统计模型法。虽然遥感技术的发展使地面测量的主导性地位有所降低，但地面测量依然具有其重要性，它不仅是最精确的测量方法，也为遥感测量提供了基础标定数据，是无可替代的。常用的地面测量手段有针刺法、线段法以及专门的盖度摄影测量仪等。

5. 自然融合程度（C_{25}）

自然融合程度是指依据景观生态学及美学观点，公路植被所能给予人们的主观满足程度。对其目前尚无成熟的指标体系及评价方法，总的原则是在植被恢复设计、物种选择以及后期养护管理等方面尽量体现"师法自然、接近自然"，使其与自然环境协调、和谐，例如除公路边坡植被恢复外，还涉及相关圬工构筑物的遮蔽、排水沟渠的生态结构及绿化功能等。

自然融合程度评价可采用由美国心理学家Osgood创建的语义差别法（SD法），通过制定调查方案，定期、不定期地向公路使用者和具有代表性的驾乘人员进行问询调查，由此获得被调查对象的感受及相关定量化数据，经对调查项目及数据统计后，最终形成人员对植被生态景观的欣赏程度和支付意愿的结果。

6. 植被绿期（C_{26}）

植被绿期是指公路植被在全年的保持绿色的天数，其为衡量植被生态景观性状的一个重要指标。

植被绿期统计可采用目测法：从树冠上2/3的叶片凋零开始计算灌木的枯黄，从枝顶端有3片以上叶片萌发开始计算其返青；从植株外观颜色变为黄色开始计算草本的枯黄，从外观转绿计算其返青。

(三)生态服务功能(B_3)

1. 环境质量改善(C_{31})

此处所谓的环境质量改善主要指公路生态恢复工程实施后，植被生态系统中的生物类群通过物理、化学和代谢作用将环境中的污染物利用或与之发生作用后使之降解或消失，最终达到净化环境的过程，例如所产生的减少碳排放，净化环境（吸收废气、滞留粉尘、降低噪声）的功能作用。

绿色植物是二氧化碳的消耗者和氧气的生产者，植被对减少碳排放的贡献可通过其吸收二氧化碳制造氧气的功效来估算植被的碳排放减少和供氧功能。有关资料表明，植物每产生1.6 g干物质，需要吸收（固定）2.6 g二氧化碳，同时释放1.9 g氧气。在此过程中，植物还将太阳能转化为化学能储存在碳水化合物中。据专业人员测定，常绿阔叶林、落叶阔叶林、针叶林每年释放氧气分别为22 t/hm^2、10 t/hm^2和16 t/hm^2，而草地的释放量约为森林的20%~50%。植被对减少碳排放的贡献可据此测算。

植物叶片上的气孔和枝条上的皮孔可吸收二氧化硫，再通过氧化还原过程将其转化为无毒物质。植被对二氧化硫的吸收功效可参考森林树木的有关数据进行测算：针叶林、柏林、杉类为215.6 kg/hm^2，阔叶林为88.65 kg/hm^2，树木吸收二氧化硫的能力平均为120.8 kg/hm^2，草地吸收二氧化硫的能力平均为15 kg/hm^2。

目前，国内有关植被对氮氧化物的吸收功效的研究还较少，在此借鉴韩国科技人员获取的测定结果做类比，根据韩国科学技术处（森林公益机能的计算化研究）测定数据，每公顷森林的吸收量约为6.0 kg。

植被对降尘的阻滞功效可参照此测算：阔叶林的滞尘能力为10.11 t/hm^2，针叶林的滞尘能力为33.2 t/hm^2。

植被林带对降低环境噪声效果显著，没有树木的高层建筑的街道上空，通常其噪声要比种有行道树的街道高5倍以上，一般公路两边各造10 m林带，可降低交通噪音25%~40%。植被对噪声的改善情况可按照《环境影响评价技术导则—声环境》（HJ 2.4-2009）中的相关要求进行测定。

此外，对环境质量的评价也可按照《环境影响评价技术导则》中的其他相关要求进行。通过以上方法的测算和测定、定性与定量结合、数据实测与直觉感受相结合的方式进行统筹评价，以此确定公路植被对环境质量相关因子的改善程度。

2. 小气候调节（C_{32}）

公路绿地通过树冠遮阴减光、蒸腾作用，可以在一定程度上起到增加湿度、降低温度、减低风速等作用，能够增加公路驾乘人员的舒适感，营造良好稳定的行车环境。研究表明，在炎夏季节，林地树荫下的气温较无林地处要低3℃~5℃，绿地环境的相对湿度也比非绿化区高10%~20%。考虑到实际情况，可只评估降低温度的效应。通过测量有植被降温作用的绿地和行车道面积，以及绿化区与无林地带的温度差来衡量小气候效应。

3. 水土保持（C_{33}）

公路植被在水土保持上的价值主要体现在防治边坡塌方、崩塌等地质灾害，减少土壤养分丧失，减少泥沙对江河、湖泊的淤积。根据工程实际情况，通常主要关注边坡实施植被恢复工程后的抗蚀性和抗滑性。

边坡抗蚀性是指土壤承受风力、水力、重力、冻融等外营力破坏、分离、搬运和沉积的能力。抗蚀性除了取决于土壤的内在特性，如土壤的容重、渗透性能、物理组成、有机质含量、水稳性团聚体含量等指标外，边坡植被条件对土壤侵蚀的影响也十分显著，边坡植被覆盖程度与土壤的侵蚀强度有直接关系。

边坡抗滑性主要针对植物根系的固土能力。植物根系对坡面土壤具有力学加筋与锚固作用，植物根系长度、数量以及分布、活力等对边坡的稳定性产生一定的影响。

边坡抗蚀性可采用降雨模拟方法测定，设定一定的降雨强度，待形成稳定的坡面径流后，收集相应的尾水，测定水中泥沙的含量，然后反推边坡的水土流失（削减泥沙量）情况。边坡抗滑性可通过土壤抗剪强度指标来表征。在边坡用环刀取土，测定土壤的容重，并带回实验室测定土壤含水率；用环刀切取含有植物根系的土壤，带回实验室烘干并测算土壤含水率，利用直剪仪测定不同含水率土壤的抗剪强度。同时，测定无植物根系土壤的抗剪强度进行对比分析。另外，也可以测定根的抗张强度和含水量（断面根土面积比率），通过建立植物根系与土壤相互作用的加筋力学模型，来评价边坡的抗滑性。

4. 动物栖息环境改善（C_{34}）

公路生态恢复工程实施后，人工植物群落随之得到重建，并趋向稳定、健康的方向演替，相关区域范围的土壤、植被以及人工通道设施等，为多种生物（鸟类、昆虫、两栖类、小型爬行动物等）提供良好的栖息环境以及觅食、迁移的路径，能够消除或者减少对野生动物的不利影响，有利于生物多样性的保护和提高。

生物栖息环境的改善程度可通过动物珍稀度、动物丰富度和动物保护状况来评价。动物珍稀度主要反映公路沿线区域是否具有国家级或地方级保护动物、珍禽异兽；动物丰富度主要反映公路沿线区域动物种类及数量的多少，反映该路段动物多样性；动物保护状况主要反映是否设立对不同动物的有效保护设施，可以《野生动物保护法》中对野生动物及其栖息地状况的调查、监测和评估内容进行，同时也可参考《中国森林公园风景资源质量等级评定》（GB/T 180005—1999）的相关内容。

（四）阈值确定

考虑到地区气候条件、工程区地形地貌与自然植被、恢复工程方法各异以及恢复工程的重点和目标不同，参考相关研究方法及工程实践经验，按照适宜性、实用性和可操作性原则，对常规情形下公路生态恢复工程的各个评价指标分别提供上、下限取值范围，如表7-2所示，以供在评价时酌情参考、选取。与其他生态评价一样，公路生态恢复工程生态效果评价指标也不可能有绝对的量化标准，故评价结果反映的只是生态恢复工程质量和生态效果的相对优劣程度，旨在分析、评判已建工程的设计、施工状况，并为后续工程指出改进的方向和优化的重点。

表7-2 公路生态恢复工程效果评价指标的取值范围

准则层B	指标层C	上限值b	下限值a	备注
植被生态环境	植被生物量（g/m^2）	400~600	100~200	
	草本植物覆盖度（%）	60~70	20~30	
	物种多样性	15~20	3~5	分盖度>5%以上的物种数量
	植被综合抗性	9	1	九分制
	土壤有机质含量（%）	2	0.5	
	土壤质地（%）	15	50	
	土壤硬度（nn）	13	30	
	有效土层厚度（cm）	20	2	适于中等及以下坡度土石边坡采用喷播工艺形成的人工土壤，其他情形酌情调整
景观生态水平	景观丰富度	1	0	一分制；m_{max}>5
	景观多样性	1	0	一分制
	景观均匀度	1	0	一分制
	植被覆盖度（%）	80~90	30~40	
	自然融合程度	9	1	九分制
	植被绿期（d）	180~270	30~60	

续表

准则层B	指标层C	上限值b	下限值a	备注
生态服务功能	环境质量改善	9	1	九分制
	小气候调节	9	1	九分制
	水土保持	9	1	九分制
	动物栖息环境改善	9	1	九分制

五、评价方法及流程

（一）评价方法

1. 评价依据

参照国内外现有研究成果及工程实践经验，采用层次分析法（AHP）和模糊综合评价法对公路生态恢复工程质量及生态效果进行评价。在前面建立的评价指标层次结构基础上，再应用层次分析法（AHP法）确定各级评价要素指标的权重，并计算得出不同目的方案的权值；然后通过模糊综合评价，建立各评价指标隶属函数值，最终得出综合评价结果。

将层次分析法和模糊综合评价法结合是一种定性与定量相结合的决策分析方法，前者用于建立评价体系结构及指标权重，后者采用隶属函数确定指标隶属度。该方法体现了人们决策思维的分解、判断与综合的基本特征，它可以尽量减少主观因素的影响，将人的主观判断用数量形式表达和处理。由于具有综合性特征，因而用该方法对公路生态恢复工程质量进行系统性、综合性评价较为有效、合理，同时也为公路生态恢复生态效果评价和推广提供一种行之有效的判断依据。

2. 评价时间选择

公路生态恢复工程实施后，草本植物首先快速覆盖地表，其生长势可决定公路水土保持效果的优劣。随着组合种灌木的旺盛生长，其与草本植物发生着既竞争又共生的生长关系，公路植被开始逐渐恢复。灌木和草本植物经养护管理后形成了一个相对稳定的植物群落，改善了公路生态环境。根据实践观测，一般从实施人工建植开始1个生长年后，引进的植物种对环境的适应性和物种彼此之间的竞争性决定了某一物种在群落中的优势。人工植被改善了公路小气候和土壤微环境，使得公路"土壤—植被系统"逐渐形成，为乡土植物的入侵创造了较为适宜的生长环境。经过2~3年时间，公路植被会出现两种演替结果：一是进展演替，导致个体数量增加，群落结构变得复杂化，群落利用自然界的生产力不断增强，使受损的公路生态系统逐渐得到恢复并趋于稳定，表现为植物生长旺盛，植被恢复与水土保持效果变好；二是逆行演替，植物数量减少，群落结构趋于单一化，利用自然界的生产力降低，群落不稳定，表现为公路的次生裸地面积增加，土壤侵蚀严重，局部生态环境趋于退化，此即为公路生态恢复工程失败的标志。存活的植物种类中若以乡土植物为主，灌木和草本兼而有之，则其所在的群落是稳定的；若乡土物种的数量和种类在群落中的所占比例过少，形成了以引进物种为主的植物群落，则群落的稳定性较差，需要外部输入营养和加强养护管理予以改善。因此，对于恢复工程效果评价的最佳时间是群落内种群密度和物种数量相对稳定的时期。一般来讲，人工植被在2~3个生长年以后即可进行工程效果评价，评价结果可基本反映评价对象的客观性、真实性。当然，只要公路生态恢复工程的进程阶段相同，也完全可以在植物的同一生长阶段相互进行比较。

（二）评价流程

公路生态恢复工程生态效果评价的具体流程可分为以下步骤。

1. 收集、分析资料

参考国内外相关领域的文献，借鉴其评价思路及重点，形成合理、统筹的评价方案；收集工程建设项目基础资料，获取能反映工程背景、质量和生态现状的信息。

2. 选择指标

公路生态恢复是涉及多学科、综合性的系统工程，因而要求工程生态效果评价的类别、指标本身具有不同的性质与特点，需要从不同层面说明问题，同时又要求这些指标相互之间既独立、又有联系，以达到从多个侧面综合反映生态效果的目的。不同指标的选择及组合，可用来描述和评价不同目的或不同条件下的生态恢复工程的生态效果。例如，因在公路植物群落进入稳定时期以前，灌木和草本植物在不同的生长时期的生长势不同，对整个公路生态恢复的贡献也不相同，故可按种群变化规律和生态作用的不同划分为草本植物生长高峰期、灌木植物生长高峰期、草灌植物混合生长适应期和生态效益补充观察期4个阶段，不同的阶段选择不同的指标进行评价。再如，所有公路生态恢复工程尽管均以人工植被建植为基础，但工程实施的最终目的通常也有所偏重、不尽相同：有的工程目标是水土保持（如高填深挖形成的土石公路），有的工程则是突出景观效果（如处于自然或人文景区的公路），有的工程重点是营建土壤植被系统（如采用机械喷播工艺的人工土壤公路），等等。这同样需选择不同的指标进行评价。

3. 权重问卷调查

通过专家问卷征询方式，收集各个指标的重要程度意见，专家人数要足够并要有代表性，通常除包括土壤学、植物学、生态学、岩土工程学及公路交通工程等领域的专业人士外，还应有一定数量的运营管理者、车辆驾驶人员及乘客参与。

4. 权重确定

在问卷调查基础上，应用层次分析法对各层指标进行逐对比较，建立判断矩阵，通过计算判断矩阵的最大特征值及对应的正交化特征向量，得出该层指标对于准则的权重值，然后再利用和积法对指标权重值进行一致性检验。在此基础上，计算出各层次要素对于总体目标的组合权重，从而得出不同方案的权值。

5. 确定指标隶属度

选择不受人为干扰或较少受到干扰的同类区域的植被、土壤、景观等指标作为临界上限值，而选择受人为干扰严重的公路生境的植被、土壤、景观指标作为临界下限值（表7-2为常规条件下指标限值参考选取范围），然后应用模糊数学理论，依据指标变化对于公路生态恢复工程生态效果的影响，确定合适的隶属函数。最后，依据各指标实测值，计算出各指标相应的隶属度值。

对于促进性指标（植被生物量、物种多样性、土壤有机质含量、景观多样性、植被覆盖度、环境质量改善、水土保持等），采用升半梯形分布的隶属函数，如式（7-1）所示：

$$\mu(x) = \begin{cases} 1 & (x \geq b) \\ (x-a)/(b-a) & (a < x < b) \\ 0 & (x \leq a) \end{cases} \quad (7-1)$$

而对于抑制性指标（土壤硬度、土壤质地等）则采用降半梯形分布的隶属函数，如式（7-2）所示：

$$\mu(x) = \begin{cases} 1 & (x \leq a) \\ (b-x)/(b-a) & (a < x < b) \\ 0 & (x \geq b) \end{cases} \quad (7-2)$$

式中，$\mu(x)$为评价指标值的隶属函数；x为评价因素指标值；a、b分别为评价指标的限值。

计算出的评价指标隶属度是介于0~1之间的数值。当评价指标隶属度趋近1时，表明该指标对生态护坡工程应用效果无限制（有利或促进）作用；而随着偏离1程度的增加，对工程效果的限制性（抑制或阻碍）逐渐增强，直至等于0（即该指标对生态效果没有贡献）。

6. 指标评价

（1）B层次指标评价值。B层次指标评价值是对单项指标C的汇总。如式（7-3）所示：

$$F_i = \sum W_{ij} F_{ij} \quad (i=1,2,3,\cdots i;\ j=1,2,3,\cdots j) \qquad (7-3)$$

式中，W_{ij}为B层次中第i个指标内部第j个C指标的权重；F_{ij}为B层次中第i个指标内部第j个C指标隶属度值。

（2）综合评价值的计算。综合评价值是对于B层次评价值的进一步综合，它的大小反映了整个公路生态恢复质量和效果的优劣程度，计算公式如（7-4）所示：

$$M = \sum_{i=1}^{3} W_i F_i \qquad (7-4)$$

式中，M为公路生态恢复工程生态效果综合评价值；$W_i F_i$为B层次第i个指标的评价分值；W_i为B层次中第i个指标的权重；F_i为B层次中第i个指标隶属度值，由式7-3计算得到。

7. 综合评价结果

将最终评价分值M与评价标准进行对比，对公路生态恢复工程生态效果进行综合性评价。评价标准的制定需考虑公路生态系统的结构与功能特征以及工程建设目标，同时还需参考国内外相关研究成果以及相关专家意见。可以将综合评价标准分为4个等级（表7-3）。

表7-3 公路生态恢复工程生态效果综合评价标准等级

标准等级	优秀	良好	中等	差
综合评价值	0.8~1.0	0.6~0.8	0.4~0.6	0~0.4

参考文献

[1] 中华人民共和国行业标准. 公路工程技术标准（JTG B01—2003）[S]. 北京：人民交通出版社，2004.

[2] 中华人民共和国行业标准. 公路环境保护设计规范（JTG B04—2010）[S]. 北京：人民交通出版社，2010.

[3] 中华人民共和国行业标准. 公路建设项目环境影响评价规范（JTG B03—2006）[S]. 北京：人民交通出版社，2010.

[4] 中华人民共和国行业标准. 公路工程土工合成材料 排水材料（JT/T 665—2006）[S]. 北京：人民交通出版社，2006.

[5] 中华人民共和国行业标准. 公路工程土工合成材料 无纺土工织物（JT/T 667—2006）[S]. 北京：人民交通出版社，2006.

[6] 中华人民共和国行业标准. 公路路基设计规范（JTG D30—2004）[S]. 北京：人民交通出版社，2004.

[7] 中华人民共和国行业标准. 园林绿化工程施工及验收规范（CJJ 82—2012）[S]. 北京：中国建筑工业出版社，2012.

[8] 中华人民共和国行业推荐性标准. 公路排水设计规范（JTG/T D 33—2012）[S]. 北京：人民交通出版社，2013.

[9] 中华人民共和国国家标准. 建筑与小区雨水利用工程技术规范（GB 50400—2006）[S]. 北京：光明日报出版社，2006.

[10] 中华人民共和国国家标准. 雨水集蓄利用工程技术规范（GB/T 50596—2010）[S]. 北京：中国计划出版社，2010.

[11] 中华人民共和国国家标准. 微灌工程技术规范（GB/T 50485—2009）[S]. 北京：中国水利水电出版社，2009.

[12] 中华人民共和国国家标准. 城市污水再生利用 城市杂用水水质（GB/T 18920—2002）[S]. 北京：中国质检出版社，2003.

[13] 中华人民共和国交通运输部."十二五"交通运输发展规划汇编[M].北京：人民交通出版社，2012.

[14] 中华人民共和国交通运输部."十三五"交通运输发展规划汇编[M].北京：人民交通出版社，2016.

[15] 冯美军，洪波，左志武，等.公路边坡生态恢复及防护技术[M].青岛：中国海洋大学出版社，2014.

[16] 毛文碧，段昌群，等.公路路域生态学[M].北京：人民交通出版社，2009.

[17] 福曼，等.道路生态学：科学与解决方案[M].李太安，安黎哲，译.北京：高等教育出版社，2008.

[18] Donald H G，Robbin B S.坡地生态工法[M].陈彦璋，陈伟尧，译.台北：明文书局，2005.

[19] 黄秉维，等.现代自然地理学[M].北京：科学出版社，2000.

[20] 赵剑强.公路交通与环境保护[M].北京：人民交通出版社，2002.

[21] 李全文.公路环境规划[M].北京：人民交通出版社，2005.

[22] 张雪萍.生态学原理[M].北京：科学出版社，2011.

[23] 李文华.中国当代生态学研究[M].北京：科学出版社，2013.

[24] 肖笃宁.景观生态学[M].北京：科学出版社，2003.

[25] 傅伯杰.景观生态学原理及应用[M].北京：科学出版社，2011.

[26] 孙儒泳.生态学进展[M].北京：高等教育出版社，2008.

[27] 章家恩.生态规划学[M].北京：化学工业出版社，2009.

[28] 陶思明.湿地生态系统与保护[M].北京：中国环境科学出版社，2003.

[29] 张洪军.生态规划——尺度、空间布局与可持续发展[M].北京：化学工业出版社，2007.

[30] 吕宪国.湿地生态系统保护与管理[M].北京：化学工业出版社，2004.

[31] 尚玉昌.普通生态学[M].北京：北京大学出版社，2002.

[32] 张志新，等.滴灌工程规划设计原理与应用[M].北京：中国水利水电出版社，2007.

[33] 陆健健，何文珊，童春富，等.湿地生态学[M].北京：高等教育出版社，2006.

［34］顾卫，江源，等.人工边坡植被恢复设计与技术［M］.北京：中国环境科学出版社，2009.

［35］赵方莹，赵廷宁，等.边坡绿化和生态防护技术［M］.北京：中国林业出版社，2009.

［36］周德培，张俊云.植被护坡工程技术［M］.北京：人民交通出版社，2003.

［37］戴泉玉，顾卫，张化平，等.内蒙古自治区公路边坡生态恢复与重建技术指南［M］.北京：人民交通出版社，2011.

［38］高民欢，李辉，等.高等级公路边坡冲刷理论与植被防护技术［M］.北京：人民交通出版社，2005.

［39］福建省高速公路建设总指挥部.福建省高速公路施工标准化管理指南［Z］.北京：人民教育出版社，2010.

［40］江源，顾卫，陶岩，晏晓林，等.道路生态影响与公路边坡植被恢复生态研究［M］.北京：中国环境科学出版社，2011.

［41］江源.道路生态影响与公路边坡植被恢复生态研究［M］.北京：中国环境科学出版社，2011.

［42］沈毅，晏晓林.公路路域生态工程技术［M］.北京：人民交通出版社，2009.

［43］张卫平，董建辉.山区高速公路生态恢复理论与实践［M］.北京：人民交通出版社，2006.

［44］邓卫东，等.公路边坡稳定技术［M］.北京：人民交通出版社，2006.

［45］李洪远，鞠美庭.生态恢复的原理与实践［M］.北京：化学工业出版社，2005.

［46］江玉林.公路路域环境生态恢复研究与实践［M］.北京：中国农业出版社，2004.

［47］孙书存，包维楷.恢复生态学［M］.北京：化学工业出版社，2005.

［48］郭长庆，梁勇旗，等.公路边坡处治技术［M］.北京：中国建筑工业出版社，2007.

［49］宋永昌.植被生态学［M］.上海：华东师范大学出版社，2001.

［50］任海，彭少麟.恢复生态学导论［M］.北京：科学出版社，2001.

［51］董世魁，刘世梁，等.恢复生态学［M］.北京：高等教育出版社，2009.

[52] 戴明新,等.公路环境保护手册[M].北京:人民交通出版社,2004.

[53] 刘书套,等.高速公路环境保护与绿化[M].北京:人民交通出版社,2001.

[54] 钱国超,唐述虞,等.高速公路环境景观设计[M].北京:人民交通出版社,2009.

[55] 刘东明,林才奎,等.高速公路边坡绿化理论与实践[M].武汉:华中科技大学出版社,2010.

[56] 王珏.生态公路探索与实践[M].北京:人民交通出版社,2007.

[57] 交通部第二公路勘察设计院.公路设计手册(路基)[M].北京:人民交通出版社,1996.

[58] 黄小军.生态公路建设的研究与实践[M].北京:人民交通出版社,2008.

[59] 张丽,田福强.城市人工水体的水资源效应与利用[M].北京:科学出版社,2008.

[60] 魏群.城市节水工程[M].北京:中国建材工业出版社,2006.

[61] 白史且,胥晓刚.高速公路绿化工程技术[M].北京:中国农业出版社,2005.

[62] 日本绿化工学会.环境绿化百科全书[M].东京:朝仓书店,2005.

[63] 刘甲荣,舒安平,郭建平,等.半干旱区高速公路生态护坡技术[M].北京:人民交通出版社,2011.

[64] 田平.公路环境建设与管理[M].北京:人民交通出版社,2004.

[65] 杨斌.高速公路服务区适用污水处理工艺与技术探讨[J].公路交通技术,2008(2):133-136.

[66] 胡志红,李远广.甘肃高速公路服务区生活污水处理组合技术研究与设计[J].交通建设与管理,2009(9):75-79.

[67] 刘道行.高速公路服务区污水生态处理工艺研究[D].济南:山东大学,2011.

[68] 刘学欣,孔亚平.公路服务区污水处理工艺综合分析[J].公路,2011(6):189-191.

[69] 王新华.河南省高速公路沿线站区污水处理设施探讨[J].交通企业管理,2010(5):40-41.

［70］黄焕存，高桂军.高速公路服务区污水处理及回用技术选择［J］.黑龙江科技信息，2011（30）：74-74.

［71］杨涛.高速公路服务区污水处理工艺的选择与污水处理设备的管理［J］.北方交通，2010（4）：172-175.

［72］田宁宁，杨丽平，彭应登.土壤毛细管渗滤处理生活污水［J］.中国给水排水，2000，16（5）：12-15.

［73］吴海林.高速公路服务区污水处理系统概述［J］.现代交通技术，2008，1：283-286.

［74］孙青，卓慕宁，朱利安，李定强.论高速公路建设中的生态破坏及其恢复［J］.土壤与环境，2002（2）：210-212.

［75］潘树林，王丽，辜彬.论边坡的生态恢复［J］.生态学杂志，2005，24（2）：217-221.

［76］蔡蕾，何飞，郭先锦，等.高速公路边坡土质特征与重建植被的响应［J］.四川林业科技，2012，33（2）：60-64.

［77］屠林冲.关于公路路域生态恢复设计的思考［J］.交通标准化，2010（19）：105-108.

［78］高小虎，宋桂龙，韩烈保，等.山区道路生态修复中的景观设计［J］.中国水土保持，2007，12：51-52.

［79］李少丽，许文年，丰瞻，等.边坡生态修复中植物群落类型设计方法研究［J］.中国水土保持，2007，12：53-55.

［80］日本绿化工学会坡面绿化研究会，中国水土保持学会工程绿化专业委员会.关于坡面自然恢复绿化的基本思考［J］.中国水土保持科学，2008（S1）：12-24.

［81］王文生，杨晓华，谢永利.公路边坡植物的护坡机理［J］.长安大学学报（自然科学版），2005，25（4）：26-30.

［82］胥晓刚，杨冬生，胡庭兴，白史且.建立坡面植被恢复群落质量评价体系的探讨［J］.水土保持学报，2004，18（2）：189-191.

［83］宋林旭，汪婷，周明涛，等.灌木在边坡生态防护中的作用［J］.中国水土保持，2005（7）：34-35.

［84］胥晓刚.高速公路路域生态恢复研究［D］.四川：四川农业大学，2004.

［85］余乐.山区公路边坡生态保护与植被恢复技术研究［D］.西安：长安大学，

2005.

[86] 徐喜占, 许俊新, 谷兰兰. 防火树种的科学选择及生物防火林带的营造技术 [J]. 河北林业科技, 2007, 1: 58-59.

[87] 李树华, 李延明, 任斌斌, 等. 园林植物的防火功能以及防火型园林绿地的植物配置手法 [J]. 景观植物, 2008（6）: 92-97.

[88] 陶世英. 边坡防护新类型的施工探索——锚杆布鲁克网、预应力锚索、锚杆挂网喷混凝土 [J]. 辽宁省交通高等专科学校学报, 2008（2）: 14-15.

[89] 许文年, 叶建军, 周明涛, 等. 植被混凝土护坡绿化技术若干问题探讨 [J]. 水利水电技术, 2004, 35（10）: 50-52.

[90] 许文年, 王铁桥, 叶建军, 等. 挖方岩石边坡绿化技术与方法探讨 [J]. 三峡大学学报（自然科学版）, 2003, 25（2）: 101-104.

[91] 吴少儒, 许文年, 王路根, 等. 喷射护坡绿化技术的物种选择 [J]. 中国水土保持, 2006（6）: 41-43.

[92] 钱华, 柏明娥, 刘本同, 等. 岩质边坡绿化过程中人工土壤的重建 [J]. 中国水土保持科学, 2006, 4（S1）: 83-86.

[93] 余海龙, 顾卫, 姜伟, 等. 高速公路路域土壤质量退化演变的研究 [J]. 水土保持学报, 2006（4）: 195-198.

[94] 张俊云, 周德培, 李绍才. 高速公路岩石边坡绿化方法探讨 [J]. 岩石力学与工程学报, 2002（9）: 1 400-1 403.

[95] 章梦涛, 邱金淡, 颜冬. 客土喷播在边坡生态修复与防护中的应用 [J]. 中国水土保持科学, 2004, 2（3）: 10-12.

[96] 张文举, 赵忠际, 成语. 高速公路边沟生态设计 [J]. 城市道桥与防洪, 2007（6）: 22-23.

[97] 马德兴, 祝遵凌. 生态节约型公路边沟的应用研究与建议 [J]. 中外公路, 2011, 31（1）: 38-41.

[98] 刘建华, 郭忠印, 丁志勇, 等. 公路排水设计中的土工合成材料应用技术 [J]. 同济大学学报（自然科学版）, 2006, 34（4）: 484-489.

[99] 林元光. 简析公路生态边沟的设计与施工 [J]. 工程科学, 2010（23）: 89-90.

[100] 黄焕存. 高速公路循环水利用系统关键技术研究 [D]. 重庆: 重庆交通大

学，2012.

[101] 吴翠翠. 济—菏高速公路建设对稻屯洼湿地的影响及保护措施研究[D]. 济南：山东师范大学，2008.

[102] 赵泼. 高速公路建设对湿地环境影响及减缓措施研究[D]. 哈尔滨：东北林业大学，2013.

[103] 冯美军，夏涛，卫宝立. 高速公路沥青混凝土路面材料对径流重金属吸附研究[J]. 道路工程，2014，4：158-162.

[104] 赵剑强，邱艳华. 公路路面径流水污染与控制技术探讨[J]. 长安大学学报（建筑与环境科学版），2004，21（3）：50-53.

[105] 冯美军，王琳，卫宝立，等. 路面颗粒物粒径分布及其对重金属的吸附研究[J]. 中国给水排水，2013，29（23）：121-123.

[106] 孙仁娟，商庆森，王蕾. 高速公路路域生态环境保护探讨[J]. 华东公路，2003（6）：78-79.

[107] 孙乔宝，甄晓云. 高速公路建设对生态环境的影响及恢复[J]. 昆明理工大学学报，2000，25（2）：68-71.

[108] 董方帅，徐礼根. 岩质边坡植被重建后的生态评价指标体系构建[J]. 科技通报，2009，25（4）：503-509.

[109] 汪茜，徐亮，柳海波，等. 高速公路环境保护管理体系的构建[J]. 环境科学与技术，2015，38（12）：298-304.

[110] 孙强，徐亮，任雪松，等. 高速公路建设全方位环境管理研究[J]. 环境科学与管理，2015（6）：1-5.

[111] 高硕晗，王新军，李长江，等. 公路建设环境管理现状及对策[J]. 交通标准化，2014，42（9）：16-22.

[112] 王晓婵，郑洪波，张树深. 关于环境管理向生态管理模式转变的探究[J]. 生态环境，2008，28（12）：49-52.

[113] 赵廷宁，武健伟，王贤，等. 我国环境影响评价研究现状、存在的问题及对策[J]. 北京林业大学学报，2001，23（3）：67-71.

[114] 田甜，李绍才，孙龙海，等. 道路建设扰动下的生态效应分析及其消减对策[J]. 水土保持通报，2010，30（1）：199-204.

[115] 刘杰，崔保山，董世魁，等. 公路建设干扰下的生态系统变化及其机理

[J].水土保持通报,2006,26(2):31-36.

[116]黄少雄,衷平,石翔.人工湿地在路面径流污水处理中的应用[J].公路,2006,7:228-234.

[117]李彧.自动化滴灌管理技术在高速公路环境建设中的应用初探[J].城市道桥与防洪,2000(4):45.

[118]柳雁.湖南省公路建设对湿地生态环境的影响及对策[J].湖南交通科技,2006,32(3):43-47.

[119]张海水,房建宏.公路建设对湿地的影响及对策[J].青海交通科技,2005(4):23-26.

[120]李明安.公路工程建设施工期、营运期对环境保护的影响及重点解决的问题[J].科技信息(科学教研),2007,32:451.

[121]赵淑青,崔保山,高丽娜,等.纵向岭谷区公路建设对沿线地区土壤质量的影响[J].科学通报,2007(S2):166-175.

[122]陈友光,陈振雄,柯玉诗,等.广东地区高速公路边坡生态防护的土壤肥力调查与改良对策[J].公路,2008,6:200-203.

[123]张统洋,魏中华,赵霞,等.公路建设对野生动物生活的影响综述[J].交通标准化,2014,23:31-34.

[124]李斌,栾晓峰,马武昌.高速公路对野生动物的影响及其保护措施研究[J].安徽农业科学,2011,39(18):11 131-11 134.

[125]史培军,陈晋,潘耀忠.深圳市土地利用变化机制分析[J].地理学报,2000(2):151-160.

[126]肖杨,王红瑞,伍玉容.公路工程对土地利用/土地覆被变化的驱动效应分析[J].交通环保,2002,23(1):10-12.

[127]Lennart S,Pius Y,et al.利用景观信息分析和预测环境变化:扩展基线观点——坦桑尼亚两个例子[J].人类环境杂志,1999,28:436-443.

[128]李广英,张同作.浅谈公路建设对生态环境的影响及其对策[J].青海环境,2002,12:169-171.

[129]彭鸿,侯玲,杨康宁.高速公路建设对区域环境的影响和景观系统分析方法[J].中国水土保持,2003(5):16-17.

[130]赵康.公路网发展与湿地保护[J].中外公路,2009,29(3):14-18.

［131］欧阳志云，王如松．生态规划的回顾与展望［J］．自然资源学报，1995，10（3）：203-215．

［132］彭少麟，陆宏芳．边缘的生态恢复—第16届国际恢复生态学大会综述［J］．生态学报，2004，24（9）：2 086-2 086．

［133］张博．谈高速公路绿化对行车安全的影响［J］．山西建筑，2013，39（11）：186-187．

［134］肖代全，马荣国，李铁强．公路绿化对行车安全的典型影响及其评价［J］．公路，2011，2：2．

［135］赵怀武．公路绿化与安全［J］．交通世界，2012（8）：157-158．

［136］吴迪．山区高速公路绿化与景观研究［J］．北方交通，2012（4）：63-64．

［137］任海，彭少麟，陆宏芳．退化生态系统恢复与恢复生态学［J］．中国基础科学，2004（24）：1 756-1 764．

［138］王祥荣．生态园林与城市环境保护［J］．中国园林，1998，14（2）：14-16．

［139］李文君．低碳生态理念在公路建设管理中的实践与思考［J］．交通科技，2013，1：137-139．

［140］王建国．高速公路运营过程中生态环境与管理问题［J］．科技信息，2009（19）：300-300．

［141］黄勇，汪亚峰，肖飞，等．公路景观生态规划研究综述［J］．长江流域资源与环境，2010（19）：161-164．

［142］谢方成．生态公路设计理念与建设分析［J］．路基工程，2009（4）：108-110．

［143］余海龙，顾卫，李哲峰．我国工程创面生态恢复中存在的问题及研究展望［J］．中国水土保持，2010（4）：29-31．

［144］刘帅，郑莉，张谨帆．公路工程项目生态化管理的基本理念与实现方法［J］．交通企业管理，2007，22(8)：12-14．

［145］董滨，洪波，等．公路边坡坡度对滴灌渗流影响数值分析［J］．公路交通科技，2012，11：421-423．

［146］余海龙，顾卫．高速公路边坡生态护坡效果定量评价研究［J］．水土保持通报，2011，31（1）：203-206．

[147] 陈芳,李淑琴,赵百磊.高速公路路基边坡生态防护效果评价[J].公路交通技术,2015(2):139-144.

[148] 吴家勇,毛志刚,李云涛.公路生态系统服务功能分析及评估[J].西部交通科技(环保前沿),2008(4):86-88.

[149] 张阳,肖晶,张可,等.基于景观空间格局的公路景观定量评价指标体系[J].西安建筑科技大学学报(自然科学版),2011,43(1):101-105.

[150] 傅伯杰.景观多样性分析及其制图研究[J].生态学报,1995,15(4):345-350.

[151] 衣华鹏,张鹏宴,毕继胜,等.烟台海岸带防护林的生态环境效应与景观生态建设[J].海洋科学,2008,2:69-73.

[152] 顾韩.公路景观评价研究[D].哈尔滨:东北林业大学,2006.

[153] 刘波.思小高速公路景观设计与评价[D].昆明:昆明理工大学,2007.

[154] 李江锋.北京矿山废弃地生态恢复质量评价研究[D].北京:北京林业大学,2010.

[155] Li F, Liu X Sh, Zhang X L, et al. Urban ecological infrastructure: an integrated network for ecosystem services and sustainable urban systems [J]. Journal of Cleaner Production, 2016.

[156] Wemple B C, Swanson F J, Jones J A. Forest roads and geomorphic process interactions, Cascade Range, Oregon [J]. Earth Surface Processes and Landforms, 2000, 26(2):191-204.

[157] Daily G C, Alexander S, Ehrlich P R, et al. Ecosystem services: benetits supplied to human societics by natural ecosystem [J]. Issues in Ecology, 1997 (3):1-6.

[158] Constanza R R. The value of the world's ecosystem services and natural capital [J]. Nature, 1997, 387:253-259.

[159] Hellstrom D, Jonsson L.Evaluation of small waste water treatment systems [J]. Water Science and Technology, 2003, 48(11-12):61-68.

[160] Su Y X, Chen X Zh, Liao J Sh, et al. Modeling the optimal ecological security pattern for guiding the urban constructed land expansions [J]. Urban Forestry & Urban Greening, 2016, 19:35-46.

[161] Li X P, Zhang L Q, Zheng Zh. Soil bioengineering and the ecological

restoration of riverbanks at the Airport Town Shanghai, China [J]. Ecological Engineering, 2016, 26(3): 304-314.

[162] Song G B, Li Zh, Yang Y G, et al. Assessment of ecological vulnerability and decision-making application for prioritizing roadside ecological restoration:A method combining geographic information system, Delphi survey and Monte Carlo simulation [J]. Ecological Indicators, 2015, 52: 57-65.

[163] Wu Ch F, Lin Y P, Chiang L Ch, et al. Assessing highway's impacts on landscape patterns and ecosystem services: a case study in Puli Township, Taiwan [J]. Landscape and Urban Planning, 2014, 128: 60-71.

[164] Hobbs R J, Norton D A .Towards a conceptual framework for restoration ecology [J]. Restoration Ecology, 1996, 91:33-42.

[165] Calista Y T, Andrew S Ch. Framework for developing construction sustainability items: the example of highway design [J]. Journal of Cleaner Production, 2012, 20(1): 127-136.

[166] Akira M. Restoration of urban green environments based on the theories of vegetation ecology [J]. Ecological Engineering, 1998, 11(1-4): 157-165.

[167] David J P, Wesley J B. Effectiveness of stream restoration following highway reconstruction projects on two freshwater streams in Kentucky [J]. Ecological Engineering, 2005, 25(1): 73-84.

[168] Jing B, Hong Y Sh, Shi K D. Study on eco-utilization and treatments of highway greening waste [J]. Procedia Environmental Sciences, 2010, 2: 25-31.

[169] Nogués S, Cabarga-Varora A. Modelling land use changes for landscape connectivity: The role of plantation forestry and highways [J]. Journal for Nature Conservation, 2014, 22(6): 504-515.

[170] Todd K B, Danielle S, Sierra C W, et al. A research agenda for ecosystem services in American environmental and land use planning [J]. Cities, 2017, 60:260-271.

[171] Tjaša G B, Alenka S S. Ecoremediations-a new concept in multifunctional ecosystem technologies for environmental protection [J]. Desalination, 2009, 246 (1-3): 2-10.

[172] Theodore C W, William L A. Beyond on-site mitigation: an integrated,

multi-scale approach to environmental mitigation and stewardship for transportation projects [J]. Landscape and Urban Planning, 2010, 96(4): 240-256.

[173] Ashwani V. A scale-hierarchic ecosystem approach to integrative ecological planning [J]. Progress in Planning, 2008, 70(3): 99-132.

[174] Chen F, Xu Y, Wang C, et al. Effects of concrete content on seed germination and seedling establishment in vegetation concrete matrix in slope restoration [J]. Ecological Engineering, 2013, 58: 99-104.

[175] Odum H T, Odum B. Concepts and methods of ecological engineering [J]. Ecological Engineering, 2003, 20(15): 339-361.

[176] Dong S K, Yang Z F, Cui B S, et al. Impacts of environmental factors and human disturbance on composition of roadside vegetation in Xishuangbanna National Nature Reserve of Southwest China [J]. Procedia Environmental Sciences, 2010, 2: 1 213-1 219.

[177] Po-Hsin L, Urs P K. Examining the direct and indirect effects of environmental change and place attachment on land management decisions in the Hill Country of Texas [J]. USA Landscape and Urban Planning, 2012, 104(3-4): 320-328.

[178] Thomas G Y, Neil K, Timothy P J, et al. Cultural landscapes and landscape ecology in contemporary greenway planning, design and management: a case study [J]. Landscape and Urban Planning, 1995, 33(1-3): 295-316.

[179] Viles R L, Rosier D J. How to use roads in the creation of greenways: case studies in three New Zealand landscapes [J]. Landscape and Urban Planning, 2001, 55(1): 15-27.

附　录

附录一：山东半岛道路绿地常用植物名录

下表是按照裸子植物门（科属）和被子植物门（科属）对山东半岛常用植物所进行的植物分类，其中被子植物门分为双子叶植物纲（分为离瓣花亚纲和合瓣花亚纲）和单子叶植物纲。该植物名录不包括草本植物、花卉植物、湿地植物，各种植物主要特性等内容会在随后附录中体现。

附表1-1　山东半岛道路绿地常用植物名录

裸子植物门				
序号	科	属	植物名称	备注
1	银杏科	银杏属	银杏	孑遗植物
2	松科	冷杉属	日本冷杉、辽东冷杉（杉松）	
		云杉属	欧洲云杉、红皮云杉、白皮云杉、青杆、白杆	
		落叶松属	落叶松、日本落叶松	
		金钱松属	金钱松	本属在全世界仅有一种，为中国所特产。世界五大公园树之一
		雪松属	雪松	世界五大公园树之一
		松属	白皮松、日本五针松、华山松、红松、乔松、油松、赤松、黑松、欧洲赤松、樟子松（海拉尔松）、马尾松、火炬松（火把松）、湿地松、北美短叶松、刚松、黑赤松、美国黄松（西黄松）、云南松	

续 表

裸子植物门					
序号	科	属	植物名称	备注
3	杉科	金松属	金松（伞松、日本金松）	本属只一种，原产日本。有的分类学家将本种单列一科，即日本金松科。世界五大公园树之一
		杉木属	杉木	
		杉柳属	日本柳杉、柳杉	
		落羽杉属	落羽杉、池杉（池柏、沼杉、沼落羽杉）	
		水杉属	水杉	孑遗植物
4	柏科	罗汉柏属	罗汉柏	
		崖柏属	北美香柏、日本香柏	
		侧柏属	侧柏	
		扁柏属	日本扁柏、日本花柏	
		圆柏属	圆柏（桧柏）、铅笔柏（北美圆柏）、铺地柏、砂地柏（叉子圆柏）、粉柏（翠柏）	
		刺柏属	刺柏	
5	罗汉松科	罗汉松属	罗汉松	
6	红豆杉科	红豆杉属	紫杉（东北红豆杉，品种有矮丛紫杉和微型紫杉）、红豆杉（观音杉，变种有南方红豆杉）	
被子植物门 （一）双子叶植物纲 Ⅰ离瓣花亚纲				
7	杨柳科	杨属	毛白杨、抱头毛白杨、黑杨、加拿大杨（欧美杨）	
		柳属	旱柳（柳树）、馒头柳龙爪柳、垂柳、金丝垂柳、河柳（腺柳）、黄龙柳	
8	胡桃科	胡桃属	胡桃（核桃）、核桃楸（胡桃楸）	
		山核桃属	美国山核桃（薄壳山核桃）	
		枫杨属	枫杨（枰柳）	

续　表

裸子植物门					
序号	科	属	植物名称	备注
9	桦木科	桦木属	白桦、红桦	
		赤杨属	赤杨、桤木	
		鹅耳枥属	鹅耳枥、小叶鹅耳枥	
		榛属	榛子	
10	山毛榉科（壳斗科）	栗属	板栗	
		栎属	麻栎、槲栎、北美红栎	
11	榆科	榆属	白榆（榆树）、椰榆（小叶榆）、黄榆（大果榆）、春榆	
		刺榆属	刺榆	
		榉属	榉树（光叶榉）	
		朴属	朴树、小叶朴（黑弹树）、大叶朴	
12	桑科	桑属	桑树（白桑、家桑）、鸡桑、蒙桑	
		构树属	构树（楮）	
		柘属	柘（柘桑）	
		榕属	无花果	
13	毛茛科	芍药属	牡丹	牡丹为芍药属木本灌木，叶子三瓣；芍药为芍药属草本花卉，叶子一瓣
14	小檗科	小檗属	小檗（日本小檗）	
		十大功劳属	阔叶十大功劳、十大功劳	
		南天竹属	南天竹	
15	木兰科	木兰属	白玉兰（玉兰）、紫玉兰（辛夷、木兰）、二乔玉兰、望春玉兰（望春花）、厚朴、凹叶厚朴、武当玉兰、广玉兰（荷花玉兰）	
		鹅掌楸属	鹅掌楸、美国鹅掌楸	孑遗植物
16	蜡梅科	蜡梅属	蜡梅	
17	樟科	樟属	樟树（香樟）	
		山胡椒属	山胡椒	
18	虎耳草科	溲疏属	溲疏（齿叶溲疏）	
		绣球属	八仙花（绣球）、东陵八仙花（柏氏八仙花）	
		茶藨子属	东北茶藨子、刺果茶藨子（刺梨）	

续　表

\multicolumn{5}{c}{裸子植物门}				
序号	科	属	植物名称	备注
19	海桐科	海桐属	海桐（海桐花）	
20	金缕梅科	枫香属	枫香（枫树）、北美枫香	
21	杜仲科	杜仲属	杜仲	
22	悬铃木科	悬铃木属	法桐（三球悬铃木）、美桐（一球悬铃木）、英桐（二球悬铃木）	
23	蔷薇科	绣线菊属	绣线菊（柳叶绣线菊）、粉花绣线菊（日本绣线菊）	
		珍珠梅属	珍珠梅（华北珍珠梅）	
		风箱果属	无毛风箱果	
		蔷薇属	多花蔷薇（野蔷薇）、粉团蔷薇、月季花、黄刺玫、黄蔷薇、玫瑰	
		棣棠属	棣棠	
		悬钩子属（树莓属）	多腺悬钩子、覆盆子	
		枸子属	平枝枸子（铺地蜈蚣）	
		火棘属	火棘、细圆齿火棘、窄叶火棘	
		山楂属	山楂	
		榅桲属	榅桲	
		枇杷属	枇杷	
		石楠属	椤木石楠、石楠	
		木瓜属	木瓜、贴梗海棠、木瓜海棠（毛叶木瓜）、日本木瓜（倭海棠）	
		梨属	白梨、沙梨、杜梨（棠梨）、豆梨、秋子梨、西洋梨	
		苹果属	苹果、西府海棠（小果海棠）、海棠果（秋子）、垂丝海棠、三叶海棠（裂叶海棠）、山荆子	
		花楸属	百华花楸（花楸树）、水榆花楸	
		鸡麻属	鸡麻	
		梅属（樱属）	梅、杏梅、美人梅、杏、桃（毛桃）、碧桃、白桃、白碧桃、油桃、山桃（山毛桃）、白花山桃、榆叶梅、重瓣榆叶梅、扁桃、紫叶李、欧洲李、紫叶矮樱、樱桃、日本樱花（东京樱花）、大叶早樱（日本早樱）、欧洲酸樱桃、欧洲甜樱桃、白花重瓣麦李、稠李	

续　表

裸子植物门			
序号	科	属	植物名称	备注
24	豆科	合欢属	合欢、山合欢	
		紫荆属	紫荆（满条红）、加拿大紫荆、巨紫荆	
		皂荚属	皂荚（皂角）、山皂荚（日本皂荚）、金叶皂荚	
		槐属	国槐、龙爪槐、苦参	
		刺槐属	刺槐、红花刺槐	
		紫穗槐属	紫穗槐	
		胡枝子属	胡枝子	
		锦鸡儿属	锦鸡儿（金雀花）	
		紫藤属	紫藤、多花紫藤、藤萝	
25	芸香科	花椒属	花椒	
		枸橘属（枳属）	枸橘（枳）	
26	苦木科	臭椿属	臭椿	
27	楝科	楝属	楝树（苦楝）	
		香椿属	香椿	
28	大戟科	重阳木属	重阳木（朱树）	
		乌桕属	乌桕（蜡子树）	
29	黄杨科	黄杨属	黄杨、朝鲜黄杨、雀舌黄杨	
30	漆树科	黄连木属	黄连木（楷木）	
		黄栌属	黄栌	
		漆树属	盐肤木、火炬树、漆树	
31	冬青科	冬青属	枸骨（鸟不宿）、冬青、龟甲冬青、大叶冬青	
32	卫矛科	卫矛属	大叶黄杨（冬青卫矛）、扶芳藤、小叶扶芳藤、胶州卫矛、丝棉木（桃叶卫矛、白杜）、栓翅卫矛	
		南蛇藤属	南蛇藤（落霜红）	

续表

| \multicolumn{4}{c|}{裸子植物门} ||||
序号	科	属	植物名称	备注
33	槭树科	槭树属	三角枫、茶条槭、元宝枫（华北五角枫、平基槭）、五角枫（色木）、中华槭、鸡爪槭、复叶槭、秀丽槭	
34	七叶树科	七叶树属	七叶树	
35	无患子科	栾树属	栾树、黄山栾、复羽叶栾树	
		文冠果属	文冠果（文官果）	
36	鼠李科	枣属	枣树、葫芦枣	
		猫乳属	猫乳	
37	葡萄科	葡萄属	葡萄	
		爬山虎属	爬山虎（地锦、爬墙虎、三叶地锦）、美国地锦（五叶地锦、美国爬山虎）	
38	椴树科	椴树属	糠椴（辽椴、大叶椴）、紫椴（籽椴）、南京椴（密克椴、米格椴）	
		扁担杆属	小花扁担杆	
39	锦葵科	木槿属	木槿、木芙蓉（芙蓉花）	
40	梧桐科	梧桐属	梧桐（青桐）	
41	猕猴桃科	猕猴桃属	猕猴桃（中华猕猴桃）	
42	山茶科	山茶属	山茶（耐冬）、茶梅、茶	
43	柽柳科	柽柳属	柽柳（三春柳、红荆条）、桧柽柳（华北柽柳）、红柳（多枝柽柳、西河柳）	
44	瑞香科	瑞香属	芫花	
		结香属	结香	
45	千屈菜科	紫薇属	紫薇、银薇、福建紫薇（浙江紫薇）、南紫薇；石榴属	
46	石榴科	石榴属	石榴	
47	珙桐科	喜树属	喜树	

续表

| \multicolumn{5}{c}{裸子植物门} |
序号	科	属	植物名称	备注
48	五加科	刺楸属	刺楸	
		常春藤属	常春藤（中华常春藤）、洋常春藤（菱叶常春藤）	
		五加属	刺五加	
		楤木属	楤木	
		八角金盘属	八角金盘	
49	山茱萸科	桃叶珊瑚属	桃叶珊瑚	
		梾木属	红瑞木、毛梾	
		山茱萸属	山茱萸	

被子植物门
（一）双子叶植物纲
Ⅱ合瓣花亚纲

序号	科	属	植物名称	备注
50	杜鹃花科	杜鹃花属	映山红、迎红杜鹃（蓝荆子）、照山白、皋月杜鹃（山踯躅）、石岩杜鹃（朱砂杜鹃、钝叶杜鹃）、锦绣杜鹃、白花杜鹃（毛白杜鹃）	
		越橘（桔）属	越橘（桔）、乌饭树、蓝莓	
51	柿树科	柿树属	柿树、君迁子	
52	木樨科	雪柳属	雪柳	
		白蜡属	白蜡（蜡条、梣）、洋白蜡（美国红梣）、美国白蜡	
		连翘属	连翘、金钟连翘	
		丁香属	紫丁香（华北紫丁香）、白丁香巧玲花（毛叶丁香）、小叶巧玲花（四季丁香）、北京丁香	
		流苏树属	流苏树（牛筋子）	常用作嫁接桂花砧木
		木樨属	桂花	
		女贞属	女贞（大叶女贞）、日本女贞、小叶女贞、小蜡、辽东水蜡树、金叶女贞	
		茉莉属	迎春、探春（迎夏）	

续表

裸子植物门				
序号	科	属	植物名称	备注
53	夹竹桃科	络石属	络石	
		夹竹桃属	夹竹桃	
54	萝藦科	杠柳属	杠柳	
55	马鞭草科	赪桐属	海州常山（臭梧桐）	
56	茄科	枸杞属	枸杞、宁夏枸杞	
57	玄参科	泡桐属	兰考泡桐、楸叶泡桐、白花泡桐（泡桐）	
58	紫葳科	梓树属	楸树、梓树、灰楸	
		凌霄属	凌霄、美国凌霄	
59	茜草科	六月雪属	六月雪	
		栀子属	栀子	
60	忍冬科	锦带花属	锦带花、海仙花	
		忍冬属	金银花（忍冬）、金花忍冬、金银木（金银忍冬）	
		荚蒾属	珊瑚树（法国冬青）、木绣球、荚蒾、天目琼花、欧洲琼花	
		接骨木属	接骨木、西洋接骨木	
被子植物门 （二）单子叶植物纲				
61	禾本科	钢竹属	毛竹、钢竹、桂竹、斑竹、淡竹（粉绿竹）	
62	棕榈科	棕榈属	棕榈	
63	百合科	丝兰属	凤尾兰	

附录二：山东半岛道路绿地常用乔木植物的主要特性

乔木是指有明显主干的高大树木，一般高达5 m以上。依据植物在冬季或旱季落叶与否分为常绿乔木和落叶乔木，又根据叶子的特征分为常绿针叶、常绿阔叶、落叶针叶和落叶阔叶乔木。乔木的根系相对发达，成活后易于养护，一般用于道路两侧行道树、道路防护林、路侧裸地、互通立交绿地等位置。山东半岛道路绿地常用乔木植物及其主要特性如附表2-1所示。

附表2-1 山东半岛道路绿地常用乔木植物的主要特性

序号	植物种名	生长特性	宜种季节
1	刺槐	强阳性树种，喜光，不耐荫，喜干燥、凉爽气候，较耐干旱、贫瘠，能在中性、石灰性、酸性及轻度碱性土上生长，但以肥沃、湿润、排水良好的冲积沙壤土上生长最佳；土壤水分过多易引起烂根和枯梢现象，畏积水之处；为浅根性树种，侧根发达，雨后遇大风易引起倾斜偏冠、风倒或折干现象，故以不植于风口处为佳	春季、秋季
2	银合欢	喜光，无病虫害，耐干旱，耐瘠薄，抗风力强，萌芽性强，可多次萌芽更新，适应性强，不择土壤、耐瘠薄盐碱；直立生长，长势旺盛、分枝多，直根下扎，自生根瘤菌，不发生萌根苗，播种繁殖	春季
3	山桃	阳性树种，喜光，喜夏季高温，耐寒，耐盐碱，耐干旱，不耐水淹；根系较浅，适宜生长于光照好、通风和排水良好的中性至微碱性的砂质土壤，碱性土和黏重土均不适宜	春季、秋季
4	山杏	阳性树种，喜光，耐严寒（-40 ℃），耐高温，耐干旱，不耐水淹和潮湿，对土壤要求不严，可在轻盐碱地上栽种，最宜在土层深厚、排水良好的沙壤土或砾沙土壤中生长；根系发达，既深且广，萌芽力及发枝力皆较桃树等弱，故不宜过分重剪，一般多采用自然形整枝	春季、秋季
5	白皮松	阳性树，稍耐荫，幼树耐半荫，耐寒性不如油松，喜生于排水良好而又适当湿润的土壤上，对土壤要求不严，在中性、酸性及石灰性土壤上均能生长，可生长在pH8的土壤上，耐干旱能力较油松为强；适应干冷气候，抗污染力强，不耐水淹；深根性树种，较抗风，生长速度中等，在初期不如油松，但在后期较油松快；在野外的白皮松群体中，可天然下种成林	春季

续表

序号	植物种名	生长特性	宜种季节
6	油松	强阳性树种，喜光，耐干旱，耐寒，耐瘠薄，抗逆性不强；幼年树喜侧阴，种植密些生长较好，中年以后株行距要适当加大，过密生长不良，成为小老树；对土壤要求不严，能耐干旱瘠薄土壤，能生长在山岭陡崖上，只要有裂隙的岩石大都能生长油松，也能生长于沙地上，但在低湿处及黏重土壤上生长不良，易使主枝早封顶，缩短寿命，更不宜栽于季节性积水之处；喜中性、微酸性土壤中，不耐盐碱，pH达7.5以上时即生长不良；属深根性树种，垂直根系及水平根系均发达，在吸收根上有菌根菌共生；寿命长，可达300年以上	春季、秋季
7	云杉	耐荫，耐寒，喜凉爽、湿润的气候和肥沃、深厚、排水良好的微酸性沙壤土，生长缓慢；属浅根性树种，喜空气湿润气候，喜生于中性到微酸性土壤，也能适应微碱性土壤	5月中旬
8	侧柏	喜光，有一定的耐荫力，适应性强，对土壤要求不严，在酸性、中性、石灰性和轻盐碱土壤中均可生长，抗盐性很强，可在含盐0.2%的土壤上生长；耐干旱，耐瘠薄，亦耐多湿，萌芽能力强，较耐寒，在沈阳以南生长良好，能耐-25℃低温，在山东只分布于海拔900 m以下，以海拔400 m以下者生长良好；抗风能力较弱；在所有常绿针叶树中，抗烟尘和有害气体能力最强	秋季
9	圆柏	喜充足的阳光，但耐荫性又很强，耐寒、耐热，对土壤要求不严，能生于酸性、中性及石灰质土壤上，对土壤的干旱及潮湿均有一定的抗性，但以在中性、深厚而排水良好土壤处生长最佳；属深根性树种，侧根也发达，寿命极长；对多种有害气体有一定抗性，能吸收一定数量的硫和汞，阻尘和隔音效果良好。常见的变型有龙柏和塔柏（蜀桧）	春季、夏季、秋季
10	黄连木	喜光，幼时稍耐荫，喜温暖，不耐严寒，耐干旱，耐瘠薄，对土壤要求不严，微酸性、中性和微碱性的沙质、黏质土均能适应，而以在肥沃、湿润而排水良好的石灰岩山地生长最好；属深根性树种，主根发达，抗风力强，萌芽力强；对二氧化硫、氯化氢和煤烟的抗性较强；生长较慢，寿命可长达300年以上	春季
11	火炬树	喜光，耐寒，耐干旱，耐水淹，耐瘠薄，耐盐碱，对土壤适应性强；属浅根性树，根系发达，萌蘖性强，生长快，寿命短	春季、秋季
12	臭椿	喜光，不耐荫，适应性强，除黏土外，各种土壤和中性、酸性及钙质土都能生长，但以深厚、肥沃、湿润的沙壤土最为适宜，耐寒，耐干旱，不耐水淹，长期积水会烂根死亡；属深根性树种，根系发达，萌蘖性强，生长较快；对烟尘和二氧化硫抗性较强，为山地造林的先锋树种，也是盐碱地水土保持及土壤改良用树种	春季

续 表

序号	植物种名	生长特性	宜种季节
13	银杏	阳性树，喜适当湿润而又排水良好的深厚沙壤土，在酸性土（pH4.5）、石灰性土（pH8.0）中均可生长良好，而以中性或微酸性土最为适宜；不耐水淹，较能耐旱，但在过于干燥处及多石山坡或低湿之地生长不良；耐寒性颇强，能在冬季达-32.9℃低温地区种植成活，但生长不良；能适应高温多雨气候，对风土的适应性很强，在华北、华中、华东及西南海拔1 000 m以下（云南地区约1 500~2 000 m）地区均生长良好；属深根性树种，寿命极长，可达3 000年以上	春季
14	杜仲	喜光，不耐荫，喜温暖、湿润气候和肥沃、深厚、湿润、排水良好的酸性、中性及微碱性土壤，适应性较强，有相当强的耐寒力（能耐-20℃的低温），在北京地区露地栽培不成问题；有一定的耐盐碱性，但在过湿、过干或过于贫瘠的土壤上生长不良；根系较浅而侧根发达，萌蘖性强，生长速度中等；丘陵、平原均可种植，也可利用零星土地或四旁栽培	秋末、冬季、春季
15	香椿	喜光，喜温，适宜在平均气温8~10℃的地区栽培，抗寒能力随苗树龄的增加而提高，用种子直播的一年生幼苗在-10℃左右可能受冻；较耐湿，适宜生长于河边、宅院周围肥沃湿润的土壤中，一般以沙壤土为好；适宜的土壤酸碱度为pH5.5~8.0；属深根性树种，萌芽、萌蘖力均强，生长速度中等偏快；对有毒气体抗性较强	春季
16	苦楝	喜光，喜温暖气候，不耐寒，不耐荫，不耐干旱，不耐水淹，对土壤要求不严，在酸性、中性、钙质土及含盐量0.4%以下的土壤中都能生长，但以深厚、肥沃、湿润的土壤最为适宜；萌芽力强，抗风，生长快，寿命短（30~40年即衰老）；对二氧化硫抗性较强，但对氯气抗性较弱；分布于亚洲热带和亚热带地区，中国以黄河以南各省区低海拔旷野、路旁或疏林中较常见，目前已广泛引为栽培	春季
17	枫杨	喜光性树种，不耐庇荫，较耐水淹（但不宜长期积水），耐寒，耐干旱，对土壤要求不严，在酸性至微碱性土上均可生长，但以深厚、肥沃、湿润的土壤上生长最为适宜；属深根性树种，主、侧根均发达，生长迅速，萌蘖能力强，叶片有毒，故鱼池附近不宜栽植；对二氧化硫、氯气等抗性强	春季
18	楸树	喜光，幼苗耐荫，长大以后需较多的光照；喜温暖湿润气候，不耐严寒，适生长于年平均气温10~15℃、降水量700~1 200 mm的气候和深厚、湿润、肥沃、疏松的中性、微酸性土及钙质土中，在含盐量0.1%的轻度盐碱土上能正常生长；不耐干旱，不耐水淹，忌地下水位过高，稍耐盐碱；萌蘖性强，幼树生长慢，10年以后生长加快，主根粗壮，侧根发达；对烟尘、有害气体抗性强；属异花（或异株）授粉植物，单株或同一无性系种植在一起，因自花不孕，往往开花而不结实；寿命长，可达800年以上	春季、秋季

续 表

序号	植物种名	生长特性	宜种季节
19	泡桐	喜光，较耐荫，喜温暖气候，不耐寒，对黏重瘠薄土壤有较强适应性；主干直，干形好，幼年生长极快，是速生树种	春季
20	杨属植物	种类和品种多，在中国约有25种，常见的有青杨、毛白杨、钻天杨、小叶杨等，分布广，适应性强，早期速生，容易杂交，容易改良遗传性，容易无性繁殖，因而广泛用于集约栽培	春季
21	白蜡	喜光，稍耐荫，喜温暖湿润气候，颇耐寒，喜湿耐涝，也耐干旱，对土壤要求不严，碱性、中性、酸性土壤上均能生长；萌芽、萌蘖力均强，耐修剪，生长较快，寿命较长，可达2 000年以上，一般最少能有几十年的绿化效果；抗烟尘，对二氧化硫、氯气、氟化氢有较强抗性	春季
22	栾树	喜光，稍耐半荫，耐寒，但不耐水淹，耐干旱，耐瘠薄，对环境的适应性强，喜欢生长于石灰质土壤中，耐盐渍及短期水淹；属于深根性树种，萌蘖力强，生长速度中等，幼树生长较慢，以后渐快；有较强抗烟尘能力	春季、秋季
23	流苏	喜光，不耐荫蔽，耐寒、耐旱，忌积水，生长速度较慢，寿命长，耐瘠薄，对土壤要求不严，但以在肥沃、通透性好的沙壤土中生长最好，有一定的耐盐碱能力，在pH8.7、含盐量0.2%的轻度盐碱土中能正常生长，未见任何不良反应。喜光，也较耐荫。喜温暖气候，也颇耐寒。喜欢中性及微酸性土壤，耐干旱瘠薄，不耐水涝。生长于海拔3 000米以下的稀疏混交林中或灌丛中，或山坡、河边	春季、秋季
24	竹柳	喜光，耐寒性强，能耐零下30℃的低温，在7℃以上都可以生长，适宜生长温度为15~25℃；喜水湿，不耐干旱，有良好的树形，对土壤要求不严，在pH5.0~8.5的土壤或沙地、低湿河滩或弱盐碱地均能生长，但以肥沃、疏松、潮湿土壤最为适宜。根系发达，侧根和须根广布于各土层中，能起到良好的固土作用	春季、夏季、秋季
25	雪松	在气候温和凉润、土层深厚排水良好的酸性土壤上生长旺盛。要求温和凉润气候和上层深厚而排水良好的土壤。喜阳光充足，也耐荫。雪松是世界著名的观赏树种之一。它具有较强的防尘、减噪与杀菌能力，也适宜作工矿企业绿化树种。雪松树体高大，树形优美，其主干下部的大枝自近地面处平展，长年不枯，能形成繁茂雄伟的树冠，此外，列植于园路的两旁，形成甬道，亦极为壮观	春季、夏季、秋季
26	法桐	喜光，喜湿润温暖气候，较耐寒。对土壤要求不严，但适宜生于微酸性或中性、排水良好的土壤，微碱性土壤虽能生长，但易发生黄化。根系分布较浅，台风时易受害而倒斜。抗空气污染能力较强，叶片具吸收有毒气体和滞积灰尘的作用。该种树干高大，枝叶茂盛，生长迅速，适应性强，易成活，耐修剪，抗烟尘，所以广泛栽植作行道绿化树种，也为速生材用树种；对二氧化硫、氯气等有毒气体有较强的抗性	春季、夏季、秋季

续 表

序号	植物种名	生长特性	宜种季节
27	鹅掌楸	性喜光及温和湿润气候，有一定的耐寒性，可经受-15℃低温而完全不受伤害。在北京地区小气候良好的条件下可露地过冬。喜深厚肥沃、适湿而排水良好的酸性或微酸性土壤（pH4.5~6.5），在干旱土地上生长不良，也忌低湿水涝。对二氧化硫气体有中等的抗性	春季、秋季
28	水杉	阳性树，喜温暖湿润气候，有一定的抗旱性，在山东地区可露地越冬。喜深厚肥沃的酸性土，但在为碱性土上也可生长良好，在含盐量0.2%以下的轻盐碱地可正常生长。水杉要求土层深厚、肥沃，尤喜湿润而排水良好，不耐涝，对土壤干旱也较敏感。水杉生长速度较快，每年增高约1米左右。对二氧化硫、氯气、氟化氢等有害气体的抗性较弱	春夏之交
29	日本早樱	日本早樱对气候、土壤适应范围较宽。无论野生种或栽培种，都表现出日本早樱喜欢阳光、还耐寒、抗旱的习性，不耐盐碱，根系浅，对烟及风抗力弱。要求深厚、疏松、肥沃和排水良好的土壤，对土壤pH的适应范围为5.5~6.5，不耐水湿	春季、夏季、秋季
30	日本晚樱	属浅根性树种，喜阳光、深厚肥沃而排水良好的土壤，有一定的耐寒能力。对烟尘、有毒气体及海潮风的抵抗力较弱	春季、夏季、秋季
31	西府海棠	喜光，耐寒，忌水涝，忌空气过湿，较耐干旱	春季、夏季、秋季
32	垂丝海棠	垂丝海棠性喜阳光，不耐荫，也不甚耐寒，喜温暖湿润环境，适宜生于阳光充足、背风之处。土壤要求不严，微酸或微碱性土壤均可成长，但在土层深厚、疏松、肥沃、排水良好略带黏质的土壤生长更好。此花生性强健，栽培容易，不需要特殊技术管理，唯不耐水涝	春季、夏季、秋季
33	紫叶李	又名红叶李，喜光也稍耐荫，抗寒，适应性强，以温暖湿润的气候环境和排水良好的沙壤土最为有利。怕盐碱和涝洼。浅根性，萌蘖性强，对有害气体有一定的抗性。是少有的紫叶树种之一	春季、夏季、秋季
34	紫薇	喜光，稍耐荫；喜温暖气候，耐寒性不强，但在山东半岛可露地越冬；喜肥沃、湿润而排水良好的石灰性土壤，耐旱，怕涝。萌蘖性强，生长较慢，寿命长。紫薇树姿优美、树干光滑洁净，花色艳丽；开花时正当夏秋季少花季节，花期极长，从6月可开至9月，故又被称为"百日红"	春季、夏季
35	大叶女贞	喜光，稍耐荫；喜温暖，不耐寒（在山东半岛可露地越冬），喜湿润，不耐干旱；适宜生于微酸性至微碱性的湿润土壤中，不耐瘠薄；对二氧化硫、氯气、氟化氢等有毒气体有较强的抗性	春季

续　表

序号	植物种名	生长特性	宜种季节
36	国槐	喜光而稍耐荫。能适应较冷气候。根深而发达。对土壤要求不严，在酸性至石灰性及轻度盐碱土，甚至含盐量在0.15%左右的条件下都能正常生长。抗风，也耐干旱、瘠薄，尤其能适应城市土壤板结等不良环境条件。但在低洼积水处生长不良。对二氧化硫和烟尘等污染的抗性较强。幼龄时生长较快，以后中速生长，寿命很长。老树易成空洞，但潜伏芽寿命长，有利树冠更新	春季、夏季、秋季
37	水曲柳	喜光，幼时能稍耐荫；耐-40℃的严寒；喜潮湿但不耐水涝；喜肥，稍耐盐碱，在土壤pH8.4，含盐量0.1%~0.15%的盐碱地上也能生长。主根浅、侧根发达，萌蘖性强，生长较快，寿命较长	春季、夏季、秋季

附录三：山东半岛道路绿地常用灌木植物的主要特性

灌木是指主干不明显，从基部分枝，呈丛生状，高不及5 m的木本植物。灌木根系发达，不仅具有良好的抗旱、保水、保土、防风沙、降尘土、抗盐碱等优点，而且生长快、耐贫瘠、对土壤环境要求不高。灌木类木本植物根系的先端部位能向土壤母质内部延伸，在吸取其营养的同时固持风化土层；同时灌木植物后期维护管理作业量小，灌木对水、肥的需求少，抗逆性、适应性强；另外，灌木植物对局地小气候的改善作用明显，能缓和道路的热辐射。山东半岛道路常用灌木植物及其特性如附表3-1所示。

附表3-1 山东半岛道路绿地常用灌木植物的主要特性

序号	植物种名	生长特性	宜种季节
1	胡枝子	喜光，稍耐荫，耐寒（可达-45℃），耐干旱，耐瘠薄，也耐水湿，喜肥沃土壤和湿润气候；生长迅速，耐刈割，萌芽性强，根系发达，根群可穿伸固结土壤和根瘤固氮，改良和提高土壤肥力；枯落物遮护地表可减少地表径流、防止土壤侵蚀	春季3月中下旬播种
2	杨柴	适应性强，能在极为干旱瘠薄的半固定、固定沙地上生长；喜欢适度沙压并能忍耐一定风蚀	春季秋季
3	柠条	对环境条件具有广泛的适应性，在形态方面具有旱生结构，耐干旱，耐盐碱，耐寒，抗高温，在-40℃的严寒或冻土层、深1.8 m的条件下生长良好，夏季能耐55℃的地温；干旱草原、荒漠草原地带的旱生灌丛，在肥力极差、沙层含水率2%～3%的流动沙地和丘间低地以及固定、半固定沙地上均能正常生长；即使在降雨量100毫米的年份，也能正常生长；柠条为深根性树种，主根明显，侧根根系向四周水平方向延伸，纵横交错，固沙能力很强	春季
4	锦鸡儿	喜光，常生于山坡向阳处；根系发达，具根瘤，可改良土壤肥力，萌芽力、萌蘖力均强，能自然播种繁殖；耐旱，耐寒，耐瘠薄，能在山石缝隙处生长，不耐湿涝	春季，播种繁殖时最好采后即播
5	龙爪槐	喜光，稍耐荫，能适应干冷气候；喜生于土层深厚、湿润肥沃、排水良好的沙壤土；深根性，根系发达，抗风力强，萌芽力亦强，寿命长	春季

续 表

序号	植物种名	生长特性	宜种季节
6	紫穗槐	喜光，喜干冷气候，耐寒（可达-30℃），耐干旱，耐水淹（可耐水淹一个月），耐盐碱，抗风沙，抗逆性极强；侧根发达，浅根性，有根瘤菌，萌生力强，落叶丰富且易分解；有一定的抗烟、抗污染能力，对二氧化硫、氯气、氯化氢有较强的抗性；在荒山坡、道路旁、河岸、盐碱地均可生长，可用种子繁殖及进行根萌芽无性繁殖，萌芽性强，根系发达	春季
7	沙冬青	喜沙砾质土壤，种子吸水力强，发芽迅速；抗逆性强，根系发达，固沙保土性能好；根部具有根瘤，改良土壤作用大；多生于山前冲积、洪积平原，山涧盆地，石质残丘间的干谷，呈条带状或团块状分布；移植时忌浇水，用种子繁殖	雨季
8	马棘	亚灌木多年生植物，抗旱、耐瘠性较强，尤其在岩石山、风化山等偏碱性土壤中生长良好，养护管理粗放，在边坡上生长效果极好，可适量灌溉，但不耐水淹，春夏雨季需清沟排渍	春季
9	多花木兰	强阳性树种，喜光，抗寒，耐干旱，耐瘠薄，适应性广，多生于山坡灌丛和疏林中的岩石缝隙	春季
10	月季	适应性强，耐寒，耐干旱，对土壤要求不严格，但以富含有机质、排水良好的微带酸性沙壤土最好；喜欢阳光，但是过多的强光直射又对花蕾发育不利，花瓣容易焦枯，喜欢温暖，一般气温在22~25℃最为花生长的适宜温度，夏季高温对开花不利	春季 秋季
11	黄刺玫瑰	性强健，少病虫害，喜光，稍耐荫，耐寒力强，耐干旱，耐瘠薄，对土壤要求不严，在盐碱土中也能生长，不耐水淹；繁殖多用分株、压条及扦插法，选日照充分和排水良好处栽植，管理简单	春季
12	紫枝玫瑰	耐寒（-18℃），耐干旱，耐瘠薄，耐修剪，在微酸性和微碱性土壤中也能生长，但以肥沃的微碱性土壤为宜；性强健，喜光，适应性强，生长迅速，新枝萌发多，长势强，多次开花的特点表现明显，修剪上应以重剪、短截为主；夏秋赏花，秋季看果，冬春观枝，具有四季观赏价值	夏季、秋季扦插
13	绣线菊	喜光也稍耐荫，抗寒，抗干旱，喜温暖湿润的气候和深厚肥沃的土壤；萌蘖力和萌芽力均强，耐修剪	早春播种、夏季软枝扦插、晚秋分株或硬枝扦插
14	小叶栒子	性强健，耐寒，耐干旱，既可在岩石中生长，又可在海滨生长，且耐荫，一般不必修剪	秋季播种
15	紫叶李	喜光也稍耐荫，抗寒，适应性强，以温暖湿润的气候环境和排水良好的沙壤土最为有利，怕盐碱和涝洼，浅根性，萌蘖性强，对有害气体有一定的抗性	春季、秋季

续 表

序号	植物种名	生长特性	宜种季节
16	火棘	喜温暖、阳光充足的气候和疏松、肥沃、排水良好的土壤,不耐寒;一般采用播种繁殖,秋后采种后即播,也可在晚夏进行软枝扦插;移植时尽量少伤根系,或带土团,定植后要适当重剪,成活后不需精细管理	春季、夏季、秋季
17	小叶女贞	喜光照,稍耐荫,较耐寒,华北地区可露地栽培;对二氧化硫、氯气、氟化氢、氯化氢、二氧化碳等毒气有较好的抗性,是优良的抗污染树种;性强健,耐修剪,萌枝力强,叶再生能力强	10~11月或翌年3月
18	丁香	喜充足阳光,也耐半荫,病虫害较少,适应性较强,耐寒,耐干旱,耐瘠薄;适宜生长于排水良好、肥沃疏松的中性沙壤土,忌酸性土,忌湿热,忌积涝,一般不需要多浇水;不宜施肥过多,否则影响开花	夏季扦插
19	四季桂	喜光,喜温暖湿润气候,有一定的抗寒能力,但不耐严寒;耐荫,在幼苗时要有一定的遮阴度。对土壤要求不高,喜地势高燥、富含腐殖质的微酸性土壤,尤以土层深厚、肥沃湿润、排水良好的沙壤土最为适宜	春季
20	连翘	喜光,抗病虫害能力强,有一定程度的耐荫性,耐寒,耐干旱,耐瘠薄,不耐水淹,不择土壤,根系纵横交织,集中分布在60 cm深的表层,土壤固结作用很强	春季
21	迎春	喜光,稍耐荫,略耐寒,不耐水淹,喜温暖而湿润的气候,在华北地区和鄢陵均可露地越冬;根部萌发力强,枝条着地部分极易生根;对土壤要求不严,除洼地外均可栽植,耐盐碱,耐酸性土壤,在疏松肥沃和排水良好的酸性沙壤土中生长旺盛,在碱性土壤中稍差	春季 秋季 夏季
22	木槿	喜光,耐半荫,喜温暖、湿润的气候,但也很耐寒,耐干旱,不耐水淹,适应性强,对土壤要求不严,能在贫瘠的砾质土中或微碱性土中正常生长,但以深厚、肥沃、疏松的土壤最为适宜;萌芽性强,耐修剪;对烟尘、二氧化硫、氯气等抗性较强	早春或梅雨季节进行,秋末冬初也可
23	扶桑	喜光,喜温暖、湿润的气候,耐修剪,发枝力强,不耐荫、寒、旱,对土壤的适应范围较广,但以富含有机质、pH6.5~7的微酸性壤土生长最好;在长江流域及以北地区只能盆栽,在温室或其他保护地保持12~15℃气温越冬;室温低于5℃,叶片转黄脱落,低于0℃,即遭冻害	春季
24	芙蓉	喜光,稍耐荫,喜肥沃、湿润而排水良好的中性或微酸性沙壤土;喜温暖气候,不耐寒,在长江流域及其以北地区露地栽培时,冬季地上部分常冻死,但第二年春季能从根部萌发新芽,秋季能正常开花;生长较快,萌蘖性强;对二氧化硫抗性特强,对氯气、氯化氢也有一定抗性	春季
25	沙地柏	喜光,喜凉爽、干燥的气候,适应性强,耐寒(-40 ℃),耐干旱,耐瘠薄,不耐水淹,对土壤要求不严,土壤有机质含量为0.5%时亦能生长;侧根发达,具有耐沙压、固土、防止风蚀及改良土壤的作用;生长较快,扦插宜活,栽培管理简单	春季、秋季

续表

序号	植物种名	生长特性	宜种季节
26	铺地柏	喜光照,属阳性树种,能在干燥的砂地上生长良好,喜石灰质的肥沃土壤,忌低湿;用扦插法易繁殖,有银枝、金枝等变种	春季、秋季
27	杞柳	落叶丛生多年生灌木,株高可达3 m,喜光照,属阳性树种,喜肥水,耐水淹,耐盐碱性较差;种子很小且易随柳絮被风吹走,不易采集,故主要采用无性繁殖	春季
28	黄柳	喜光,耐寒,耐高温,抗风沙,耐沙埋,易繁殖,生长快,多生于草原地带地下水位较高的固定沙丘、半固定沙丘	春季
29	荆条	喜光,耐寒,耐干旱瘠薄,常见于山地阳坡上、山坡路旁、石隙林边,形成灌丛;播种、分株繁殖均可,栽培简易,无须特殊管理	春季
30	蒙古莸	半灌木,株高15~40 cm,耐寒、耐干旱、耐瘠薄,多分布在草原带的砾石山坡、沙地及沟谷地等	春季
31	海桐	喜光,稍耐荫,萌芽力强,耐修剪;喜温暖湿润气候及肥沃湿润土壤,耐寒性不强,华北地区不能露地过冬;对土壤要求不严,黏土、沙土及轻盐碱土均能适应;抗海潮风及二氧化硫等有毒气体能力较强	春季
32	黄栌	喜光,耐半荫,耐寒,耐干旱,耐瘠薄,耐碱性土壤,但不耐水湿,以深厚、肥沃而排水良好之沙壤土生长最好;生长迅速,根系发达,萌蘖性强,砍伐后易形成次生林;对二氧化硫有较强抗性,对氯化物抗性较差	春季
33	柽柳	喜光,耐寒,耐烈日暴晒,耐干旱又耐水淹,抗风能力强,极耐盐碱、沙荒地,能在含盐量达1%的重盐碱地生长,深根性,根系发达,萌生力强,极耐修剪刈割	春季 秋季
34	太平花	喜光,耐寒,各地都有栽培,多生于肥沃、湿润之山谷或溪沟两侧排水良好处,亦能生长在向阳的干瘠土地上,不耐水淹	春季
35	酸枣	喜光,耐寒,耐干旱,耐瘠薄,多生于向阳或干燥山坡、沟谷、丘陵、平原或路旁	春季
36	花棒	喜光,沙生,耐干旱,多见于流沙环境,喜沙埋,抗风蚀,耐严寒酷热,枝叶茂盛,萌蘖力强,主、侧根系均发达,防风固沙作用强,树龄可达70年以上	春季
37	紫薇	落叶灌木或乔木,树皮绿褐色,薄片状剥落后内皮灰绿色至灰褐色而光洁,小枝红褐色近4棱并具窄翅;喜光,喜温暖湿润,耐寒性不强,耐干旱,不耐水淹,萌芽性强,生长较慢,寿命长	秋末采收种子,翌年2~3月条播,本地成品苗可全年栽植

续 表

序号	植物种名	生长特性	宜种季节
38	杜鹃	种类繁多，形态各异，习性差异大，但多数种产于高海拔地区，喜凉爽、湿润气候，不耐干旱，不耐高温，不耐寒，适宜生长于富含腐殖质、疏松、湿润及pH在5.5~6.5之间的酸性土壤；部分种及园艺品种的适应性较强，耐干旱，耐瘠薄，土壤pH在7~8之间也能生长，但在黏重或通透性差的土壤上，生长不良；杜鹃花对光有一定要求，但不耐暴晒，夏秋应有落叶乔木或荫棚遮挡烈日，并经常以水喷洒地面	春季
39	枸杞	喜光，稍耐荫，耐盐碱，耐干旱，不耐水淹，性强健，对土壤要求不严，以肥沃、排水良好的中性或微酸性轻壤土栽培为宜，盐碱土的含盐量不宜超过0.2%，在强碱性、黏壤土、水稻田、沼泽地区不宜栽培，忌黏质土及低湿条件	春季 夏季 秋季
40	石榴	喜光，喜温暖气候，有一定的耐寒能力，但经-20℃左右之低温则枝干冻死，在北京地区可于背风向阳处露地栽植；喜肥沃湿润而排水良好之石灰质土壤，但可适应于pH4.5~8.2的范围，有一定的耐旱能力，在平地和山坡均可生长；生长速度中等，寿命较长，可达200年以上	秋季落叶后至翌年春季萌芽前
41	丝兰	性喜阳光充足及通风良好的环境，又极耐寒冷，适宜在华北地区露地栽培；性强健，根系发达，生命力强，极易成活，对土壤适应性很强，任何土质均能生长良好	春季、秋季
42	夹竹桃	喜光，喜温暖、湿润的气候，不耐寒，耐旱力强，对土壤适应性强，在碱性土上也能生长；性强健，管理粗放，萌蘖性强，病虫害少，生命力强；抗烟尘及有毒气体能力强	春季、秋季
43	胡颓子	喜光，耐半荫，喜温暖气候，稍耐寒；对土壤适应性强，耐干旱贫瘠，耐水淹，耐盐碱，抗空气污染能力强	春季
44	沙棘	喜光，耐严寒，耐干旱，耐瘠薄，耐酷热，耐盐碱。能在pH9.5和含盐量达1.1%的土壤上生长；喜透气性良好的土壤，在黏重土壤上生长不良，能在沙丘流沙上生长；根系发达但主根浅，根系主要分布在土下40 cm深度以内，但可横向延伸很远；有根瘤共生，固氮能力强于豆科植物；萌蘖性极强，生长迅速，耐修剪，植丛扩展迅速	春季、秋季
45	白刺	旱生型阳性植物，极耐盐碱，耐干旱，是荒漠地带沙地的重要建群植物；茎秆根系化明显；枝条不怕沙埋，沙埋后如遇雨，能在湿沙中生出新的不定根，把流动沙丘紧紧地固定住，形成一个个奇特的白刺沙包；耐庇荫、不耐水湿积涝；自然生长于盐渍化坡缘高地和泥质海岸滩垄光板裸地上，耐盐性能极强，多生长在干燥、多风、盐碱重、土壤贫瘠、植物稀疏的严酷环境中，往往自成群落，伴生植物较少，在土壤含盐量1.2%以上的地方偶见与盐地碱蓬、翅碱蓬、柽柳、中华补血草等混生	春季

附录四：山东半岛道路绿地常用草本植物的主要特性

草本植物特点是施工简单，建植效果快，主要适用于道路边坡、道路两侧路堑防护和不急于要求实现木本植物群落目标的地方，以及即使有较厚的风化层但无专门防灾要求的地段。草本植物也有明显的缺陷：一是施工2~3年后就开始退化，二次建植恢复困难；二是持续性养护要求较高，肥水供给需及时跟进满足；三是根系多短浅，抗拉强度小。因此在实际使用中，通常与灌木、小乔木组合建植。山东半岛道路绿地常用草本植物及其主要特征如附表4-1如示。

附表4-1 山东半岛道路绿地常用草本植物的主要特性

序号	植物种名	生长特性	根系状况	地上部高度（cm）	耐旱性	耐热性	耐寒性	耐瘠薄性	宜种季节
1	高羊茅	多年生草本，茎直立，丛生，喜光，抗病性强，抗逆性强，耐半荫，耐湿，耐寒，耐干旱，耐高温，耐酸性土，耐盐碱，耐瘠薄，在pH4.7~9.5的土壤上均可生长，对肥料反应敏感，在肥沃、潮湿、黏重的土壤上生长尤佳，在长江流域可保持四季常绿	发达	60~80	A	B	A	B	8月下旬~11月
2	羊茅	秆密丛生，不耐荫，耐寒，耐干旱，不择土壤；在土壤pH5~7、排水良好的肥沃土壤上长势较好	良好	30~60	B	C	A	B	4~9月
3	紫羊茅	多年生草本，秆稠密丛生，直立，适应性强，耐寒，耐荫，耐干旱，耐酸性土，耐瘠薄，不耐高温；春秋生长繁茂，最适于在温暖湿润气候和海拔较高的地区生长	一般	45~70	B	C	A	A	4月中旬或8月中旬

续表

序号	植物种名	生长特性	根系状况	地上部高度（cm）	耐旱性	耐热性	耐寒性	耐瘠薄性	宜种季节
4	小糠草	适应性强，耐寒，耐高温，耐干旱，喜湿润土壤，能在冷凉湿润地区生长；对土壤条件要求不高，以黏壤土及壤土为佳，在较干的沙土上亦能生长，不耐荫，根茎繁殖蔓延很快，侵占性强	一般	60～90	B	B	A	A	5～9月
5	匍茎剪股颖	喜光，耐荫性略强于草地早熟禾，较紫羊毛差，不耐高温，可适应多种土壤，最适宜肥沃、中等酸度、保水好的细壤土中生长，耐盐碱和耐水淹强于一般冷地型草	一般	30～45	B	C	B	B	春季、秋季
6	多年生黑麦草	多年生草本，丛生，蘖生力强，须根发达，但入土不深；喜湿润温和气候，不耐严寒和高温，夏季发育缓慢，生长不良，甚至凋亡	发达	70～100	C	C	B	B	春季、秋季
7	无芒雀麦	多年生草本，具短根状茎，根系发达，地下茎强壮蔓延能力极强，可防沙固土，对气候条件适应性广，特别适于在寒冷干燥地区生长，较耐盐碱，耐水淹时间可长达50天左右	发达	50～100	A	B	A	B	春季、秋季
8	碱茅	多年生草本，秆直立，丛生或基部偃卧，节结遇土生根；在中度至重度盐渍化土壤上亦能生长良好，泌盐；对土壤中的Na^+有较强的抗性，主要用于盐碱土地区草坪建植和公路护坡	一般	20～40	C	C	A	B	春季
9	香根草	多年生草本，具有极强生态适应性和抗逆能力；生长迅速，根系发达，即使在非常贫瘠、密实、强酸碱，甚至具有铝毒的土壤上都能生长	发达	100～200	A	A	A	A	分蘖繁殖
10	草地早熟禾	根茎繁殖能力强，再生性好，喜光耐荫，喜温暖湿润，夏季炎热时生长停滞，春秋生长繁茂；在排水良好、土壤肥沃的湿地生长良好	发达	50～75	C	C	A	B	春季、秋季
11	林地早熟禾	喜阴湿生境，多见于山坡林地，广泛分布于全球温带地区海拔1 000～4 200 m的林缘、灌丛草地	发达	30～50	C	C	B	A	春季、秋季

续表

序号	植物种名	生长特性	根系状况	地上部高度（cm）	耐旱性	耐热性	耐寒性	耐瘠薄性	宜种季节
12	加拿大早熟禾	耐寒性强，耐荫性也优于草地早熟禾，耐践踏能力较强，能在草地早熟禾不能适应的贫瘠、干旱土壤上生长良好，适宜的土壤pH为5.5~6.5	发达	30~50	A	A	A	A	春季、秋季
13	冷地型早熟禾	对土壤要求不严，喜光，耐荫性较强，可耐50%~70%郁闭度；耐旱性较强，耐瘠薄，但不耐水湿；在−20℃低温下能顺利越冬，−9℃下仍保持翠绿，气温达到25℃左右时逐渐枯萎，故抗热性较差	良好	8~30	A	C	A	A	春季、秋季
14	披碱草	疏丛型多年生草本，秆直立，须状根，根深可达100 cm，对水、热条件要求不严，适应环境能力强，是我国披碱草属牧草中分布最广、最为习见的种类	发达	70~160	B	B	A	A	春季
15	冰草	疏丛型多年生草本，须状根，密生，外具砂套，分蘖能力很强，喜生于草原区的栗钙土壤上，往往是草原植物群落的主要伴生种，有时在黏土上也能生长，但不耐盐碱	发达	30~75	A	C	A	A	春季
16	结缕草	多年生草本，植株矮小，具横生根状茎，易形成单一成片群落及纯草层，喜阳光，耐荫，耐高温，耐干旱，耐践踏，较耐瘠薄	发达	12~15	A	A	A	A	3~5月
17	野牛草	适应性强，喜光，耐半荫，耐瘠薄，较耐寒	一般	5~25	A	A	A	A	春季
18	狗牙根	喜温暖湿润气候，耐荫性和耐寒性较差，最适宜生长温度为20~32℃，在6~9℃时几乎停止生长，喜排水良好的肥沃土壤；耐践踏，侵占能力强	发达	10~30	A	A	A	B	春季
19	山野豌豆	多年生草本，根状茎横走，茎攀缘直力，具4棱，粗0.2~0.3 cm，多分枝	发达	80~120	A	C	A	A	夏、秋季
20	沙打旺	多年生草本，极耐干旱，耐寒，耐瘠薄，耐盐碱，抗风沙能力强	发达	50~70	A	B	A	A	春季
21	白三叶	喜温暖湿润，对土壤要求不严，较耐荫，耐干旱，耐瘠薄，耐修剪，易倒伏，不耐盐碱	一般	30~60	B	B	A	B	春季秋季

续 表

序号	植物种名	生长特性	根系状况	地上部高度（cm）	耐旱性	耐热性	耐寒性	耐瘠薄性	宜种季节
22	紫花苜蓿	多年生草本，多分枝，叶型为3小叶攒生，喜光，也能耐半荫，耐干旱，耐瘠薄	良好	30~100	A	B	A	B	3~4月
23	小冠花	喜光不耐荫，病虫害少，对土壤要求不严，在pH5.0~8.2的土壤上均可生长；生长健壮，适应性强	发达	25~50	A	B	B	A	5~11月
24	二月兰	一年或二年生草本，四季常绿，对土壤要求不严，对土壤光照等条件要求较低，生命力顽强	一般	30~50	B	C	A	A	夏季、秋季
25	鸢尾类	多年生宿根草本，具根茎或球茎（鳞茎），叶剑形或线形，花茎直立；喜光，耐寒，个别种耐荫，不同种类对土壤的水分要求差异大	一般	30~40	B	B	A	A	春季、秋季，分株繁殖
26	马蔺	多年生宿根草本，抗逆性强，尤耐盐碱，是盐化草甸的建群种	发达	50	A	A	A	A	春季
27	常夏石竹	多年生宿根草本，茎蔓状簇生，上部分枝，越冬后呈木质状，喜阳光，耐半荫，喜肥，通风好的地方长势较好	一般	30	A	C	A	A	春季、秋季
28	萱草	多年生宿根草本，具短根状茎和粗壮的纺锤形肉质根，对土壤选择性不强，但以富含腐殖质、排水良好的湿润土壤为宜	一般	60~100	A	B	A	A	春季、秋季
29	异穗苔草	耐荫性极强，在郁闭度80%的乔木下仍能正常生长，在北京地区绿期200天左右；多生长在草地、干燥的山坡和道旁荒地，目前尚未由人工引种栽培	良好	15~33	B	C	A	A	春季、秋季
30	白颖苔草	能适应多种土壤类型，以在肥沃湿润的土壤上生长最佳，在春末夏初至仲秋生长最旺；耐荫中等，同杂草的竞争力较差	良好	10~15	B	B	A	A	春季、秋季

注：耐性表现程度为A，好；B，较好；C，中等

附录五：山东半岛道路绿地常用藤本植物的主要特性

藤本植物因对水、肥的需求较少，具有吸附、盘绕、卷须等攀缘、垂吊特性，同时又具有适应性强、成活容易、生长快的特点。藤本植物因在夏季受到高温灼烤和过于干旱，会阻碍攀爬，所以在植物配置中要注意与乔、灌、草植物的相互配合，利用其他植物的遮挡，形成一个结构合理的植物群落。山东半岛道路绿地常用的藤本植物及其主要特性如附表5-1所示。

附表5-1 山东半岛道路绿地常用藤本植物的主要特性

序号	藤本种名	生长特性	宜种季节
1	野葛	较喜光，耐干旱、瘠薄，适应性强，在土层较厚的沙壤土中生长最多。固土能力强，有根瘤，萌生力强	春季
2	中国地锦	性耐寒，喜阴湿，在雨季，枝蔓上易生须状的气根。在水分充足的向阳处也能迅速生长。对土壤适应性很强。对二氧化硫、氯气抗性强，管理粗放。攀爬高度可近20m。怕涝渍，要注意防止土壤积水	春季
3	美国地锦	喜温暖气候，有一定耐寒、耐旱能力，亦耐暑热。生长势旺盛，以吸盘黏附和卷须卷络他物攀缘，但攀缘力较差，在北方常被大风刮下	春季
4	金银花	喜阳、耐荫，耐寒性强，也耐干旱和水湿，对土壤要求不严，但在湿润、肥沃的深厚沙壤土上生长最佳。根系繁密发达，萌蘖性强，茎蔓着地即能生根	春季
5	凌霄	喜充足阳光，也耐半荫。适应性较强，耐寒、耐旱、耐瘠薄，病虫害较少。以排水良好、疏松的中性土壤为宜，忌酸性土。忌积涝、湿热，一般不需要多浇水。凌霄不易结果，很难得到种子，所以繁殖主要采用扦插法和压条法	春季、秋季
6	常春藤	多年生常绿木质藤本植物。性喜温暖、荫蔽的环境，忌光直射，但喜光线充足，较耐寒，抗性强，对土壤和水分的要求不严，以中性和微酸性为最好。可采用扦插法、分株法和压条法进行繁殖	除冬季外，其余季节都可以进行，而温室栽培不受季节限制，全年可以繁殖

续 表

序号	藤本种名	生长特性	宜种季节
7	山荞麦	野生于沟边、村旁、园边肥沃潮湿处。喜温暖、湿润环境，耐旱，几乎无病虫害。初为草本，1~2年后成木质或近于木质。土壤以疏松、肥沃的腐叶土最宜	春季
8	杠柳	生长于干燥山坡、沙质地、砾石山坡上，喜光、适应性强、耐旱、耐寒，繁殖力强。用种子、分株和根插繁殖，以分株和根插繁殖为主	春季
9	紫藤	喜光，略耐荫，较耐寒，在北方以植于避风向阳之处为好，喜深厚肥沃而排水良好的土壤，有一定的耐干旱、瘠薄和水湿的能力。主根深，侧根少，不耐移植；生长快，寿命长。可用播种、分株、压条、扦插（包括根插）、嫁接等方法繁殖	春、夏、初秋
10	扶芳藤	性耐荫，喜温暖，较耐寒，对土壤要求不严，耐干旱、瘠薄。用扦插繁殖极易成活，播种、压条也可进行。栽培管理粗放，若要控制其枝条过快生长，可于6月或9月进行适当修剪	除冬季外，其余季节都可以进行，而温室栽培不受季节限制，全年可以繁殖

附录六：山东半岛道路绿地花境常用的宿根及球根花卉

在道路边坡、道路绿地与自然绿地交界处以及城市道路的重要节点，花卉植物都起到了重要的景观和生态调节作用。虽然乔木、灌木、草本、藤本等植物的开花类树种较多，但是都很难形成大面积整齐开花的规模效应，花卉植物的出现恰好弥补这一缺陷，而且花卉植物花色鲜艳，颜色重点，花型繁多，能够灵活配置形成各式各样的花海效果，是园林绿化重要的组成部分。

花境，以树丛、树群、绿篱、矮墙或建筑物作为背景的带状自然式花卉布置，是根据自然风景中林缘野生花卉自然散布生长的规律，加以艺术提炼而应用于园林。几乎所有的露地花卉都可以布置花境，但是在实际使用中最常使用的是宿根及球根花卉，因为宿根及球根花卉不仅能更好地发挥花镜特色，而且维护比较省工。山东半岛道路绿地花镜常用的宿根及球根花卉如附表6-1所示。

附表6-1 山东半岛道路绿地花境常用的宿根及球根花卉

早春开花（4~5月）			
序号	名称	株高（cm）	花色
1	风信子	20~30	紫、红、蓝、堇、白
2	水仙	20~80	白、黄、橙
3	白头翁	30~40	紫
4	郁金香	20~80	白、黄、粉红、紫
5	山耧斗菜	20~40	堇紫
6	荷包牡丹	30~60	桃红
春夏开花（5~6月）			
序号	名称	株高（cm）	花色
1	风铃草	60~100	白、堇蓝
2	大花滨菊	60~80	白

续表

序号	名称	株高（cm）	花色
3	垂丝楼斗菜	40~60	浅蓝
4	尖萼楼斗菜	50~70	紫、堇蓝
5	楼斗菜	30~60	紫、堇蓝
6	蔓锦葵	20（蔓生匍匐）	玫瑰红
7	乌头	80~150	白、堇、蓝、紫
8	慧星楼斗菜	40~60	白、黄、蓝、紫、红
9	除虫菊	40~60	白
10	红花除虫草	40~60	粉红
11	春日菊	50~70	白
12	大金鸡菊	50~70	亮黄
13	宿根飞燕草	30~50	堇蓝
14	瞿麦	60	白、粉红
15	宿根霞草	60	白
16	马蔺	20~40	白、蓝
17	丽青花	40~60	橘红
18	芍药	60~100	白、粉、红、紫
19	东方罂粟	40~60	橘红具褐斑
20	香根鸢尾	50~70	白
21	德国鸢尾	50~80	白
22	银苞鸢尾	50~80	雪青、堇、蓝、紫
23	鸢尾	40~60	浅蓝
24	黄菖蒲	60~70	亮黄
25	麝香百合	50~100	白
26	宿根亚麻	40~60	浅蓝
27	皱叶剪夏罗	60~80	橘红
28	锦团石竹	15~30	白、粉、红、紫
29	少女石竹	20~30	白、粉红
30	常夏石竹	40	白、粉红

续表

夏季开花（6~8月）			
序号	名称	株高（cm）	花色
1	唐菖蒲	60~100	各色具备
2	多花薄叶向日葵	80~110	鲜黄
3	一枝黄花	90~120	黄
4	金针菜	60~100	浅黄
5	射干	80~100	橘黄具紫点
6	美人蕉	100~150	乳白、黄、橙、粉红
7	大丽花	60~150	白、黄、橙、粉、红、紫
8	宿根天人菊	40~60	黄、红
9	白鸢尾	60~80	白
10	盐生鸢尾	60~100	乳白
11	紫苞鸢尾	15~20	蓝紫
12	海滨鸢尾	60~100	淡雪青
13	萱草	60~100	橙、橘红
14	大花萱草	50~70	深黄
15	黄花菜	60~70	浅黄具淡香
16	槭葵	150	大红
17	芙蓉葵	120	白、水红、洋红
18	玉簪	40~70	白，具芳香
19	紫萼	50~80	浅堇
20	凤尾蓍	60~100	浓黄
21	珠蓍	40~60	白
22	溪荪	50~80	堇蓝
23	沙参	40~100	浅蓝
24	蜀葵	150~200	白、黄、橙、粉、红、紫
25	火炬花	50~100	黄至橘红
26	兰州百合	60~80	橘红
27	卷丹	50~70	橘红具紫点

续 表

序号	名称	株高（cm）	花色
28	鹿葱	60	粉红
29	千屈菜	100~150	玫瑰红
30	博落回	120~180	乳白且可观叶
31	美洲薄荷	40~70	粉红
32	葱兰	20	白
33	韭兰	15~20	粉红
34	桔梗	40~70	白、堇蓝
35	晚香玉	60~90	白、水红
36	金光菊	120~160	鲜黄
37	亮叶金光菊	120~200	鲜黄
38	肥皂草	30~50	水红
39	蓝花筒	40~60	粉、堇蓝
40	费菜	20~40	黄
41	宿根福禄考	40~60	白、粉红、紫
42	随意草	40~70	白、水红

秋季开花（9~10月）

序号	名称	株高（cm）	花色
1	扎菊	40~60	雪青、粉、浅红
2	一面穗	40~80	粉红
3	泽兰	100~120	浅粉红
4	蝎子草	20~40	粉红
5	菊花	60~80	白、黄、橙、粉、红、紫
6	美国紫苑	40~120	白、粉、堇、蓝、紫
7	荷兰菊	40~80	白、粉、堇、蓝、紫
8	野菊	60~80	黄
9	甘野菊	60~80	黄

附录七：山东半岛道路绿地花丛花群常用的一、二年生花卉

花丛及花群是将自然风景中野花散生于草坡的景观用于园林。常布置于开阔草坪的周围，使林缘、树丛树群与草坪之间起联系和过渡的效果。道路绿地经常用的大面积花卉其实就是放大版的花丛及花群，花丛与花群一般以茎秆挺直、不易倒伏、植株丰满整齐、花朵繁多者为佳。使用宿根及球根花卉组成花丛和花群，效果持久而且维护方便，可从上述表格中选择植物进行配置。但是使用宿根及球根花卉组成大面积的花丛和花群有很多局限性，如果遇到位置偏僻、地形环境复杂、土壤瘠薄等情形，宿根及球根花卉往往难以正常栽植，更谈不上园林和生态效果。于是，自我繁育能力强的一、二年生花卉就成了花丛及花群较为理想的花卉植物，常用的"野花组合"的主要成分就是一、二年生花卉，将多种花卉种子混合在一起，进行统一播种，从而达到花色范围广、花期长的效果。适宜山东半岛地区花丛、花群应用的一、二年生花卉如附表7-1所示。

附表7-1 山东半岛道路绿地花丛花群常用的一、二年生花卉

序号	名称	株高（cm）	花期（月份）	花色
1	蛇目菊	20~60	5~7	黄、红、紫、褐
2	波斯菊	80~120	8~9	白、粉、洋红
3	硫华菊	80~120	8~9	橙
4	雏菊	10~15	3~6	白、粉红
5	金盏菊	20~40	4~6	黄、橙
6	翠菊	15~60	8~10	白、粉、红、堇、蓝、紫
7	天人菊	30~40	6~8	黄、红
8	长春花	40~60	7~10	白、玫瑰红
9	凤尾鸡冠	80~150	8~10	乳白、黄、橙、红、紫
10	矢车菊	60~100	5~6	白、粉、红、堇、蓝

续 表

序号	名称	株高（cm）	花期（月份）	花色
11	醉蝶花	60~80	6~8	白、粉红
12	月见草	60~100	6~8	黄，有香味
13	美丽月见草	40~60	6~8	白，具香味
14	金鱼草	15~100	5~6	白、黄、粉、橙、红、紫
15	草紫薇	30~40	7~8	雪青、桃红
16	五彩石竹	30~40	5~6	白、粉、红、紫
17	石竹梅	30~70	5~6	白、粉、红、紫
18	毛地黄	60~80	5~6	白、桃红、紫
19	花菱草	20~30	5~6	白、黄、橙、粉、紫
20	风铃草	40~70	5~6	白、粉、堇、蓝
21	霞草	30~50	5~8	白
22	矮凤仙	20~40	6~8	白、粉、红、雪青、紫
23	半边莲	15~20	5~6	堇蓝、白
24	心叶藿香蓟	20~30	5~9	白、浅蓝
25	紫茉莉	40~80	7~8	白、黄、粉、红，有香味
26	花烟草	50~70	7~8	粉、紫
27	三色堇	15~20	5~6	黄、白、堇、蓝、紫褐
28	待霄草	60~80	6~8	黄，有香味
29	线叶百日草	20~40	7~9	橙黄
30	二月兰	20~40	4~5	堇蓝
31	矮牵牛	20~40	6~8	白、粉、红、紫
32	福禄考	20~30	5~7	白、粉、红
33	半枝莲	15~20	6~8	白、黄、橙、粉、红、紫
34	三色苋	60~100	8~9	叶色鲜红或黄色
35	矮雪轮	20~30	5~6	白、粉红
36	孔雀草	20~30	7~10	橙黄、红褐
37	旱金莲	20~30	5~7	乳白、黄橙、红、深红
38	毛蕊花	80~120	6	黄

续　表

序号	名称	株高（cm）	花期（月份）	花色
39	美女樱	40~60	8~10	白、粉、红、堇、蓝
40	细叶美女樱	40~60	8~10	堇蓝
41	香雪球	15~20	9~10	白、堇蓝
42	一串红	20~80	9~10	红、白、紫、粉

附录八：山东半岛地区常用的湿地植物

对湿地植物比较直观的分类是将湿地植物分为水生植物、沼生植物和湿生植物。有的湿地植物可以同时适应水中、沼泽和湿地边缘等环境，例如，芦苇、睡莲等可以作为水生植物也可作为沼生植物；菖蒲、灯芯草、翼果苔草、滨海苔草等既可以作为沼生植物也可以作为湿生植物。根据山东省第二次湿地资源调查结果，东营、潍坊、烟台、滨州、济宁、青岛、威海7市湿地面积均超过10万公顷，以上7市湿地总面积占全省湿地面积的82.58%，是山东省湿地集中分布区域。而威海、烟台、青岛、潍坊正是山东半岛的主要组成部分，所以山东半岛的湿地在整个山东省占有很重要的地位，特别是沿海湿地。

山东半岛道路经过沿海湿地、河流湿地、水源湿地的较多，所以湿地植物常用在道路绿地与湿地的结合部位。适宜山东半岛地区的湿地植物如附表8-1所示。

附表8-1 山东半岛地区常用的湿地植物

湿地植物种类	植物品种	生长位置
水生植物	菹草、龙须眼子菜、眼子菜、尼古草、狐尾草、川蔓藻、黑藻、金鱼藻、芡实、睡莲、萍蓬莲、荸荠、针蔺、花叶水葱、水麦冬、澳洲水车前、蘑草、白鹭莞、芦苇、芦竹、茨菰、黄花水龙、千蕨菜、水鳖	通常水面下0.2~0.9 m
沼生植物	泽泻、窄叶泽泻、纸沙草、灯芯草、小灯芯草、翅茎灯芯草、聚草、粉绿狐尾草、鹿角矮珍珠、水生毛茛、花叶水葱、田字萍、香蒲、菖蒲、黄菖蒲、茶菱胡麻、华水韭、水蕨、弗罗里达美人蕉、美人蕉、肉叶草、翼果苔草、滨海苔草、风车草、茳芏、沼泽荸荠、蘑草、水葱、桃叶蓼、红花蓼、水蓼、小早熟禾、沼早熟禾、草地早熟禾、芦苇、皇竹草、菰、芦竹、花叶芦竹、薏苡、薄子木、半边莲、马蹄莲、芋天、海芋天、千屈菜、华凤仙、木贼、荷花、再力花、野姜花、积雪草、水麦冬、亚海韭菜	沼泽或临时新沼泽，包括以下两种情形： （1）低于水面0~0.2 m； （2）高于一般水平面，水面上升时会被暂时性淹没

续　表

湿地植物种类	植物品种	生长位置
湿生植物	翼果苔草、滨海苔草、乌拉草、肉叶草、水竹、具芒碎米莎草、荏芏、荸荠、小香蒲、菖蒲、黄菖蒲、石菖蒲、光纤草、灯芯草、小灯芯草、红蓼、水蓼、换锦花、鸢尾、香根鸢尾、常绿水生鸢尾、蝴蝶花、华水韭、泡叶冷水花、假含羞草、半枝莲、红莲子、弗罗里达美人蕉。 湿生乔木：红皮云杉、湿地松、水松、水杉、池杉、落羽杉、中山杉、墨西哥落羽杉	湿地边缘或湿润环境

附录九：山东半岛地区公路中央隔离带植物选择

道路中央隔离带植物既能起到遮光防眩目、引导视线等安全功能，又具备提升道路的绿化景观效果、调节环境和空气质量的生态功能，道路中央隔离带植物是公路生态景观建设中不可或缺的重要组成部分。

公路中央隔离带植物栽植以防眩功能为主，兼顾景观效果。中央隔离带宽度一般在1.5~3 m范围内，植物配置通常是以常绿灌木为主或以花灌木为主、常绿灌木与花灌木相结合的方式，同一种配置长度不宜连续超过30 km，否则可引起驾乘者视觉疲劳。在每个公里桩号处可栽植一株2 m以上的小乔木，以起到里程标志的作用。在中央分隔带开口处两端100 m范围内，应栽植低矮灌木、花灌木，以不影响紧急掉头车辆的视线，并起到指示标志作用。

适用于公路中央隔离带的植物种类较为丰富，可为四季常绿植物、季节性开花植物，也可适当配置景观性强的名贵树种。在实际工程应用中，往往采用常绿植物与落叶植物结合、灌木与花灌木结合、观赏植物和常规植物结合的形式配置。以下按照常绿植物和落叶植物分别介绍适合山东半岛地区公路中央隔离带栽植的植物及特性，如附表9-1和附表9-2所示。

附表9-1 山东半岛地区公路中央隔离带适用常绿植物及特性

序号	植物种名	生长特性	种植状态
1	圆柏	喜光但耐荫性很强。耐寒、耐热，对土壤要求不严，能生于酸性、中性及石灰质土壤上，对土壤的干旱及潮湿均有一定的抗性。以在中性、深厚而排水良好处生长最佳。深根性，侧根也发达。生长速度中等，25年生长8 m左右，寿命极长。对多种有害气体有一定抗性，是针叶树中对氯气和氟化氢抗性较强的树种。对于二氧化硫的抗性显著胜过油松。能够吸收一定数量的硫和汞，阻尘和隔音效果良好。圆柏之栽培变型品种，多达60个以上，最常见的为龙柏和塔柏（又称蜀桧）	片植绿篱

续表

序号	植物种名	生长特性	种植状态
2	椤木石楠	喜温暖湿润和阳光充足的环境。耐寒、耐荫、耐干旱，不耐水湿，萌芽力强，耐修剪。生长适温10~25℃，冬季能耐-10℃低温。树冠整齐，耐修剪，可根据需要进行造型，特别耐大气污染，栽培土质以深厚、肥沃和排水良好的沙壤土为宜	片植绿篱
3	石楠	喜光，少耐荫；喜温暖，能耐最低温-18℃，在山东半岛可露地越冬；喜排水良好的肥沃土壤，也耐干旱瘠薄，有一定的耐盐碱性和耐干旱能力，能生长在石缝中，不耐水湿。自然生长树冠近圆形，枝叶浓密，萌芽能力强，耐修剪，易于移植，成形。对烟尘和有毒气体有一定的抗性。近些年，流行栽植的红叶石楠就是以石楠为基础的杂交，红叶石楠常见有红罗宾和红唇两个品种，其中红罗宾叶色红亮程度高，叶色鲜艳夺目，观赏性更佳	片植绿篱
4	大叶黄杨	喜光也能耐荫；喜温暖湿润的海洋性气候及肥沃湿润土壤，也能耐干旱瘠薄，能够耐-15℃低温，极耐修剪整形，生长较慢，寿命强，对各种有毒气体及烟尘有很强的抗性。适宜栽植于山东半岛地区城市道路或位于阳面的郊区道路中	片植绿篱
5	黄杨	喜半荫，在无庇荫处生长叶常发黄；喜温暖湿润气候及肥沃的中性及微酸性土，耐寒性强，生长缓慢，耐修剪。对多种有毒气体抗性强	片植绿篱
6	珊瑚树（法国冬青）	喜光，稍能耐荫；喜温暖，不耐寒（山东半岛地区可露地越冬）；喜湿润肥沃土壤，喜中性土，在酸性和微碱性土中也能适应；隔音及抗污能力强，对有毒气体氯气、二氧化硫的抗性较强，对汞和氟有一定的吸收能力，耐烟尘；枝叶繁密，富含水分，耐火力强，抗火能力强，可做防火隔离树带；根系发达，萌蘖力强，易整形，耐干旱，修剪，耐移植，生长较快，病虫害少	片植绿篱
6	胶东卫矛	性耐荫，喜温暖，较耐寒，对气候和土壤适应性强，能耐干旱瘠薄，在中性、酸性及石灰性碱性土上均能生长，萌芽能力强，耐修剪，对二氧化硫有较强抗性	片植绿篱
7	海桐	喜光，略耐荫；喜温暖湿润气候及肥沃湿润土壤，耐寒性不强，在山东半岛地区城市内绿地或被风阳面绿地中可露地越冬。对土壤要求不严，黏土、沙土及轻盐碱土均能适应。萌芽力强，耐修剪。抗海潮风及二氧化硫等有毒气体能力强，在能够正常越冬的海边，常用于组成海岸防潮林和防风林	片植绿篱
8	冬青	喜光，稍耐荫；喜温暖湿润气候及肥沃之酸性土壤，较耐潮湿，有一定耐寒力，在山东半岛可露地越冬。萌芽能力强，耐修剪，生长缓慢。深根性，抗风能力强，对二氧化硫及烟尘有一定抗性	片植绿篱

续 表

序号	植物种名	生长特性	种植状态
9	龟甲冬青	是冬青科冬青属钝齿冬青的变种，喜温暖气候，适应性强，阳地、阴处均能生长；但以湿润、肥沃的微酸性黄土最为适宜，中性土壤亦能正常生长。生态习性喜光，稍耐荫，喜温湿气候。较耐寒。耐修剪	片植绿篱
10	南天竹	喜半荫，在强光下亦能生长，叶色在强光下常发红，喜温暖及肥沃、湿润而排水良好之土壤，耐寒性不强（在山东半岛可露地越冬），对水分要求不严。生长慢，耐修剪。秋冬叶色变红，更有累累红果，观赏效果佳	片植绿篱
11	日本女贞	喜光，喜温暖湿润气候；耐干旱、耐寒，根系发达，对土壤要求不严，萌芽能力强，耐修剪；对二氧化硫及氯气的抗性强	片植绿篱
12	金森女贞	为日本女贞的变种，与日本女贞最大区别是，叶子成金黄色，且春、秋、冬季金叶占主导，只有夏季持续高温时会出现部分叶片转绿的现象。喜光、耐旱、耐寒，对土壤要求不严格，酸性、中性和微碱性土均可生长。耐热性强，35℃以上高温不会影响其生态特性和观赏特性，仍显翠绿。耐寒性强，种植区域可达北京以南，西安以东，可耐-9.8℃低温	片植绿篱
13	白皮松	阳性树，少耐荫，幼树略耐半荫，耐寒性不如油松但在山东地区可露地越冬，喜生于排水良好又适当湿润的土壤上，对土壤要求不严，在中性、酸性、碱性石灰性土壤上均能生长，可生长在pH8的土壤上。深根性树种，较抗风，生长速度中等	孤植、列植、群植、
14	桂花	喜光，稍耐荫；喜温暖和通风良好的环境，不耐寒，在半岛地区市内绿地可露地越冬，第一年栽植需要在冬季采取搭风障等防寒措施。喜湿润排水良好的沙壤土，忌涝地、碱地和黏重土壤；对二氧化硫、氯气等有中等抵抗能力	孤植、列植、群植
15	山茶	喜半荫，最好为侧方庇荫。喜肥沃湿润、排水良好的微酸性土壤（pH5~6.5），不耐碱性土；有一定的耐寒力，可耐-10℃低温而无冻害。山茶根为肉质，土壤黏重积水则易腐烂变黑而落叶甚至全株死亡。若温度高、光线强而空气干燥时，叶片易得日灼病。山茶对于海潮风有一定的抗性。第一年栽植需要在冬季采取搭风障等防寒措施。青岛为山茶自然分布的最高纬度，耐冬是山茶的特殊品种，经过了大自然的优胜劣汰，因此在半岛地区规格较高的道路，可选择栽植耐冬，耐冬抗寒力强、生命力顽强，是少有的冬季开花的名贵树种	孤植、列植、群植
16	云杉	有一定耐荫性，喜冷凉湿润气候，对干燥环境也有一定抗性。浅根性，要求排水良好，喜微酸性深厚土壤，生长速度较快	孤植、列植、群植

附表9-2 山东半岛地区公路中央隔离带适用落叶植物及特性

序号	植物种名	生长特性	种植状态
1	金叶女贞	是金边卵叶女贞和欧洲女贞的杂交种。适应性强，根系发达，对土壤要求不严格。性喜光，稍耐荫，耐寒能力较强，不耐高温高湿。它抗病力强，很少有病虫危害	片植绿篱
2	小叶女贞	落叶或半常绿灌木，喜光，稍耐荫；较耐寒，山东地区可露地越冬，小气候良好区域能保持半常绿状态；对二氧化硫、氯气、氟化氢、氯化氢、二氧化碳等有毒气体抗性均强，是优良的抗污染树种。性强健，萌枝力强，再生能力也强，耐修剪	片植绿篱
3	小檗	喜光，稍耐荫，耐寒，对土壤要求不严，以在肥沃而排水良好之沙壤土上生长最好。萌芽强，耐修剪。最常使用的红叶小檗，为小檗的变型，平时叶深紫色，观赏价值更高	片植绿篱
4	棣棠	性喜温暖、半荫而略带湿之地。在野生状态多在山涧、岩石旁、灌丛中或乔木林下生长。在山东半岛须选背风向阳或市内道路栽种	片植绿篱
5	木槿	木槿对环境的适应性很强，较耐干燥和贫瘠，对土壤要求不严格，尤喜光和温暖潮润的气候。稍耐荫、喜温暖、湿润气候，耐修剪、耐热又耐寒，在山东半岛可露地越冬，好水湿而又耐旱，对土壤要求不严，在重黏土中也能生长。萌蘖性强。对二氧化硫、氯气等抗性较强	片植绿篱
6	火棘	喜强光，耐贫瘠，抗干旱，喜排水良好土壤；在山东半岛可露地越冬。火棘枝叶茂盛，初夏白花繁密，入秋果红如火，冬季亦能保留一定数量的红果，景观效果佳	片植绿篱
7	蜡梅	喜光，略耐荫，较耐寒，在山东半岛可正常露地越冬。耐干旱，忌水湿，花农有"旱不死的蜡梅"的经验，喜欢湿润土壤，最适宜选择深厚肥沃排水良好的沙壤土，如植于黏性土及碱土上均生长不良。蜡梅生长强势、发枝力强，寿命可达百年，在灌木中属于寿命较长树种。蜡梅花期长且开花早，花期12月~次年3月，是少有的在冬季开花植物	片植绿篱、列植、群植
8	紫枝玫瑰	耐寒（-18 ℃），耐干旱，耐瘠薄，耐修剪，在微酸性和微碱性土壤中也能生长，但以肥沃的微碱性土壤为宜；性强健，喜光，适应性强，生长迅速，新枝萌发多，长势强，多次开花的特点表现明显，修剪上应以重剪、短截为主；夏秋赏花，秋季看果，冬春观枝，具有四季观赏价值。在道路中央绿化带中通常栽植成带状，是落叶树种中少有的在冬季也能起到隔离和景观功能的树种	片植绿篱

续 表

序号	植物种名	生长特性	种植状态
9	连翘	性喜光，有一定程度的耐荫性；喜温暖、湿润气候，连翘耐寒力强，经抗寒锻炼后，可耐受-50℃低温，其惊人的耐寒性，使其成为北方园林绿化的佼佼者；耐干旱瘠薄，怕涝；不择土壤，在中性、微酸或碱性土壤上均能正常生长。连翘生命力和适应性非常强，在干旱阳坡或有土的石缝，甚至在基岩或紫色砂页岩的风化母质上都能生长。连翘根系发达，主根不显著，但其侧根都较粗而长，须根众多，广泛伸展于主根周围，大大增强了吸收和固土能力；连翘萌发力强、发丛快，耐修剪，可很快扩大其分布面。抗病虫害能力强	片植绿篱
10	红瑞木	性喜光，强健耐寒，喜略湿润土壤；根系发达，既耐潮湿又耐干旱，耐修剪。红瑞木的枝条在秋冬季节呈现鲜红色，美丽可观，在道路中央绿化带中通常栽植成带状，是落叶树种中少有的在冬季也能起到隔离和景观功能的树种	片植绿篱
11	锦带	喜光；耐寒，耐旱。对土壤要求不严，能耐瘠薄土壤，但以深厚、湿润而腐殖质丰富的壤土生长最好，怕水涝；对氯化氢抗性较强。萌芽力、萌蘖力强，生长迅速	片植绿篱
12	贴梗海棠	喜光，有一定耐寒能力，深根性，对土壤要求不严，但喜排水良好的肥厚壤土，不宜在低洼积水处栽植，抗涝能力弱	片植绿篱
13	金银花	适应性很强，喜阳、耐荫，耐寒性强，也耐干旱和水湿，对土壤要求不严，酸性、盐碱地均能生长，但在湿润、肥沃的深厚沙壤土上生长最佳，每年春夏两次发梢。根系繁密发达，萌蘖性强，茎蔓着地即能生根。喜阳光和温和、湿润的环境，生命力强，根系发达，生根力强，是一种很好的固土保水植物，山坡、河堤等处都可种植。在荫蔽处，生长不良	片植绿篱、孤植、群植
14	金银木	性强健，耐寒，耐旱，喜光也耐荫，喜湿润肥沃及深厚之壤土。管理粗放，病虫害少	片植绿篱、孤植、群植
15	花石榴	又名月季石榴，性喜温暖、阳光充足和干燥的环境，耐干旱，也较耐寒，不耐水涝，不耐荫，对土壤要求不严，以肥沃、疏松、适湿而排水良好的沙壤土最好	片植绿篱
16	榆叶梅	喜光，稍耐荫，耐寒，能在-35℃下越冬。对土壤要求不严，以中性至微碱性而肥沃土壤为佳。根系发达，耐旱力强。不耐涝。抗病力强。生于低至中海拔的坡地或沟旁乔、灌木林下或林缘	片植绿篱、列植、群植

续表

序号	植物种名	生长特性	种植状态
17	紫薇	喜光，稍耐荫；喜温暖气候，耐寒性不强，但在山东半岛可露地越冬；喜肥沃、湿润而排水良好的石灰性土壤，耐旱，怕涝。萌蘖性强，生长较慢，寿命长。紫薇树姿优美、树干光滑洁净，花色艳丽；开花时正当夏秋季少花季节，花期极长，从6月可开至9月，故又被称为"百日红"。在道路中央隔离绿化带栽植时，通常与常绿树种或灌木穿插配置。修剪高度一般与周边绿篱高度相当	列植、群植
18	紫叶李	又名红叶李，喜光也稍耐荫，抗寒，适应性强，以温暖湿润的气候环境和排水良好的沙壤土最为有利。怕盐碱和涝洼。浅根性，萌蘖性强，对有害气体有一定的抗性。在道路中央隔离绿化带栽植时，通常与常绿树种或灌木穿插配置。是少有的紫叶树种之一。修剪高度一般与周边绿篱高度相当	列植、群植
19	龙爪槐	喜光，稍耐荫。能适应干冷气候。喜生于土层深厚，湿润肥沃、排水良好的沙壤土。深根性，根系发达，抗风力强，萌芽力亦强，寿命长。对二氧化硫、氟化氢、氯气等有毒气体及烟尘有一定抗性。修剪高度一般与周边绿篱高度相当	列植、群植
20	日本红枫	是产自日本的红色系鸡爪槭的通称。日本红枫性喜凉爽湿润、温暖的气候和凉爽的环境，较耐荫，在疏松肥足、排水良好的土壤里生长强健、快速，但在夏季有强烈的直晒阳光时，叶片容易灼伤。对土壤要求不严，在微酸性土、中性土和石灰性土中均可生长。不耐水涝。修剪高度一般与周边绿篱高度相当	列植、群植
21	梅属樱花	喜阳光，喜深厚肥沃而排水良好的土壤。对烟尘、有害气体及海潮风具有一定抵抗力，但抵抗力弱。有一定耐寒能力，根系较浅。常用品种有：日本早樱、日本晚樱、樱花（山樱桃）、大山樱、东京樱花等。修剪高度一般与周边绿篱高度相当	列植、群植
22	苹果属海棠	喜光，耐寒，耐旱，忌水湿，对土壤要求不严。常用品种有：八棱海棠、西府海棠、垂丝海棠、北美海棠等。修剪高度一般与周边绿篱高度相当	列植、群植
23	绣线菊属	生长强健，耐寒，耐碱，怕涝，喜阳光，喜湿润肥沃的沙壤土。常用品种有：笑魇花（李叶绣线菊）、珍珠花（珍珠绣线菊）、麻叶绣线菊、三桠绣线菊、补氏绣线菊、粉花绣线菊（日本绣线菊）、绣线菊（柳叶绣线菊）等	片植、群植

附录十：山东半岛地区公路林带防火树种选择

森林火灾是严重威胁生态资源和人民生命财产安全，甚至影响社会稳定的灾害事故。山东半岛地区很多道路是穿越森林的，或者道路自身的防护林具备一定规模。道路及其周边林带发生火灾往往具有双重灾害，道路交通事故容易引起周边林带火灾，而周边林带如果发生火灾又会影响道路行车安全，所以道路沿线林带防火问题必须成为道路建设工作的一项重要内容。除了常规的防火理念和消防设计外，公路沿线林带采用防火树种、设置防火林带是有效防止火灾发生的方法之一。这样将变被动防火为主动防火，不仅能够节约防火成本，而且能够优化改善树种结构，增加绿化面积，提升生态景观效果和生态效益。

防火树种是指具有防火作用的植物，它们一般都或多或少具备以下特点：含树脂少，不易燃烧，萌芽重生能力强，根部分蘖力强，着火时不会产生火焰等。防火树种根据树种遇火时的表现，分为耐火树种、阻火树种和抗火树种。在使用防火树种组建防火林带时，要考虑植物的立体搭配、组合，做到上、中、下空间都具备防火功能，这样可形成立体的防火隔离带，在火灾发生时能够更有效地阻止火势蔓延，以起到更好的防火效果。

耐火树种是指树木遭到火烧后具有较强的再生能力，主要是其萌芽能力，尤其是有较强的根蘖能力。阻火树种是指不易燃烧，可阻滞林火蔓延的树种，阻火树种本身难燃烧，即不易点燃或点燃后燃烧也难于维持。抗火树种是同时具有耐火性又具有阻火性的树种，即本身难以燃烧，在火灾侵袭后又具有很强再生能力的树种。根据山东半岛气候和环境特征，适用于该地区的公路林带防火树种主要有以下几种（附表10-1）。

附表10-1 山东半岛地区公路林带适用防火树种及特性

序号	类型	植物名称
1	耐火树种	（1）银杏、落叶松、杨树等，萌芽再生能力强，即使叶片全部烧尽，仍能萌芽再生；树干被烧毁大半，也能继续存活。落叶松是松类植物中少有的耐火树种，因为它的树干外包裹着一层几乎不含树脂的粗皮，这层厚厚的树皮很难被烧。 （2）刺槐、火炬树、紫穗槐等。根蘖生力强，枝叶和树干烧毁后根部仍然能够蘖生并重新再生成新的枝叶
2	阻火树种	山毛榉科（壳斗科）栎属各树种，如栓皮栎、蒙古栎、麻栎、辽东栎等，该系列树种根系发达，适应性强，树皮不易燃烧，故成为北方优良的防火林树种
3	抗火树种	珊瑚树（法国冬青）、醉花含笑（火力楠）、海桐、大叶黄杨等，该系列植物树干、枝叶的含水量都很高，同时根蘖生力、枝叶蘖生力均强。其中醉花含笑因为气候原因，只能配置在小气候较好的、北方向阳的位置

附录十一：荣乌高速烟威段生态建设与修复工程效果部分实景

一、路堑边坡生态修复

附 录

二、互通立交区生态建设和路侧裸地生态修复

1. 互通立交生态建设

2. 人工湿地生态建设

3. 生态边沟生态建设

4. 路侧裸地及跨线桥下生态破碎段生态修复

附 录

附 录

三、受损湿地生态系统修复

附 录

四、穿越沿海防护林路段生态恢复

附 录

五、土壤渗滤污水处理